일 러 스 트 로 보 는

조선의 무비

장비편

일러스트로 보는 조선의 무비 - 장비편

2025년 12월 15일 초판 1쇄 발행

저자	금수(최민준)
이메일	allalaallala@naver.com
블로그	blog.naver.com/allalaallala
텀블벅	tumblbug.com/u/gum_su
SNS	엑스 twitter.com/gum_su_
인스타그램	instagram.com/gum_su_

편집	배지원, 이열치매
디자인	김애린, 김예은
마케팅	이수빈
발행인	원종우
발행	㈜블루픽
주소	(13814)경기도 과천시 뒷골로 26, 2층
전화	02-6447-9000
팩스	02-6447-9009
이메일	edit@bluepic.kr
웹	bluepic.kr

ISBN	979-11-6769-469-0 04910
정가	23,000원

이 책의 판권은 저작권자와의 독점계약으로 ㈜블루픽에 있습니다.
저작권법에 의해 한국 내에서 보호받는 저작물이므로 무단전재 및 복제를 금합니다.

일러스트로 보는
조선의 무비

장비 편

글·그림
금수

1392
개국

1897
칭제

길찾기

조선의 무비

武備

작가의 말

안녕하세요, 『일러스트로 보는 조선의 무비 - 장비 편』의 작가 금수입니다.

이 책은 독자 여러분께 선보이는 『조선의 무비』의 두 번째 이야기로, 조선 군대에서 사용한 군방비 전반을 다룹니다. 군사 고증에 관심이 있는 취미가분들이나, 창작 활동을 하는 분들이 조선 시대 군대가 어떠한 무기를 썼는지, 어떤 장비를 썼는지, 또 무엇을 필요로 했는지 그 전반적인 모습과 개요를 살펴볼 수 있도록 심혈을 기울여 집필하였습니다.

저 자신은 군사사에 관하여 관심이 많은 비전공자이자 취미가로서, 이번 '장비 편'에서는 특히 연구가 미진했던 분야들을 광범위하게 다루었습니다. 이 과정에서 1차 사료를 적극적으로 인용하며 학술적인 기반을 마련하고자 노력하였으나, 혹여 제가 다룬 사료를 취사선택하여 성급한 결론을 내린 것은 아닌지 조심스러운 마음도 있습니다. 그러나 이러한 시도가 미지의 분야를 개척하고 발전시키는 첫걸음이 될 것이라 믿습니다.

이 책이 독자분들의 관심을 충족하면서 창작물에도 풍부한 영감을 제공하고, 정확한 고증 작업을 수행하는 데 실질적인 도움을 줄 수 있기를 진심으로 바랍니다.

부디 이 책이 새로운 창작물의 밑거름이 되었으면 좋겠습니다.
감사합니다.

금수 올림.

목차 目次

작가의 말 · 5
목차 · 6

1장 원거리 무기

활 · 12
각궁 · 14
비각궁 · 17
시위 얹기 · · · · · · · · · · · · · · · · · · · 18
보궁과 궁대 · · · · · · · · · · · · · · · · · 19
화살 · 20
전통 · 22
화살의 부속 장구 · · · · · · · · · · · · · 23
화살 패용법 · · · · · · · · · · · · · · · · · 24
조선 초기의 동개 · · · · · · · · · · · · · 26
조선 후기의 동개 · · · · · · · · · · · · · 28
소매 정리법 · · · · · · · · · · · · · · · · · 30
활쏘기의 부속장구 · · · · · · · · · · · · 33
보사법 · 35
보사 훈련기구 · · · · · · · · · · · · · · · 38
기사법 · 40
기사 훈련기구 · · · · · · · · · · · · · · · 42
쇠뇌 · 44
쇠뇌의 사용법 · · · · · · · · · · · · · · · 46
특수한 쇠뇌 · · · · · · · · · · · · · · · · · 48
돌팔매 · 50

2장 근접 무기

도검 · 52
환도의 변천 · · · · · · · · · · · · · · · · · 54
장검 · 56
외국계 도검 · · · · · · · · · · · · · · · · · 57
기타 도검 · · · · · · · · · · · · · · · · · · · 58
도검의 패용법 · · · · · · · · · · · · · · · 60
도검의 사용법 · · · · · · · · · · · · · · · 62
조선 초기의 근접무기 · · · · · · · · · 64
조선 후기의 근접무기 · · · · · · · · · 66
기타 근접무기 · · · · · · · · · · · · · · · 68
보예 · 70
마상무기 · · · · · · · · · · · · · · · · · · · 71
마예 · 72

3장 소형화기

조선 초기의 소형총통 · · · · · · · · · 76
조선 초기 소형총통의 부속장구 · · 78
조선 초기 소형총통의 사용법 · · · 79
조선 후기의 소형총통 · · · · · · · · · 80
조선 후기 소형총통의 사용법 · · · 81
조총 · 82
조총의 부속장구 · · · · · · · · · · · · · 86
조총의 사용법 · · · · · · · · · · · · · · · 88
개항기 소총 · · · · · · · · · · · · · · · · · 90
개항기 소총의 사용법 · · · · · · · · · 92

특이한 총기 · 94

4장 대형화기

조선 초기의 대형총통 · · · · · · · · · · 96
조선 중기의 대형총통 · · · · · · · · · · 97
조선 후기의 대형총통 · · · · · · · · · · 98
대형총통의 부속장구 · · · · · · · · · · 99
대형총통의 사용법 · · · · · · · · · · · 100
완구 · 102
완구의 사용법 · · · · · · · · · · · · · · · · 103
불랑기 · 105
불랑기의 사용법 · · · · · · · · · · · · · · 106
홍이포와 남만대포 · · · · · · · · · · · 108
홍이포와 남만대포의 사용법 · · · 109
중국계 화포 · · · · · · · · · · · · · · · · · · 110
비금속제 화포 · · · · · · · · · · · · · · · · 111
갑인명포와 을축명포 · · · · · · · · · 112
4근 산포와 12방 청동포 · · · · · · · 112
1874년의 대·중·소포 · · · · · · · · · 113
개항기 화포의 부속장구 · · · · · · · 114
개항기 화포의 사용법 · · · · · · · · · 115
구포 · 117
크루프 포 · 118
크루프 포의 부속장구 · · · · · · · · · 119
크루프 포의 사용법 · · · · · · · · · · · 120
회선포 · 122
회선포의 사용법 · · · · · · · · · · · · · · 123

5장 기타 화약무기

폭탄류 · 126
매화법 · 127
공선수뢰 · 128
자모포와 비몽포 · · · · · · · · · · · · · · 129
간이 폭탄 · 130
찬혈비사신무통 · · · · · · · · · · · · · · 130
분통과 이화통 · · · · · · · · · · · · · · · · 131
신기전 · 132
신기전의 사용법 · · · · · · · · · · · · · · 133
철화전 · 134

6장 전거

조선 초기의 화거 · · · · · · · · · · · · · 136
조선 초기 화거의 사용법 · · · · · · 137
조선 중기의 화거 · · · · · · · · · · · · · 139
조선 후기의 화거 · · · · · · · · · · · · · 140
조선 후기 화거의 사용법 · · · · · · 141
전거 · 143
공성차량 · 146
특수한 전거 · · · · · · · · · · · · · · · · · · 148

7장 형명제도

깃발의 제도 · · · · · · · · · · · · · · · · · 150
조선 초기의 형명제도 · · · · · · · · · 151
조선 초기의 깃발 · · · · · · · · · · · · · 152
조선 초기의 악기 · · · · · · · · · · · · · 156
조선 후기의 형명제도 · · · · · · · · · 158
조선 후기의 깃발 · · · · · · · · · · · · · 159
형구 · 166
조명구 · 167
암령법과 군호 · · · · · · · · · · · · · · · · 168
조선 후기의 취타악기 · · · · · · · · · 169
조선 후기의 세악기 · · · · · · · · · · · 173

8장 수송수단

말 · 176
마구 · 178
안장에 짐 싣기 · · · · · · · · · · · · · · · 182
등채 · 183
계급별 마구 · · · · · · · · · · · · · · · · · · 183
조선 초기의 마구 · · · · · · · · · · · · · 184
조선 후기의 마구 · · · · · · · · · · · · · 185
가마 · 186
좌거 · 190
짐수레 · 192
짐말 · 193

짐 지기 · 194
수행원 · 198

9장 기타 장비

진영 설치 · 200
장막 · 202
군막의 변천 · · · · · · · · · · · · · · · · · · 203
계급별 군막 · · · · · · · · · · · · · · · · · · 204
포진 · 205
군량 · 206
취사도구 · 209
의료 · 210
필기구와 문서 · · · · · · · · · · · · · · · · 212
문서의 포장 · · · · · · · · · · · · · · · · · · 214
지도, 마아와 천리경 · · · · · · · · · · 216

마치며 · 219
참고문헌 · 220

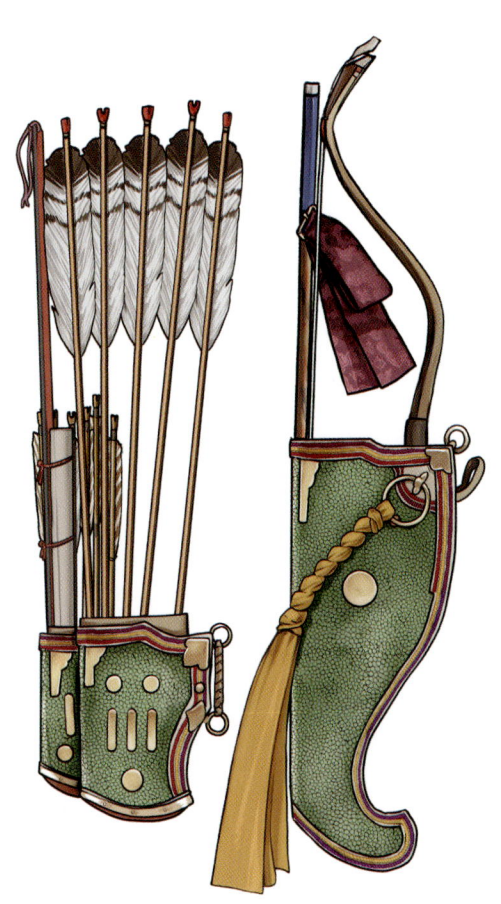

일러두기

1. 유물 삽화는 원본을 참고하되 다른 자료들을 취합하여 온전한 모습을 추정하여 복원하였으므로, 원본과 다른 부분이 있을 수 있습니다.
2. 물건의 명칭은 조선시대에 쓰인 표현을 우선하되 현대의 표기법에 맞게 수정하였습니다.
3. 본문에서 도량형은 1근 640g, 1석 90L, 주척 1척 21cm, 영조척 1척 31cm, 포백척 1척 49cm로 환산하였습니다. 예외가 있을 경우, 각주에 표시하였습니다.
4. 본문에서 서적은 『 』, 그림 및 작품은 「 」으로 표기하였습니다.

01 원거리 무기

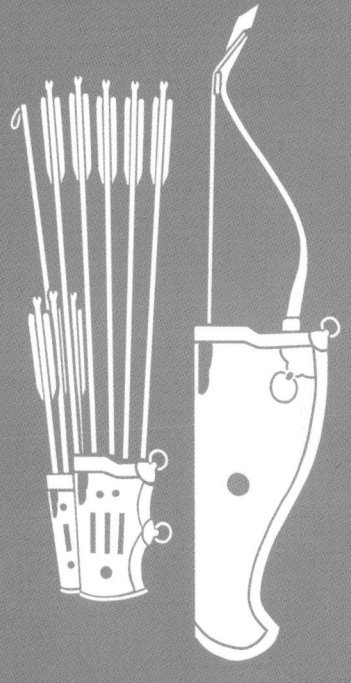

활과 화살
동개
활쏘기
활쏘기의 부속장구
쇠뇌
특수한 쇠뇌
돌팔매

활

"군졸의 기예로 말하건대 우리나라의 장기는 활과 화살弓箭이 최고인데, 편전片箭은 다른 나라의 추종을 불허하는 것으로서 그 묘법妙法은 조총에 뒤지지 않습니다…"
- 『인조실록』 인조 6년(1628) 9월 29일

"우리의 군제도 그러한 이유에서 몇 년 전부터 한차례 바뀌었으니, 궁시弓矢가 총포銃砲로 바뀌고 기치旗幟가 곡호曲胡(뷰글Bugle)로 바뀐 것은 우리의 단점을 버리고 저들의 장점을 취한 것입니다…"
- 『승정원일기』 고종 22년(1885) 6월 16일

활은 탄성이 있는 활채에 시위를 걸고 시위 가운데에 화살을 메겨 날리는 무기입니다. 활은 거의 전 세계에서 사냥과 전쟁에 무기로 쓰였고, 한반도에서는 울주 대곡리 반구대 암각화에서 확인되는 바, 늦어도 청동기시대부터 쓰였습니다.

조선시대 활쏘기는 선비가 익혀야 하는 육예 중 하나인 사예射藝였으며, 또 전쟁에 쓰는 무기이자 무과 시험 과목으로써 정신을 수련하고 전쟁에 대비하는 중요한 무예였습니다.

무기로써 활은 조선 초기엔 보병과 기병, 무관을 가리지 않고 먼 거리의 적을 공격할 수 있는 중요한 무기로 쓰였지만, 조선 후기에는 보병의 무장으로 조총이 주로 쓰임에 따라 기병과 무관만이 쓰는 무기가 되었습니다. 19세기 후반에 가서는 사실상 그 쓰임이 다하여 무기로써의 활은 역사 속으로 사라지게 됩니다. 그러나 심신 수양과 놀이를 목적으로 하는 활쏘기는 오늘날까지도 그 명맥을 이어오고 있습니다.

조선시대에는 뿔과 나무를 조합하여 만든 각궁角弓이 주로 쓰인 활이었고. 나무로 만든 목궁木弓, 금속으로 만든 철궁鐵弓 등이 보조적으로 쓰였습니다.

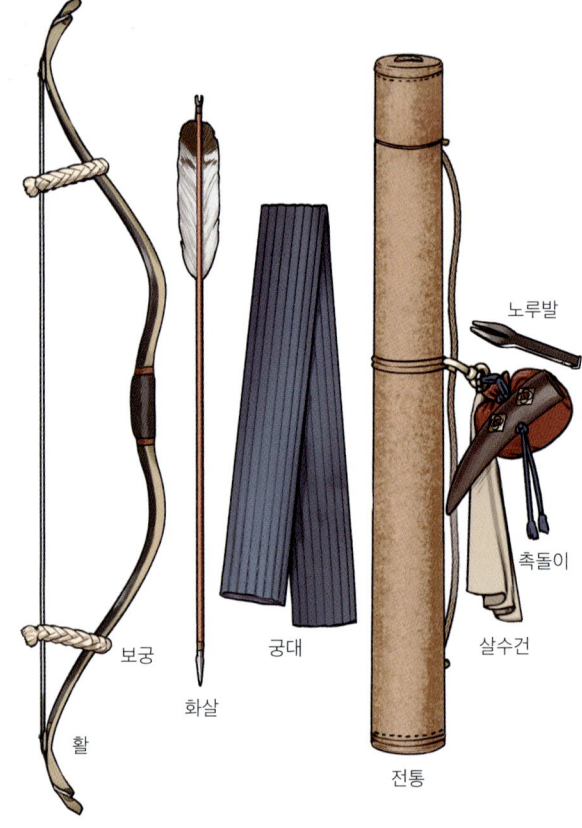

활, 보궁, 화살, 궁대, 살수건, 노루발, 촉돌이, 전통

각종 부속장구

활과 화살을 다루고 관리하는 데도 여러 가지 부속장구가 필요합니다. 활에는 활의 보궁과 활을 넣어 보관하고 옮길 때 쓰는 궁대가 필요하며, 화살에는 화살을 넣어 보관하고 옮길 때 쓰는 전통이 필요합니다. 더하여 살수건, 촉돌이, 노루발 등 다양한 부속장구가 필요합니다.

활쏘기에도 부속장구가 필요합니다. 가장 큰 것은 동개로, 허리에 차 활과 화살을 필요할 때 바로 꺼내서 쓰도록 만든 주머니입니다. 그리고 깍지는 엄지손가락에 끼는 가락지로, 시위를 당길 때 힘이 한 지점으로 쏠리지 않도록 끼는 부속입니다. 팔찌는 활을 잡는 손에 끼는 것으로, 옷자락이 시위에 걸리지 않도록 하는 것입니다. 또 활장갑이 있는데, 후술할 무거운 화살인 철전을 쏠 때 엄지손가락의 고리에 걸어 쓰도록 한 것입니다.

이들 부속장구들은 활을 다루고 활쏘기를 하는 데 필요한 도구로, 더 자세한 사용법은 후술하겠습니다. 조선시대 활을 쏘는 사람들은 단지 활과 화살을 갖출 뿐만 아니라 이런 부속장구를 갖추어야 했습니다.

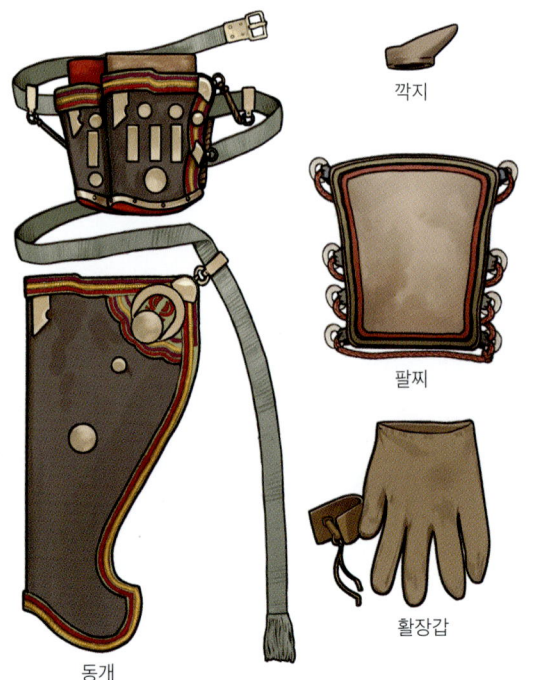

동개, 깍지, 팔찌, 활장갑

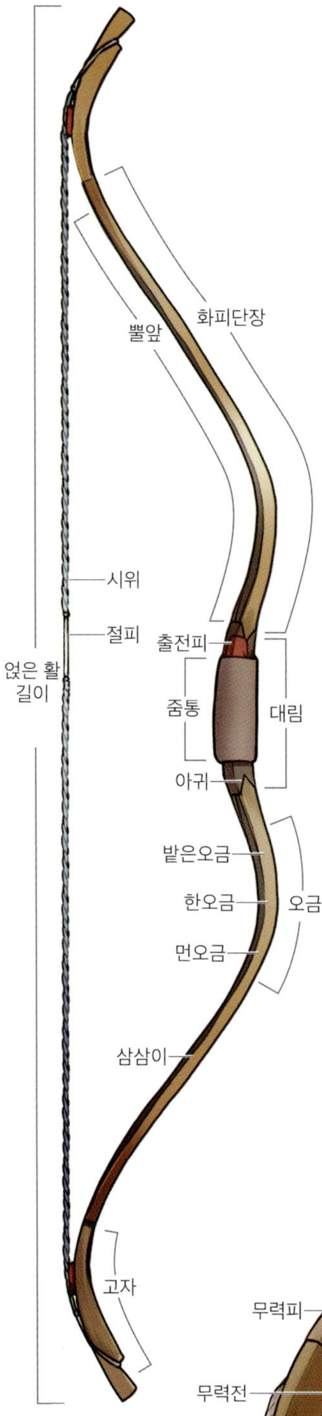

활의 구조

활은 크게 시위와 활몸으로 구성됩니다. 시위를 얹어 쏠 수 있는 상태의 활을 얹은 활, 얹지 않은 상태의 활을 부린 활이라고 합니다.

시위의 양 끝에는 힘줄을 써 만든 고리인 심고가 있고, 화살의 오늬가 닿는 부분에 실을 감아서 화살이 미끄러지지 않도록 한 절피가 있습니다.

활몸은 중앙의 대림, 굽어져 힘을 내는 부분인 오금, 오금 아래의 삼삼이, 심고를 얹는 고자로 이루어집니다. 각궁의 경우 안쪽의 뿔이 보이는 부분을 뿔앞이라 하며, 화피로 감싼 부분은 화피단장이라 합니다.

대림에는 손으로 쥐는 부분인 줌통이 있고, 이 줌통을 감싸는 가죽을 줌피라고 합니다. 줌통 위에는 출전피를 대는데, 이는 화살이 나갈 때 화살과 활몸의 마찰을 줄이는 역할을 합니다.

고자는 심고를 얹는 턱 부분인 양낭고자, 그 아래의 고자잎으로 나뉘며, 심고를 얹는 부분은 무력피라는 가죽을 씌워 보강합니다. 심고와 시위가 연결된 부분쯤에는 가죽으로 된 원형 부속인 도고지를 두어 시위가 좌우로 이탈하는 것을 막았습니다.

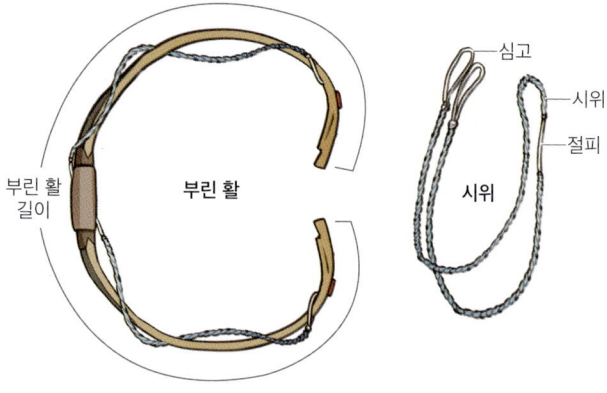

활의 세기

활에는 천, 지, 현, 황 4등급이 있는데, 황자궁黃字弓은 모두가 당겼으나 다른 활은 당기지 못하였고, 정수팽만 겨우 현자궁玄字弓을 당겼다.
- 『중종실록』 중종 23년(1528) 2월 24일

선전관 한지가 들어와 천자궁天字弓을 능히 당기고 또 지자궁地字弓을 당겼다. 도총부 도사 이중명은 겨우 천자궁을 당겼는데, 지자궁은 당기지 못했다. 상이 이르기를, "시험보는 자가 쓰는 활 가운데 이런 활이 있는가?" 하니, 유혁연이 아뢰기를, "이와 같이 강한 활은 없습니다."
- 『승정원일기』 현종 14년(1673) 3월 26일

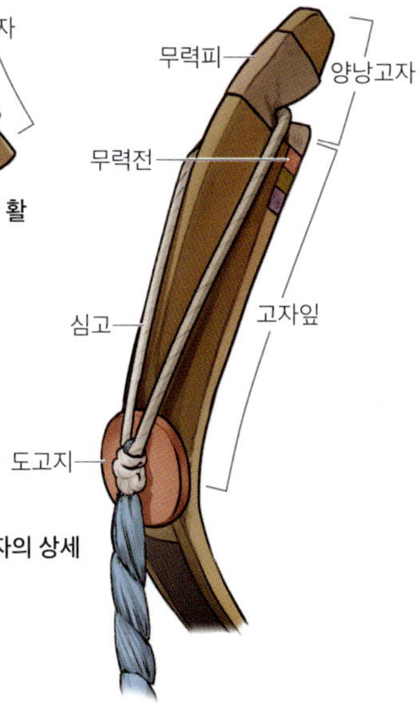

활은 사용하는 사람의 힘에 맞춰 그 세기도 다양한데, 조선시대에는 활의 세기를 천자궁, 지자궁, 현자궁, 황자궁으로 나누었습니다. 황자궁은 평범한 사람도 당길 수 있었으나, 천자, 지자, 현자궁은 힘이 세야 당길 수 있었습니다. 그러나 정확한 수치가 없어 이들이 얼마나 강한 활이었는지 가늠하기는 어렵습니다.

활시위에 무게추를 달아 측정하여 세기를 명시한 자료로는 1460년 세기가 120근(77kg) 혹은 100근(64kg)인 활과 다른 무예를 시험하여 내금위, 갑사, 별시위로 뽑은 예가 있으며, 1475년 겸사복 임득창이 평소 80근(51kg)의 활을 쓰는데 120근 활을 주니 당기지 못했다는 일화가 있습니다.* 조선 후기에는 쌀 가마니로 측정하여 1석(77kg)에서 2석(154kg) 정도면 강궁이었다고 하니, 대략 120근이면 강궁으로 취급하고, 일반적으로는 100근 이하의 활을 쏘았던 것으로 보입니다.**

---

*『세조실록』 세조 6년(1460) 5월 10일 / 『성종실록』 성종 6년(1475) 4월 11일
**『궁도강좌』 제4권, 부록 조선의 궁시

각궁

각궁角弓(뿔활)은 나무로 몸체를 만들되, 안쪽에 압축력에 강한 소재인 뿔을 대고 바깥쪽에는 인장력에 강한 소 힘줄을 대어 아교로 접착하여 만든 활입니다.

세부적으로는, 중앙의 줌통은 단단한 참나무, 탄성을 내는 대림은 유연한 대나무, 시위를 거는 고자는 탄성이 있지만 단단한 뽕나무를 사용하여 여러 목재의 이점을 활용하였습니다. 『조선의 궁술』에 따르면, 전쟁과 사냥에 사용하던 각궁은 몸체 모두를 뽕나무로 만들었다고 합니다.

뿔의 종류에 따라서는 물소 뿔로 만든 흑각궁黑角弓, 한우 뿔로 만든 향각궁鄕角弓, 사슴 뿔로 만든 녹각궁鹿角弓, 작은 뿔을 이어붙이고 힘줄을 감아 만든 교자궁絞子弓으로 나뉘었는데, 흑각궁이 가장 높게 평가받는 활이었습니다.

각궁은 다양한 활 중에서 가장 성능이 좋은 것으로 여겨지나, 습기에 약한 것이 흠이어서 점화點火(불을 보임)하여 보관하여야 했고, 여름에는 사용하기 힘들었습니다. 따라서 습기에 강한 녹각궁, 교자궁, 목궁, 철궁이 함께 사용되었습니다. 1451년에는 여름철 각궁을 점화할 때 군사들이 녹각궁을 차도록 하되 자비로 갖추기 어렵다면 교자궁, 목궁을 쓰도록 하였으며, 『만기요람(1808)』에서도 훈련도감 마병에게 흑각군궁과 교자궁 2종의 활을 지급해 주는 규정을 확인할 수 있습니다.*

여러 가지 재료의 사용과 탄성을 극대화할 수 있는 구조 덕분에 각궁의 크기는 다른 활의 크기에 비해 크게 작아졌는데, 일반적인 각궁의 부린 활 길이는 4척2촌(127cm)에서 4척2촌5푼(129cm) 사이이며, 얹은활은 3척5촌(106cm)에서 3척6촌(109cm) 사이였습니다.** 지금 남아있는 각궁 유물들도 대부분 이 범주에서 벗어나지 않습니다.

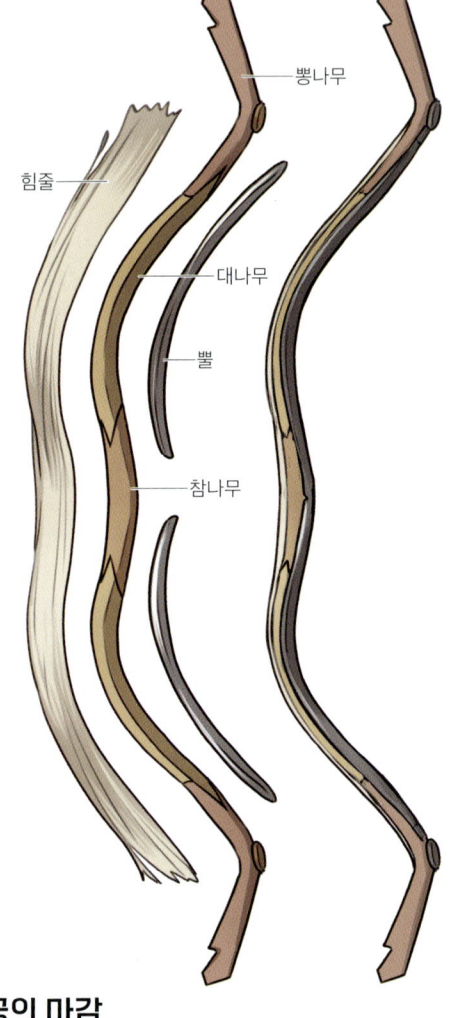

각궁의 마감

여러 소재를 아교로 붙여 만든 각궁은 그 특성상 습기에 취약하기 때문에, 여러 가지 소재로 마감을 하여 비바람에 상하는 것을 막았습니다.

대표적인 방법으로 벚나무 껍질인 화피樺皮를 대는 법이 있는데, 이를 화피단장樺皮丹粧이라 합니다. 화피단장은 화피를 줌통에서 고자까지 힘줄을 붙인 곳 위에 붙이고 옻칠을 올려 마무리합니다.

소 힘줄을 돌려 감고 위에 옻칠을 올려 마감을 한 경우도 있는데, 이런 식으로 마감을 한 유형을 묶어 만들었다 하여 '교絞'자를 써 교자궁이라 불렀습니다.

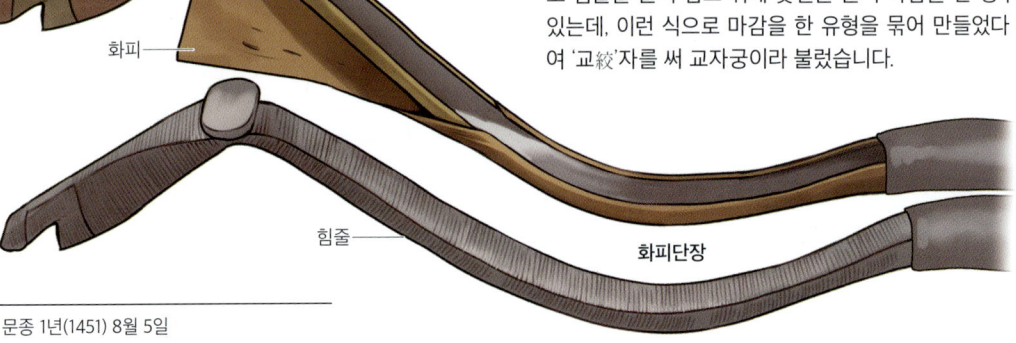

---

* 『문종실록』 문종 1년(1451) 8월 5일
** 『조선의 궁술』 4. 궁시(弓矢)의 종류

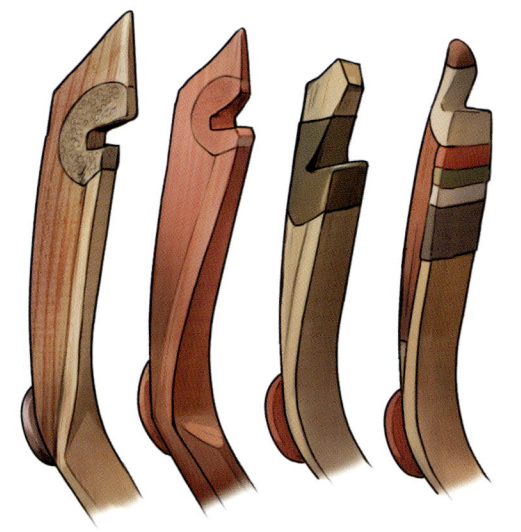

조선 초기 고자	1743년 고자	1787년 고자	19세기 후반 고자
태조 어궁	『대사례의궤』 어궁	윤동신 각궁	호미명 각궁

각궁의 고자

각궁은 조선 초기부터 후기까지 안쪽에 뿔을 대고 화피로 감싸 만든다는 점에서 그 모양과 형태에 큰 차이가 없었습니다. 그런데 시대별로 차이가 두드러지는 부분이 하나 있는데, 바로 고자의 형태입니다.

조선 초기의 고자는 양냥고자 부분이 칼처럼 뾰족하고 튀어나와 있는데, 이러한 고자를 오늘날 궁사들은 '칼고자'라 부릅니다. 이는 태조 이성계의 어궁 사진에서도 확인되며, 동래성 해자에서도 발굴된 바 있습니다. 『대사례의궤』의 영조 어궁 삽화에서도 약간 깎인 형태의 칼고자를 확인할 수 있습니다.

18세기 후반에는 고자의 형태가 변화하는데, 양냥고자 부분이 오늘날과 같이 많이 깎여나갔습니다. 이러한 변화의 원인을 기록에서 확실하게 제시하고 있지는 않지만, 고자의 무게가 가벼우면 가벼운 화살을 빠르게 쏘는 것에 유리하기 때문에, 먼 거리에서 표적을 맞히는 것이 중시되는 조선 후기 활쏘기 양상의 변화에 따른 것이 아닌가 싶습니다.

장궁과 후궁

『조선의 궁술』에 따르면 각궁은 사용되는 뿔의 크기에 따라서도 분류가 달라졌는데, 장궁長弓과 후궁帿弓으로 나뉘었습니다. 장궁은 도고지 밑까지 뿔로 댄, 1척7촌5푼(53cm) 정도의 긴 뿔을 댄 각궁이며, 후궁은 삼삼이부터 도고지까지 뿔 대신 뽕나무를 댄, 5촌3푼(16cm) 정도의 짧은 뿔을 댄 각궁입니다.

17세기 무기 제조 실태를 담은 문서인 『어영청구식례』에는 재료가 많이 들어가며 화피를 대고 옻칠을 올린 군궁軍弓과 보다 재료가 적고 화피만 댄 평궁平弓, 2종의 흑각궁을 확인할 수 있어 명칭은 달라도 이러한 분류가 오래전부터 사용되었음을 알 수 있습니다.

교자궁

교자궁은 뿔 대신 대나무나 3~4치(6~8cm)길이의 작은 뿔을 연이어 붙여 힘줄을 감고 칠하여 만든 활로, 내구성이 강하여 각궁의 대용품으로 많이 사용되었습니다.

조선 초기에는 대나무와 저리갈나무로 만든 교자궁이 사용되다가, 1517년 내금위 맹형손이 안쪽에 작은 뿔(잔각殘角)을 붙인 새로운 체제의 활을 만들었는데, 이때부터 작은 뿔을 붙이는 기술이 생긴 것으로 보입니다.*

조선 후기에는 작은 뿔(간각間角)을 비늘처럼 잇대고 힘줄을 감아 만든 교자궁도 있었고, 대신 대나무를 사용한 교자장궁交子長弓도 제작되었습니다.** 『융원필비』의 간각칠궁間角漆弓, 즉 교자궁에 대한 서술을 보면, 대나무를 댄 것은 힘이 약하지만 습기에 강하고, 간각을 댄 것은 장마 때 방해가 되지만 힘이 강하며, 모두 옻칠을 두껍게 해서 비바람과 햇빛에 영향을 받지 않도록 했다고 합니다.

이 교자궁은 대영박물관과 야스쿠니 신사 유취관 등 여러 박물관에 소장되어 있으며, 연세대학교박물관에도 수노에 쓰인 대나무를 댄 교자장궁이 소장되어 있습니다.

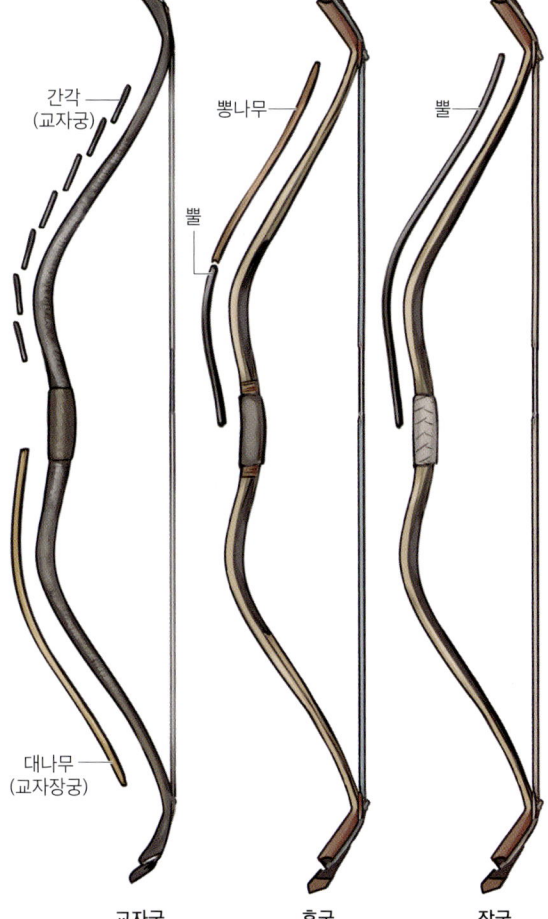

간각 (교자궁)
뽕나무
뿔
뿔
대나무 (교자장궁)

교자궁　　후궁　　장궁

* 『문종실록』 문종 1년(1451) 8월 5일 / 『중종실록』 중종 12년(1517) 11월 16일
** 『승정원일기』 영조 1년(1725) 12월 3일 / 『승정원일기』 영조 14년(1738) 12월 25일

육량궁과 예궁

육량궁六兩弓, 혹은 정량궁正兩弓은 무과의 시험 과목인 철전鐵箭을 쏘기 위하여 만든 활입니다. 무과에서는 촉의 무게만 6냥(240g)이 되는 철전을 80보(100m) 이상 날려야 했으므로, 육량궁은 부린 활 길이가 5척5촌(167cm),* 얹은 활도 약 140cm에 달하는 아주 큰 활이어야 했습니다.
철전은 조선시대 내내 무과의 시험 과목이었으므로, 무관이 되고자 하는 자는 항상 육량궁을 수련하였고, 또 힘을 기를 때에도 사용하였습니다. 『정사론(1872)』의 저자 장언식은 저서에서 활을 익히고자 할 때 힘을 기르기 위해 가장 먼저 단련할 것이 육량궁이라고 하였습니다.
20세기 초반 쓰인 『조선의 궁술』에는 예궁禮弓이란 활이 실려 있습니다. 예궁은 궁중의 연사례燕射禮, 대사례大射禮나 지방 군현에서 하는 향음주례鄕飮酒禮 같은 행사에서 사용하는 활로, 길이가 6척(182cm)에 달했다고 합니다. 그러나 『대사례의궤』, 『향사례홀기』 등 조선 후기 자료들에서는 후술할 동궁을 쓰거나 개인이 활과 부속장구를 갖추어 오도록 명시되어 있어, 조선시대 실제 '예궁'이라는 활을 얼마나, 또 어떻게 사용하였는지는 의문이 남습니다.
현재까지 남은 유물로는 연세대학교박물관에 길이 168cm, 너비 6cm인 육량궁이 2점 소장되어 있습니다.

동궁과 노궁

동궁彤弓은 붉은 칠을 한 활, 노궁盧弓은 검은 칠을 한 활을 말하는데, 보통 붉은 칠한 화살인 동시彤矢, 검은 칠한 화살인 노시盧矢와 짝을 지어 등장합니다.
고대 중국에서는 천자가 변방을 통치하는 제후에게 동궁과 동시를 하사하였다고 하는데, 조선에서도 제후 격인 순찰사에게 동궁과 동시를 하사하기도 하였고, 왕이 사용하는 어궁으로 동궁과 동시를 쓰기도 하였습니다.**

동개궁

"동개궁筒介弓은 금단한 뒤에 과연 전과 같지 않은가? 시위 선전관에 대해 지금 활쏘기를 시험하고 싶다. 훈장訓將과 행수 선전관은 내려가서 시험을 감독하되, 체전體箭 각 2시矢를 발사하게 하고 화살이 100보를 넘지 않은 자는 모두 기록해 오라."…(중략)…"그동안 신칙한 것이 어떠했는데 기필코 소위 동개궁을 사용하여 80보도 쏠 수 없었는가? 그대들이 신칙한 하교를 유념하지 않은 죄는 중죄로 다스려야 마땅하지만 거듭 경계하는 뜻으로 우선은 참작하겠다. 만일 이후에 또 고의로 범하면 어찌 해당 형률을 면하겠는가."
- 『일성록』 정조 15년(1791) 4월 18일

동개궁筒介弓은 동개에 넣어서 가지고 다니며 말을 타고 달리면서 쏘는 데 쓰는 작은 활입니다. 18세기 동개궁이 유행하여 널리 쓰이게 되는데, 동개궁은 작고 약해 사정거리가 80보(101m)에 미달하는 것도 있을 정도였습니다. 이에 정조는 금령을 내려 동개궁 사용을 금하기도 합니다.
『조선의 궁술』에서는 동개궁을 전쟁에 쓴다고 하였으나, 국립민속박물관, 충장사, 로텐바움세계문화박물관에 소장된 동개궁들은 모두 얹은 활 길이가 60cm 내외로 매우 작고 대나무로 만들었으며, 고자 쪽에 붉은 칠을 한 동궁이었습니다. 모두 실제 사용하기엔 너무 작은 크기라 군장을 갖출 때 구색을 맞추기 위한 활이었다고 보는 것이 합당할 듯합니다.

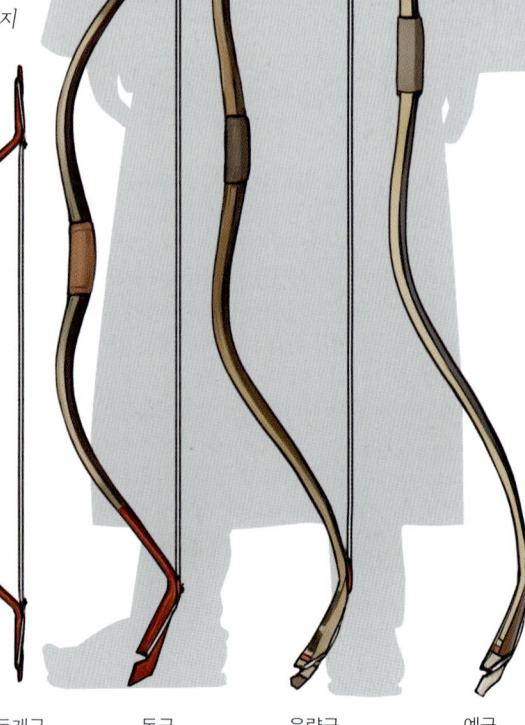

동개궁 | 동궁 『대사례의궤』 | 육량궁 연세대학교박물관 | 예궁

---

* 『조선의 궁술』 4. 궁시(弓矢)의 종류
** 『성종실록』 성종 8년(1477) 11월 2일 / 『대사례의궤』 物目秩

비각궁

목궁

"자비가 불가능한 자는 우선 견고하고 질긴 목궁을 사용하게 하되, 힘줄로 싸고 칠을 하며 활줄은 가죽을 쓰도록 하소서."
- 『문종실록』 문종 1년(1451) 8월 5일

목궁木弓은 나무로 만든 활입니다. 뽕나무 같은 탄성이 있는 나무로 만드는데, 나무만 쓰면 활의 세기를 강하게 하지 못하므로 보통 바깥에 힘줄을 대 만듭니다. 안쪽에는 대나무를 대기도 하고, 활채를 대나무로 만들기도 했는데, 이는 죽궁竹弓이라고 불렀습니다.*

목궁은 점화를 할 필요가 없으며 온도에 따른 세기 차이도 적었지만, 각궁에 비해 세기가 약해서 지방의 가난한 병사가 쓰거나 각궁을 쓰지 못할 때 쓰는 임시방편 정도의 역할을 하였습니다.

조선 후기 목궁의 쓰임은 더욱 적어졌는데, 『만기요람(1808)』의 오군영 목궁 수량을 보면, 목궁은 전체 활 38,124장 중 1,346장으로 매우 적은 것을 확인할 수 있습니다. 그중 924장은 죽궁, 222장은 회목궁檜木弓, 200장은 마채궁麻采弓으로, 목궁은 일반적으로 죽궁을 사용했음도 알 수 있습니다. 연세대학교박물관에는 안쪽에 2겹의 대나무를 대고 흑칠을 한 목궁 1점과 안쪽에 대나무, 바깥에는 힘줄을 댄 목궁이 소장되어 있습니다. 라이프치히 그라시민속박물관에는 뽕나무로 몸체를 만들고 힘줄을 감고 생 옻칠을 한 목궁이 1점 전합니다.

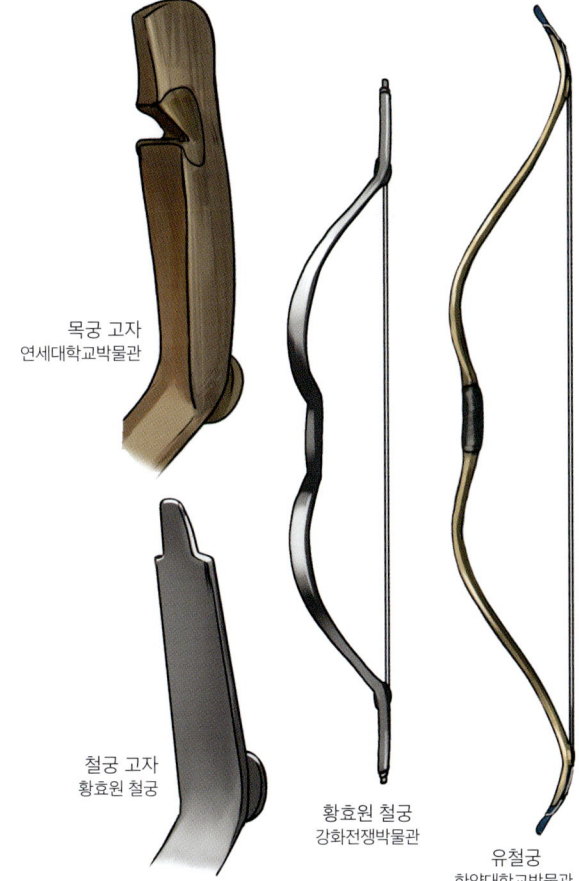

뽕나무 목궁
라이프치히 그라시민속박물관

힘줄을 댄 목궁
연세대학교박물관

목궁
육군박물관

목궁 고자
연세대학교박물관

철궁

철궁鐵弓은 철이나 놋쇠로 만든 활을 말하는데, 놋쇠로 만든 것은 유철궁鍮鐵弓이라고도 합니다. 단지 궁간弓幹만을 철로 만든 것은 철태궁鐵胎弓이라 하였다고 하나, 『조선의 궁술』에 실려있을 뿐 자세한 형태를 알긴 어렵습니다.

이런 철궁은 녹스는 것만 제외하면 다른 활에 비하여 보관하기가 매우 편리하였으나, 일반적으로 쓰이지는 못했습니다.

유물로는 강화전쟁박물관에 1627년 정묘호란 때 인조를 호종한 공신 황효원의 것으로 전하는 철제 철궁이 소장되어 있고, 한양대학교 박물관에도 유철궁이 1점 소장되어 있습니다. 로텐바움세계문화박물관에도 쇠뇌용 철궁이 하나 전합니다.

철궁 고자
황효원 철궁

황효원 철궁
강화전쟁박물관

유철궁
한양대학교박물관

*『문종실록』문종 1년(1451) 8월 5일 "用堅靭木弓, 布筋着漆絃用皮…" /
『중종실록』중종 16년(1521) 3월 10일 "以貢物馬筋, 着諸木弓…" /
『경모궁악기조성청의궤』품목질, 丁酉 三月 日, 竹弓

원거리 무기 | 17

시위 얹기

얹기 전 준비

활을 쓸 수 있는 상태로 만들기 위해서는 시위를 얹어야 합니다. 조선시대 일반적으로 활시위를 얹을 땐 먼저 손바닥으로 활의 위 아래를 문질러 따뜻하게 한 후 얹었는데, 만약 온돌방에 보관했거나 불을 쬐어서 활이 따뜻할 경우엔 반대로 조금 식힌 후 얹어야 했습니다.*

시위 얹기

활시위를 얹을 때에는 활의 모양을 잡아주는 도구인 도지개에 활을 묶어 얹기도 하였고, 보다 간편하게는 '무릎치기'로 활을 얹었습니다.
도지개를 사용할 때에는 강한 쪽인 줌통 쪽을 먼저 묶고, 앉아서 발로 활을 벌려 가며 무릎 위에서 약한 쪽을 묶어 주어야 합니다. 도지개를 다 묶은 후에는 무릎으로 눌러가며 활시위를 얹는데, 이때 활을 꺾는 각도에 주의하여 줌통이 너무 나오지도, 너무 들어가지도 않게 모양을 잘 잡아 주어야 합니다.
활을 여러 달 길들여 모양이 잡히면 무릎치기를 할 수 있는데, 도지개를 사용할 때와 비슷하되 무릎에 오금 부분을 걸치고 활을 휘는 것입니다. 이때도 각도에 주의하여 시위를 얹어야 합니다. 김홍도의 「활쏘기」와 같은 회화에서 이를 볼 수 있습니다.

불 보이기

각궁은 시위를 얹은 후에도 불을 보여야 하는데, 억센 곳은 불을 보이고 눌러서 풀어가며 활의 모양과 각도를 잡아주어야 하기 때문입니다. 불 보이기를 잘 해서 힘을 균일하게 내도록 해야 활이 망가지지 않고 오래 쓸 수 있습니다.**

도지개

도지개 채우기

시위 얹기

무릎치기

불 보이기

---

* 『임원경제지 유예지』 권1, 활쏘기 비결, 활시위 얹는 법 上弦法
** 류근원(2013), 각궁에 대하여, 국궁논문집 제8집 p125~126

보궁과 궁대

보궁

보궁保弓은 각궁을 얹은 후 각궁이 뒤집히지 않게 활을 잡아주는 것입니다. 특히 새로 만든 각궁은 불안정하여 충격을 받으면 저절로 시위가 풀리고 뒤집혀버릴 수 있기에 활을 쏘지 않을 때 보궁을 하여 활을 잡아줘야 합니다.

조선 초기에는 줌통에서 삼삼이 사이에 끈을 연결해서 보궁해 주는 방식이 사용되었는데, 『국조오례의』, 『세종실록 오례의』의 삽화에서 확인 가능합니다. 「원세조출렵도」에서도 비슷한 방식의 보궁이 확인되는데, 한 것도 있고 안 한 것도 있는 것을 볼 수 있으며, 태조 어궁으로 알려진 사진에도 확인되지 않는 바, 필수적인 부속은 아니었던 모양입니다.

조선 후기에는 삼지끈이라는 가락지 형태의 끈을 삼삼이와 현에 끼워 보궁하는 데 사용하였습니다. 활을 쏠 때에는 줌손의 하삼지下三指(중지,약지,소지)에 끼워 사용하였고, 활을 쏘지 않을 때는 활의 삼삼이에 끼워 보궁을 하였습니다.

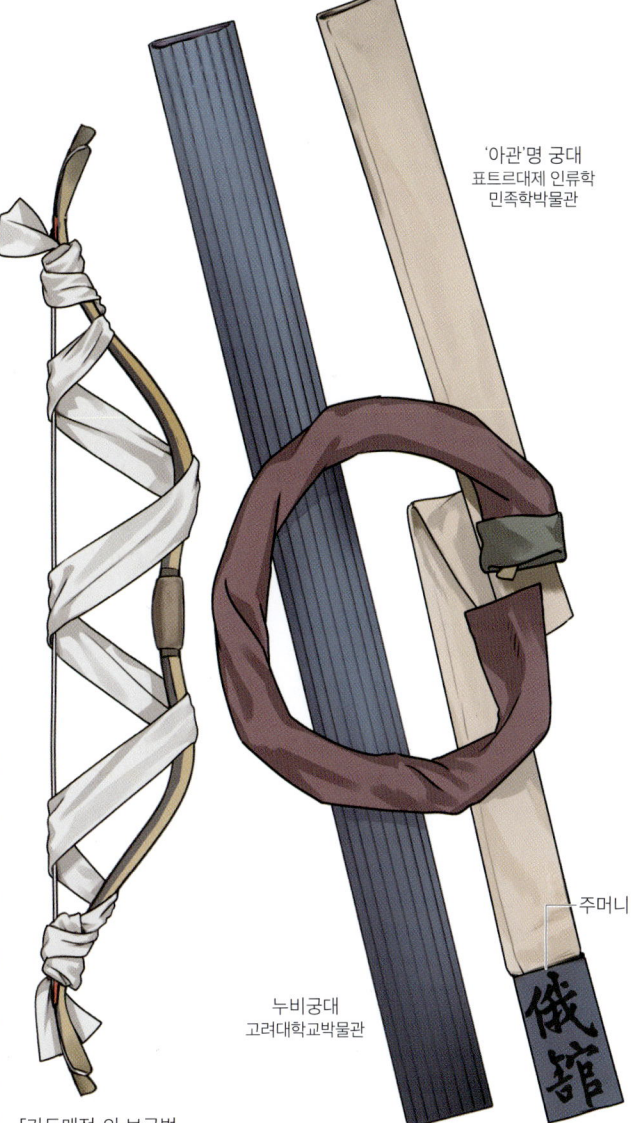

조선 초기 조선 후기

삼지끈

'아관'명 궁대
표트르대제 인류학
민족학박물관

누비궁대
고려대학교박물관

주머니

「가두매점」의 보궁법

궁대

궁대弓袋는 부린 활을 넣어놓는 긴 자루로, 평상시 활을 보관할 때 사용합니다.

궁대는 오늘날에도 계속 쓰이는데, 오늘날의 궁대는 220~230cm정도로 매우 긴 데 반하여 육군박물관, 고려대학교박물관, 표트르대제 인류학민족학박물관 등에 소장된 조선시대 궁대는 길이가 133~148cm 정도로 부린 활이 겨우 들어갈 길이입니다.

입구 반대편에 주머니가 달린 것도 있는데, 활 관련 잡다한 물건을 넣는 데 썼습니다. 오늘날에는 허리띠 대용으로 궁대를 쓰고 화살을 찰 때 화살촉 부분을 넣는 데 쓰기도 합니다.

오늘날 보궁하는 데 궁대를 쓰기도 하는데, 김홍도필 행려풍속도 중 「가두매점」에서도 궁대 혹은 끈으로 보궁한 모습을 볼 수 있습니다. 그 방법은 한쪽 삼삼이에 끈을 묶고 돌려 감아 반대쪽 삼삼이까지 와서 묶는 단순한 방식이었던 것으로 보입니다.

화살

"적이 멀리 있으면 편전을 쏘아야 하고, 가까이 오면 장전을 쏘아야 한다. 그리하여 각기 편리함을 좇는 것이 묘하지 않은가. 근래에는 병사들이 장전과 편전 두 가지를 모두 겸하여 쓰고 있으니, 우리나라 무비武備의 훌륭함은 옛날에 일찍이 없었던 것이라 하겠다…"
- 『병학지남연의(1798)』 권2, 원근겸수遠近兼授, 기계 편전

화살은 활로 쏘는 투사체로, 살이라고도 하며 한문으로는 시矢, 전箭이라 합니다. 조선시대에는 장전이라는 긴 화살과 편전이라는 짧은 화살을 주로 썼으나, 사냥, 수렵, 연습, 의장용으로 쓰는 다양한 화살이 있었습니다.

화살은 크게 살대, 촉, 오늬, 깃으로 구성되는데, 살대는 일반적으로 대나무로 만들어 3개 정도의 마디가 있습니다. 싸리나무로 만드는 경우 호시弧矢라고 하였고 대나무가 자생하지 않는 북방에서 이따금 쓰였던 것으로 보입니다.

촉은 목표물에 박히는 부분이자 화살의 무게중심을 앞으로 잡아주는 부속으로, 여러 가지 종류가 있었습니다. 촉과 슴베 부분으로 나뉘는데, 슴베 부분을 살대에 꽂고 힘줄로 감싸고, 위에 상사라고 하는 대나무 관을 끼워 마감하였습니다. 사이에 토리라는 고리를 끼우기도 합니다.

오늬는 시위의 절피에 물리는 나무 부속으로, 위는 갈라져 있으며 아래는 슴베가 있어 끼워 쓰도록 되어 있습니다. 오늬를 끼운 곳에는 복숭아나무 껍질인 도피桃皮를 씌웠는데 이를 오늬도피라고 합니다.

깃은 화살의 방향을 잡아주는 부속으로, 일반적으로는 꿩의 깃털, 경우에 따라서는 독수리의 깃털을 썼습니다. 보통 3개의 깃털의 위아래를 깃간도피로 묶어 달아주며, 깃 사이에 성명을 써서 누구의 화살인지 알 수 있도록 하는 것이 관례였습니다.

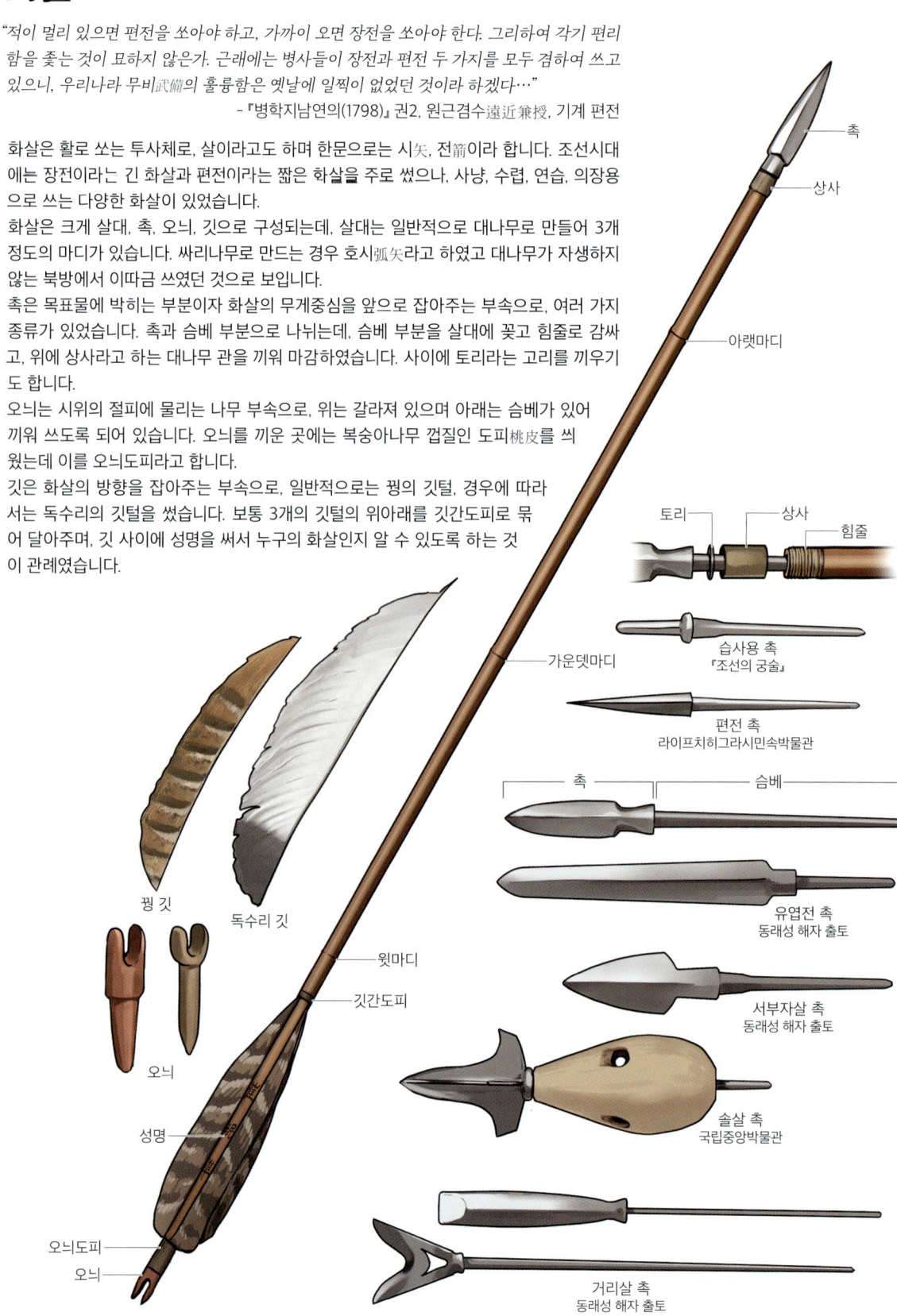

20 | 조선의 무비 · 장비편

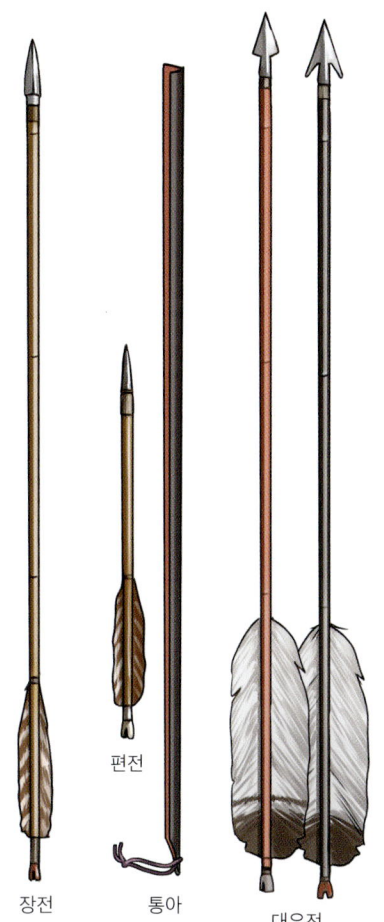

장전, 편전, 통아, 대우전

장전

장전長箭(마전磨箭)은 무게가 1냥~1냥6돈(40~64g)에 화살대는 3척8촌~4척(80~84cm), 촉은 1촌8푼(3.8cm)에 슴베가 1촌7푼(3.6cm)인 평범한 화살입니다. 촉이 버드나무 잎을 닮아 유엽전柳葉箭이라고도 하였는데, 무과 시험 과목명이기도 했습니다. 조선 후기엔 습사(연습)용 촉을 끼운 화살도 유엽전이라 부르게 됩니다. 습사용 촉은 늦어도 17세기부터 널리 쓰였는데, 전쟁에서는 쓸모가 없는데 시험에 쓰여 문제가 됩니다. 따라서 1669년 유엽전의 무게가 8돈(32g)이하인 것과 습사용 촉을 가지고 시험에 응시하는 게 금지됩니다.* 그러나 가벼운 화살과 습사용 촉은 조선 후기 널리 유행하였고, 20세기 쓰인 『조선의 궁술』에서는 당시 유엽전의 무게가 가벼우면 6돈(24g), 무거워야 1냥(40g)이었다고 서술하고 있습니다.

편전

편전片箭은 무게가 5돈(20g)에 화살대는 1척9촌5푼(41cm), 촉은 1촌8푼(3.8cm)인 짧은 화살로, 통아筒兒라는 대롱에 끼워 쏩니다. 편전은 짧고 가벼우므로 빠르게 날았고, 촉도 뾰족해서 갑옷을 뚫거나 멀리 날리기에 적합한 화살로 평가받았습니다.

대우전

대우전大羽箭은 큰 깃을 가진 화살로, 주로 가까운 거리에서 말을 타고 활을 쏠 때 쓰였습니다. 의장용으로 쓴 것은 동개살 혹은 미전尾箭, 사냥에 쓰는 넓은 촉을 쓴 것은 서부자살 혹은 비자전鈚子箭, 촉이 갈라진 것은 거리살居里箭이라 불렀습니다. 속이 비어 날아갈 때 소리가 나게 한 것은 솔살 혹은 초전哨箭이라 하였으며, 주로 사냥과 유희에 쓰였습니다.

석류화전

석류화전石硫火箭, 혹은 화전火箭은 불을 지를 때 쓰는 화살입니다. 길쭉한 화살촉 위에 화약을 천에 싸 묶고, 사용할 때가 되면 천에 작은 구멍을 내서 약선을 꽂아 불을 붙여 쏘았습니다. 『화포식언해』에 따르면, 화전엔 일반 화약이 아닌 염초와 유황을 더한 잘 타는 화약인 석류화약石硫火藥을 5돈(20g) 넣었다고 합니다.

목전

목전木箭(박두樸頭, 고도리)은 화살촉을 나무나 뿔, 뼈로 만들어 살상력을 줄인 화살로, 작은 동물을 사냥할 때나 연습에 사용하였습니다. 무과에서는 무게 8돈(32g)을 기준으로 하여 멀리 쏘는 것을 시험하였습니다.

철전

철전은 촉이 6냥(240g), 전체 무게는 8냥(320g) 되는 무거운 화살로, 육량전六兩箭이라고도 불렀습니다. 육량궁을 당겨서 힘을 기를 때와, 무과에서 멀리 쏘는 것을 시험하였습니다.

후전

후전帿箭은 천으로 된 과녁인 솔(후帿)에 쏘는 화살로, 목전보다 더 큰 촉을 사용하여 천이 상하는 것을 막았습니다.

---

* 『승정원일기』, 현종 10년(1669) 3월 5일
** 수치는 『국조오례의서례』의 것을 사용하였고, 무과의 기준은 『속대전』을 참고하였다. 화살 명칭은 『노걸대언해(1670)』의 이름을 참고하였다.

석류화전, 목전, 철전, 후전

전통

전통

전통箭筒은 화살을 넣어두는 통으로, 화살 수십 개가 들어가는 좁고 긴 통입니다. 조선시대 개인적으로 화살을 보관하거나 휴대할 때는 이런 전통을 사용하였습니다.
대개는 가지고 다니기 편하도록 멜빵을 달아 멜 수 있도록 하였고, 평소에 화살을 넣어 보관히디가 활을 쏘러 활터에 갈 때 가져가서 화살을 빼 썼습니다.
전통은 활을 쏘는 사람은 대다수가 쓰는 물건이었으므로, 그 재료와 만듦새도 다양하여 나무, 대나무, 지승. 종이 등의 재료가 사용되었고, 입구에 경첩을 달아 열고 닫게 한 것도 있었습니다.

나무 전통

대나무 전통

지승 전통

종이 전통

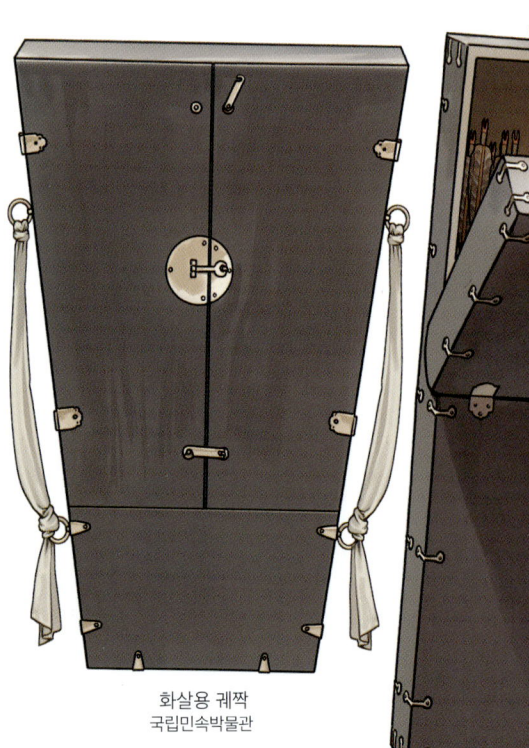

화살용 궤짝
국립민속박물관

화살용 궤짝
육군박물관

화살용 궤짝

"그 제도는 군기고軍器庫에 긴 구들을 만들고 매 칸마다 각각 큰 궤짝을 놓았는데 …(중략)… 병기를 거기 저장해 둘 때는 활은 반드시 활시위를 풀어서 눕혀두고, 화살은 전부 나란히 세워 두되 화살촉이 본판(아래) 쪽을 향하게 하였으며…"
- 『중종실록』 중종 9년(1514) 10월 13일

군대에서 화살을 대량으로 보관할 때는 궤짝을 사용하였는데, 국립민속박물관과 육군박물관에 화살용 궤짝이 남아 있습니다. 보통 화살촉이 아래를 향하게 두었으며, 등에 메도록 고리가 달린 것도 있습니다.

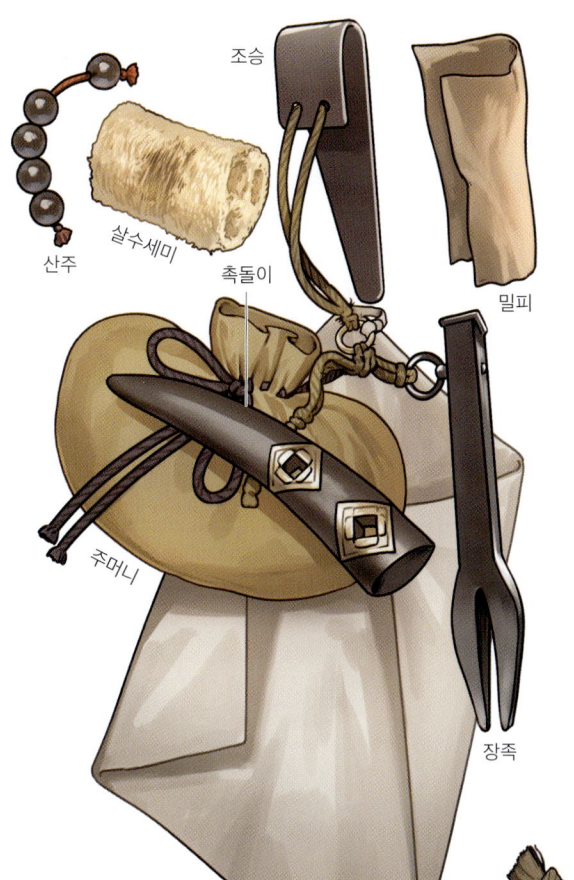

화살의 부속 장구

조승

조승은 주머니와 촉돌이, 살수건을 연결한 걸쇠로, 쇠나 뿔로 만들었고, 한쪽에 부속 장구를 끈으로 연결했습니다.
다른 부속장구를 연결한 조승은 전통의 고리나 허리띠 등 적당한 곳에 꽂아두어 필요할 때 부속 장구를 빼서 쓰도록 했습니다.

살수건

살수건은 화살을 닦는 수건으로, 부피가 커 조승에 직접 달아 썼습니다.

주머니

조승과 연결된 주머니에는 작은 부속 장구를 가지고 다녔는데, 시위에 밀랍을 바르는 데 쓰는 밀랍을 바른 헝겊인 밀피, 화살의 때를 닦는 수세미인 살수세미, 화살을 쏜 횟수를 세는 구슬인 산주가 들어갔습니다. 활은 보통 1순에 5번을 쏘므로, 산주는 5개의 구슬로 이루어져 있을 것입니다.

장족

장족은 노루의 발을 닮은 갈라진 쇠로, 과녁에 박힌 화살촉을 뽑을 때 쓰는 것입니다.
장족을 쓸 때는 갈라진 곳 사이에 화살을 끼워 지레처럼 써 화살을 뽑았으며, 어렵다면 장족망치라는 망치로 두드려 뽑기도 했다고 합니다.

촉돌이

촉돌이는 화살촉을 뽑거나 박을 때나, 촉의 각도를 교정할 때 쓰는 도구입니다. 촉돌이는 주로 뿔이나 뼈로 만드는데, 다른 부속 장구와 비교해도 정말 자주 쓰는 기구여서 오늘날에도 다양한 모양새의 촉돌이가 많이 전합니다.
촉돌이를 쓸 때는 촉돌이에 난 구멍에 화살촉을 끼우고 움직여 꺾인 촉을 교정하거나, 흔들어서 빼거나, 눌러서 촉을 박는 데 썼습니다.

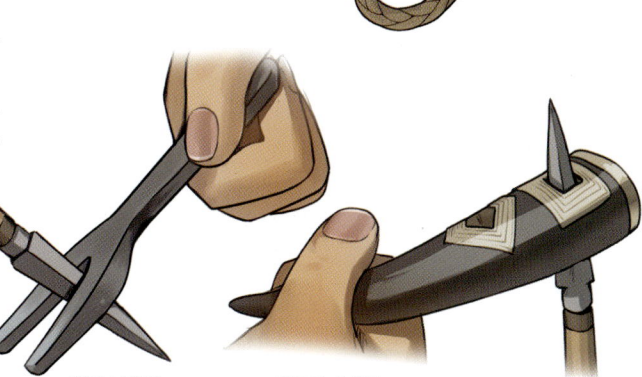

촉돌이
국립민속박물관

장족 사용법 · 촉놀이 사용법

화살 패용법

걷거나 말을 타면서 활을 쏘려면 먼저 화살을 패용해야 합니다. 조선시대에는 띠를 사용한 간편한 방법을 사용하여 화살을 패용하기도 하였고, 동개를 쓰기도 하였습니다.

띠를 허리에 차고 화살 끼우기

보시 때에 간편하게 활을 쏠 때는 동개 대신 띠에 화살을 끼워 쓰기도 하였습니다. 「사인사예」, 「활공부허고」 등의 회화에서 그 예를 확인 가능합니다. 『대사례의궤』에서는 관복 차림에 화살을 찰 때 품대 아래 전대를 차고 화살을 끼워 사용하였다고 하며, 오늘날에는 활을 넣는 궁대를 허리에 차고 화살을 끼워 사용하기도 합니다.

띠를 다리에 차고 화살 끼우기

말 위에서 활을 쏠 때는 띠를 다리에 차고 화살을 끼워 쓰기도 했습니다. 19세기 후반 김준근의 「무과시장」에서 확인되는 방식이나, 앞선 시기 「북새선은도(1664)」의 무과 묘사에서는 제대로 동개를 차고 시험을 보는 모습이 그려져 있어, 일반적으로 사용된 방식은 아니고 동개가 없을 때에나 사용하였던 방식으로 보입니다.

허리띠에 화살 끼우는 방식

허리에 화살 차기
「사인사예」

다리에 화살 차기
「무과시장」

다리 띠에 화살 끼우는 방식

동개

> "…사수射手가 동개를 등에 짊어진 일은 참으로 한심하지만 이는 원래 보군이 마군처럼 동개를 허리에 차면 걷기 어렵기 때문에 등에 짊어지는 것입니다. 이는 형편상 그렇게 하지 않을 수 없습니다."
> — 『승정원일기』 영조 15년(1739) 6월 1일

동개는 활과 화살을 허리에 패용하기 위한 기구로, 활을 넣는 것은 활동개(궁대弓袋, 궁건弓鞬), 화살을 넣는 것은 살동개(시복矢服, 복복箙)라 하였습니다.

조선 초기 '동개'는 통처럼 생긴 살동개를 말하는 용어였으나, 조선 후기 활동개와 살동개를 아우르는 단어가 됩니다. 여기서는 혼란을 막기 위해 활동개와 살동개의 통칭으로 동개를 쓰되, 조선 초기의 동개를 '통개'라 구분하여 부르겠습니다.*

13세기 동개 「몽고습래회사」

조선 초기 동개 태조 어궁구

2점식 (조선 초기)

3점식 (18세기)

18세기 동개

19세기 동개

4점식 (19세기)

바깥면 / 안쪽면

동개 패용

동개는 대개 끈을 달아 허리띠에 연결합니다. 활동개는 짧은 끈 1개를 써서 연결하지만, 살동개는 시대에 따라 연결 방식에 차이가 있었습니다.

조선 초기 살동개는 끈을 2개 다는 2점식 살동개가 쓰입니다. 대개 뒤로 가게 찼으나, 「몽고습래회사」 같은 회화에서는 앞으로 오도록 찬 예도 보입니다.

18세기부터는 3점식의 뒤로 가는 살동개가 쓰이며, 활동개는 앞으로 향하게 됩니다. 이는 「동국신속삼강행실도」 등의 삽화에서 확인 가능합니다. 19세기엔 화살이 수직으로 서는 4점식 살동개가 쓰입니다.

---

*『역어유해(1690)』에서는 궁전살대弓箭撒帒를 '궁대동개'라 번역하였고, 궁채대弓鞾帒를 '활넣는 동개', 전채대箭鞾帒를 '살넣는 동개'로 번역하였다.

조선 초기의 동개

"첩개貼箇, 통개筒箇는 모두 화살통矢筒인데, 첩개는 모양이 좁아서 대략 궁건弓鞬과 같고, 통개는 둥근 형태로서 죽통竹筒과 같다."
- 『세종실록』 세종 15년(1433) 3월 6일

"통개는 갑옷 위에 차기 불편하니 첩개를 함께 사용하되…"
- 『성종실록』 성종 22년(1491) 5월 4일

"이 도(평안도)의 사람들은 적과 싸울 때 기병이 아니어도 첩개를 차서, 험한 깃을 개의치 않고 산판山坂을 오르내리면서 추격합니다…"
- 『중종실록』 중종 25년(1530) 1월 29일

조선 초기엔 모양이 둥글고 대나무 통과 비슷한 통개筒箇와, 모양이 좁고 활동개와 비슷한 첩개貼箇, 2종의 살동개가 쓰였습니다.

조선 초기에는 통개를 더 많이 썼던 것으로 보이는데, 1433년에는 군사와 무관이 구별 없이 모두 통개를 차니 모양새가 좋지 않다 해서 당상관 이상은 통개를 차고, 아래는 첩개를 차되, 나라에서 첩개를 만들어 주는 조치가 내려진 바 있으며,* 1491년 신해북정 때는 갑옷에 동개를 차기 불편하니 첩개를 차라는 명령이 내려지기도 하였습니다. 이상의 기록에 비추어 보면, 통개는 주로 고위급 무관과 보병, 첩개는 주로 하급 무관이나 기병, 갑옷을 입은 사람이 차며, 첩개가 더 민첩한 무장으로 취급받았던 것으로 보입니다.

대우전

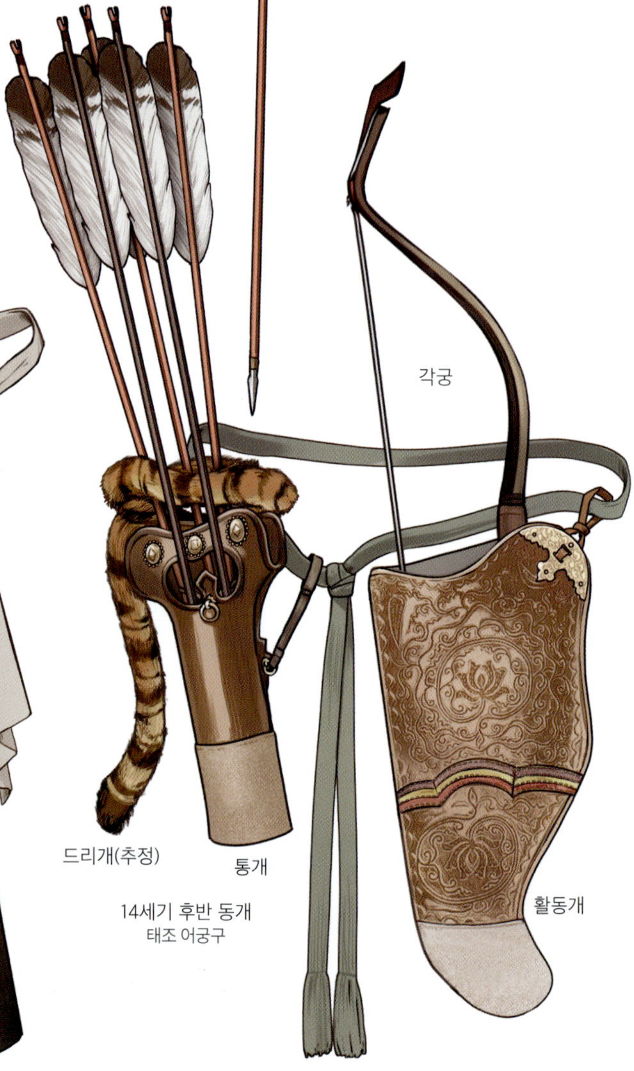

각궁

연결 끈

통개
육군박물관

13세기 후반 통개
「몽고습래회사」

드리개(추정)

통개

14세기 후반 동개
태조 어궁구

활동개

*『세종실록』 세종 15년(1433) 3월 6일

통개

통개는 대나무 통처럼 생긴 원통형 화살통인데, 13세기 후반 여몽연합군의 일본 원정을 그린 「몽고습래회사」에서 화살이 다 들어가고 촉이 위로 오는 긴 통개가 사용된 예를 볼 수 있습니다. 14세기 후반의 태조 이성계 동개 사진에서는 화살이 반쯤 들어가는 통개를 확인할 수 있습니다.

통개와 첩개에서는 대개 가운데에 구멍이 난 경우를 많이 볼 수 있는데, 조선 초기 살동개는 후기의 것처럼 보조 주머니가 없는 대신 그 구멍으로 편전이나 특수한 화살을 꽂아 썼던 것 같습니다. 동개 안에는 안쪽 면과 바깥쪽 면을 연결하는 끈이 있는데, 살동개가 너무 벌어지는 것을 막음과 동시에 화살이 마구 섞이는 것을 막았던 부속으로 보입니다.

대만 국립고궁박물원 소장 「명현종마상상축」 등 인접지역의 회화에서는 살동개에 동물의 꼬리를 드리우고 화살 사이에 끼워두어 흔들림을 방지하는 예를 볼 수 있습니다. 『세종실록 오례의』, 『국조오례의서례』의 삽화에서도 꼬리나 말총으로 보이는 드리개가 첩개 뒤에 2개 달린 것을 확인할 수 있는데, 조선에서도 동물의 꼬리로 된 드리개가 쓰였음을 어렵지 않게 유추할 수 있습니다.

첩개

첩개는 활동개와 닮은 형상의 좁은 화살통인데, 활동개와 비슷한 모양새의 첩개가 국립고궁박물관에 2점 소장되어 있습니다. 『세종실록 오례의』, 『국조오례의서례』의 「궁대시복」 삽화에도 가죽을 접어 만들고 선을 댄 것으로 보이는 첩개가 그려져 있습니다.

활동개

이 당시 활동개의 형태는 후대의 것에 비하여 금속 장식이 덜 있었으며, 대부분 자료에서 연꽃 그림을 그렸던 것으로 묘사됩니다. 형태에 있어서는 활의 절반이 들어가게 만든 주머니 형태가 많아 큰 특징이 없으나, 『세종실록 오례의』 삽화에서는 아래쪽이 뚫려서 아래쪽 고자가 노출되게 만든 활동개도 확인할 수 있습니다.

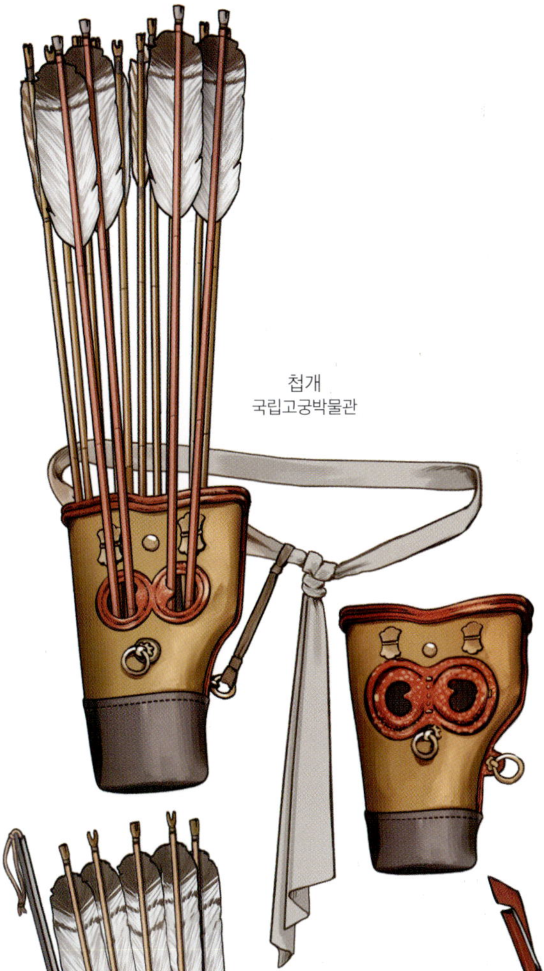

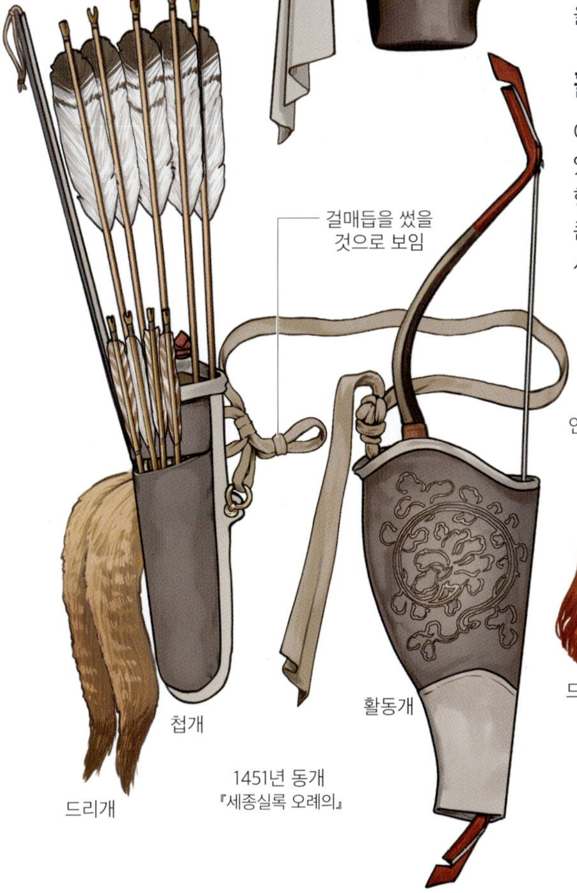

원거리 무기 | 27

조선 후기의 동개

"지금 무사들은 시복 옆에 작은 주머니小房를 부착하고, 편전 5매를 기름종이로 싸서 꽂으며 통아도 곁에 꽂는다. 매번 칙사를 맞이할 때는 편전과 통아를 같이 삽입하지 않으니, 그들이 아는 것을 꺼리기 때문이다."
— 『오주연문장전산고』 인사편, 기예류, 사예변증설

조선 후기에는 동개의 제도가 변하여 살동개에서 통개를 찾아보기 어렵게 되고 첩개만 남아 쓰입니다. 또 가운데의 구멍이 없어지는데, 대신 작은 보조 화살집을 추가로 달아 장전과 편전을 구분해 넣었습니다. 병사들은 대개 장전 20개, 편전 15개와 통아를 꽂았으며, 무관들은 수기, 등채를 더하고 화려한 동개살을 꽂아 동개를 꾸몄습니다.*

활동개에는 그림을 그리는 경우는 줄어드나 가선을 두르는 장식이 더 많이 쓰이고, 금속 장식도 더 많이 쓰이게 됩니다. 또 고리를 달아 수건을 매달기도 하였습니다.

가선은 가죽 혹은 녹색 바탕에 자주색-노란색-홍색의 선을 두르는데, 대부분의 유물이 동일하여 일종의 상례였던 것으로 보입니다.

드리개의 경우 직물이나 가죽을 쓰는 것으로 변하며, 드리개의 숫자도 늘어납니다. 18세기경 작성된 것으로 보이는 『궁도강좌』 부록 「조선의 궁시」의 동개 삽화에서는 드리개가 1개에 불과하지만 19세기의 유물과 삽화들에서는 드리개가 3개로 늘어나며, 그 길이와 너비도 커집니다.

조선 후기 동개의 띠고리

조선 후기의 동개는 대개 허리띠에 금속으로 된 걸고리나 띠고리를 달아 찼습니다. 걸고리는 현전하는 유물은 없으나, 『궁도강좌』나 『진연의궤』의 삽화에서 확인 가능하기 때문에 18세기부터 19세기까지 쓰인 것이 확실합니다.

현재 허리띠가 온전하게 남아 전하는 유물은 대부분 띠고리로 고정하는 유형으로, 띠고리는 19세기 널리 쓰였던 것으로 보입니다.

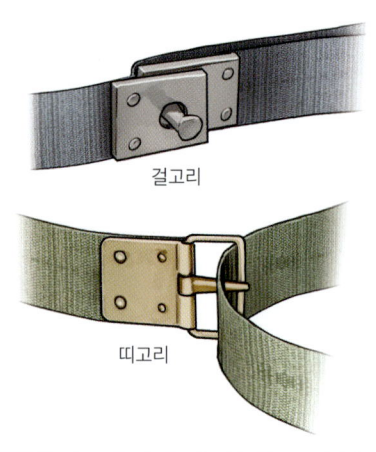

걸고리

띠고리

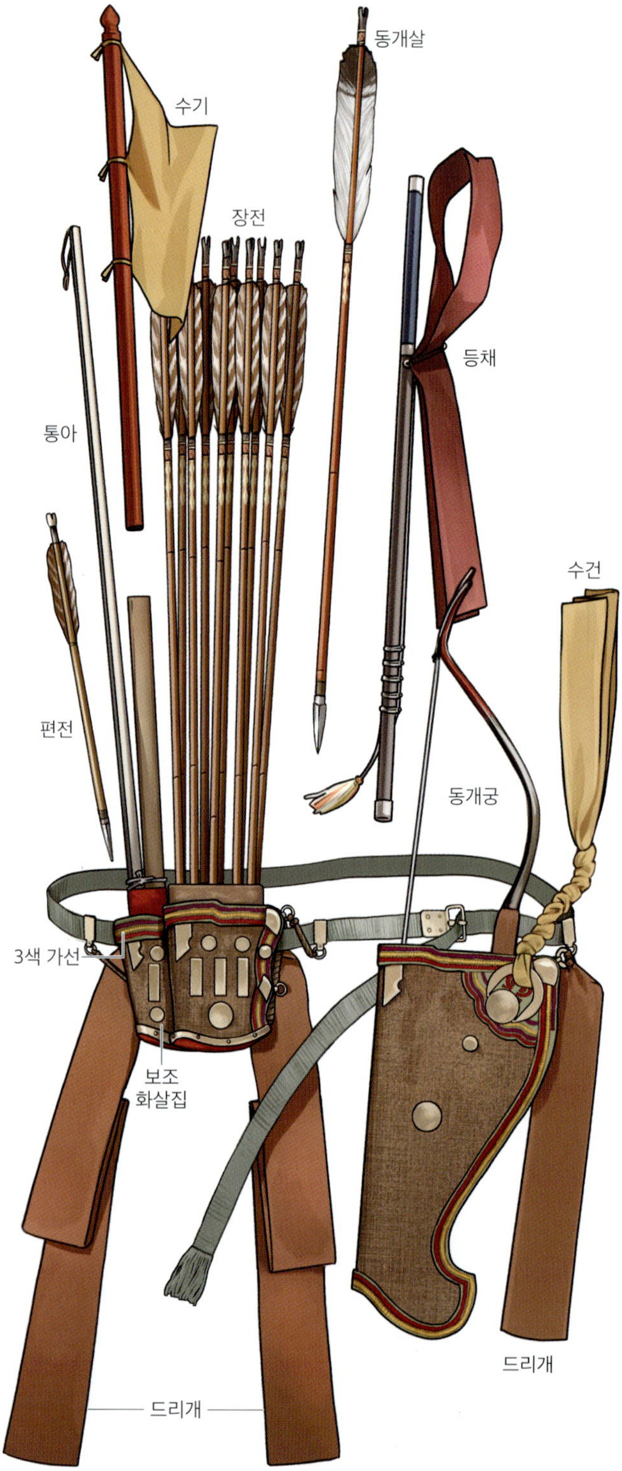

금위영 교련관 절충 신도준 동개
라이프치히그라시민속박물관

*『만기요람』, 軍政篇 2, 訓鍊都監, 軍器, 馬軍

조선 후기 동개의 변천

조선 후기의 동개도 시기에 따라 생김새에 차이가 있는데, 18세기경 쓰인 것으로 보이는 『궁도강좌』의 동개를 보면, 활동개는 평범한 활이 들어갈 수 있는 크기이며, 살동개도 상하 너비가 1척3촌7푼(29cm)으로 후대의 것보다 깁니다.** 국립진주박물관에 이와 유사한 크기인 상하 너비 27.8cm의 동개가 소장되어 있습니다.

19세기에 이르러서는 동개가 점점 작아지는데, 활동개는 평범한 활이 아니라 매우 작은 동개궁이 들어갈 수준으로 줄어들며, 살동개는 상하가 11~12cm로 촉만 겨우 들어가 기름종이로 싸서 넣어야 하는 수준으로 작아집니다. 그에 반해 드리개나 잡다한 장식은 더 커져서 사실상 전투에 쓸 수 없는 수준이 됩니다.

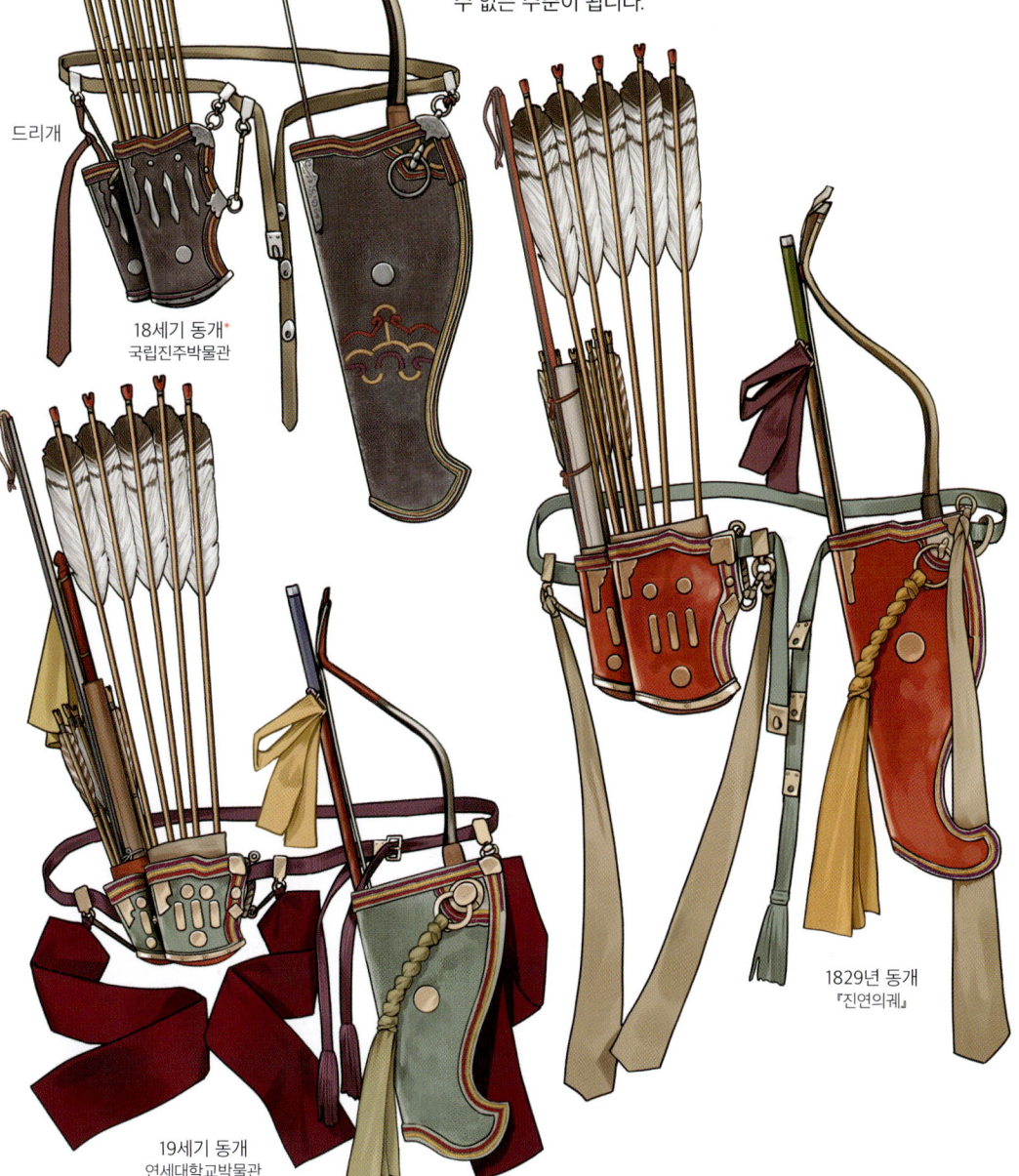

드리개

18세기 동개*
국립진주박물관

19세기 동개
연세대학교박물관

1829년 동개
『진연의궤』

*해당 유물은 드리개와 띠가 남아있지 않으나, 『궁도강좌』 제4권, 부록 조선의 궁시의 동개 삽화를 참고하여 추정하였다.
**이찬우(2014), 『弓道講座』에 보이는 朝鮮의 弓矢, 한국체육사학회지 제19권 제2호 59~73p

소매 정리법

조선시대의 옷은 소매가 아주 넓고 긴 경우가 많아, 소매를 정리하지 않고 활을 쏘는 경우 옷을 상하게 할 염려가 있고, 자칫 현에 맞을 수도 있습니다. 따라서 소매를 정리하는 것이 필수적인데, 그중에서도 팔찌는 활쏘기를 묘사한 회화에서 빠지지 않는 가장 대표적인 소매 정리 방식이었습니다.

조선 초기의 팔찌

조선 초기 팔찌는 습拾이라고도 하였으며, 끈과 고리가 3개씩 달려서 단순히 고리에 묶고 조여주면 되는 단순한 방식이었습니다.
『국조오례의서례(1474)』엔 아무런 문양 없는 가죽으로 만든 단순한 팔찌만 그려져 있으나, 『악학궤범(1493)』에는 홍금비구紅錦臂韝라는 화려한 문양의 팔찌가 수록되어 있어, 실제로는 더 다채로운 양상의 팔찌가 쓰였을 수도 있겠습니다.

팔찌
『국조오례의서례』

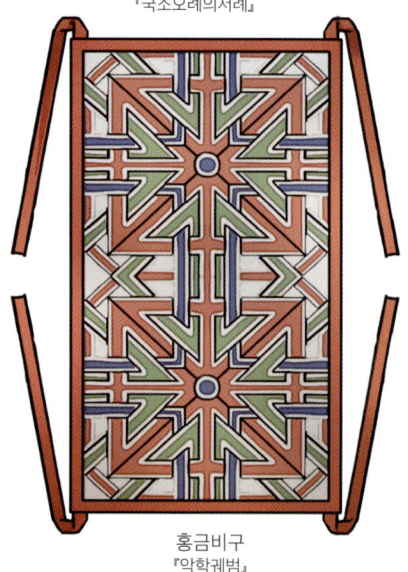

홍금비구
『악학궤범』

완대

팔찌
육군박물관

팔찌
『대사례의궤(1743)』

팔찌
육군박물관

조선 후기의 팔찌

주서가 『오례의』 도권과 『대명집례』를 가지고 들어와서 웅후, 깍지決, 팔찌拾, …(중략)… 의 제도를 상고했다.
상이 이르기를,
"깍지와 팔찌의 모양은 지금 쓰는 것과 달라 활쏘기에 불편하겠다."
- 『승정원일기』 영조 19년(1743) 3월 28일

조선 후기 팔찌는 뿔이나 뼈로 된 고리를 여러 개 달아주어서 끈을 한 번만 묶어도 되도록 간편하게 바뀌었고, 또 팔꿈치 쪽에 완대를 두어 둘러 묶도록 해서 더 강하게 고정하도록 한 것도 있습니다.
조선 후기에는 수수한 팔찌도 많이 썼지만 화려하게 자수를 하는 경우가 많았는데, 오늘날까지도 화려한 문양의 팔찌가 여럿 남아서 전하고 있습니다.

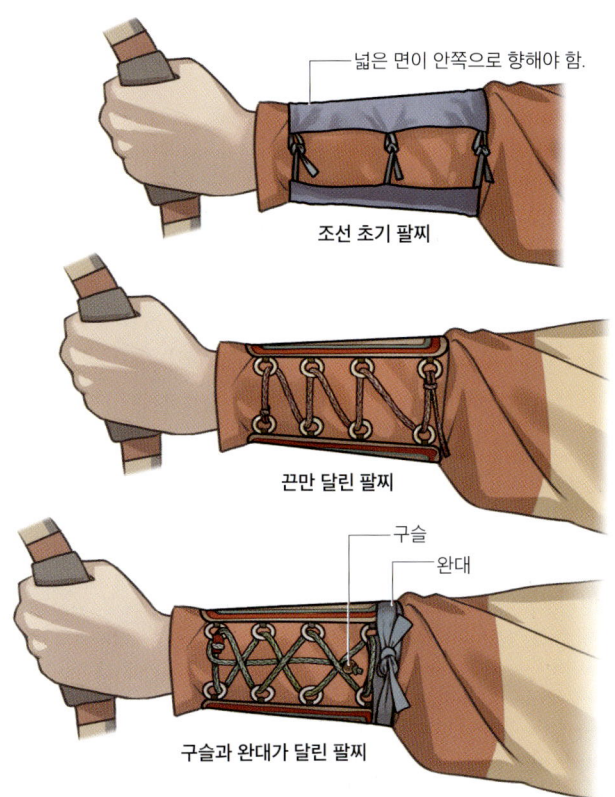

조선 초기 팔찌 — 넓은 면이 안쪽으로 향해야 함.

끈만 달린 팔찌

구슬과 완대가 달린 팔찌 — 구슬, 완대

팔찌 차는 법

조선 초기의 끈과 고리가 3개씩 달린 팔찌는 단순히 고리에 묶고 조여주면 되는 단순한 방식이었습니다. 한 손으로 매야 하는 팔찌의 특성상 걸매듭 방식이 쓰였을 것으로 보입니다.

조선 후기의 팔찌는 회화로 보았을 때 사선과 직선을 번갈아 가며 조이는 경우가 있고, 신발 끈처럼 십十자로 교차되게 조이는 경우가 있었는데, 어떤 방식이든 걸매듭으로 마무리 지었을 것으로 보입니다.

구슬이 달린 팔찌는 끈을 고리에 통과시키기가 어려우므로 다른 방식이 쓰였을 것으로 보이는데, 교차된 끈 아래로 구슬을 통과시켜 고정했을 것으로 보입니다.

완대가 달린 팔찌의 경우 「사인사예」, 「계변가화」 등의 회화에서 그 사용례를 확인할 수 있는데, 팔찌를 차고 완대를 한 번 더 묶어 주어 팔찌가 흘러내리는 것을 막았던 것으로 보입니다.

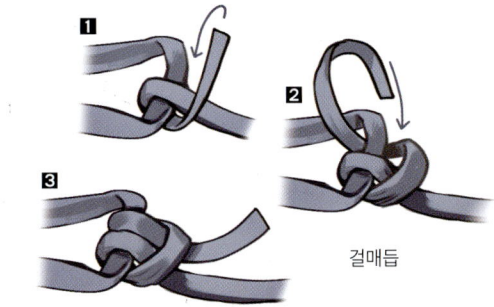

걸매듭

끈 묶기

팔찌가 없는 경우 끈을 묶어 소매를 정리하기도 하였는데, 그러한 예를 잭 런던 사진첩에 실린 궁사들의 사진에서 볼 수 있습니다.

이런 방식은 팔찌보다 많이 불편했을 것이므로 조선시대에 쓰인 예를 찾기는 어렵지만, 활쏘기가 취미가 된 20세기에는 '메뚜기'라는 부속을 달아 간편하게 한 넓은 끈인 '메뚜기팔찌'가 널리 쓰이기도 합니다.

토시

가을과 겨울 방한용으로 쓰는 토시를 활을 쏠 때 소매를 정리하는 데 쓰는 경우도 있었는데, 겨울에 주로 쓰였을 것으로 보입니다. 토시를 쓴 예도 개항기 사진에서 여럿 확인할 수 있습니다.

비수

당연하지만 갑옷의 구성 품목인 팔뚝을 가리는 부속인 비수臂袖를 착용했을 때는 팔찌를 착용할 일이 없습니다. 비수가 없는 갑옷을 착용했을 때는 팔찌를 썼을 것이고, 현전하는 유물 중에는 비수가 없는 갑옷이 대부분입니다.

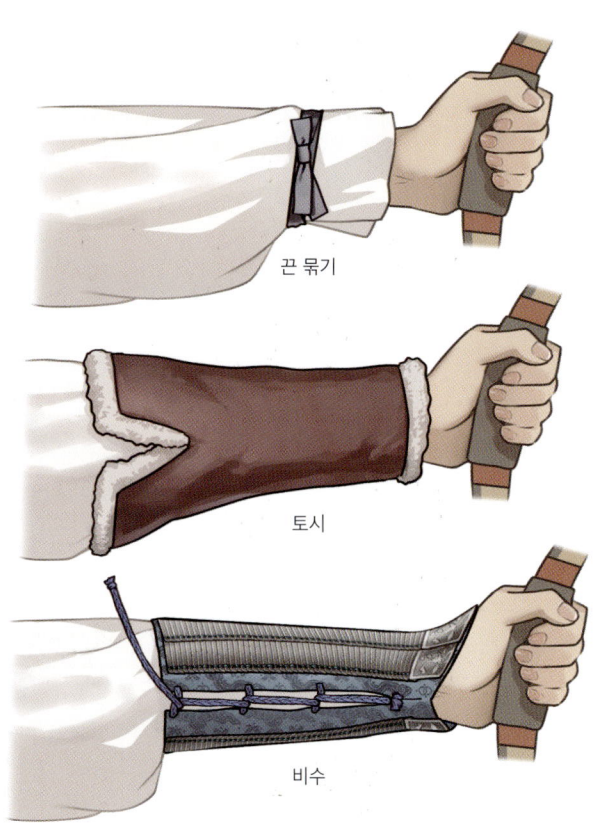

끈 묶기

토시

비수

원거리 무기 | 31

소매 떼기

군사 복식으로 착용된 철릭과 방령의 등의 의복은 단추를 달아 소매를 떼고 붙일 수 있도록 만든 예가 많습니다. 그렇게 하면 소매가 넓고 길더라도 평소엔 그냥 쓰다가 활동을 할 때는 떼서 활동적인 옷으로 만들 수 있으므로, 조선시대에 널리 쓰였습니다. 소매를 떼내면 소매를 어디 넣어서 보관하거나 가지고 다니기 불편한데, 「원세조출렵도」 등의 회화를 보면 단추를 반 정도만 떼서 팔을 빼고 한쪽은 붙여서 매달아 놓고 다니기도 했음을 알 수 있습니다.

소매 접기

소매를 떼지 못하게 만들어 놓은 옷도 많이 있는데, 특히 조선 후기 군복의 경우가 그렇습니다. 군복은 철릭에 비하여 소매가 좁은 경향이 있긴 하지만, 활동을 할 때는 불편할 수 밖에 없습니다. 이런 경우 소매를 접어 올렸는데, 1890년 찍힌 사진에서 그 예를 확인할 수 있습니다.*

*백은영, "[사진으로 보는 역사] 역사 속 군인 (7)", 천지일보, 2019.03.23. (https://www.newscj.com/news/articleView.html?idxno=613801) 검색일 2024.06.23.

활쏘기의 부속장구

활과 화살을 준비하고 자세를 가다듬어 시위를 올려도, 활쏘기에 필요한 부속 장구가 없으면 활을 당기기도 어렵습니다.

활쏘기에 쓰는 부속 장구는 활을 잡는 손인 줌손에 끼는 활장갑, 삼지끈, 팔찌가 있고, 시위를 당기는 손인 깍지손 엄지에 끼는 헐겁지와 암, 숫깍지가 있으며, 검지에 끼는 삼지가 있습니다. 대개 깍지손이 오른손이면 우궁, 왼손이면 좌궁이라 하여 구분합니다.

깍지나 헐겁지는 활을 당기는 데 쓰는 것으로, 활을 쏘는 데 없어서는 안 될 부속장구입니다.

활장갑

활장갑은 철전을 쏠 때 쓰는 장갑으로, 엄지손가락의 고리에 화살을 걸어 쏩니다. 철전 외에 다른 화살도 물론 활장갑의 고리에 넣어서 쏠 수 있지만, 고리에 끼워서 쏘면 고자채기 같은 기술을 쓰지 못하기 때문에 철전 외에 다른 화살을 쏠 때 활장갑을 쓰지는 않았을 것으로 보입니다.

철전은 무과의 시험 과목이며 힘을 기르기 위해 수련하는 일이 많았으므로, 활장갑은 한량이 항상 허리에 차고 다니는 물건이었습니다. 김홍도의 「기방쟁웅」, 「가두매점」 등 조선 후기 풍속화에서 묘사되는 한량은 십중팔구 활장갑을 허리에 차고 등장합니다.

헐겁지

헐겁지는 활을 당길 때 엄지에 끼우는 가죽제 골무입니다. 골무에 손목에 매는 끈이 달린 형태라 걸리는 것이 없으므로, 깍지에 비해 다른 무기를 다루기 편했을 것입니다.
조선 초기엔 헐겁지를 결決이라 하며 널리 썼으나, 조선 후기에는 헐겁지가 쓰이지 않아 깍지를 결이라 하게 됩니다.*

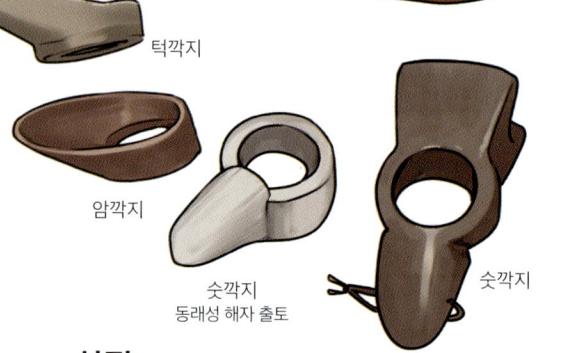

헐겁지
『세종실록 오례의』

턱깍지

암깍지

숫깍지
동래성 해자 출토

숫깍지

깍지

"지금 나무 위에 무거운 갑옷을 걸고 두 사람을 나란히 세워놓고 숫깍지有舌와 암깍지無舌를 채워 같이 한 곳에 쏘도록 한다면, 필시 숫깍지는 뚫으나 암깍지는 뚫지 못할 것입니다…"
- 『승정원일기』 숙종 5년(1679) 12월 5일

깍지角指는 활을 당길 때 엄지에 끼우는 가락지입니다. 보통 뼈나 뿔로 만들었으며, 튀어나온 혀에 시위가 걸리는 숫깍지, 엄지에 시위가 걸리는 암깍지, 턱이 진 암깍지인 턱깍지가 있습니다.
조선 초기부터 17세기까지는 숫깍지가 널리 쓰이나, 다른 무기를 사용하기 불편하다는 단점 때문에 1656년에는 숫깍지의 사용이 금지되기도 합니다. 그러나 강한 활을 쏘는 데에는 숫깍지가 가장 좋았기 때문에, 1679년 도로 금령이 풀립니다.**
이후에는 오늘날과 비슷하게 초심자는 숫깍지, 숙련자는 암깍지를 사용하는 문화가 정착되었습니다.***

삼지

삼지三指는 깍지손의 검지에 끼우는 골무로, 헐겁지와 비슷하게 생겼으나 앞이 막혔고 위에 끈이 달렸으며, 숫깍지와 같이 쓰는 것입니다.***
『광재물보』에서는 주극삼朱極三을 곧 삼지라고 하였는데, 주극삼은 중국에서 깍지손의 검지, 중지, 약지 세 손가락에 끼우는 장갑을 말합니다.**** 삼지가 이에 영향을 받아 생긴 것인지는 확실하지 않지만, 조선 후기 널리 쓰인 것은 분명합니다.

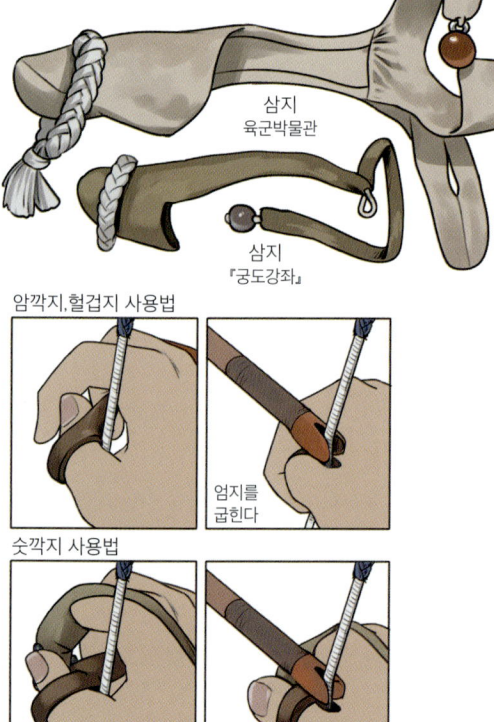

삼지
육군박물관

삼지
『궁도강좌』

암깍지, 헐겁지 사용법

엄지를 굽힌다

숫깍지 사용법

엄지를 편다

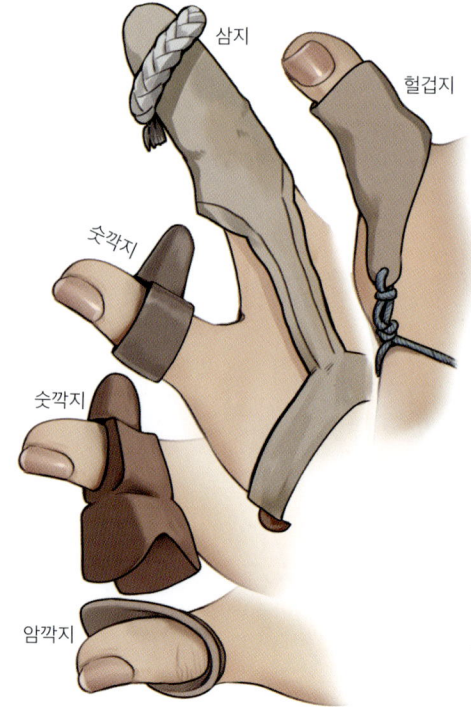

삼지

헐겁지

숫깍지

숫깍지

암깍지

---
*『국조오례의』의 도설에서는 決을 헐겁지로 그리고 있으나, 『대사례의궤』에서는 깍지로 그리고있다.
**『승정원일기』 효종 7년(1656) 8월 24일 / 『승정원일기』 숙종 5년(1679) 12월 5일
***이찬우(2014), 『弓道講座』에 보이는 朝鮮의 弓矢, 한국체육사학회지 제19권 제2호 68p
****『고금도서집성』, 經濟彙編, 戎政典 제279권, 朱極三圖

보사법

장전 쏘기

서서 활을 쏘는 것을 보사步射라고 합니다. 보사는 활쏘기의 기본으로 무과에서도 많은 과목이 보사로 행해졌으며 편전, 철전을 제외하고는 모두 이 장전을 쏘는 방식이 쓰였습니다. 활쏘기를 할 때에는 먼저 선찰산형先察山形을 하는데, 먼저 지형을 살피라는 것이고, 후관풍세後觀風勢 하는데, 바람의 형세를 보라는 것입니다. 자세는 비정비팔非丁非八로 하는데, 방향을 바르게 하지도, 팔자로 하지도 않음을 말합니다. 오늘날에는 줌손 쪽 발을 과녁을 향해 딛고, 반대쪽 발은 발이 3개 들어가는 너비로 벌려 앞발의 중간쯤 오게 딛습니다.* 이후 흉허복실胸虛腹實을 하는데, 가슴을 비우고 배에 힘을 줌을 말합니다.**

쏠 때는 화살을 메기고 깍지를 시위에 얹어 활을 들어올리는데, 이를 거궁擧弓이라 합니다. 이후 양팔을 내리면서 줌손은 활을 밀고, 깍지손은 시위를 당겨 활을 당기는데, 끝까지 당겨 만작滿酌합니다. 화살을 내리면 깍지손을 놓고 동시에 뒤로 당겨 팔을 펴주고, 줌손은 활을 뒤집는데 이를 '고자채기'라 합니다.

비정비팔

*이종화(2000), 활쏘기의 비결, 학문사, 167p
**『정사론』 권2, 射論 第一

편전 쏘기

"대체로 편전을 쏠 때는 사람의 손이 많이 상하는데 이것(수노手弩)은 손이 상할 근심이 없습니다…"
― 『승정원일기』 숙종 41년(1715) 3월 3일

조선시대 편전은 장전에 비해 사거리가 길고 빠르게 날릴 수 있어 중요시한 무기였지만, 동시에 숙련되지 않으면 편전이 통아에서 빗겨나가 줌손에 맞는 등 사고의 위험성이 공존하였습니다. 그렇기에 나라에서도 편전을 무과 과목에 포함하기도 하고 정기적으로 시험을 보아 편전 연습을 장려하였습니다.

편전도 장전과 마찬가지로 선찰산형, 후관풍세, 비정비팔, 흉허복실의 과정을 거칩니다. 준비가 되면 편전을 먼저 시위에 메기고, 편전과 활 사이로 통아를 끼워 넣습니다. 통아는 줌손 위 오른편에 놓되, 시위의 왼편에 위치하도록 놓습니다. 그 다음으로 통아에 편전을 넣는데, 촉 부분이 통아 안쪽을 향하도록 잘 넣고 시위에 편전을 메겨 준비를 마칩니다.

그 후 활을 당기고 쏘는 것은 장전과 다를 바가 없습니다. 다만 편전은 장전에 비해 무게가 거의 절반이 될 정도로 가벼워 보다 곧게 날아가는데, 그 차이는 활을 쏘는 사람이 여러 차례에 걸친 연습으로 감을 잘 잡아야 합니다.

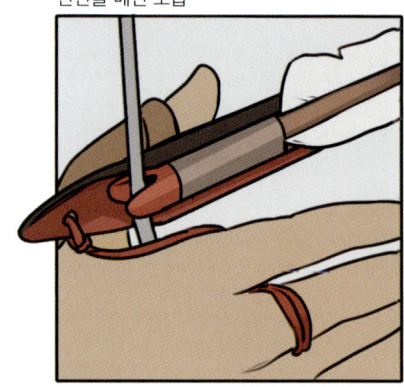

편전을 메긴 모습

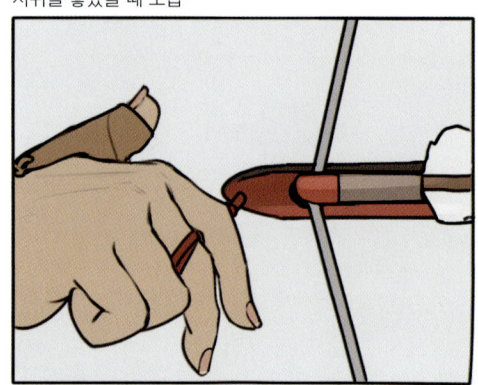

시위를 놓았을 때 모습

1 편전을 메기고 통아를 끼운다
2 만작
3 고자채기

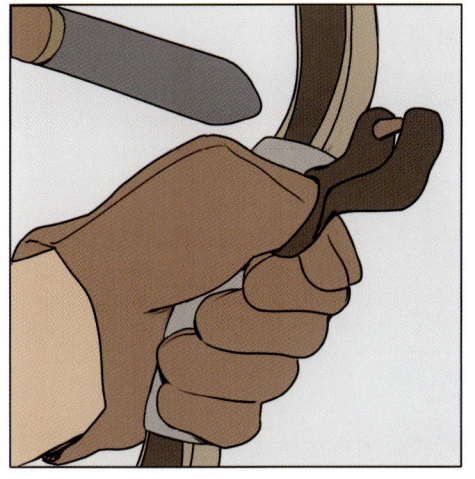

활장갑 고리에 철전 끼우기

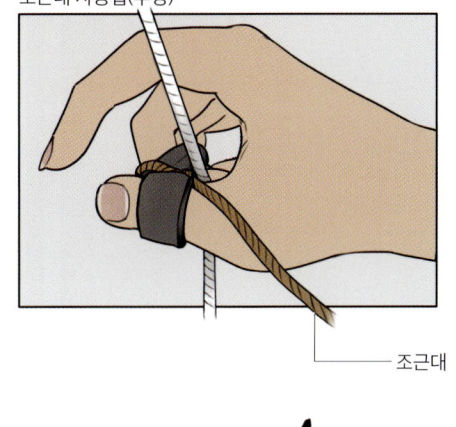

조근대 사용법(추정)

조근대

철전 쏘기

"짝지어 깍지와 팔찌 차고 육균궁(180근 활)을 당기는데兩兩決拾彎六鈞
활은 억세고 촉은 무거워 힘써 버티는구나弓堅鏃重强支撐
힘센 자는 펄쩍 뛰고 약한 자는 넘어지며健者雀躍弱者仆…"
— 『점필재집(1497)』 시집 제20권, 육량전

철전을 쏘는 육량궁은 강궁인 만큼 당기기도 어려웠는데, 『정사론』에서는 스승이 없이 함부로 쏘아서는 안 된다고 하였으며, 스승의 도움 없이 습사하면 관절에 병이 생긴다고 하였습니다. 그럼에도 활쏘기를 배우기 이전에 육량궁을 배워야 한다고 했는데, 육량궁으로 힘을 기르면 다른 활도 쉽게 당길 수 있었기 때문입니다.

철전을 쏠 때는 활장갑을 사용했는데, 철전을 엄지손가락에 달린 고리에 끼워 사용하였습니다. 이는 철전이 무겁기 때문에 화살을 활에 밀착시키는 것이 어려워 쓴 것으로 보입니다. 철전을 쏘는 방법은 오늘날 실전되었으나, 그림과 일부 기록이 남아 있어 대강의 양상을 확인할 수 있습니다. 철전을 쏘려면 먼저 줌손 쪽 발을 뒤로 하여 엉거주춤 서서 반쯤 당기고, 발을 앞으로 딛으며 만작합니다. 만작하면 곧바로 시위를 놓는데, 철전은 활장갑의 고리에 화살이 걸리기에 고자채기를 하지 않습니다. 이때 관성으로 인해 넘어지고 엎어지는 사람도 생겼을 듯합니다. 이 자세들은 모두 김홍도의 「활쏘기」나 김준근의 「흥문쏘는모양」, 국립중앙박물관 소장 「전 김홍도필 풍속도」에 그려져 있습니다.

조근대

철전을 쏠 때는 조근대助筋帶라는 끈을 쓰기도 하였는데, 어깨와 발에 걸어서 시위를 당길 때 힘을 보태는 것입니다. 조근대의 사용은 부정행위로 취급받았으나, 시험에서 더 나은 성적을 받기 위해 처벌을 불사하고 쓰는 사람도 있었습니다.*

1 준비자세 「활쏘기」

2 만작 「흥문쏘는모양」 — 조근대

3 발시 이후 「전 김홍도필 풍속도」

* 『오주연문장전산고』 人事篇, 服食類 冠巾 助筋帶辨證說

보사 훈련기구

과녁

과녁(관혁貫革, 적的)은 흰색을 칠한 나무판자로, 활쏘기를 시험하거나 연습하는 데 사용합니다. 과녁의 중앙에는 전체의 3분의 1정도 되는 사각형의 검은 가죽을 붙이거나 검은색을 칠하였는데, 이를 관貫이라 하였고, 관에 맞추면 관중貫中이라 하여 배점을 주었습니다.
「탐라순력도」에서 과녁의 상단에 숫자를 표기한 예도 확인할 수 있는데, 활 쏘는 사람이 과녁을 헷갈리는 것을 막기 위한 것으로 보입니다.

과녁
「활공부하고」

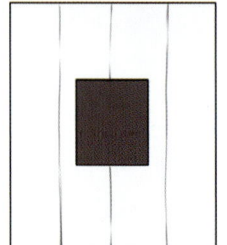

과녁
「탐라순력도」

유엽전 시험용 과녁
120보(151m)

관혁 시험용 과녁
150보(189m)

솔

솔(후帿, 소포小布)은 천으로 만든 과녁으로, 천이 뚫리지 않게 만든 화살인 후전을 씁니다. 솔에는 과녁의 관처럼 중앙에 가죽을 대었는데, 이를 곡鵠이라 하며, 짐승을 그린 것은 정正이라 하여 둘을 통틀어 정곡正鵠이라 하였습니다.
조선 초기의 솔은 정곡에 곰의 머리를 그리고 바탕은 붉은색인 웅후熊侯, 사슴의 머리를 그리고 바탕은 푸른색인 미후麋侯, 돼지의 머리를 그리고 바탕은 푸른색인 시후豕侯가 있었습니다. 웅후는 왕이 활을 쏠 때 사용하였으며, 미후는 문,무관이 활을 쏠 때, 시후는 무과 시험과 군사 교련에 사용하였습니다.
조선 후기의 솔은 팔괘 중 리괘離卦가 상단에 그려져 있으며, 아래에는 사각 안에 원이 있는 정곡을 그린 모양입니다. 이런 솔은 일반적인 습사에 쓰였으나, 대사례 같은 의식에서는 여전히 웅후, 미후, 시후가 쓰입니다.

미후 정곡

시후 정곡

웅후
「국조오례의서례」

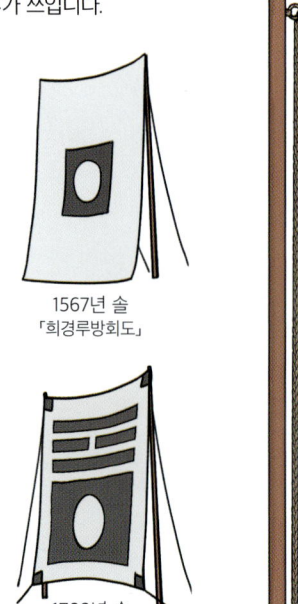

1567년 솔
「희경루방회도」

1702년 솔
「탐라순력도」

18세기 솔
「궁도강좌」 / 150보(189m)

감적소

과녁은 적중 여부를 직접 알기 어려운 거리에 있었기 때문에, 과녁 가까이서 화살이 잘 맞았는지 확인하는 사람이 있었습니다. 이를 '감적監的한다' 하였고, 이를 확인하고 기록하는 관원을 감적관監的官 혹은 획관獲貫, 확인하는 곳을 감적소監的所라 하였습니다.
감적소엔 화살막이인 핍乏을 세우거나 흙더미인 무겁을 쌓아 빗나간 화살을 막도록 하였습니다. 또한 다양한 수단을 활용하여 적중 여부를 궁사에게 알렸습니다.

감적소의 신호법

감적소에서 쓰는 신호에 표준적인 규정이 있던 것은 아니었으므로, 그 양상은 다양했습니다.

습사할 때의 감적소 - 『궁도강좌』
관중일 경우 기를 올리고 북을 3번 친다.
화살이 맞으면 창을 올리고 북을 3번 친다.
화살이 빗나가면 북채로 빗나간 방향을 가리킨다.

무과시험 때의 감적소 - 「북새선은도」
관중일 경우 홍기를 들고 북을 친다.
화살이 맞으면 백기를 들고 북을 친다.
화살이 빗나가면 징을 친다.

대사례 때의 감적소 - 『대사례의궤』
관중일 경우 채기彩旗를 올리고 북을 친다.
화살이 맞으면 홍기를 올리고 북을 친다.
화살이 빗나가면 징을 치되, 위로 빗나가면 황기, 아래로 빗나가면 흑기, 좌측으로 빗나가면 청기, 우측으로 빗나가면 백기를 든다.

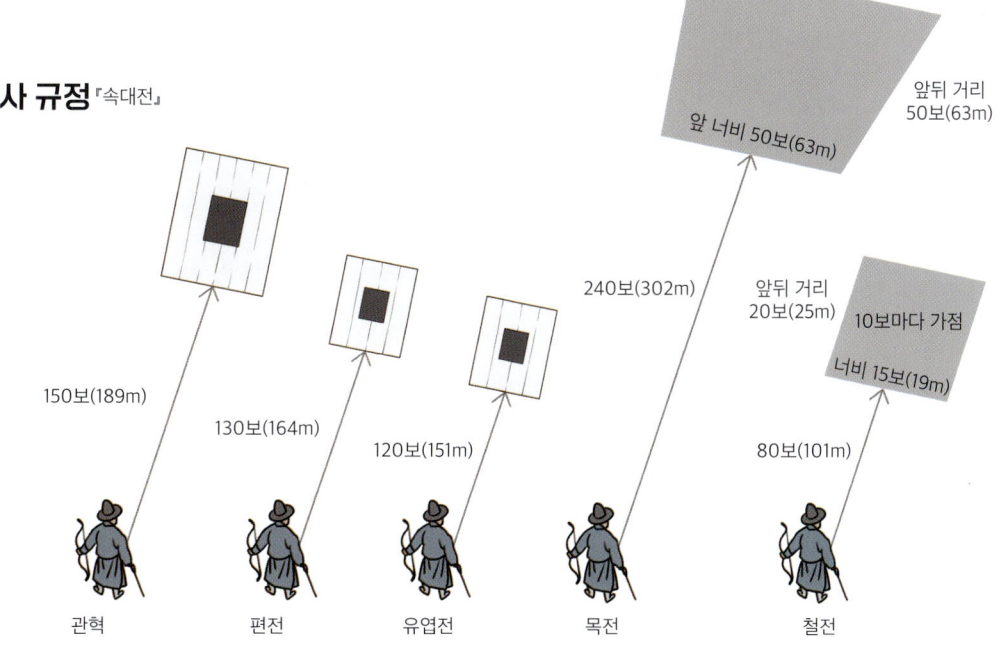

보사 규정 『속대전』

원거리 무기 | 39

기사법

말을 타고 활을 쏘는 것을 기사騎射 혹은 기추騎芻, 마사馬射라고 합니다. 기사는 무과의 중요한 시험과목으로, 말을 다루면서 달리는 와중에 활을 쏘아야 했으므로 매우 고난도의 기술이었습니다.

『사법비전공하』에서는, 말을 타고 활을 쏘기 위해선 먼저 말을 모는 것에 숙달되는 것이 가장 중요하다고 하였으며, 기사할 때의 마음가짐은 말이 빠르게 달리고 있는 중에도 마음을 다스려 보사를 할 때처럼 조용하고 신중하여야 한다고 하였습니다.

1 몸을 구부려 말을 달림
2 화살 메기기
3 앞을 향해 쏨
4 몸을 펴고 손을 들며 활을 뒤집는다

- 몸을 앞으로 숙인다
- 무릎으로 안장을 조인다
- 발로 말을 조인다
- 등자에만 의지하지 않는다

승마하는 자세

기사를 하려면 당연히 말을 타야 하는데, 말 위에 오르면 먼저 안장에 걸터앉되 무릎으로 안장 앞을 조이거나 발로 말의 배를 조여 자세를 잡아야 합니다. 발을 뻗쳐 등자만 밟고 안장에 의지하지 않으면 자세를 잃기 쉽습니다.

말을 달릴 때에는 몸을 세우지 말고 몸을 앞으로 숙여 바람의 기세를 거스르지 않게 하며, 발도 앞으로 뻗어 중심을 잡습니다.

기사의 순서

기사를 할 때에는 말이 출발 한 후 달리기 시작하면 채찍을 치는데 높이 쳐서는 안 됩니다. 이후 말이 정해진 경로를 돌기 시작하면 화살을 메기는데, 고삐를 놓고 성급하게 당겨서는 안 되며, 활을 쏠 때에 임하여서만 고삐를 놓되 말을 통제할 수 있는가를 유념하여야 합니다.

『속대전』의 무과 규정에서는 그 다음 과정을 '부신치마俯身馳馬', 몸을 구부려 말을 달리고, '향전영사向前迎射', 앞을 향하여 과녁을 쏘며, 화살을 쏜 뒤에는 '앙신거수번궁仰身擧手翻弓', 몸을 펴고 손을 들며 활을 뒤집어야 한다고 자세에 대해 요약하여 규정하고 있습니다.**

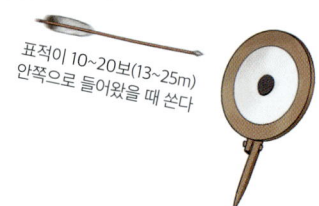

표적이 10~20보(13~25m) 안쪽으로 들어왔을 때 쏜다

*기사법과 자세는 『사법비전공하』 마사법(馬射法)의 서술을 따랐다.
**『속대전』兵典, 試取 試取

40 | 조선의 무비·장비편

활을 쏠 때의 자세

기사의 시험 규정에서는 기사를 할 때 앞을 향하여 쏜다고만 나와 있지만, 실제 시험장과 사냥을 그린 그림인 「북새선은도」, 「탐라순력도」에서는 다양한 자세가 쓰인 것을 볼 수 있습니다.
사격 자세에 대해서는 명나라 병서인 『무비지』에 자세하게 나와 있는데, 앞을 향하여 쏘는 분종分踪, 옆을 향하여 쏘는 대등對蹬, 뒤를 향하여 쏘는 말추抹鞦 3가지가 있었다고 합니다.
또 우궁은 왼편의 적에게만 활을 쏠 수 있고, 좌궁은 오른편의 적에게만 활을 쏠 수 있었으므로, 기사를 하는 이는 우궁과 좌궁을 모두 익혀 모든 방향으로 활을 쏠 수 있도록 익혀야 한다고 하였습니다.

분종

대등

말추

기사 훈련기구

동호

동호銅壺는 동으로 만든 물시계입니다. 『경국대전(1484)』에서 법제화된 달리기(주走)에 사용된 동호의 규정을 보면, 깊이 8촌7푼(27cm), 원지름이 4촌7푼(15cm), 대롱은 길이가 1촌3푼(4cm), 지름이 2푼(6mm)으로, 물 8홉*(477ml)을 담았습니다. 당시 달리기의 최소 합격 기준은 동호의 물이 빠지기 전에 250보(315m) 이상을 달리는 것이었으며, 20초에 100m를 달렸을 것으로 가정하여 계산해 본다면 동호의 측정 시간은 대략 1분 내외가 되었을 것으로 보입니다.

조선 후기에는 동호가 달리기 시험뿐만 아니라 말을 타는 기사나 편추 시험에도 사용되어 동호의 물이 다 빠지면 징을 쳐 불합격시켰습니다.

동호

동호와 징
「북새선은도」

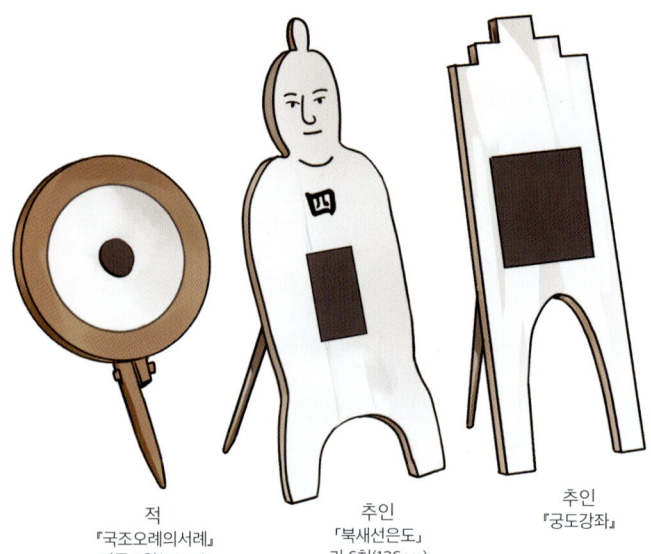

적
『국조오례의서례』
지름 3척(63cm)

추인
「북새선은도」
키 6척(126cm)

추인
「궁도강좌」

적과 추인

기사는 일반적으로 근거리에서 쏘므로, 기사를 할 때의 과녁도 더욱 작은 과녁이 쓰였습니다. 조선 초기에는 적的이라는 원형 과녁을 썼는데, 임진왜란 이후 17세기부터는 사람 모양의 추인芻人을 과녁으로 사용하였습니다.

기사

기사騎射는 말을 타고 달리며 활을 쏘는 것을 시험하는 과목입니다. 조선 초기의 『경국대전』에 실린 규정은 35보의 간격으로 적을 두며, 화살을 모두 쏘지 않으면 감점하는 수준으로 시험 규정이 간결하였습니다.

조선 후기 추인을 쓰면서 『속대전』에서는 기추騎芻라고도 하였으며, 추인을 좌우로 번갈아 세워 20보의 좌우 폭 규정이 생겼습니다. 그 안에 2보 폭의 마로를 두어 이에서 벗어나면 감점되었고, 또 동호의 물이 다 빠질 때까지 다 달리지 못한 자는 성적이 인정되지 않게 되었습니다.

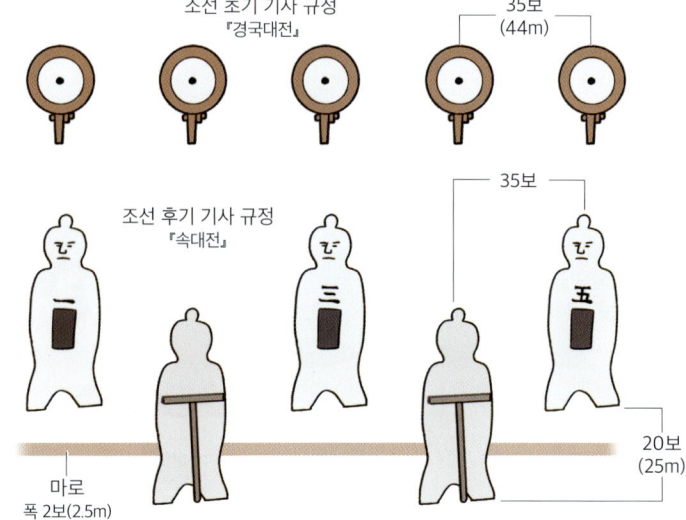

조선 초기 기사 규정
『경국대전』

35보
(44m)

조선 후기 기사 규정
『속대전』

35보

동호

마로
폭 2보(2.5m)

20보
(25m)

*원문은 '八升'이나, 치수대로 통을 만들면 최대 636ml가 들어가므로 오기로 보아 고쳤다.

모구와 무촉전

모구毛毬는 털로 만든 공으로, 기사와 사냥의 연습에 쓰였습니다. 모구를 앞사람이 끌고 가면 뒷사람이 촉이 없는 화살인 무촉전無鏃箭으로 쏘아서 기사를 연습하였는데, 이를 사모구射毛毬라 합니다. 『무예도보통지』에 따르면 사모구는 한 번에 3발이나 5발을 쐈다고 하며, 1발만 맞추어도 포상할 정도로 어려웠다고 합니다.

사모구는 1416년 큰 모구를 만든 이후로 관무재나 연회에서 자주 시행되었지만, 1682년을 마지막으로 시행된 기록이 없습니다.*

갑을사와 삼갑사

조선 초기에는 갑을사甲乙射와 삼갑사三甲射라는 훈련을 하기도 하였습니다. 본래 갑을사라 하여 갑과 을 2명이 서로 쫓고 쫓기며 가죽으로 된 촉에 물감을 바른 피두전皮頭箭을 쏘아서 평가하는 훈련이 있었는데, 1460년 보다 큰 규모로 개정하여 삼갑사三甲射라 이름하게 됩니다.**

삼갑사는 2인 1조로 하여 갑, 을, 병 3개 조를 두는데, 갑은 을을 쏘고, 을은 병을 쏘고, 병은 갑을 쏘는 것입니다. 북을 치면 시작하고 징을 치면 그쳐 옷에 묻은 물감의 숫자를 기준으로 채점을 하였다고 합니다.

삼갑사는 보기에도 나름 재미있었는지 관람하고 시상하였다는 기록이 많으며, 1525년에는 4인 1조로 시행하기도 하였습니다. 그러나 1706년 중요하지 않은 무예라는 이유로 폐지됩니다.***

---

*『태종실록』, 태종 16년(1416) 8월 3일 / 『숙종실록』, 숙종 8년(1682) 4월 20일
**『세조실록』, 세조 6년(1460) 6월 6일
***『중종실록』, 중종 20년(1525) 8월 29일 / 『숙종실록』, 숙종 32년(1706) 3월 21일

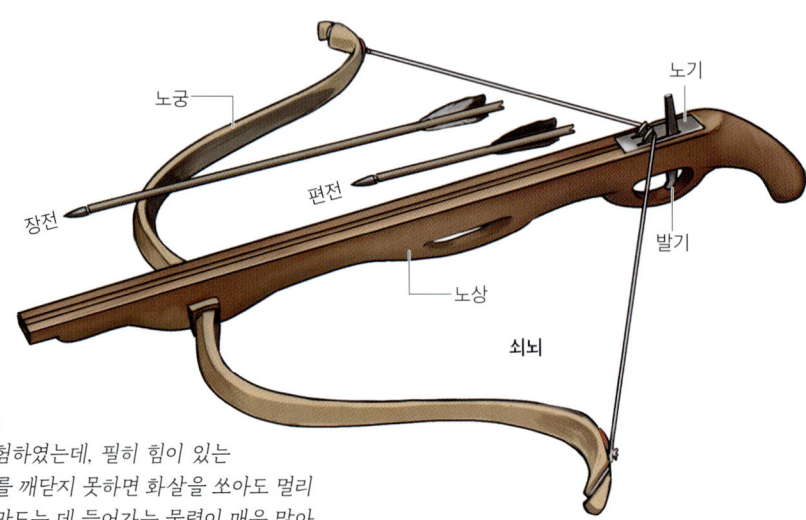

쇠뇌

병조 판서 한치례 등이 와서 아뢰기를,
"신 등이 이말이 바친 궁노弓弩를 시험하였는데, 필히 힘이 있는 자만 능히 당길 수 있고, 중요한 이치를 깨닫지 못하면 화살을 쏘아도 멀리 미치게 할 수 없었습니다. 또 그것을 만드는 데 들어가는 물력이 매우 많아서 한갓 비용만 들고 쓸모가 없는 것이었습니다."
- 『성종실록』 성종 21년(1490) 2월 19일

쇠뇌는 기계장치에 활시위를 걸어놓고 원할 때 발사할 수 있게 만든 무기로, 노弩, 궁노弓弩라고도 하였습니다. 조선시대에는 이 쇠뇌를 길목에 설치해 놓고 함정으로 사용하기도 하였고, 작은 것은 손에 들고 사용하기도 하였습니다.

조선시대에는 이미 화약무기가 널리 쓰였기에 손에 들고 쏘는 쇠뇌의 이점은 많지 않았고, 비용도 많이 들었기 때문에 쓰이는 경우가 많지 않았습니다. 그러나 옛일을 인용하여 쇠뇌를 만들고 사용할 것을 주장하는 사람이 많았고, 일부는 만들어져 쓰이기도 하였습니다.

명나라 병서 『무비지』에서는 쇠뇌를 활을 당기는 방식에 따라서 시위를 손으로 잡고 일어나며 당기는 궐장노蹶張弩와 허리로 당기는 요개노腰開弩로 나눕니다. 궐장노는 그 세기가 150~300근(96~192kg), 요개노는 그 세기가 800근(512kg)에 달합니다. 그러나 활은 시위가 화살을 밀어주는 거리가 길지만, 쇠뇌는 짧으므로, 숫자만큼의 힘은 없습니다. 따라서 『무비지』에선 궐장노의 힘이 누구나 쏠 수 있는 40근 세기의 활에 미치지 못한다고 평하기도 하나, 쇠뇌는 조준하기 편하며 어리석은 자도 쉽게 익힐 수 있으니 잘 이용해야 한다고 했습니다.*

조선에서는 궐장노를 만들었다는 기록만을 확인할 수 있지만, 『무비지』는 조선 후기 각종 무기 개발에 참고가 되었기에, 요개노도 조선에서 만들어졌을 수 있습니다.

쇠뇌의 구조

쇠뇌는 본체인 노상弩床에 활인 노궁弩弓을 끼웠으며, 노상 반대편에는 노기弩機가 있어 시위를 걸게 되어 있습니다.

노상 앞에는 발에 거는 쇠인 등자鐙子나, 무릎에 거는 끈인 슬반膝絆, 발에 거는 끈인 각삭脚索 같은 부속을 다는데, 이런 부속이 없으면 앉아서 양발에 활을 걸고 쇠뇌를 당겨야 했습니다.

노기에는 바탕인 기상機床과 부속들을 고정하는 못인 철산鐵閂이 있습니다. 움직이는 부속으로는 시위를 거는 합기슴機가 있으며, 합기를 움직이지 않도록 잠가주는 쇄기鎖機가 있고, 쇄기는 발기發機에 연결되어 있어 발기를 손가락으로 당기면 쇄기가 풀리고, 합기에 걸린 시위가 풀려 쇠뇌가 발사되었습니다.**

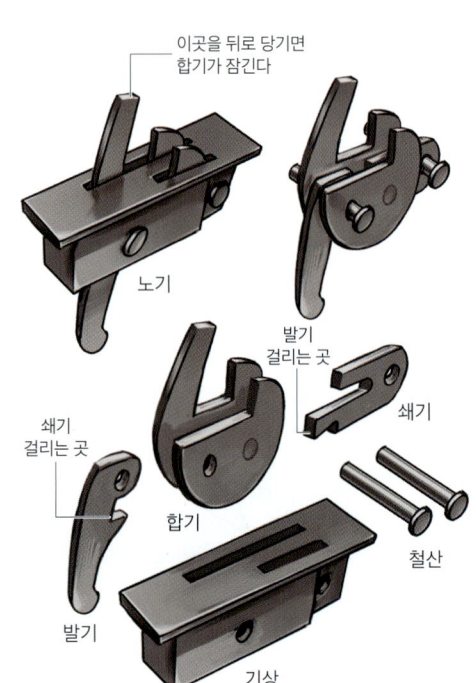

*『무비지』 권85, 蹶張弩 總敍 / 같은 책, 腰開弩 總序
**『훈국신조기계도설』, 蹶張弩

조선 초기의 쇠뇌

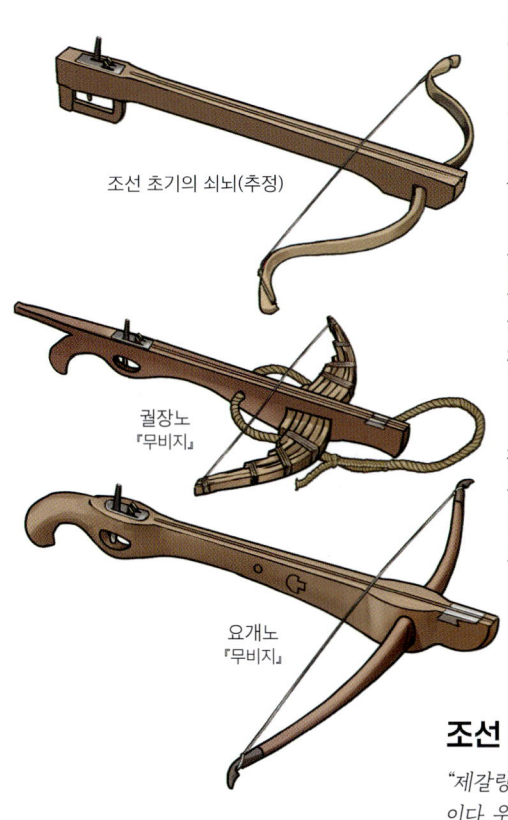

조선 초기의 쇠뇌(추정)

궐장노
『무비지』

요개노
『무비지』

"신라의 노弩도 1천 보까지 이르렀는데, 당나라 임금이 이를 구하여 갔지만 끝내 기술을 얻지 못하였으니, 전조前朝(고려)의 말경부터 비로소 듣지 못하였사오니, 비옵건대, 옛날의 제도를 상고하고 중국에 물어서 군진軍陣에서 쓰도록 할 것이옵고…"

- 『세종실록』 세종 32년(1450) 1월 15일

한반도에서는 고대부터 쇠뇌가 쓰였지만, 고려 말부터 조선 초기까지는 사용법이 실전된 상황이었습니다. 정세가 다시 안정되는 15세기에 옛일을 상고해 쇠뇌의 유용성을 주장하고 다시 사용하고자 하는 시도가 있어, 쇠뇌가 부활하게 됩니다.

조선에서 쇠뇌를 만든 지 얼마 지나지 않은 1475년의 시험 기록을 보면, 가장 센 것이 99근에 편전을 쏘아 240보에 다다른 것이 10개 중 1개뿐으로, 활에 비해 많이 약한 수준입니다.* 16세기에는 나름 발전하여 1520년과 이듬해 직제학 서후가 100근, 120근, 200근 세기의 쇠뇌를 만들어 내기도 합니다. 1525년엔 전라도 창평의 사냥꾼 노적이 호랑이 발자국을 추적하여 쇠뇌를 쏘아서 잡을 정도로 쇠뇌가 퍼집니다.**

이때 쇠뇌는 노궁에 일반적으로 쓰인 각궁이나 목궁이 쓰였을 것 같으나, 다른 부속의 생김새는 알기 어렵습니다. 그림은 이전 시대의 중국 쇠뇌를 참작하여 그렸습니다.

조선 후기의 쇠뇌

"제갈량은 복노伏弩를 잘 사용하였는데, 지금의 쇠뇌弩는 단지 그 이름만 있을 뿐이다. 우리나라는 조총이 좋다…"

- 『승정원일기』 영조 11년(1735) 8월 20일

조선 후기에는 조총의 도입으로 쇠뇌의 필요성은 더 줄어듭니다. 그러나 제도가 아주 없어지진 않아 1715년에는 금위영 교련관 오중한에 의하여 새로운 제도의 쇠뇌가 제작되기도 합니다.

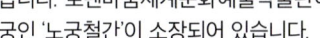

오중한의 수노(추정)

오중한이 만든 쇠뇌는 궁노와 수노手弩 2종이 있었습니다. 둘 다 쏠 때 시위에 손이 걸리지 않게 노상을 고쳤고, 궁노는 말을 막기 위한 창날이 달렸으며, 편전 5개를 쏠 수 있었다고 합니다. 수노는 조총처럼 조성照星(가늠자)이 있었고, 편전 2개를 쏠 수 있었다고 합니다. 당시 여러 군문에서는 수노를 가볍고 날쌔다고 호평했으며, 같은 해 금위영에서는 각각 100개씩을 만들어 비치해 두었습니다.***

1869년 쓰인 『훈국신조기계도설』에는 궐장노가 실려 있는데, 오중한의 쇠뇌처럼 조성이나 창날이 달려있지는 않으나, 노상이 튀어나와 있어 개량의 흔적을 엿볼 수 있습니다. 로텐바움세계문화예술박물관에는 비슷한 시기 만들어진 것으로 보이는 노궁인 '노궁철간'이 소장되어 있습니다.

오중한의 궁노(추정)

궐장노
『훈국신조기계도설』

노궁철간
로텐바움세계문화예술박물관

---

*『성종실록』 성종 6년(1475) 6월 9일
**『중종실록』 중종 15년(1520) 10월 14일 / 같은 책, 중종 16년(1521) 1월 16일 /같은 책, 중종 20년(1525) 2월 1일
***『비변사등록』 숙종 41년(1715) 3월 3일 / 같은 책, 숙종 41년 3월 11일

쇠뇌의 사용법

쇠뇌의 살동개

『무비지』에서는 쇠뇌에 쓰는 살동개를 제시하고 있습니다. 궐장노에 쓰는 노전통弩箭筒, 요개노에 쓰는 전통箭筒 2종이 있는데, 노전통은 화살이 가벼운 편이라 작고 허리에 차며 대나무로 만들며 옆에서 화살을 뽑아 사용합니다.

전통은 조선에서 일반 화살을 가지고 다닐 때 쓰는 것과 유사한데, 다만 뚜껑을 떼면 화살 깃이 보이는 것이 다르며, 등에 차고 다니며 한 손으로 뽑아 쓸 수 있게 만들었습니다.

조선에서도 이런 살동개가 쓰였는지는 확실하지 않습니다. 그러나 1755년 조영국은 태조의 동개에 대하여 "오늘날 쓰는 동개와 다르고 거둥할 때 지는 부노負弩와 같다"는 설명을 하는데, 이에 비추어 보면 조선도 쇠뇌를 쓰는 사람은 『무비지』와 유사하거나, 최소한 통개 형태의 살동개를 썼음을 유추할 수 있습니다.*

독약

궐장노의 경우 화살의 힘이 약해 독약을 발라 그 힘을 보완하고자 하였는데, 성약호盛藥壺라는 주석 약병에 독약을 가지고 다녔다고 합니다. 쏘기 전 화살촉을 병에 담갔다가 빼고 발사했습니다.

요반

요반腰絆은 노궁을 당기는 허리띠인데, 쇠뇌에 시위를 얹을 때 쓰는 것과 요개노를 당길 때 쓰는 것 2가지 종류가 있습니다. 쇠뇌를 얹을 때 쓰는 요반은 옆구리에 달린 끈 2개에 각각 고리가 달려 있어 고리를 노궁의 고자에 걸고 허리 힘으로 당겼습니다.

요개노를 당길 때 쓰는 요반은 시위에 걸 수 있는 쇠로 된 갈고리인 요구腰鉤가 있어서 요구를 시위에 걸고 허리 힘으로 당길 때 씁니다. 800근에 달하는 무게를 버텨야 하기 때문에, 허리띠도 아주 넓고 두꺼운 형상입니다.

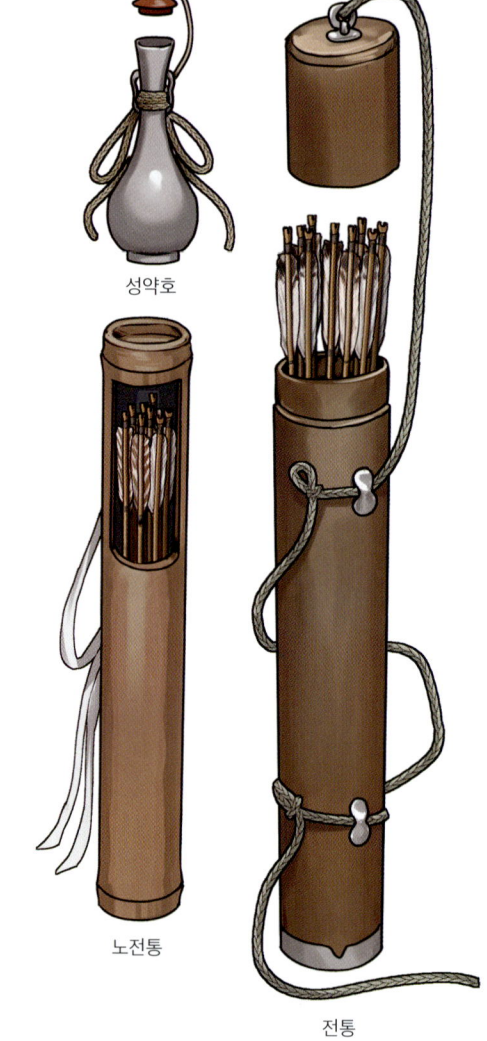

성약호

노전통

전통

이곳에 고자를 건다

쇠뇌 얹는 요반

이곳에 시위를 건다

요구

요개노 당기는 요반

*『승정원일기』, 영조 31년(1755) 4월 24일

쇠뇌에 시위 얹기

쇠뇌에 시위를 얹으려면 두 사람이 필요한데, 한 사람은 요반을 허리에 묶고 요반의 고리를 노궁의 고자에 묶어 당깁니다. 한 사람이 당기고 있는 동안, 나머지 한 사람이 시위를 양쪽 고자에 얹으면 됩니다.

쇠뇌의 장전과 발사

쇠뇌는 종류에 따라서 시위를 당기는 법이 다른데, 요개노의 경우 먼저 앉은 상태에서 발을 노궁에 걸칩니다. 이후 요반에 연결된 요구를 시위에 걸고 다리를 펴고 상체를 젖혀 노기에 시위가 걸릴 때까지 당기면 됩니다. 등자나 각삭이 달린 궐장노의 경우, 등자나 각삭을 발로 밟고 허리를 굽혀 시위를 손으로 잡아 팔과 허리 힘으로 당겨야 합니다. 슬반이 달린 경우 무릎에 슬반을 끼워서 당겨야 하는데, 힘을 내기에 좋지 않았다고 합니다.
노기에 시위가 걸린 후에는 모두 같은데, 화살을 메기고 목표물을 겨냥한 상태에서 손가락을 움직여 발사하면 됩니다.

한 사람이 요반을 걸어 활을 당긴다
다른 사람이 시위를 얹는다
시위 얹기

1 요개노 당기기

1 궐장노 당기기 (발 사용)

1 궐장노 당기기 (무릎 사용)

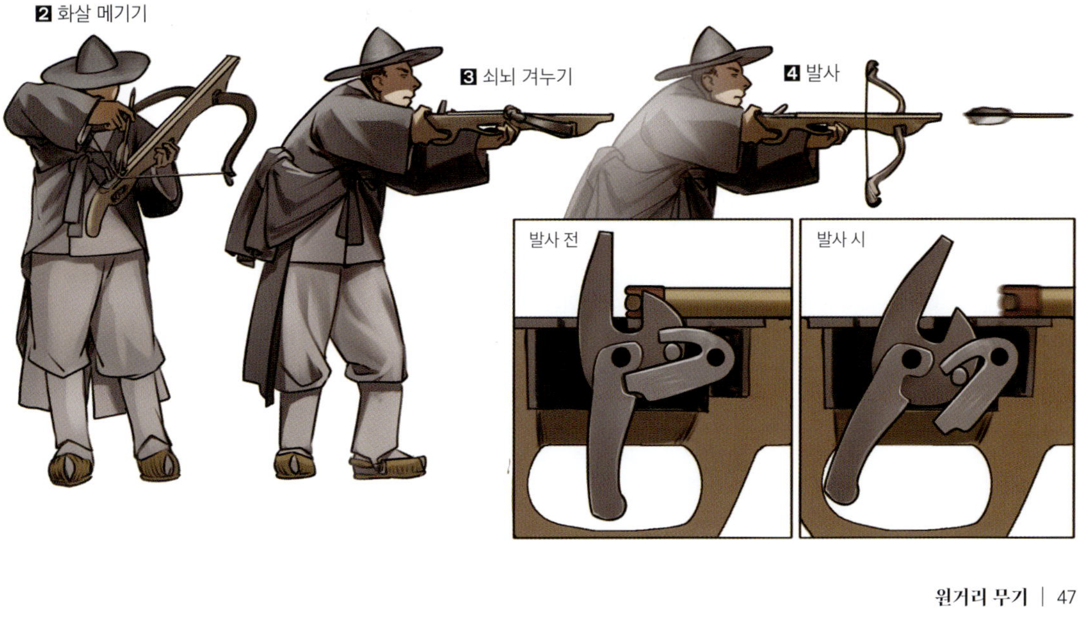

2 화살 메기기

3 쇠뇌 겨누기

4 발사

발사 전   발사 시

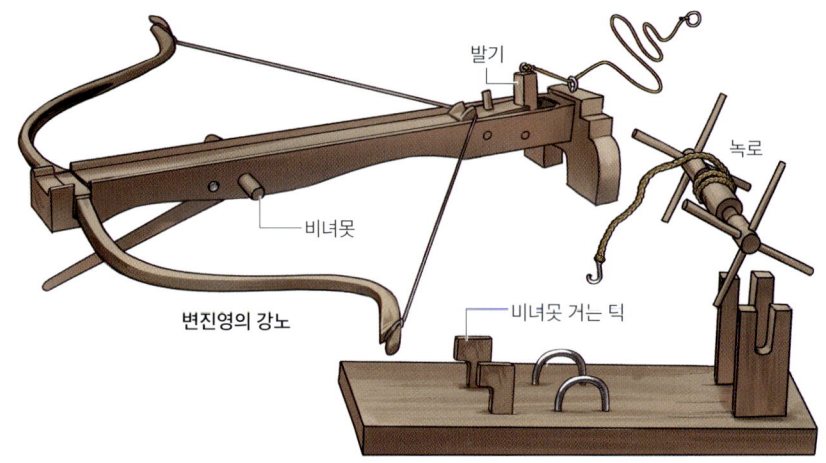

변진영의 강노
발기
비녀못
녹로
비녀못 거는 턱
녹로판

특수한 쇠뇌

설치용 쇠뇌

땅에 설치해 줄을 당겨 발사하는 쇠뇌는 조선 초기부터 사냥용, 군사용으로 널리 쓰였습니다. 주로 중요한 지역에 설치하여 줄을 건드리면 발사되게 하는 식으로 쓰였던 것으로 보이는데, 그 운용법이 그렇게 세세하게 갖추어지지는 않았던 것 같습니다.

18세기 초반 변진영의 『노해』에서는 소노, 중노, 강노 3종의 쇠뇌를 제시하며 쇠뇌로 싸울 것을 주장하였습니다. 소노는 세기가 300~400근(192~256kg)에 3~4개의 화살을 쏘며, 진을 쳤을 때 쓰고, 중노는 세기가 700~800근(448~512kg)에 6~7개의 화살을 쏘며, 주요 길목에 매복해 놓고 씁니다. 강노는 세기가 1000근(640kg)에 10개의 화살을 쏘며, 수성에 쓰는데, 녹로를 써야만 시위를 당길 수 있었습니다.

이런 쇠뇌는 적이 갈만한 곳에 감추어 설치해 놓고 적이 통과할 때 쏘거나, 수성전에서 미리 성 아래 설치해 놓고 적이 접근하면 성 위에서 줄을 당겨 쏘는 식으로 운용했습니다. 혹은 성 위에서 적의 진영에 큰 석류화전을 쏘아 적을 혼란케 하는 데 쓰기도 합니다.*

변진영은 1716년 갑산부사로 재직하던 시절 쇠뇌 30여 개를 만들어 시험하였고, 나름 성취를 거두나 쇠뇌 수만 개를 제조하겠다는 뜻을 이루지 못하고 1721년에 죽고 맙니다.

1728년 이인좌의 난이 발생하자 수어청에서 가지고 있던 쇠뇌에 화살을 매겼으나 부러진 것이 많았다고 하는데, 이때 군영에서도 설치를 목적으로 한 쇠뇌를 사용한 사실을 알 수 있습니다.**

깃 없는 화살
고현기
전갑
전로기
노상
수노

수노

수노水弩, 혹은 연노連弩는 손잡이를 밀고 당기면 장전과 발사가 연속적으로 이루어지는 쇠뇌입니다. 부인과 어린아이도 쉽게 쏠 수 있다 하여 부인노 婦人弩, 혹은 제갈량이 만들었다 하여 제갈노諸葛弩라고 불렸습니다. 수노는 사정거리가 길지 않아 주로 성첩이나 배에서 가까이 다가온 적을 쏘는 데 쓰였습니다.

조선에 수노가 언제 들어왔는지는 확실치 않으나, 1593년 명나라군 유정의 진영에 제갈노 등이 있었다고 하니, 임진왜란을 전후해 들어온 것으로 보입니다.*** 1738년엔 제주도에서 연노를 발견해 수어청에서 본따 만든 일이 있고, 같은 해 여러 군영에 그 제도대로 쇠뇌를 만들어 쓰라는 명이 내려지기도 합니다. 1797년에는 수군에서도 '긴요한 무기'라 하여 연노를 제작해 나누어 주기도 합니다.****

『훈국신조기계도설』에 따르면, 수노에는 몸체인 노상弩床이 2척5촌(53cm), 화살이 나가는 전로기箭路機가 있는데 2척(42cm)이며, 위엔 화살을 넣는 전갑箭匣이, 뒤에는 손잡이 고현기叩絃機가 있습니다.

유물로는 육군박물관에 거의 온전한 수노가 하나 전하는데, 몸체 길이는 92cm, 활 길이는 134cm로 꽤 커서 거치해 놓고 쓰던 것으로 보입니다.

*『병와전서 강도지』, 軍器 "又用石硫火箭放射賊陣使不得近城…"
**『승정원일기』, 영조 1년(1725) 9월 9일 / 『승정원일기』, 영조 5년(1729) 윤7월 23일
***『선조실록』, 선조 26년(1593) 4월 12일
****『승정원일기』, 영조 14년(1738) 7월 20일 / 같은 책, 영조 14년(1738) 7월 21일 / 같은 책, 영조 16년(1740) 9월 24일 / 같은 책, 정조 21년(1797) 9월 18일

설치용 쇠뇌의 장전과 발사

설치용 쇠뇌를 쏘려면 먼저 시위를 당겨야 합니다. 약한 것이야 발로 짚고 쉽게 당길 수 있지만 강한 것은 녹로를 써야 하는데, 그를 위해서는 먼저 녹로판에 쇠뇌를 고정해야 합니다. 녹로판의 'ㄱ'자 턱에 쇠뇌의 비녀못을 걸어 고정했다면, 녹로판에 녹로를 끼우고 갈고리를 시위에 걸고 녹로를 돌려 당기면 됩니다.

시위를 끝까지 당겼다면 녹로를 빼고 화살을 메기고 원하는 위치에 설치하면 되며, 발사할 때가 되면 발기의 줄을 당겨 발사합니다.

만약 한 사람이 여러 쇠뇌를 쏘고 싶다면 노궁의 고자에 줄을 연결하여 다른 쇠뇌의 발기와 연결하여 자동적으로 당겨지게 하였는데, 『노해』에선 이를 연노법連弩法이라 하여 중요하게 여겼습니다.

수노의 장전과 발사

수노를 쏘려면 먼저 전갑에 화살을 여러 개 재워 놓아야 합니다. 전갑에 화살이 있다면 노상의 가운데를 잡고 가슴이나 배에 밀착시킨 상태로 대략 적을 겨누는데, 겨눈 후 고현기를 앞으로 밀어서 시위가 전로기의 요철에 걸리면 당겨서 발사하면 됩니다.

고현기를 밀고 당겨 발사하길 반복하면 전갑의 화살이 바닥나기 전까지 아주 빠르게 화살을 쏠 수 있습니다.

원거리 무기 | 49

돌팔매

무언가 맞추려고 돌을 던지는 것을 돌팔매라 합니다. 돌을 더 빠른 속도로 날리기 위해서 노끈이나 천으로 줄팔매를 만들기도 하였는데, 줄팔매는 한쪽에 고리를 두어 손가락에 끼고, 반대쪽에는 매듭을 두어 손으로 잡도록 한 모양입니다. 쓸 때는 중간에 돌을 놓고 돌을 빙빙 돌리다가 놓아 돌을 날립니다.

줄팔매를 막대에 달아 쓰기도 하였는데, 『기효신서』에선 이를 표석瓢石이라 하여 성을 지킬 때 쓰기 좋은 무기라 하였습니다. 표석은 줄의 한쪽을 막대에 달고 한쪽은 고리처럼 만들어 막대에 거는데, 막대를 휘둘러 돌을 던집니다.

석전

"일찍이 석전을 보니, 갑자기 한두 사람이 좁은 골목에서 소리치며 뛰쳐나오니 적들이 모두 놀라서 무너졌었다. 지금 작은 골목의 복병이 심히 두려운 것이다."
– 『정종실록』, 정종 2년(1400) 1월 28일

조선시대에는 단오에 석전石戰 혹은 척석희擲石戲라고 부르는 놀이를 하는 풍속이 있었는데, 편을 갈라 돌팔매질도 하고, 몽둥이로 때리기도 하고, 복병을 두어 기습도 하는 전쟁에 가까운 놀이였습니다.

석전은 매년 많은 사상자를 냈으므로, 나라에서는 1410년부터 금령을 내려 석전을 금지합니다. 그러나 1413년 광통가의 석전에선 군기소감 최해산이 별동대 30명을 이끌고 공조판서 박자청을 추격하다가 1명이 돌에 맞아 죽는 사고가 생기기도 했고, 1438년에는 양녕대군 등 왕실 사람도 말을 타고 석전에 참여하는 일도 있을 정도로 풍속은 쉽게 사라지지 않았습니다. 1555년 을묘왜변 때는 되려 석전꾼을 징발하여 군사로 쓰는 일도 있었습니다.*

*『태종실록』, 태종 10년(1410) 5월 5일 / 『태종실록』, 태종 13년(1413) 5월 5일 / 『세종실록』, 세종 20년(1438) 5월 19일 / 『명종실록』, 명종 10년(1555) 5월 27일

02 근접 무기

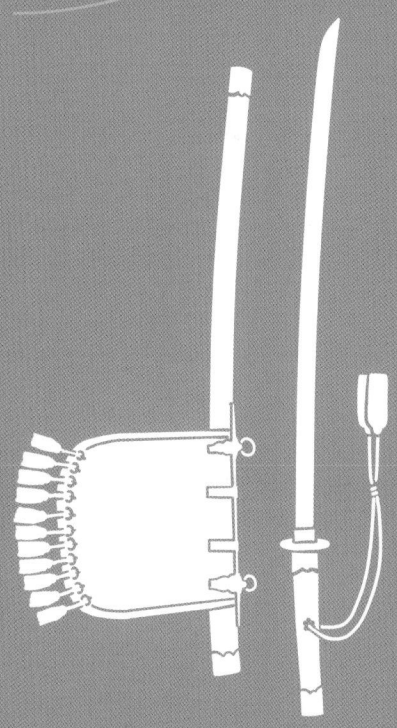

도검
도검의 사용법
조선 초기의 근접무기
조선 후기의 근접무기
특수한 무기
마상무기
마예

도검

"한낱 원기遠技(원거리 무기)만을 믿고 근기近技(근거리 무기)를 익히지 않는다면 원기를 쓸 수 없을 때 비록 수백 수천의 무리라 해도 하나의 검에 베이는 것을 면하지 못할 것이다…"

- 『무예제보번역속집(1610)』 발문

오늘날 도刀는 한쪽에만 날이 선 칼이며, 검劍은 양쪽으로 날이 선 칼을 말합니다. 흔히 이 둘을 통틀어서 도검刀劍이라 부릅니다. 그러나 조선시대에는 모두 '칼'이라 하여 구분하지 않았고, 칼을 명명할 때도 도, 검을 혼용하였습니다.

조선시대에는 주로 도가 사용되었으며, 차고 다니는 용도의 일반적인 도를 고리가 달린 칼이라 하여 환도環刀라고 부르거나, 요도腰刀, 패검佩劍이라 하였습니다. 이 환도는 무관과 병사들이 부무장으로 널리 차고 다녔습니다. 일반적인 환도에 비해 큰 도는 장검長劍, 장도長刀라 불렸으며, 왕실에서 쓰던 의장적인 성격이 강한 운검雲劍과 보검寶劍도 모두 도였습니다.

검의 경우는 만들어지고 사용되기는 하였으나 주술적인 성격이 강한 신검神劍이 대부분이며, 이외에도 일부 전세품들이 있긴 하나 일반적으로 사용되었다고 보기 어렵습니다.

도검의 구조

도검은 크게 칼날, 칼자루, 칼집으로 구성됩니다. 도는 한쪽으로 날이 서 있으므로, 날이 서 있는 부분은 칼날, 칼날의 반대쪽은 칼등이라 불렀으며, 칼 끝의 뾰족한 부분은 칼끝이라 불렀습니다. 칼날에는 혈조血漕라는 홈을 내어 칼날을 가볍게 하기도 하였습니다. 칼날의 아래쪽 부분에는 날밑 혹은 호인護刃이라는 부속이 있는데, 칼집에 넣었을 때 칼집과 맞물려 칼이 막 뽑히지 않도록 하는 부속입니다.

칼날 아래의 칼자루에 들어가는 부분은 슴베라 하고, 슴베의 구멍에 못인 비녀쇠를 끼워 칼날과 칼자루를 연결하였습니다. 비녀쇠 중에는 가운데가 뚫려 장식 끈인 수술(수아穗兒)을 드리운 것도 있습니다. 오늘날에는 수술을 매듭장식이라는 뜻의 유소流蘇, 비녀쇠를 유소혈流蘇穴이라 부릅니다.*

칼자루에는 앞매기, 뒷매기라 하는 테를 둘러 보강하였습니다. 칼자루와 칼날 사이에 있는 방패는 양마쇠라 하였고, 양마쇠에는 덧쇠를 끼워 보강하였습니다. 이 양마쇠를 오늘날 코등이라고 부르기도 합니다.

칼집에는 고리가 달리는데, 보통 고리에 끈을 달아 띠와 칼집을 연결했습니다. 경우에 따라서는 띠에 띠돈帶錢을 달아서 고리와 연결을 더 편리하게 하기도 합니다.

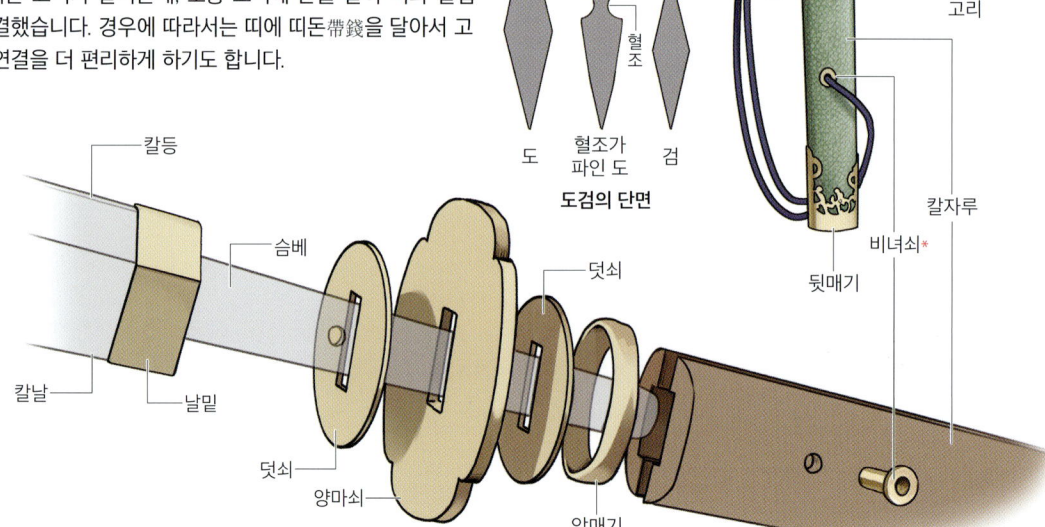

도검의 단면

---

*『한청문감』 1권, 武功部 軍器類 "釘刀根鐵 칼수메에 빈혀ㅅ쇠" / 『국조오례의 서례』, 『세종실록』에선 칼에 늘어뜨리는 끈을 이를 때 穗兒라는 표현을 쓴다. 오늘날에는 유소혈, 유소가 널리 쓰이는 용어지만, 단어를 올바르게 써야 한다는 견지에서 이 책에선 비녀쇠, 수술이라는 단어를 사용한다.

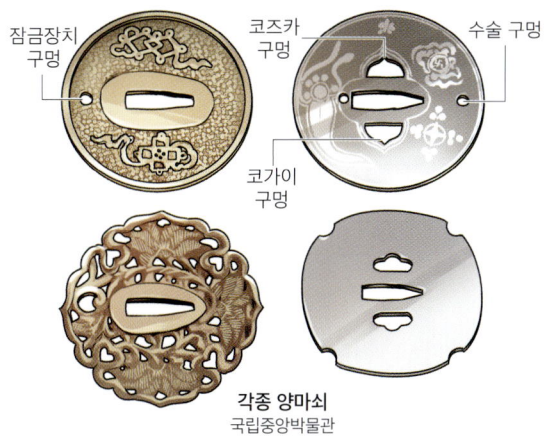

각종 양마쇠
국립중앙박물관

양마쇠

양마쇠兩馬鐵는 상대방의 칼을 막는 실용적인 부속이지만, 도검에서 튀어나와 있어 아주 잘 보이는 부속이므로 화려하게 만드는 경우가 많았고, 심지어 옥을 사용하는 경우도 있었습니다.
양마쇠에는 구멍이 뚫린 경우가 자주 있는데, 날 양옆으로 반원형의 구멍이 난 것은 일본 도검에서 영향을 받은 코가이, 코즈카 구멍으로 순전히 장식적인 목적의 구멍입니다. 또 잠금장치를 달기 위하여 칼등 쪽으로 작은 구멍이 나는 경우도 있고, 양마쇠에 수술을 달기 위하여 작은 구멍을 내기도 합니다.

칼자루 감기

칼자루에는 가죽이나 끈을 감아 잡았을 때 손에서 놓치지 않도록 처리를 하는 경우가 많았습니다. 특히 격이 높은 도검은 대부분 동물 가죽이나 어피를 감아 칠을 올렸습니다.
자루에 힘줄을 감아 옻칠을 올리는 경우도 있는데, 조선시대에는 이를 착근着筋하였다고 표현하였고, 오늘날에는 주름을 잡았다고 하여 천단千段했다고 표현하기도 합니다.
가죽끈이나 넓은 끈을 감기도 하였는데, 일본식으로 가운데에서 한번 끈을 꼬아 마름모 무늬가 남도록 끈을 감거나, 드물게 십자형으로 감기도 하였습니다. 이 유형은 조선 후기 일반 군사의 환도에서 많이 볼 수 있고, 무관의 것에서도 가끔 볼 수 있습니다.
혹은 대모를 대는 경우가 있었는데, 이는 거의 왕실에서만 볼 수 있는 것으로 매우 사치스러운 유형입니다.

어피 감기

힘줄 감기 - 동래성 해자 출토품

십자 끈 감기 - 박홍춘 환도

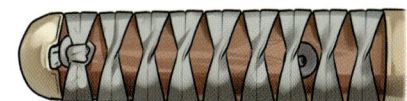

꼬아서 끈 감기 - 류성룡 환도

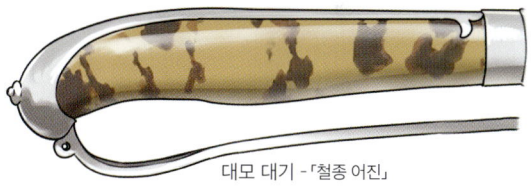

대모 대기 - 「철종 어진」

잠금장치

격이 높은 환도엔 칼집에서 칼이 흘러내리는 것을 막는 잠금장치가 달리기도 합니다. 조선 중기부터 쓰임이 확인되는데, 당시에는 날름쇠를 손가락으로 눌러 풀도록 하는 잠금장치가 쓰였습니다.*
조선 후기에는 단추를 눌러 걸쇠를 풀어주는 방식의 잠금장치가 등장하였습니다. 두 유형 모두 칼등 쪽을 눌러 푸는 유형과 칼날 양편을 눌러 푸는 유형이 있었습니다.

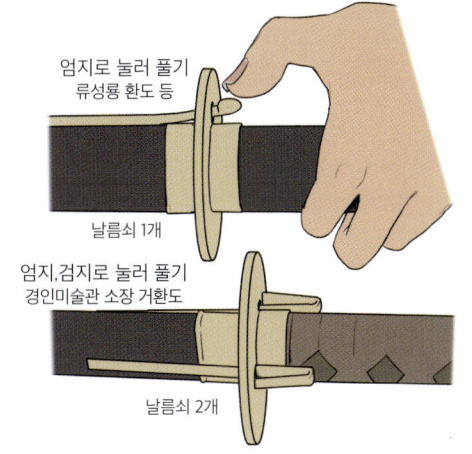

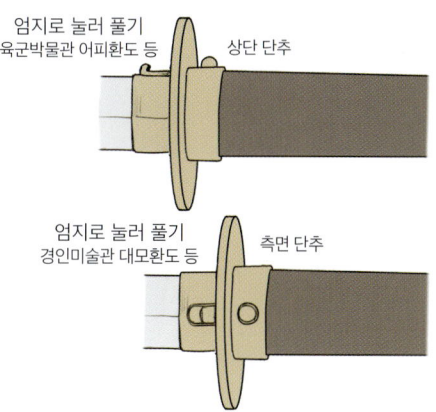

*오늘날 비녀장식 잠금장치라는 말이 널리 쓰이고 있으나, 비녀장은 비녀처럼 꽂아넣어 장부를 고정하는 부속을 의미하는 단어이다. 해당 부속을 이르는 말로는 날름쇠가 더 적절한 표현이다.

환도의 변천

조선 초기의 환도

"함길도 절제사 이징옥이 일찍이 말하기를,
'환도의 모양은 그 칼날이 곧고 짧은 것이 급할 때 쓰기가 편리하였다.'…"
- 『문종실록』 문종 1년(1451) 2월 25일

조선 초기에는 환도의 길이가 짧고 간편한 것을 중요하게 여겼는데, 1451년 세운 환도의 제식에서 보병이 쓰는 것은 날이 1척7촌3푼(54cm)에 자루는 두 손, 기병이 쓰는 것은 날이 1척6촌(50cm)에 자루는 한 손 세 손가락이 들어가도록 만들었습니다. 한 손을 대략 10cm로 본다면, 전체 길이는 74cm, 66cm로 후대의 것에 비해서 짧은 편이었습니다.

이때 환도의 유물은 남은 것이 없으나, 『세종실록 오례의』와 『국조오례의서례』에 삽화가 남아있어 대략의 생김새를 확인할 수 있습니다. 『세종실록 오례의』의 환도는 양마쇠가 없으며 고리 2개로 허리띠에 결합하는 형식인데, 대개 이런 방식은 말을 탔을 때 걸리적거리지 않게 하는 데 쓰니 기병용 환도로 추정됩니다. 『국조오례의서례』의 환도는 양마쇠가 있으며 끈 하나만이 달려 있어 보병용 환도로 추정되어 이를 바탕으로 치수를 대입하여 그림을 그렸습니다.

환도
『세종실록 오례의』

환도
『국조오례의서례』

환도
동래성 해자 출토

16~17세기의 환도

"그리고 장사將士와 군졸이 차는 환도가 너무 짧다고 하는데, 지금 기근이 들어 갑자기 개비하게 할 수 없으니, 장사가 편의에 따라 개비하라…"
- 『명종실록』 명종 9년(1554) 2월 19일

이것(장도)은 왜가 중국을 침범할 때 비로소 있었다. 그들이 장도를 가지고 뛰며 춤추고 번개같이 뛰어 들어오면, 우리 병사들은 이미 넋이 빠져버린다. 왜는 한 번에 1장(2m) 남짓을 뛰었고, 도의 길이가 5척(1m)이니, 전체 높이는 1장 5척(3m)이 된다. 우리 병사의 무기는 짧기 때문에 그들의 긴 무기와 빠르게 접전하기 어려워, 그들과 맞부뜨리면 몸이 두 동강 나버리는 경우가 많았다.

- 『기효신서』 제4권 수족편, 장도해

16세기 일본은 군웅이 할거하던 불안정한 시기였기 때문에 왜구의 활동이 활발했는데, 조선에도 영향을 미쳐 1510년 삼포왜란, 1555년 을묘왜변 등 여러 변란이 있었습니다. 당시 왜구는 5척(105cm)에 달하는 긴 칼을 들고 뛰어올라 내려치는 것을 장기로 삼았는데, 그 와중에 기존의 환도로는 대응이 어려웠을 것입니다.

따라서 1528년에는 순변사가 변방을 순행할 때 필요한 물건으로 일본의 도인 왜환도(倭環刀) 300개를 요청하기도 하며, 같은 해 정벌을 떠나는 장수와 무관들에게 위엄을 보이라는 목적으로 빌려주기도 합니다. 1554년에는 무관과 병사들이 찬 환도가 너무 짧다고 길이를 늘리기를 신칙하기도 합니다.*
이때부터는 동래성 해자에서 출토된 환도, 곽재우, 류성룡, 박홍춘, 이중로의 환도 등 출토, 전세품을 여럿 찾아볼 수 있습니다. 이때의 환도는 대략 날 길이가 50~70cm에 전체 길이가 80~100cm 내외로, 이전의 기록에서 언급된 것보다 길어졌으며, 잠금장치와 패용을 위한 띠돈의 사용이 확인됩니다.

박홍춘 환도
울산박물관

곽재우 환도
독립기념관

류성룡 환도
경성대학교박물관

*『중종실록』 중종 23년(1528) 7월 12일 / 『중종실록』 중종 23년(1528) 10월 3일 / 『명종실록』 명종 9년(1554) 2월 19일

조선 후기의 환도

1592년 임진왜란을 겪으며 조선의 군제는 명나라 장군 척계광이 쓴 병서인 『기효신서』를 바탕으로 크게 개혁됩니다. 그에 따르면 조총수들은 장도長刀 혹은 쌍수도雙手刀라 부르는 매우 큰 도를 사용해야 하는데, 장도는 날 길이가 5척(105cm), 전체 길이는 6척5촌(137cm), 무게는 2근8냥(1.6kg)에 달하는 큰 도입니다. 또 날밑을 싼 놋쇠가 길어서 손으로 날밑을 잡아 쓸 수 있었습니다.

유물로는 정기룡의 환도가 날 길이 85cm, 전체 길이 112cm로 장도에 필적하며, 경인미술관 등에는 장도를 넘는 유물도 소수 있습니다.

그러나 조선에서도 장도가 널리 쓰였는지는 의문스러운데, 1598년 쓰인 무예서 『무예제보』에서는 제대로 장도가 그려져 있으나, 1610년 『무예제보번역속집』의 왜검 삽화에서는 평범한 환도를 쓰는 것으로 그려져 있습니다. 1790년 쓰인 『무예도보통지』에서는 지금은 장도를 쓰지 않고 환도(요도腰刀)를 쓴다고 명시하고 있습니다.

『무예도보통지』의 환도(예도銳刀)는 날 길이가 3척3촌(69cm), 전체 길이 4척3촌(90cm), 무게 1근8냥(1kg)인데, 비슷한 치수의 '훈訓'자가 각인된 환도가 육군박물관, 경인미술관 등에 소장되어 있습니다. 각인은 훈련도감에서 쓰던 것임을 표시한 것이며, 조선 후기 일반 보병은 『무예도보통지』의 제식에 가까운 환도를 썼던 것으로 보입니다.

장식화된 환도

"시위 및 배종 신하의 죽초환도竹鞘環刀, 대모환도玳瑁環刀를 금지할 것을 삼군부에 분부하라."

- 『승정원일기』 고종 6년(1869) 8월 6일

18~19세기에는 주로 무관들에 의해 장식적인 환도가 많이 쓰이는데, 대개 전체 길이가 70~80cm, 심하면 50cm대로 짧고, 대모를 대거나 백색, 녹색어피를 쓰거나 주칠, 흑칠을 하는 등 화려한 마감을 했습니다. 이런 칼들은 실제 쓰기도 어렵고 사치스러웠기 때문에, 금령이 내려지는 일이 많았습니다.

| 장도 | 정기룡 환도 | '훈'자명 환도 | 흑칠환도 | 주칠환도 | 백어피환도 | 녹어피환도 | 대모환도 |
| 『무예제보』 | 하동군청 | 로텐바움 세계문화예술박물관 | 강화전쟁박물관 | 강화전쟁박물관 | 국립민속박물관 | 라이프치히 그라시민속박물관 | 경인미술관 |

장검

국립고궁박물관, 충렬사에는 전어도, 쌍장검이라는 이름을 가진 도검이 소장되어 있습니다. 이 도검들은 모두 길이는 사람의 키에 육박하거나 넘고 한 쌍으로 제작되었는데, 너무 커서 사실상 전쟁에서 무기에 썼다고 보기는 어려운 수준입니다. 이런 도검은 그 크기와 제도로 볼 때 차고 다니는 것은 불가능하고, 소유자가 어딘가 행차하거나 일을 볼 때 기골이 장대한 이가 어깨에 지고 양편으로 나누어 서서 호위하며 위엄을 보이는 데 썼을 것으로 보입니다.

운검과 보검

운검雲劍은 조선시대 왕을 호위하는 신하가 받드는 검으로, 일반 환도에 비해 긴 축에 속하는 장검이었습니다. 또 보검寶劍이 있는데, 17세기부터 호위에 쓴 것이 확인되며 운검에 비해서는 격이 낮은 검이었습니다.*
조선 초기의 『국조오례의서례』에서는 운검을 주홍칠을 한 어피로 싸고, 백은 장식에 홍색 수술을 드리운다고 하였습니다. 조선 후기의 『기사진표리진찬의궤』에는 운검과 보검의 도식이 그려져 있는데, 붉은색에 흰색 점이 있는 어피를 쓴 점은 같으나, 백은 대신 금동으로 보이는 장식을 했습니다. 운검은 용 머리 장식, 보검은 수수한 마무리를 하여 격에 차이를 두었습니다.
국립고궁박물관에는 '패월도'란 도검이 2점 소장되어 있는데, 앞서 언급한 『기사진표리진찬의궤』의 보검 도식과 유사하여 보검일 가능성이 높습니다.

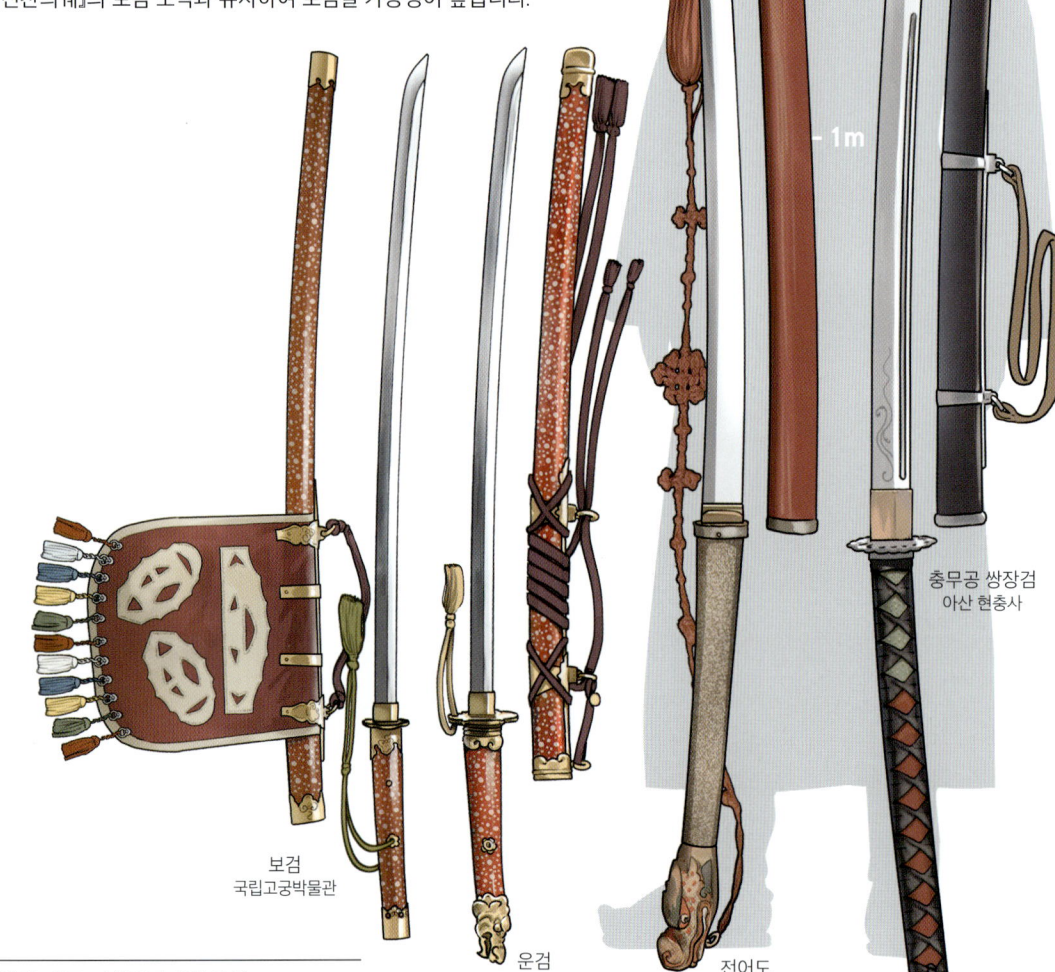

보검
국립고궁박물관

운검
『기사진표리진찬의궤』

전어도
국립고궁박물관

충무공 쌍장검
아산 현충사

*『승정원일기』, 인조 15년(1637) 10월 19일

외국계 도검

왜검

일본의 도를 왜검倭劍 혹은 왜도倭刀라 합니다. 일부 왜검에는 그 검을 만든 장인의 성씨인 '모牟'자가 새겨졌기에 모검牟劍이라고도 불렀습니다. 앞에서 언급하였듯 왜검은 환도에 영향을 미치기도 하였지만, 왜검이 직접 수입되어 유통되기도 하였습니다.
왜검에는 우치가타나打刀와 타치太刀가 있는데, 우치카타나는 칼날이 위로 가도록 허리띠 안에 넣어 패용하는 것이고, 타치는 패용장치가 있어 칼날이 아래로 가도록 패용하는 것입니다.
조선에서는 왜검의 종류를 구분한 예를 찾기 힘들지만, 『무예도보통지』에는 우치가타나만 소개되는 것으로 보아 우치가타나가 주로 쓰인 것으로 보입니다. 타치는 드물게 선물용으로 유통된 것으로 보이는데, 1728년 이인좌의 난을 평정하러 가는 오명항에게 상방검으로 내려진 바 있습니다.*

호검

조선 후기엔 청나라의 도검을 호검胡劍, 호제환도胡製環刀, 청제환도淸製環刀라 불렀는데, 18세기에는 호검을 일부 수입하거나 따라 만들기도 하였습니다.**
강화전쟁박물관과 경인미술관에는 청나라의 양식과 유사해 보이는 환도가 소장되어 있는데, 이들 환도는 팔각형의 양마쇠와 사다리꼴의 뒷매기가 달려있으며, 짧은 손잡이를 가진 것으로 보아 말 위에서 한 손 사용을 전제로 한 기병용 도였던 것으로 보입니다.

타치
오명항 『왜검도』

우치가타나
국립중앙박물관

호검
강화전쟁박물관

곡병환도

19세기에는 서양식 도검에 영향을 받은 곡병환도曲柄環刀가 등장합니다. 휘어진 자루를 가진 것이 특징이기에 '곡병曲柄'이라는 이름이 붙었습니다. 『철종어진(1861)』에 곡병환도가 그려져 있는 것으로 보아, 늦어도 19세기 중반부터는 쓰인 것으로 보입니다. 이 곡병환도는 유물이 많은 편이지만 실제 무기로 활용할 만큼의 크기인 것은 없다시피 한데, 대개가 무관들에 의해 쓰인 것으로 보입니다. 국립고궁박물관에는 곡병환도는 아니지만 양마쇠의 형태가 길쭉하고 말려있는 주칠환도 또한 소장되어있는데, 이 또한 예전의 환도에서 볼 수 없는 특징으로 개항기를 전후해 만들어진 것으로 보입니다.

세이버

개항기에는 서양에서 세이버(Saber)라 부르는 서양식 도가 사용되기도 하였습니다. 당시 세관 기록을 보면 여러 차례에 걸쳐 수백여 자루의 서양식 군도가 수입된 것을 확인할 수 있습니다.***
이런 서양식 군도는 장교와 기병이 환도와 함께 사용했을 것으로 보이며, 친군영 군인이 기병총과 함께 영국제 P1796 세이버를 들고 찍은 사진이 남아 있습니다.

주칠환도
국립고궁박물관 소장

백어피곡병환도
국립고궁박물관 소장

P1796
세이버

---

*곽낙현(2013), 분무공신 오명항 왜검 도해 분석, 동양고전연구 제53호 144~163p
**『승정원일기』, 영조 7년(1731) 11월 5일 / 『만기요람』 군정편 3, 摠戎廳 軍器
***『총관공문』 4, 統衛營에서 사용할 軍刀에 대해 면세 통관 요청 / 『총관공문』 5, 1891년 5월 27일, 청주 鎭南營에 필요한 軍刀를 일본에서 구입하여 인천항을 통해 수입할 예정이니 허가를 청함 / 『총관공문』 7, 1893년 4월 9일, 일본에서 들어오는 軍刀 500자루를 면세조치할 것

근접 무기 | 57

기타 도검

요도

(요도는) 등패를 갖추어야 한다. 등패가 없으면 칼이 짧아서 전투에 투입할 수 없고, 오직 말 위에서만 쓸 수 있다.
- 『기효신서』 제4권 수족편, 요도해

요도腰刀는 허리에 차는 환도를 말하는 단어이지만, 좁게는 조선 후기에 쓰인 한 손으로 쓰는 짧은 환도를 말합니다.
요도는 한 손으로 잡도록 손잡이가 짧은 것이 특징입니다. 나머지 손은 등패를 들어 적의 공격을 막았고, 남은 손으로 요도를 들었습니다. 혹은 말 위에서 말고삐를 잡은 채 한 손으로 칼을 쓰는 데 쓰기도 합니다.
『무예도보통지』에 실린 요도는 날 길이가 3척2촌(67cm), 전체 길이는 3척5촌(74cm), 무게는 1근10냥(1040g)입니다. 손잡이는 3촌(6cm)으로 한 손에 겨우 들어갈 만한 길이이며, 나머지는 일반 환도와 큰 차이가 없습니다. 앞에서 언급한 강화전쟁박물관의 호검이 요도의 범주에 들어갈 수 있겠습니다.

쌍검
『무예도보통지』

김명윤 쌍검
국립진주박물관

요도
『무예도보통지』

쌍검

"장사군관 하황, 허웅, 최형관, 김성흡, 김중규 등은 직접 춤을 추듯 쌍검을 휘두르고 뒤따르며 큰 소리로 꾸짖었다…"
- 『서정일기』 1812년 3월 15일

쌍검雙劍은 한 손에 하나씩 양손에 드는 도입니다. 『무예도보통지』에 따르면, 쌍검은 날 길이가 2척5촌(53cm) 전체 길이는 3척5푼(64cm), 무게는 8냥(320g)으로 아주 가볍고 작은 크기입니다.
쌍검은 임진왜란 이전부터 평양에서 다루는 자가 있었다고 하며, 말 위에서 쌍검을 쓰는 기예는 임진왜란 때 명나라군에게 배웠다고 합니다.* 당시에도 그 기술에 능숙한 자는 많이 얻기 어렵다고 하였는데, 조선 후기 군사의 무예를 평가하고 시상하기 위해 실시한 시험인 중순의 합격자 수에서도 쌍검은 그 비율이 1% 이하로 역시 비주류를 면치 못했습니다.**
다만 그 기술이 전하지 않은 것은 아니어서, 1812년 홍경래의 난 때 쓰인 『서정일기』에 따르면 진을 친 반군을 상대로 장사군관 하황 등이 말 위에서 춤을 추듯 쌍검을 휘두르며 싸웠다고 하니, 실제 전쟁에서 쓰이기도 한 모양입니다.

검

조선시대 검은 군사용도로 거의 사용되지 않았지만, 살상용으로 쓰는 검의 제도가 아예 사라진 것은 아니었습니다. 따라서 『무예도보통지』에선 예도銳刀라는 무예에 지금은 환도를 쓰지만 화식검華式劍, 즉 중국식 검을 사용할 수도 있다고 하여 그 삽화를 남겨두기도 하였습니다.
실제 유물로는 임진왜란 때 활동한 이억기 장군의 것으로 전하는 '하사보검下賜寶劍' 명 검이 있으며, 18세기 초반 활동한 이삼 장군의 검이 전합니다.

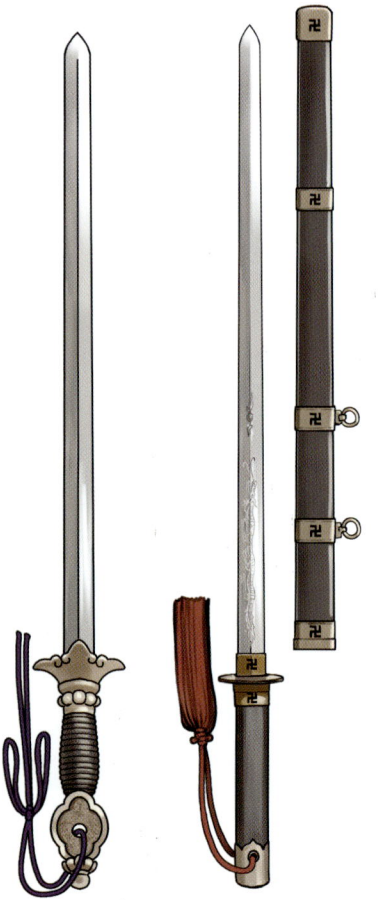

화식검
『무예도보통지』

이억기 하사보검
육군박물관

*『선조실록』, 선조 27년(1594) 9월 3일
**곽낙현(2009), 조선 후기 「어영청중순등록」을 통해 본 무예 현황, 한국체육학회지 48권 3호 57~65p

신검

조선시대 사람들에게 도검은 사람과 동물을 물리치는 데도 쓰지만, 동시에 부정한 것과 귀신을 물리치는 데에도 쓸 수 있는 물건이었습니다. 따라서 귀신을 물리치기 위한 특별한 검을 만들기도 하였는데, 이를 신검神劍이라 합니다.

신검에도 여러 종류가 있는데, 호랑이의 날인 인년, 인월, 인일, 인시에 만드는 사인검四寅劍, 인월, 인일, 인시에 만드는 삼인검三寅劍이 있으며, 북두칠성을 새긴 검인 칠성검七星劍, 1710년 임창택이 만든 용호검龍虎劍 등이 있습니다. 임창택은 남들과 다투어 경쟁하듯이 인검을 시간에 맞춰 만드는 것을 좋아하지 않아서, 인년, 인월에 검을 만들되 인일 대신 용의 날인 진일에 만들어 용의 기운을 더한 용호검을 만들었다고 합니다.*

이렇듯 다양한 신검이 있었기에 그 제도도 하나가 아니어서, 도의 형상을 한 것도 있고, 아주 큰 것도 있는가 하면 작은 것도 있었습니다. 그렇지만 모두 신령스런 힘으로 귀신을 물리칠 수 있다고 여겨졌습니다.

창포검

(사도세자가) 이상한 병환으로 상장(상주가 짚는 지팡이)을 여러 번 만드시는데, 일생 사랑하여 좌우에 떠나지 않는 것이 환도와 보검들이니, 생각 밖에도 그것들을 상장 모양같이 만들고, 그 속에 칼을 넣어 뚜껑을 맞추면 상장같이 해서 가지고 다니시며 내게도 보이시기에 끔찍하고 놀랍게 여겼었다.

- 『한중록』 3권

창포검菖蒲劍은 칼날이 창포잎처럼 곧고 뾰족한 칼을 말합니다. 보통 지팡이 형태로 만들어져서 칼을 넣으면 지팡이로 보이도록 만들어졌는데, 검 형태로 된 것도 있고 도 형태로 된 것도 있습니다.

창포검에 관하여 가장 이른 기록은 1684년 등장하는데, 검계 등 범죄조직이 모두 창포검을 지녔다는 것이고, 또 『한중록』에는 사도세자가 상장喪杖처럼 생긴 칼을 지니고 다녔다는 기록이 있습니다.**

이상의 기록들을 참작하면 창포검은 주로 범죄에 쓰이거나, 예상치 못한 위협에서 자기 몸을 지키기 위해 쓰인 것으로 보입니다.

장도

장도粧刀는 조선시대 일상용품 중 하나로, 과일을 깎는 등 잡다한 일에 쓰인 작은 칼입니다. 개중에는 몸체를 크게 하여 몸을 지키는 데 쓰는 것도 있는데, 이런 유형을 호신도護身刀라 부르기도 합니다.

| 삼인검 | 사인검 | 창포검 | 좌장검 | 호신도 | 호신도 | 장도 |
| 국립중앙박물관 | 육군박물관 | 육군박물관 | 육군박물관 | 수원화성박물관 | 육군박물관 | 국립민속박물관 |

---

*조혁상(2021), 조선의 神劍에 대한 고찰 - 刀劍文學作品과 現存 遺物을 중심으로, 동방한문학 제86호 41~68p
**『연려실기술』 36권, 肅宗朝故事本末 / 『한중록』 3권

도검의 패용법

조선 초기 환도의 패용법

조선 초기 환도의 패용을 보여주는 자료는 많지 않으나, 일부 기록과 무인석상에서 그 일면을 볼 수 있습니다.

『세종실록 오례의』와 무인석상에서는 고리 매기로 환도를 패용한 것을 볼 수 있는데, 고리 2개를 각각 허리띠와 연결하되 칼이 지면과 수평이 되게 하거나 혹은 약간 위를 향하게 하는 방식입니다. 이런 방법은 전 세계 어디를 가도 볼 수 있을 만큼 흔한 방식이며, 한반도에서도 그 유래가 삼국시대까지도 내려가는 유서 깊은 방식입니다. 이 방식은 말을 탈 때 마구 흔들리는 일이 없어 주로 말을 타는 기병과 무관이 썼을 것으로 보입니다.

『국조오례의서례』에 그려진 환도는 고리가 하나 달렸고, 거기 끈을 단 모습을 하고 있습니다. 여기엔 조선 후기 장도나 호신도를 패용할 때 썼던 장도 매기를 썼을 것으로 보이는데, 허리띠에 띠돈을 달거나 바로 끈을 걸어 패용했을 것입니다. 이런 방식은 칼이 수직에 가깝게 서기에 걸을 때 걸리적거리지 않았을 것입니다.

어깨에 지기

어깨에 지는 것은 엄밀히 말해 패용은 아니나, 운검, 보검과 장검을 휴대할 때 쓰인 방식입니다. 귀한 칼이기도 하고, 또 의장의 성격도 있었기 때문에 이런 방식이 쓰인 것으로 보이며, 고리에 달린 짧은 끈을 팔에 끼워서 휴대했을 것입니다.

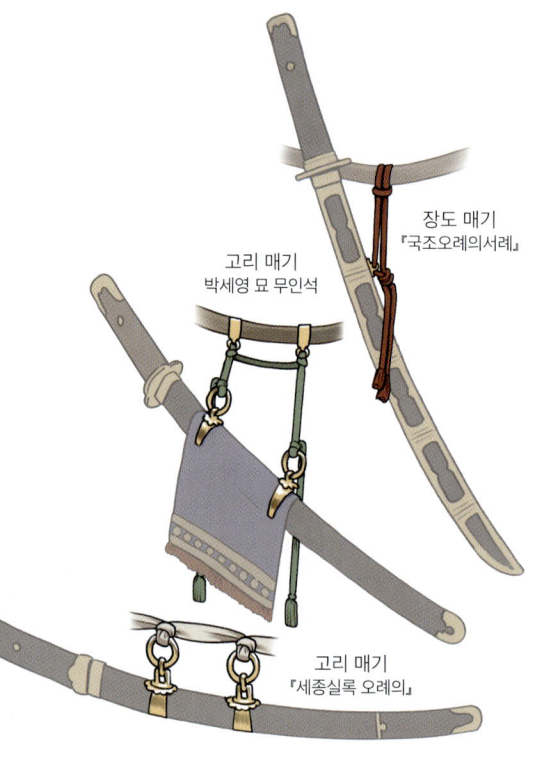

장도 매기
『국조오례의서례』

고리 매기
박세영 묘 무인석

고리 매기
『세종실록 오례의』

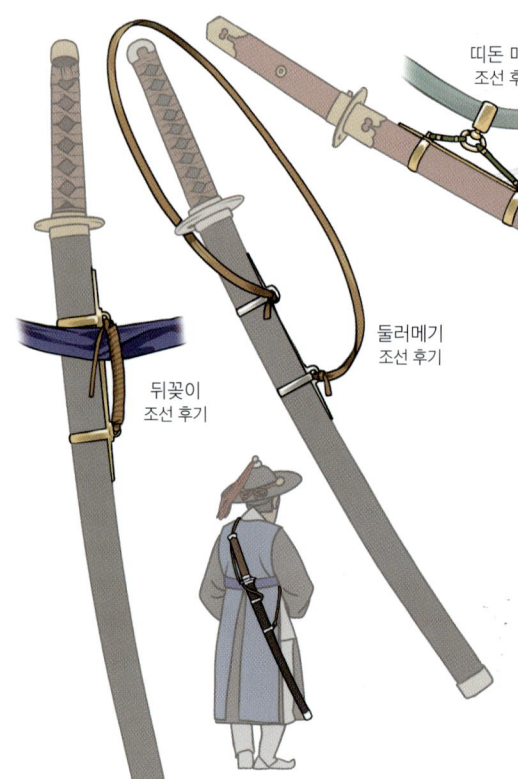

띠돈 매기
조선 후기

둘러메기
조선 후기

뒤꽂이
조선 후기

둘러메기
『The Grapic』 1877.4.28

어깨에 지기
운검, 보검, 장검

조선 후기 환도의 패용법

조선 후기에는 환도의 패용에 무관과 기병은 주로 띠돈 매기, 보병은 뒤꽂이를 주로 사용하였습니다. 띠돈 매기는 늦어도 16세기 후반에 등장한 패용법인데, 허리띠에 띠돈帶錢을 달고 양쪽에 끈을 두어 칼집과 연결하는 방식입니다. 여기에 쓰는 띠돈은 대개 축이 달려서 칼 방향을 앞뒤로 바꿀 수 있게 되어 있습니다.

뒤꽂이는 언제부터 사용되었는지 확실하지는 않으나, 그 제도상 긴 환도를 가지고 다니는 데 적합하므로 장도가 들어온 임진왜란 이후부터 쓰이기 시작한 것으로 보입니다. 주로 보병들이 쓰는데, 환도의 두 고리에 가죽끈을 묶고, 그 사이로 전대를 통과시켜 환도가 전대 안쪽으로 오도록 차는 방식입니다.

그 외에 둘러메기가 있는데, 긴 환도를 패용할 때 주로 쓰인 것으로 보이나, 회화나 유물에서 자주 볼 수 있는 방법은 아닙니다.

고리 매기
타치

허리띠에 꽂기
우치가타나

걸쇠

고리 매기
세이버

왜검의 패용법

왜검은 조선 초기 『세종실록 오례의』와 같은 고리 매기를 사용하는 타치와 조선 후기 뒤꽂이처럼 허리띠 안으로 꽂는 우치가타나로 나뉩니다.

조선에서는 군인이나 무관이 왜검을 패용하고 다니는 일은 많지 않았고, 왜검을 얻어도 환도식으로 개조한 예가 많아 이러한 패용 방식이 널리 쓰이진 않았을 것입니다. 다만 오명항의 『왜검도』에서 확인할 수 있듯 타치는 허리띠에 고정되어 일습으로 된 경우가 많기 때문에 타치를 얻은 사람은 본래의 패용 방식대로 패용했을 공산이 큽니다.

세이버의 패용법

개항기 서양에서 들어온 세이버도 고리 매기를 사용합니다. 다만 세이버는 끈을 길게 드리워서 말에서 내려와 서면 땅에 질질 끌리는데, 별도로 걸쇠를 두어서 말에서 내려오면 칼에 달린 고리를 걸게 되어 있습니다.

걸고리 / 걸쇠

어피환도 걸고리
경인미술관

이 부속은 추정하였음

환도 걸고리
디트로이트미술관

흑칠환도 걸고리
강화전쟁박물관

띠의 걸고리

조선 초기의 경우 『세종실록 오례의』나 『국조오례의서례』를 보았을 때, 가죽 끈이나 광다회로 된 띠를 묶어 환도를 패용했던 것으로 보이지만, 조선 후기의 환도는 띠에 금속으로 된 걸고리를 달았습니다.

걸고리는 대개 3개의 걸고리와 1개의 걸쇠로 구성되는데, 약하게 조이려면 가까운 것을, 강하게 조이려면 먼 것을 거는 식으로 썼을 것으로 보입니다.

현재 띠와 함께 전하는 환도 유물이 적긴 하지만, 띠가 함께 전하는 유물은 대개 걸고리를 사용하고 있으며, 환도를 그린 『책가도』, 『진연의궤』의 삽화에서도 환도의 띠에 걸고리를 쓴 것이 확인됩니다. 따라서 조선 후기 대부분의 환도 허리띠는 걸고리를 사용했을 것으로 보입니다.

도검의 사용법

조선세법

상이 우리나라의 검법을 보여주니, 유격이 말하기를,
"기법은 좋으나 다만 죽기를 무서워하지 않도록 가르친 뒤에야 쓸 수 있겠습니다."
— 『선조실록』 선조 31년(1598) 4월 6일

명나라의 모원의가 1621년 쓴 병서 『무비지』에는 조선세법朝鮮勢法이라는 검법이 실려있습니다. 그에 따르면 검을 쓰는 법은 당시 중국에서 실전되었었는데, 어느 호사가가 조선에서 배워온 것을 『무비지』에 실었다고 합니다. 정유재란이 끝난 1598년 선조는 돌아가는 명나라군에게 '조선의 검법'을 시연하였는데, 이때 누군가 얻어간 것이 『무비지』에 전하는 것일지 모를 일입니다.
조선에서 1790년 쓰인 무예서인 『무예도보통지』에는 『무비지』를 연원으로 하는 예도銳刀와 함께 본국검本國劍이라는 검법도 기록되어 있는데, 후대에 추가된 동작도 여럿 있습니다. 또 이들 모두 환도로 행하나 제도상 모두 검으로도 할 수 있는 동작입니다.

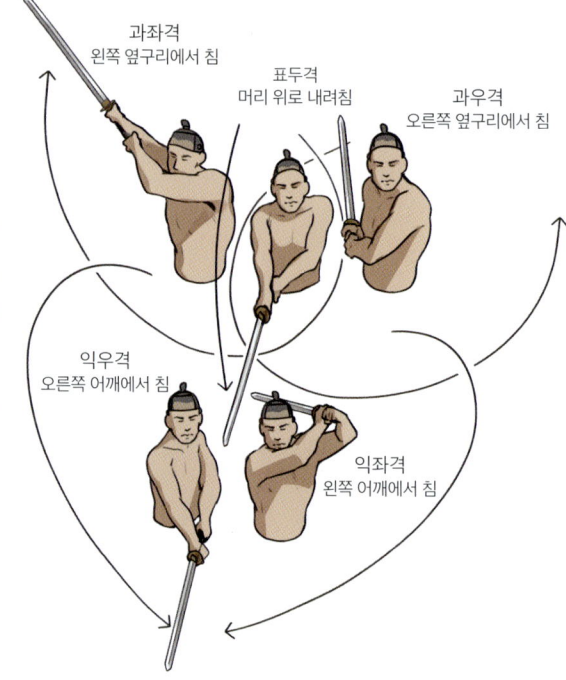

조선세법 초습

조선세법에는 초습初習, 즉 처음 익힐 것이 있는데, 눈을 쓰는 법인 안법眼法, 치는 법인 격법擊法, 찌르는 법인 자법刺法, 쳐내는 법인 격법格法, 베는 법인 세법洗法 5가지가 있습니다.
격법擊法에는 표두격, 과좌격, 과우격, 익좌격, 익우격이 있고, 자법에는 역린자, 탄복자, 쌍명자, 좌협자, 우협자가 있고, 격법格法에는 거정격, 선풍격, 어거격이 있고, 세법에는 봉두세, 호혈세, 등교세가 있어 처음 검법을 익히는 자는 이를 모두 배워야 했습니다.*
이 초습을 다 숙지하고 난 후에는 더 어려운 24가지 세勢(동작)를 배워서 더 다양한 기술을 활용해 싸움에서 이길 수 있도록 하였습니다. 이 책에서는 초습만 간단하게 소개하며, 더 깊이 무예를 공부하고 싶으시다면 보다 전문적인 도서나 무예 단체를 찾아보시는 것이 좋겠습니다.

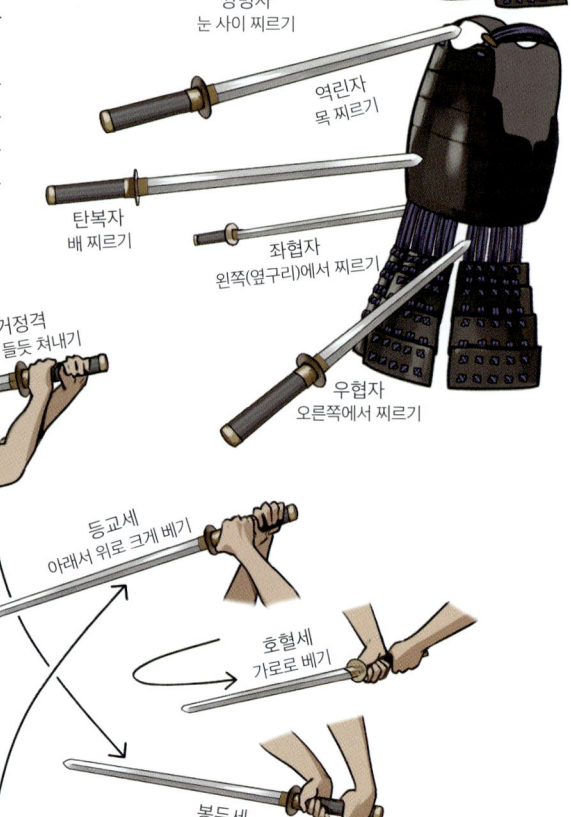

---

*최형국(2020), 『武藝圖譜通志』의 「銳刀」 자세 분석과 『本國劍』과의 연관성 연구, 한국무예학회 : 무예연구 2020, 제14권, 제4호, 1~28p

장도법

장도법 혹은 용검用劍, 평검平劍은 임진왜란 중 선조가 의주로 피난하였을 때 명나라 장수 낙상지가 손수 칼을 잡고 조선 군사들에게 가르친 장도를 다루는 검법입니다.*

장도법은 동작이 많지 않고 간결하여 배우기 쉬웠으며, 조선 후기 군영에서 자주 교습했기 때문에 배우는 병사가 많았습니다. 조선 후기 병사의 무예를 평가하고 시상하기 위해 실시한 시험인 중순에서도 장도는 항상 합격자 수에서 1, 2위를 다투었습니다.**

장도법은 임진왜란 직후의 『무예제보』, 18세기 『무예도보통지』에 남아 전하는데, 견적출검세부터 장검고용세까지 내용은 대동소이하며, 단지 18세기에는 장도 대신 평범한 환도를 쓰게됩니다.

왜검법

"왜검도 검이고, 우리 검도 검이다. 우리 군사들로 하여금 검법의 묘리를 다할 수 있게 한다면 번거롭게 낭선과 창을 쓰지 않더라도 그들의 검을 대적할 수 있을 것이다…"
– 『무예제보번역속집(1610)』 발문

일본의 검법인 왜검법은 임진왜란 중 항복한 일본군인 항왜들을 통해 들어왔습니다. 초기의 왜검은 1610년 『무예제보번역속집』에 기록되어 있는데, 칼을 들고 내리는 것을 빨리하여 몸을 방어해야 한다는 점을 강조했으며, 두 사람이 칼을 맞부딪히며 공격과 방어를 연달아 하는 방식으로 연습하였습니다.

17~18세기에도 통신사를 통해서 김체건과 같은 무인이 일본의 검법을 배워왔으며, 사도세자가 만든 무예서인 『무예신보』에서는 8개 유파의 왜검법이 실렸었다고 전합니다. 지금까지 전하는 무예서인 『무예도보통지』에는 4개 유파는 실전되어 4개 유파의 왜검법이 전합니다. 편찬 당시인 1790년에는 4개 유파 중에서도 운광류만이 조선 군영에서 훈련되었다고 합니다.

『무예도보통지』에는 4개 유파의 기술이 녹아들어 있는 교전交戰이 실려 있는데, 두 사람이 칼을 맞부딪히며 공격과 방어를 연달아 하다가 마지막에는 씨름으로 마무리 하도록 하여 실전성을 높였습니다.

왜검은 19세기 후반까지 수련되었지만, 이후 군사제도의 개혁과 함께 역사 속으로 사라지게 됩니다.

* 『선조실록』, 선조 26년(1593) 6월 7일
** 곽낙현(2009), 조선 후기 「어영청중순등록」을 통해 본 무예 현황, 한국체육학회지 48권 3호 57~65p

조선 초기의 근접무기

창

창槍은 고대부터 사용되었던 무기로, 긴 자루 끝에 창날을 붙여 찌르거나 쳐 사람을 살상하도록 한 것입니다. 또 아래에는 물미를 두어 땅에 박거나 찌를 수 있게 하였습니다. 『국조오례의서례(1474)』에 따르면, 창은 자루가 10척(210cm)에 붉은색, 검은색을 칠했으며, 창날은 1척5촌(31cm)이었다고 합니다. 다만 동래성 해자 출토 창은 3m로 더 길어 시기와 지역에 따라 편차가 있었던 것으로 보입니다.

같은 책에 유사한 장대무기로 모矛와 극戟이 나오는데, 창과 길이는 같으나 창날의 형태에 있어서만 차이가 있었습니다. 모는 갈고리 형태고, 극은 세 갈래로 나뉜 창인데, 용도를 명시하지 않았고 다른 사료에도 잘 등장하지 않아 조선 초기 모와 극이 어느 정도 쓰였을지는 확실하게 알 수 없습니다.*

장검

장검長劍은 자루가 5척9촌(124cm)에 주칠이나 흑칠을 하였으며, 창날은 2척5촌(52cm)인 장병기입니다. 제도상 베기와 찌르기가 가능하고, 창처럼 길고 둔중하지 않아 방패 뒤나 사이로 접근하는 적을 공격했을 것으로 보입니다.

방패

방패防牌는 넓은 판자 등으로 만들어서 몸을 가려 적의 공격을 막기 위한 무기로, 팽배彭排라고도 불렸습니다. 직사각형으로 크고 길어 세워 놓고 가슴 아래를 가릴 수 있는 장방패長防牌와 둥근 형태에 들고 다니는 원방패圓防牌가 있었습니다.

예로부터 방패에는 병사들이 스스로 짐승의 얼굴을 그리는 전통이 있었는데, 고려 때 방패에 시조를 쓴 김지대의 일화가 유명합니다.* 조선에 이르러서는 1407년 삼군 방패의 제도를 만들 때 소속된 군에 따라 짐승의 머리 채색을 달리하였는데, 중군은 적색이고, 좌군은 청색이고, 우군은 백색이었습니다. 이때는 짐승의 머리 위에 구리거울銅鏡을 장치하여 적을 혼란하게 하기도 했다고 합니다.** 1451년 삼군이 오위로 개편된 이후로는 적, 청, 백, 황, 흑색이 사용되었을 것으로 보이며, 이는 『국조오례의서례』에서 확인할 수 있습니다.

유물로는 국립고궁박물관에 장방패가 한 점 소장되어 있는데, 높이 83cm에 너비 40cm로 사료에서 나오는 크기보다 작으며, 뒤에 손잡이와 고리가 달려 있어 원방패처럼 잡고 쓰도록 한 모양입니다.

장방패
국립고궁박물관 소장

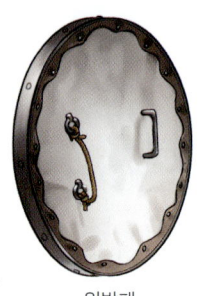

원방패
『국조오례의서례』

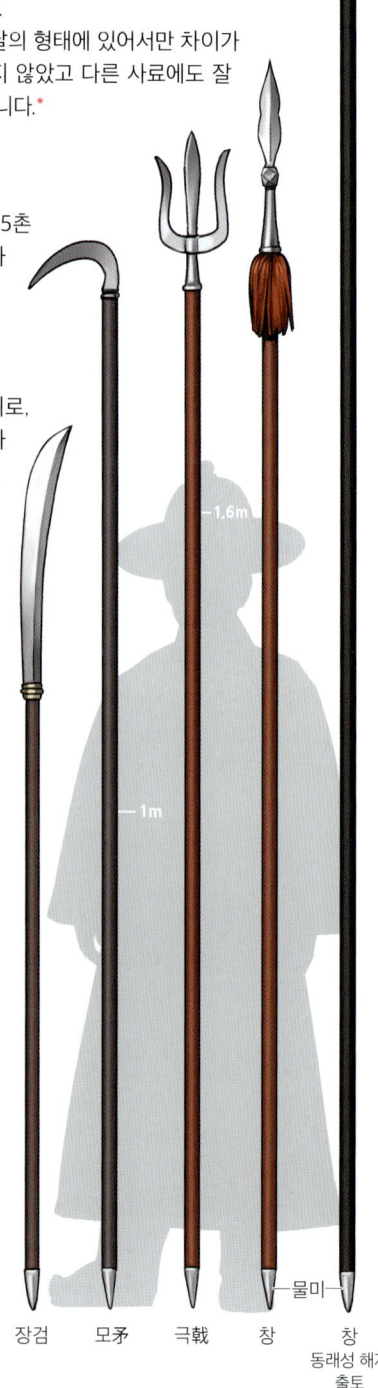

장검 | 모矛 | 극戟 | 창 | 창
동래성 해자 출토

물미

*『고려사』 열전 권15, 제신, 김지대, 고종 4년(1217)
**『태종실록』 태종 7년 정해(1407) 9월 5일

1433년 『진서』
궁시 총통 창 장검 방패

1435년 함길도 일반대
궁시 궁시 궁시 창 방패

1435년 함길도 화통대
총통 총통 총통 총통 방패

조선 초기 근접무기의 사용법

무릇 진을 칠 때에는 각 진형의 바깥에 방패를 연이어 세우고, 다음에 창과 장검이요, 다음에 화통과 궁수요, 다음은 기창과 기사가 진 안에 벌이어 서는데, 안팎의 진이 다 그리 한다…
- 『세종실록』 세종 15년(1433) 7월 4일 「진서陣書」

조선 초기 근접무기의 경우 그 사용법을 기록한 무예서가 남아있지 않아 확실하게 알 수는 없습니다. 그러나 일부 기록이 남은 병서와 실제 전투를 담은 기록에서 그 대강은 짐작할 수 있습니다. 1433년 『진서』에서는 진의 가장 바깥에 방패를 배치하고 창, 장검, 총통과 궁수 순으로 배치하여 방패가 가장 앞에서 공격을 막도록 했으며, 1435년 함길도의 도절제사는 일반대와 화통(총통)대를 나누어 일반대는 방패 1명, 창 1명, 궁시 3명으로 한 오를 구성하고, 화통대는 방패 1명, 화통 4명으로 한 오를 구성하였습니다.*

실전에서는 약간의 변통이 이루어지기도 했는데, 1491년 신해북정 때는 3명을 한 오로 묶어 각각 방패, 장창, 궁시를 들게 합니다. 당시 조선군은 방패로 공격을 막으며 진격하여 화살을 쏘아 여진족을 상대로 승리를 거두었습니다.**

이러한 예를 참작하여 보면, 방패는 공격을 막는 방어적인 역할을 하고, 창과 장검은 접근한 적을 공격하는 역할을 했을 것으로 짐작할 수 있으며, 그 뒤에 궁수와 총통을 두어 원거리에서 적을 공격하도록 한 것으로 보입니다. 특히 방패가 필수적으로 여겨져 모든 곳에서 빠지지 않는 것을 볼 수 있습니다.

삼갑전

"김질을 좌상대장으로 삼고, 정식을 우상대장으로 삼고, 홍윤성을 중상대장으로 삼아 서로 쫓게 하였다. 홍윤성이 김질을 찌르고자 몰래 예장銳將 어유소 등을 보내서 좌상의 진중陣中을 뒤지니, 김질이 이를 알고 대장기를 버리고 옷을 바꾸어 졸병의 대오 중에 숨었는데, 어유소 등이 깨닫고 뒤쫓았다. 홍윤성 등이 즉시 말을 달려서 쫓으니, 김질이 진중을 떠나 도망쳤다. 홍윤성이 뒤쫓아 언덕 아래에 이르러 주창朱槍으로 그 등을 맞히었다."
- 『세조실록』 세조 10년(1464) 8월 8일

삼갑전三甲戰은 1464년 세조가 만든 훈련으로, 27명을 3대로 나누고 1대는 3통으로 나누어 서로 싸우는 것입니다. 각각 작은 방패와 작은 창을 지니고 붉은 물감을 칠해 싸움이 끝나면 옷 위에 묻은 물감으로 점수를 매겼습니다.***

같은 해 실시된 삼갑전에서는 창에 더해 화살을 쏘기도 했으며, 몰래 기습을 하기도 하는 등 실전적인 모습을 보여 주었습니다.****

삼갑전은 세조 때 이후로 행해지지 않았지만, 조선 초기 군사 훈련의 양상을 대략적으로 볼 수 있는 예로 참고가 될 만합니다.

삼갑전

---

* 『세종실록』 세종 15년(1433) 7월 4일 / 『세종실록』 세종 17년(1435) 6월 16일
** 『성종실록』 성종 22년(1491) 9월 4일
*** 『세조실록』 세조 10년(1464) 7월 22일
**** 『세조실록』 세조 10년(1464) 8월 8일

조선 후기의 근접무기

임진왜란 중인 1593년 조선은 『기효신서』에 따른 군제를 받아들이며 근접무기의 제도 또한 바꾸었습니다. 개편된 제도에 따르면, 근접무기를 다루는 병과인 살수는 전투병력 11인으로 1대를 편성하는데, 그중 2명은 낭선, 4명은 장창, 2명은 당파, 2명은 등패와 요도를 듭니다.*

낭선

낭선狼筅은 대나무로 만든 긴 창으로 길이가 20척(420cm)에 달하며, 무게는 7근(4.5kg)입니다. 낭선에는 가지를 달고 독을 바른 날을 달아 적이 쉽게 접근하지 못하게 했습니다.
유물로는 국립중앙박물관에 낭선이 하나 소장되어 있는데, 길이가 340cm로 병서에 기록된 것보다 짧은 편입니다.

장창

장창長槍은 길이가 15척(315cm)에 달하는 긴 창입니다. 자루로 대나무를 쓴 것은 죽장창竹長槍이라 하여 길이가 20척(420cm)에 달하였다고 하며, 모두 찌르는 데 썼습니다.
『훈국신조기계도설』에는 자루의 가운데에 방패가 있으며 자루를 힘줄로 싸고 옻칠을 올린 장창이 실려 있는데, 같은 창을 1879년 「왕세자두후평복진하도 병풍」에서도 확인할 수 있어 19세기 후반 널리 쓰인 것으로 보입니다.

당파

당파钂鈀는 머리가 세 갈래로 갈라진 창으로, 길이는 7척6촌(160cm), 무게는 5근(3.2kg)입니다. 당파는 머리가 갈라진 곳 사이에 적의 무기를 끼우고 돌려서 떨어뜨리거나 무력화시키고 찌르는 식으로 쓰므로, 적 가까이로 다가갈 수 있는 용기가 있고 힘이 강한 사람에게 쓰도록 했습니다.

등패

등패藤牌는 등藤, 즉 라탄이라는 식물로 만든 방패로, 직경은 3척7촌(78cm)이었습니다. 등패를 드는 등패수는 한 손에 요도를 소지하였고, 또 표창鏢槍이라는 작은 창을 소지하여 적이 가까이 왔을 때 던지기도 하였습니다.
진법 연습에는 나무 방패가 사용되기도 하였는데, 「훈련도감습진도」에는 등패수가 장방패를 사용하는 모습이 그려져 있습니다.

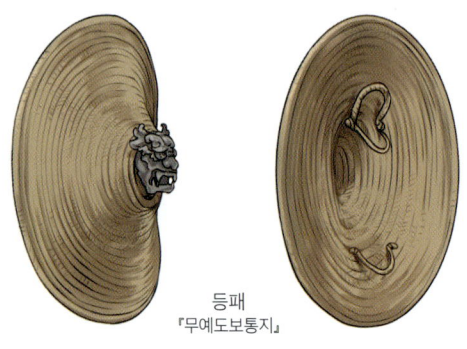

등패
『무예도보통지』

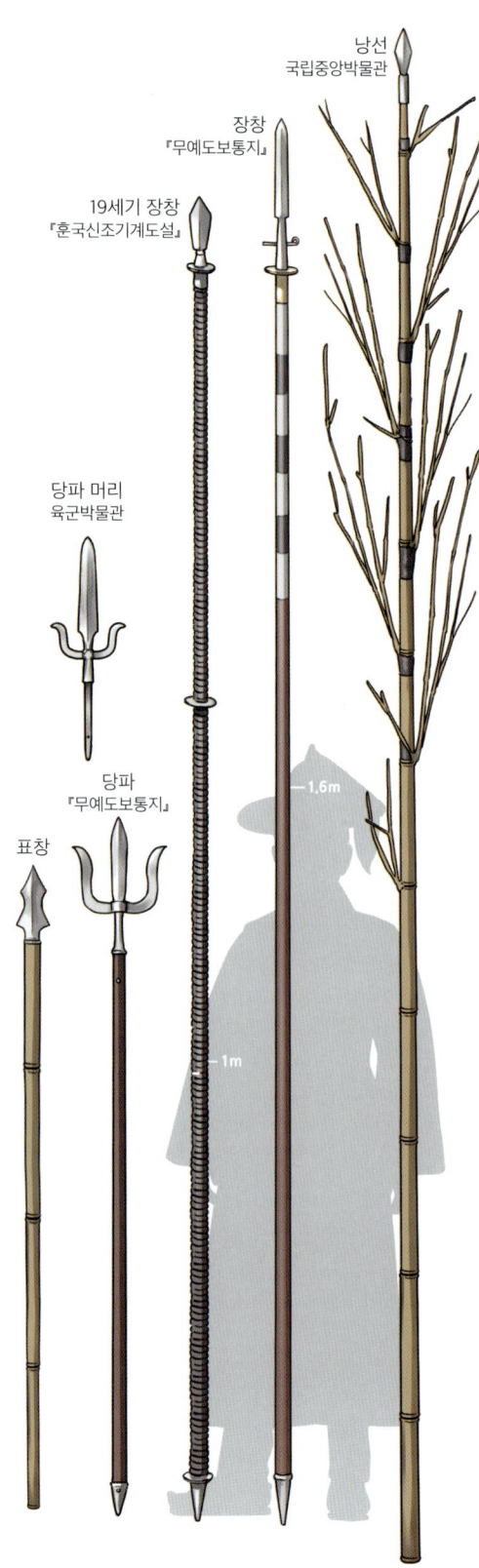

*박금수(2013), 朝鮮後期 陣法과 武藝의 訓練에 관한 연구 - 訓鍊都監을 중심으로 -, 서울대학교 대학원 체육교육과 박사학위논문

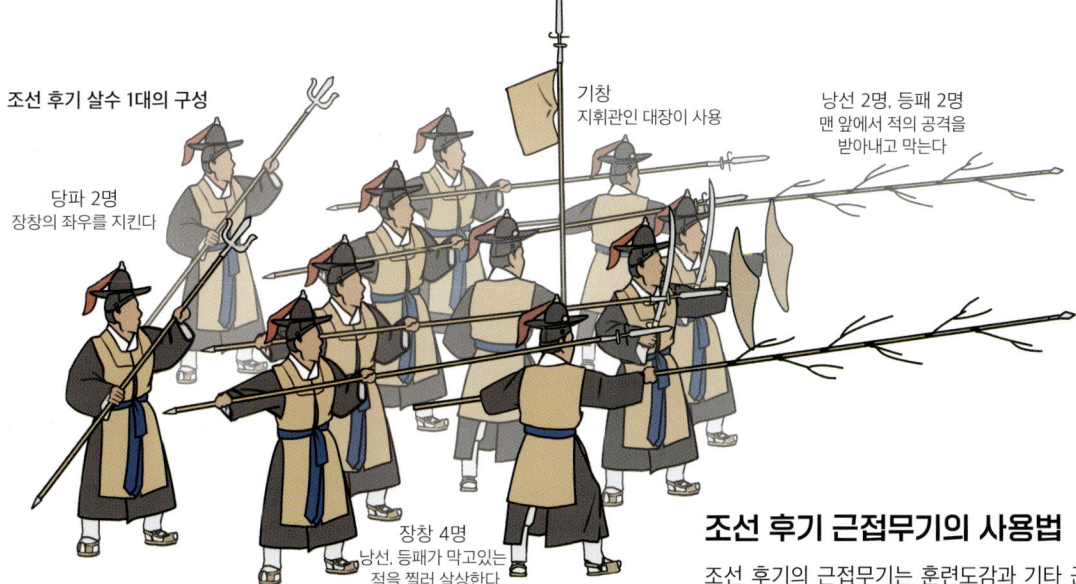

조선 후기 살수 1대의 구성

당파 2명
장창의 좌우를 지킨다

기창
지휘관인 대장이 사용

낭선 2명, 등패 2명
맨 앞에서 적의 공격을
받아내고 막는다

장창 4명
낭선, 등패가 막고있는
적을 찔러 살상한다

조선 후기 근접무기의 사용법

조선 후기의 근접무기는 훈련도감과 기타 군영에 편제된 살수가 운용하였는데, 살수들은 원앙진, 삼재진, 양의진 등의 진법을 펼치며 적과 싸웁니다. 모두 긴 무기인 장병長兵과 짧은 무기인 단병短兵이 서로 돕는 원리가 적용되는데, 단병 등패를 장병 낭선이 덮어서 보호하고, 낭선과 등패는 또 장병인 장창이 돕고, 장창은 장병이자 단병인 당파가 돕는 것이 그것입니다.*

조선 후기 군영에서는 이러한 원리를 바탕으로 가상 적군인 가왜군假倭軍을 두고 창으로 공격하게 하여 훈련하였는데, 그 방식을 『병학지남연의』의 '분련정식分練程式'에서 볼 수 있습니다.

적이 창으로 등패수의 머리를 공격하는 상황에는, 등패수는 즉시 방패를 들어올리며 창을 막습니다. 창을 막으면 장창수가 달려 나와 적을 찌르고 원래대로 돌아갑니다.

적이 창으로 등패수의 다리를 공격하는 상황에는, 등패수는 즉시 방패를 내리며 앉아 창을 막습니다. 창을 막으면 장창수가 달려 나와 적을 찌르고 원래대로 돌아갑니다.

적이 창으로 등패수의 팔뚝을 공격하는 상황에는, 등패수가 적의 창을 막으면 낭선수가 창을 붙잡고, 장창수가 달려 나와 적을 찌르되 당파수도 장창수를 따라나와 측면을 보호합니다.

등패를 들어 막는다
장창으로 찌른다
적이 등패수의 머리를 공격할 때

적이 등패수의 다리를 공격할 때
장창으로 찌른다
등패를 내려 막는다

측면 공격에 대비한다
낭선이 적의 창을 붙잡는다
장창으로 찌른다
적이 등패수의 팔뚝을 공격할 때

*박금수(2013), 朝鮮後期 陣法과 武藝의 訓練에 관한 연구
- 訓鍊都監을 중심으로 -, 서울대학교 대학원 체육교육과 박사학위논문

기타 근접무기

요구창

요구창要鉤槍은 구창鉤槍이라고도 부르는데, 한 개나 여러 개의 갈고리가 달린 창입니다. 조선에서는 그 사용을 『무예제보번역속집(1610)』에서 처음 확인할 수 있는데, 당시의 요구창은 길이가 8척5촌(179cm), 무게는 3근(1.9kg)으로 후대의 것보다 좀 작고 단순한 형태입니다. 1869년의 『훈국신조기계도설』의 요구창은 길이가 11척5촌(242cm)이며 무게는 1근8냥(1kg)입니다. 요구창은 주로 조선 후기 왕의 행차를 호위하는 협연군挾輦軍이 조총과 함께 사용하였습니다.

무차, 용도창, 사모

조선 후기에는 무차武叉, 용도창龍刀槍, 사모蛇矛 등 특이한 창이 만들어지기도 하였는데, 실제 라이프치히그라시민속박물관에 당시 조선에서 만들어져 쓰였던 창들이 소장되어 있습니다. 그러나 이런 창들은 사용법이 갖추어지지 않아서 『융원필비』에도 "척계광의 무예법을 참고하여 익혀야 한다"는 식으로 서술하고 있어 실제 얼마나 쓰였을지는 의문의 여지가 있습니다.

언월도와 협도

언월도偃月刀는 임진왜란 때 들어온 무기인데, 긴 자루에 넓고 큰 날이 달렸고 무게는 3근14냥(2.5kg)에 달합니다. 협도挾刀는 조선 초기의 장검과 유사한 무기인데, 무게는 4근(2.6kg)으로 언월도와 유사하지만 날이 좁고 중간에 튀어나온 귀가 없습니다. 조선 후기 언월도와 협도는 주로 문을 지키는 문졸에게 나누어주거나 행차에서 월도수를 앞세워 위엄을 보이는 데 쓰였고, 사형을 집행하는 회자수도 협도를 사용하였습니다. 마상월도는 마상재와 함께 공연되어 사기를 진작하는 데 쓰이기도 하였습니다.*

보편곤

임진왜란 이후 널리 쓰이기 시작한 편곤鞭棍은, 긴 자루인 모편과 짧은 자루인 자편으로 이루어진 타격무기입니다. 곡식을 타작할 때 쓰는 도리깨와 그 사용 방식이 닮았기에 쇠도리깨, 철편鐵鞭, 철회편鐵回鞭이라고도 하였습니다. 보병이 쓰는 조금 긴 것은 보편곤步鞭棍, 말 위에서 쓰는 조금 작은 것은 마상편곤馬上鞭棍이라 하였는데, 보편곤은 모편과 자편이 고리 한 개로 연결되며, 자편에 돌기가 없는 모양입니다.

보편곤은 1593년 명나라 군대에서 조선에 보내준 무기 중 하나였는데, 당시 선조는 여러 무기 중 농부들이 쉽게 적응할 수 있는 무기라는 이유로 편곤을 골라 익히게 하였습니다. 그런데 『간재집』에는 1592년 영천성 수복 전투 때에도 도리깨와 유사한 철타鐵打와 능장을 사용하였다는 기록이 실려있기도 합니다.**

곤방

곤방棍棒 혹은 대봉大棒은 길이가 7척(147cm)이고 무게는 3근8냥(2.2kg) 되는 몽둥이입니다. 휘둘러 치기도 하고 찌르기도 하였는데, 찌르는 데 쓰는 날을 달기도 하였습니다. 벨 수도 있는 짧은 칼을 단 것은 협도곤夾刀棍이라 하였습니다. 조선에서는 임진왜란 이후 사용법이 전해져 『무예제보(1598)』에 수록되었으며, 취사와 잡일을 하는 병사인 화병에게 나누어 주었습니다.

요구창 · 요구창 · 무차 · 용도창 · 사모

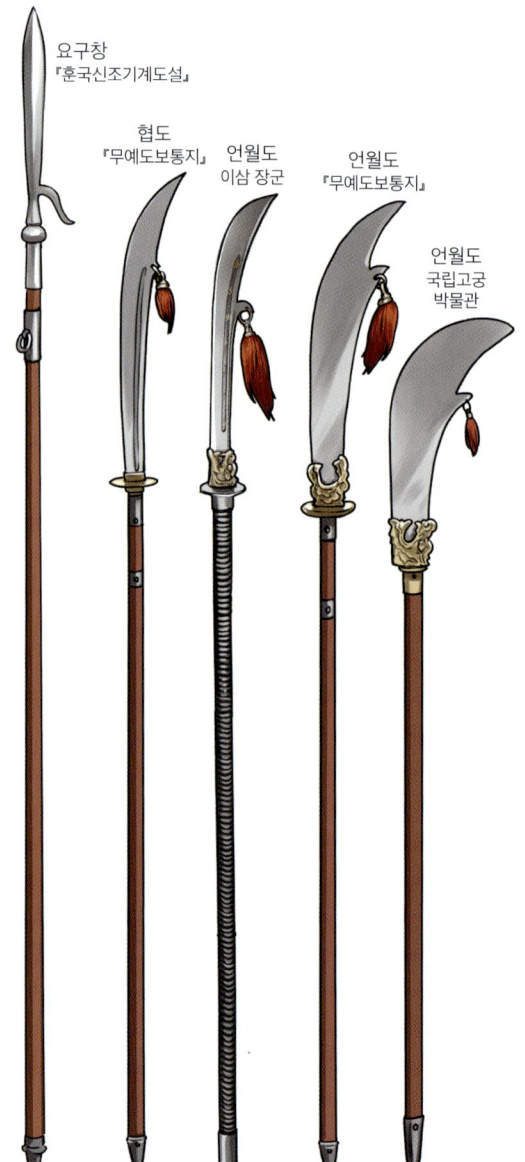

요구창 『훈국신조기계도설』

협도 『무예도보통지』 · 언월도 이삼 장군 · 언월도 『무예도보통지』 · 언월도 국립고궁박물관

---

*『만기요람』 군정편 3, 禁衛營 軍器 / 『서정일기』, 순조 12년(1812) 1월 초7일
**『선조실록』 선조 26년(1593) 12월 16일 / 『간재집』 권2, 疏, 上王世子書 壬辰(1592)

능장

"…적이 성에 침범하면 삼릉장이 가장 좋으니, 빙고氷庫의 건물을 헐어 능장을 많이 만들겠습니다." 하니, 상이 이르기를, "경이 잘 생각하였다. 능장이 매우 좋으니, 그 끝을 뾰족하게 하여 적을 찌르기에 편하게 하라."
- 『승정원일기』 인조 14년(1636) 12월 21일

능장稜杖 혹은 삼릉장三稜杖은 단면을 세모지게 깎은 막대인데, 만들기 쉬워 제대로 된 무기를 갖추지 못한 병사들에게 주거나, 성을 지킬 때 성첩 옆에 두어서 적이 올라오면 치게 하거나, 문에 교차해 세워 출입을 막는 데 쓰입니다. 능장의 형태는 곤방과 대동소이했을 것으로 보이는데, 「중희당 친림대정시 갱운시병」에 능장이 그려져 있어 대강의 모습을 엿볼 수 있습니다. 해당 그림의 능장은 검은색에 가깝고 쇠테를 5개 감은 간단한 막대 모양입니다.

국립중앙박물관에는 능장이라는 묵서가 적힌 특이한 형태의 막대가 소장되어 있는데, 상단에 가로로 긴 쇠막대를 두고 고리를 3개 단 모양입니다. 아마 야간에 순찰을 돌 때 쓰던 능장이고, 소리를 내어 듣는 이가 경계하도록 하는 뜻이 있었을 것입니다. 로텐바움세계문화예술박물관에도 유사한 유물이 2점 소장되어 있으며, 회화로는 신윤복의 「월하정인」에서 군관이 능장으로 보이는 막대를 든 것을 볼 수 있습니다.

철퇴

철퇴鐵槌 혹은 철추鐵椎는 쇠몽둥이로, 조선시대 널리 쓰인 한 손 타격무기입니다. 편곤처럼 자편이 있는 것, 긴 막대처럼 생긴 것, 망치처럼 생긴 것 등 형태는 다양하였고, 손에서 빠지지 않도록 끈을 단 예도 많습니다.

조선 초기에는 거폭車輻이라고 하여 정예 병사인 갑사의 무기로 쓰이기도 하였고, 자물쇠를 부술 때, 무거운 철퇴를 들게 하여 힘을 시험할 때도 사용하였습니다.*

군대 외에서는 나무로 만든 육각형 단면의 각진 몽둥이인 육모방망이도 잘 쓰였고 유물도 여럿 남아 있습니다.

도끼

도끼는 나무를 자르는 데 쓰는 연장으로, 조선시대에는 생활과 아주 밀접한 연장이었습니다. 조선 초기엔 병사를 따르는 종인들이 낫과 함께 쓰는 장비이기도 했으며, 조선 후기 취사와 잡일을 전담한 화병도 마찬가지로 낫과 도끼를 사용하였습니다.**

조선시대엔 도끼를 제대로 된 무기로 여기진 않았지만, 1451년의 『신진법』에서는 창, 검이 없다면 도끼斧와 철퇴椎를 써도 좋다는 언급이 있어 어느 정도의 효용은 있다 여겨진 듯합니다.

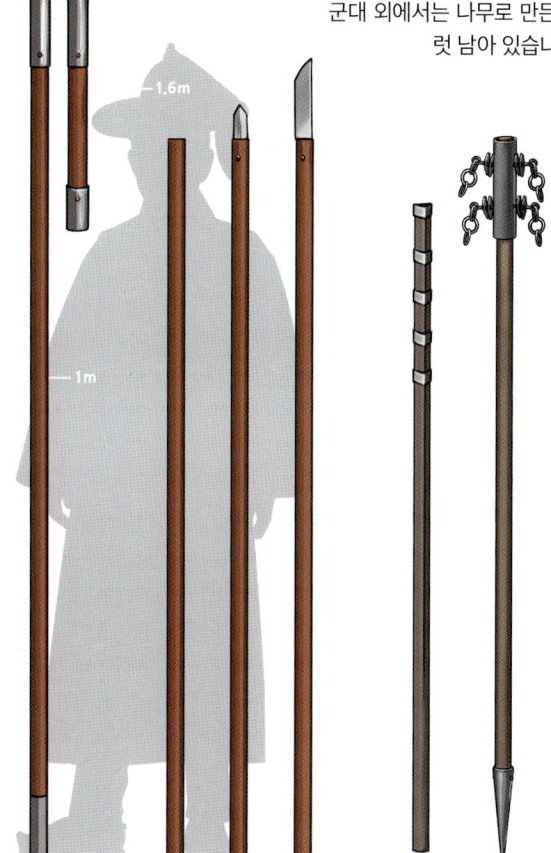

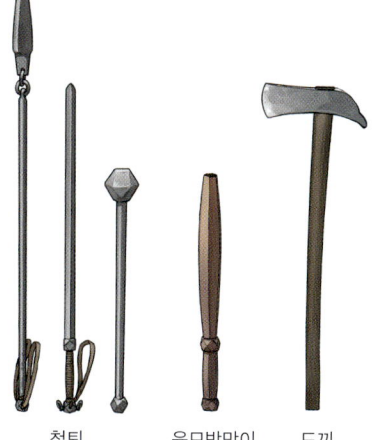

| 보편곤 | 곤방 | 협도곤 | 능장 | 능장 | 철퇴 | 육모방망이 | 도끼 |
| 『무예도보통지』 | 『무예제보』 | 『무예제보번역속집』 (추정) | | 국립중앙박물관 | 민속박물관, 육군박물관 | 민속박물관 | |

* 『세종실록 오례의』, 嘉禮序例, 鹵簿 / 『인조실록』, 인조 22년(1644) 3월 21일 / 『승정원일기』, 영조 10년 갑인(1734) 10월 15일
** 『성종실록』 성종 10년(1479) 윤 10월 4일 / 『비변사등록』 인조 22년(1641) 12월 28일

보예

땅에 서서 하는 무예를 보예步藝라고 합니다. 보예에는 검, 낭선, 장창 등 다종다양한 무기를 다루는 무예가 다 포함되지만, 여기선 기타 근접무기의 보예만을 다룹니다.

언월도와 협도

언월도와 협도의 생김새는 대동소이하지만, 쓰는 법에 있어선 차이가 있습니다. 월도는 자루가 긴 칼에서 발전한 무기이므로, 맹호장조세와 같이 큰 동작으로 베거나 치는 기법을 주로 쓰는 것이 특징입니다.

반면 협도는 조선 초기의 장검과 협도곤에서 발전한 무기로 베기, 치기도 쓰지만 장창에서 쓰이는 기술인 중평세 같은 찌르기도 곧잘 활용하는 차이가 있습니다.*

편곤과 곤방

편곤과 곤방도 생김새는 대동소이하지만, 역시 그 다루는 법에 있어서 차이가 있습니다. 곤방은 아주 간단한 형태지만, 날을 달아 찌르기도 하고 치기와 막기 등 다양한 기술을 사용할 수 있었습니다.

편곤은 자편을 달아 치는 것을 장기로 삼는데, 모편을 막아도 자편은 관성이 남아 칠 수 있기 때문에 막는 사람은 자편을 노려 막아야 합니다. 따라서 『무예도보통지』에서는 편곤을 연습할 땐 편곤 1명과 곤방 1명이 붙어 곤방이 편곤의 자편을 막으며 연습합니다.

*최형국(2017), '挾刀'의 탄생 - 조선 후기 大刀類 武藝의 정착과 발전, 조선시시대사학보 81집

마상무기

기창

기사영장騎士領將 김형척, 기사 이영광, 최형진, 김형철, 우택귀 등이 한꺼번에 말에 뛰어 올라 손에 장창長槍을 잡고 큰소리로 적을 꾸짖으며 서문 밖 대로로 쏜살같이 달려 나갔다…
― 『서정일기』 1812년 3월 14일

말 위에서 쓰는 창을 기창騎槍, 혹은 마병창馬兵槍이라고 합니다. 기창은 조선시대 내내 관무재와 무과에서 시험하였으므로, 무관과 기병들이 필히 수련해야 하는 무기였습니다. 조선 초기의 기창은 『경국대전』에 따르면 길이가 15척5촌(315cm)이었다고 하며, 조선 후기의 병서인 『융원필비』에 실린 마병창은 자루가 9척9촌(208cm), 슴베가 1척1촌(23cm), 창날이 2척1촌 8푼(46cm)으로, 총 254cm입니다.

유물로는 라이프치히그라시민속박물관에 마병창이 3점 소장되어 있는데, 220cm 하나, 170cm 둘로 작은 크기입니다. 다만 모두 물미가 없는 상태라 아래를 잘라낸 것일 수도 있겠습니다.

마상편곤

마상편곤馬上鞭棍은 말 위에서 쓰는 편곤으로, 조선 후기에는 무과의 시험 과목이 되어 널리 수련되었습니다. 마상편곤은 보편곤과 달리 모편과 자편이 고리 3개로 연결되며, 돌기를 두어 살상력이 높게 만들었습니다. 가지고 다니기도 어렵지 않은 크기여서, 무관과 기병들은 항상 말안장 뒤 오른편에 편곤을 꽂아 필요할 때 빼서 썼습니다. 편곤이 널리 쓰이게 되면서 사용처에 따른 칠의 구별도 생기는데, 1734년의 관행에 따르면 일반적인 병사들의 편곤은 붉은색 칠을 올렸고, 어가 행차를 호위하는 병사들의 편곤은 붉은 바탕에 아래쪽에는 삼록색三綠色칠을 하였다고 합니다. 1735년에는 국왕을 호위하는 무관인 별군직이 한쪽에 창날이 달려 있어 찌를 수 있는 능인창편곤稜刃槍鞭棍을 쓰도록 하였고, 1738년에는 금군의 편곤에 소속된 번의 방위색에 따라서 칠을 올리기도 합니다. 1808년에는 어가 뒤편을 호위하는 금군인 가후금군은 힘줄로 싸고 칠을 올린 착근편곤着筋鞭棍을 썼다고 합니다.* 유물로는 조선총독부 유리건판 사진 중 능인창편곤으로 보이는 편곤이 있으며, 로텐바움세계문화예술박물관에 녹색으로 하단을 칠한 삼록색 편곤이 두 점 소장되어 있습니다.

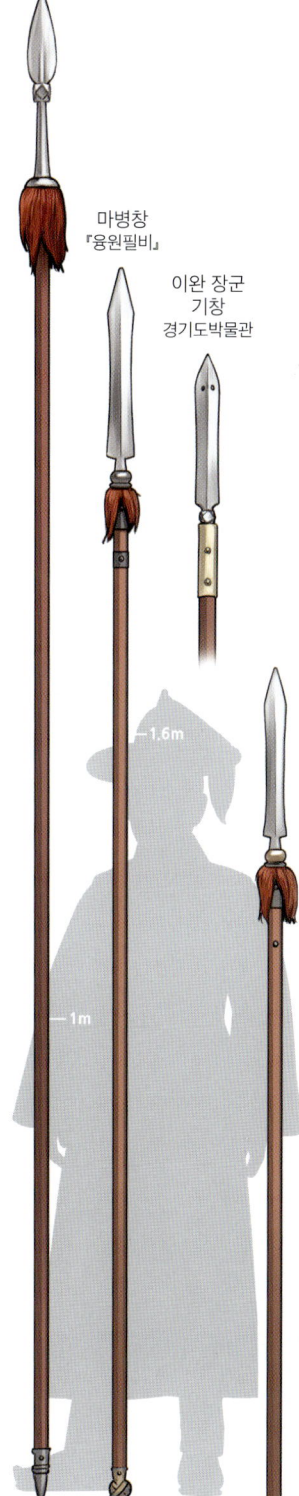

기창
『경국대전』

마병창
『융원필비』

이완 장군
기창
경기도박물관

마병창
라이프치히
그라시민속박물관

마상편곤
『무예도보통지』

편곤
『융원필비』

능인창편곤
국립중앙박물관

삼록색편곤
로텐바움세계문화
예술박물관

착근편곤
『만기요람』

편곤
국립민속박물관

*『승정원일기』, 영조 10년(1734) 9월 15일 / 같은 책, 영조 11년(1735) 윤4월 8일 / 같은 책, 영조 14년(1738) 3월 10일 "加漆時,各隨渠部伍方色…" / 『만기요람』 군정편 2, 附 龍虎營, 軍器

마예

말을 타고 하는 무예를 마예馬藝라고 합니다. 마예는 조선시대 내내 중시되었던 무예로, 기창, 마상편곤, 마상월도, 마상쌍검, 마상재, 격구가 있으나, 여기서는 주요한 기창과 편곤의 훈련을 다룹니다.

신월상천세
『무예도보통지』
오른손으로 고삐를 잡고 왼쪽 겨드랑이에 창을 끼고 가다가 창을 쓸 때가 되면 손을 든다

기창세

조선 초기에는 갑사와 내금위를 대상으로 기창세騎槍勢를 시험했는데, 기창세는 물감을 바른 피두창皮頭槍을 든 두 기병이 마주보고 150보(189m) 거리에서 선 후, 북을 치면 말채찍을 치며 달려 좌우로 창을 휘두른 후 착창세着槍勢를 하고, 3~40보 거리에서 서로 창을 맞대며 찌르고 피하며 싸우는데, 3번 접전한 후 하나가 달아나며 배창세背槍勢를 하고, 하나는 착창세를 하며 서로 싸우는 것입니다. 마지막에는 옷에 묻은 물감의 흔적으로 점수를 매겼습니다.* 그러나 기창세는 사고가 잦았기 때문에 『경국대전(1485)』에서는 기창세가 실리지 않았고, 이후로도 오랫동안 실시되지 않았습니다.

갑을창과 삼갑창

조선 초기에는 기창세 뿐만 아니라 갑을창甲乙槍과 삼갑창三甲槍이라는 훈련도 하였습니다. 갑을창은 서로 맞서는 기창세와 달리 갑과 을 2명이 쫓고 쫓기며 피두창을 찔러 점수를 평가하였습니다. 본래 무과에서도 갑을창을 시험보았으나, 1433년 추인을 사용한 기창으로 대체됩니다.**

1460년에는 갑을창이 삼갑창으로 개정되는데, 2인 1조로 하여 갑, 을, 병 3개 조를 두어 갑은 을을 찌르고, 을은 병을 찌르고, 병은 갑을 찌르는 것입니다. 북을 치면 시작하고 징을 치면 그쳐 옷에 묻은 물감의 숫자를 기준으로 채점하였다고 합니다. 삼갑창은 삼갑사와 함께 관람하고 시상하기도 하였으며, 1525년에는 4인 1조로 시행하기도 하였습니다. 그러나 1603년을 마지막으로 시험하였다는 기록을 찾아볼 수 없게 됩니다.***

기창세
(접전하는 모습)

삼갑창

*『세종실록』, 세종 13년(1431) 6월 2일
**『세종실록』, 세종 15년(1433) 3월 10일
***『세조실록』, 세조 6년(1460) 6월 6일 / 『중종실록』, 중종 20년(1525) 8월 29일 / 『숙종실록』, 숙종 32년(1706) 3월 21일

기창교전

조선 초기의 기창세는 1706년 기창교전騎槍交戰이라는 이름으로 부활하였는데, 이때의 기창교전은 물감을 묻힌 피두창을 든 기병이 130보(164m) 거리에 떨어져 있다가, 북을 치면 서로 마주보고 달려서 서로 접전하였다가 다시 거리를 벌리는 것입니다. 이를 3번씩 반복하여 몸에 난 흔적을 보고 점수를 매겼습니다.

1790년 쓰인 『무예도보통지』에 실린 기창교전은 조금 다른데, 갑옷을 입은 기병이 150보 거리에서 달려 창을 들어 부딪히고 자세를 평가하는 방식으로 바뀝니다. 그 이유는 확실하지 않으나, 안전상의 문제로 바뀌었을 가능성이 높습니다. 그렇게 기창교전은 이어지다가, 19세기 후반 군사제도의 개혁과 함께 사라집니다.*

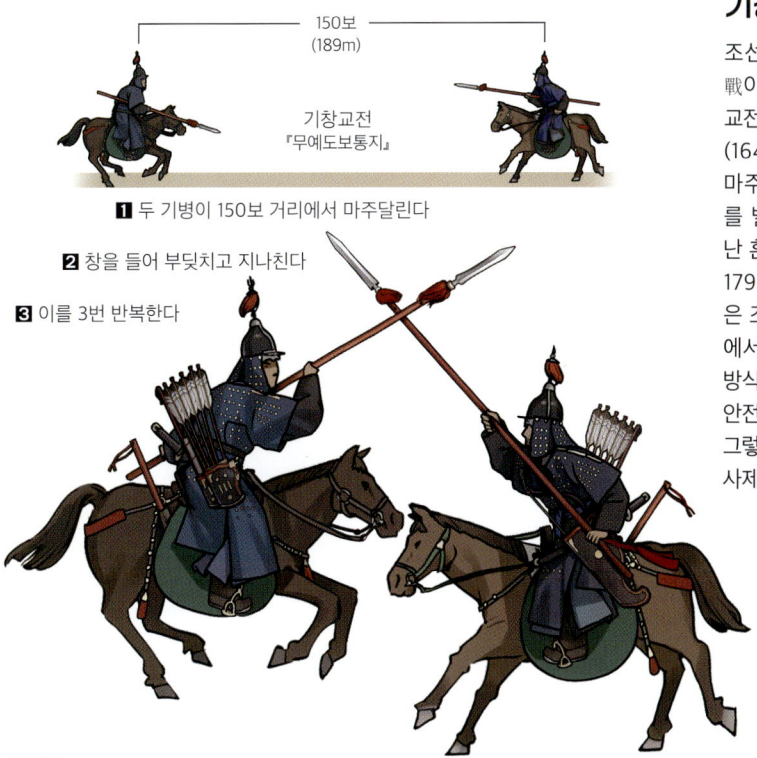

기창교전
『무예도보통지』

1 두 기병이 150보 거리에서 마주달린다
2 창을 들어 부딪치고 지나친다
3 이를 3번 반복한다

기창

무과의 시험과목인 기창騎槍은 말을 타고 달리면서 짚으로 만든 추인芻人에 창을 찌르는 것입니다. 1423년 기창세와 갑을창 등의 시험에서 사고가 잦은 문제와, 서로 창을 맞추는 데에만 열중하고 자세를 바르게 하지 않는 문제가 있어 이를 보완하기 위해 도입되었습니다.**

따라서 자세가 가장 중요한 평가 기준이었고, 일정 수준 이상의 속도로 달려야 했습니다. 기창은 조선 초기 『경국대전』에 실린 규정이 19세기까지 큰 변화 없이 이어져 내려오다 폐지되었습니다.

1 출발한 뒤 두 손으로 창을 높이 들었다가 왼쪽과 오른쪽 겨드랑이에 한 번씩 낀다
2 창을 오른쪽 겨드랑이에 끼고 추인의 정면에 찌른다
3 창을 왼쪽 겨드랑이에 끼고 둘째 추인에 찌른다
4 창을 오른쪽 겨드랑이에 끼고 셋째 추인에 찌른다
5 몸을 돌려 왼편을 돌아보며 창으로 뒤를 가리키고 오른편을 돌아보며 똑같이 한 후 복귀한다

추인
25보(32m)
기창
『속대전』

---

*최형국(2011),朝鮮後期 騎兵의 馬上武藝 硏究, 중앙대학교 대학원 사학과 한국사전공 박사학위논문
**『세종실록』, 세종 5년(1423) 3월 15일

마상편곤

마상편곤은 조선 후기 기병의 주요한 무기로써, 조선 후기 기병들은 먼 거리에서는 활을 쏘다가, 근접전을 할 상황이 되면 편곤을 쓰도록 훈련받았습니다.
『무예도보통지』에 실린 마상편곤에선 먼저 오른손에 편곤을 높이 들고 목표에 접근하는데 이를 상골분익세라고 하며, 이후 고삐를 놓고 편곤을 두 손으로 잡고 이마 앞으로 높이 드는데, 이를 청룡등약세라고 합니다. 이후 편곤을 자신의 왼쪽으로 크게 휘두르고 다시 이마 앞으로 드는데 이를 춘강소운세, 백호포휴세라고 하며, 오른쪽으로 크게 휘두르는데 이를 추산어풍세라고 합니다. 이후 왼편으로 내려치는데, 이를 벽력휘부세라고 하며, 다음은 오른편으로 내려쳐 마무리하는데 이를 비전요두세라고 합니다. 좌우로 크게 휘두르는 공격과 좌우로 내려치는 공격 4가지가 편곤의 핵심이며, 이는 후술할 편추에서도 모두 확인하는 요소입니다.

편추

편추鞭芻는 편곤으로 추인을 치는 시험을 말하는데, 마상편곤이 쓰이기 시작한 17세기부터 관무재 등에서 시험을 보기 시작하였고, 1746년『속대전』에서 정식으로 무과에 편입되었습니다.
당시 규정된 편추에서는 추인 사이의 간격은 28보였고, 말이 달리는 길인 마로의 폭은 3보, 시작과 동시에 동호로 시간을 쟀으며, 동호의 물이 다 떨어지기 전에 6개의 추인을 쳐야 했습니다. 또 일직선으로 달리도록 하고 가로질러 달리면 불합격 처리하여 군사들이 먼 거리의 추인을 치는 능력을 기르도록 했습니다. 자세가 갖추어지지 않아도 불합격 처리가 되었는데, 그 규정은 『무예도보통지』에 실린 자세와 대동소이합니다.
편추는 18세기까지 군영을 가리지 않고 널리 시험하며 훈련되었으나, 19세기에 들어서 무과를 제외한 무순 등 군영 내에서의 시험과 훈련에서는 자취를 감추었고, 19세기 후반에 가서 군사제도의 개혁으로 사라집니다.*

상골분익세
『무예도보통지』

왼손으로 고삐를 잡고 오른손으로 편곤을 높이 들고 말을 달려 나간다

5 6개의 추인을 치고 난 뒤 복귀한다

28보 (35m)

4 다음 추인을 치고 똑같이 반복한다

3 좌우로 한 번씩 크게 휘두른다

1 출발한 뒤 오른손으로 편곤을 들었다가 두 손으로 앞을 향해 들고 좌우로 휘두른다

2 추인을 친다

마로
폭 3보(3.8m)

편추
『속대전』

동호

*최형국(2011),朝鮮後期 騎兵의 馬上武藝 硏究, 중앙대학교 대학원 사학과 한국사전공 박사학위논문

③ 소형화기

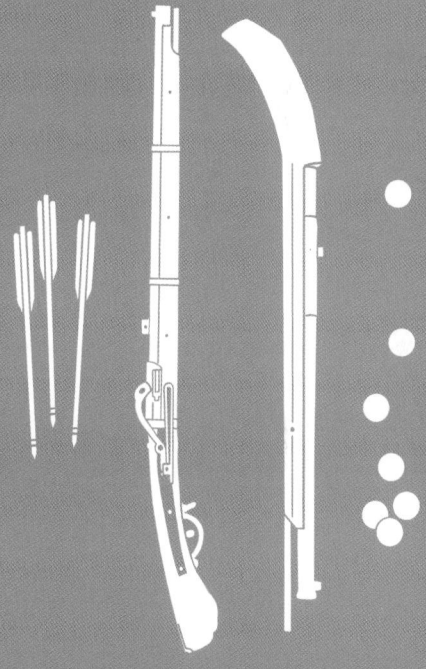

조선 초기의 소형총통

조선 초기 소형총통의 사용법

조선 후기의 소형총통

조총

조총의 사용법

개항기 소총

개항기 소총의 사용법

조선 초기의 소형총통

"총포의 제도가 언제부터 만들어졌는지 알 수 없지만, 갑옷을 뚫고 뼈를 꿰뚫어 맞자마자 죽지 않음이 없으니, 이른바 총포가 나오면서 명장名將이 없어졌다는 말은 과연 믿을 만하다."

- 『순조실록』, 순조 8년(1808) 8월 1일

총통銃筒, 화통火筒, 화포火砲는 관 안에서 화약을 폭파시켜 그 힘으로 화살이나 탄자를 날리는 무기를 말합니다. 이 책에서는 한 사람이 잡고 쏠 수 있는가를 기준으로, 가능하면 소형총통, 불가능하면 대형총통으로 나누었습니다. 총통은 화약을 담는 약실, 탄환이 나가는 총신, 자루를 끼우는 모병으로 구성되며, 총신이 끝나는 구멍은 총구銃口, 총구의 직경은 구경, 불을 붙이는 구멍은 약선혈이라고 부릅니다.

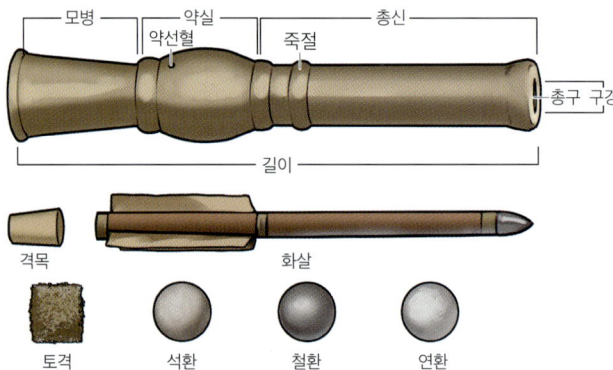

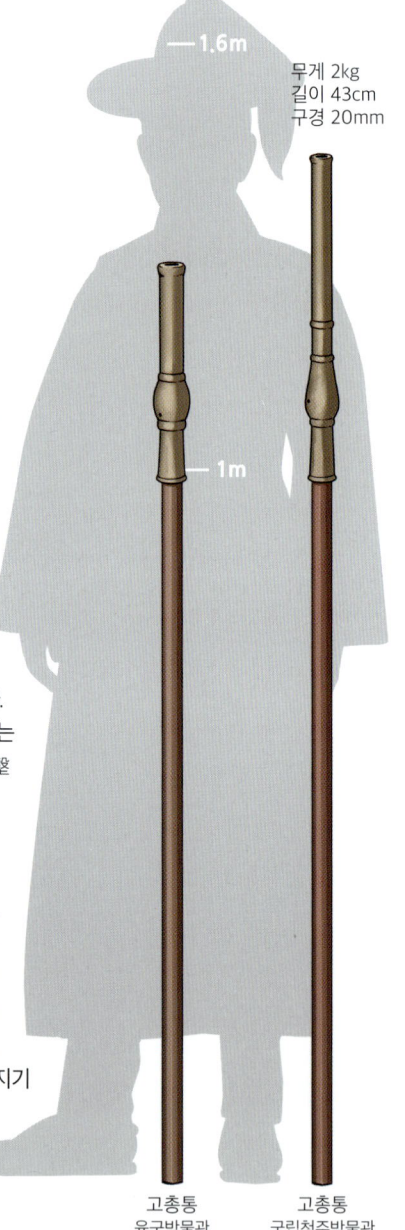

고총통
육군박물관

고총통
국립청주박물관

화살과 격목

조선 초기에는 소형총통으로 주로 화살을 발사하였는데, 최무선의 졸기에도 그가 만든 것 중 하나로 언급되며 16세기까지 총통의 발사체로 널리 쓰였습니다. 15세기 초반부터는 화살을 쏠 때 무조건 격목隔木을 쓰는데, 격목은 단단한 이년목(백가시나무)으로 만들었으며, 강하게 다져 틈으로 폭발 압력이 빠져나가지 않도록 하는 역할을 합니다.

철환과 토격

조선시대에는 탄궁이나 총통으로 발사하는 구슬을 탄자彈子나 환丸이라 하였는데, 돌이면 석환石丸, 철이면 철환鐵丸, 납이면 연환鉛丸이라 하였습니다. 철환은 최무선의 졸기에도 언급되어 조선 초기에는 쓰였을 것으로 보이나, 오래지 않아서 사장됩니다. 그러다 16세기 후반 승자총통의 등장과 함께 다시 철환이 쓰이게 되었으며, 조총이 쓰이는 17~18세기부터는 연환을 쓰게 됩니다. 철환이나 연환에는 격목 대신 흙을 넣는 토격土擊을 사용했는데, 격목처럼 강하게 다질 필요가 없어 장전이 빨랐다고 합니다.

고려 말의 소형총통

화약의 힘으로 발사체를 날리는 무기는 1259년 남송 수춘부에서 만들어진 대나무 돌화창을 기원으로 봅니다. 13세기 말~14세기 초 원나라에서는 동을 주조하여 약실, 총신, 모병의 구조를 갖춘 총통을 만드는데, 이 총통이 고려로 넘어오게 됩니다. 『고려사』에 따르면, 1356년, 1372년, 1373년 화전과 화통을 시험하였다는 기록이 있으나, 당시에는 널리 쓰이지 못한 것으로 보입니다.* 그러다 1377년 최무선의 건의로 화통도감이 설치되고, 화약과 화약무기의 생산을 전담하게 함으로써 화약과 화약무기가 대대적으로 만들어지기 시작합니다. 이 화약무기들은 1380년 진포해전, 1383년 남해 관음포해전에서 그 유용성을 입증합니다.
현재도 고려 말 총통이 일부 박물관에 소장되어 있는데, 명명법이 확실하지 않아 대개 '고총통'이라는 이름이 붙습니다.

*김명훈,박선숙(2019), 조총의 등장과 원리, 소형화약무기 359~362p

15세기의 소형총통

"오늘날의 만듦새로 보면 전의 화포들은 다 못쓸 것이니 깨뜨려 버림이 마땅하다. 전에는 이러한 새 제도를 모르고서 그때 만든 것을 완전히 잘된 것으로 여겼으나, 이제는 우스운 일임을 알게 되었고, 따라서 훗날에 오늘 것을 볼 때 오늘날 전날 것을 보는 것과 같을까 싶기도 하다…"
- 『세종실록』 세종 27년(1445) 3월 30일

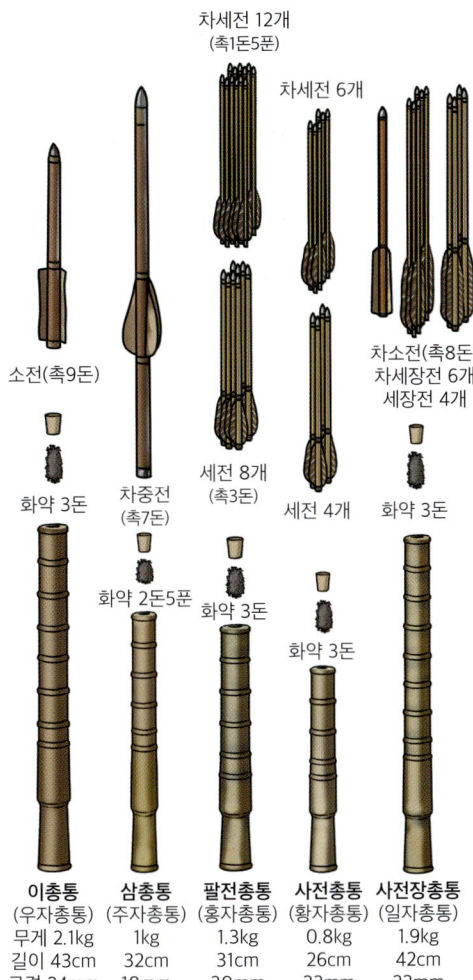

이총통 (우자총통)	삼총통 (주자총통)	팔전총통 (홍자총통)	사전총통 (황자총통)	사전장총통 (일자총통)
무게 2.1kg	1kg	1.3kg	0.8kg	1.9kg
길이 43cm	32cm	31cm	26cm	42cm
구경 24mm	18mm	30mm	23mm	23mm

고려 말 화약무기 개발을 주도했던 화통도감은 1389년 군기시에 합해지며 폐지됩니다. 조선이 건국되고 1400년 즉위한 태종은 화약무기에 관심이 많았는데, 즉위 당시 200여 개에 불과했던 군기감의 총통 보유량이 1417년에는 13,500개에 달하게 되며, 보유량에 맞추어 총통을 다루는 군사인 화통군도 1415년 600명에서 1416년 10,000명으로 대폭 늘어납니다.

태종 때 총통은 지자화포, 현자화포가 있었는데, 현자화포는 들고 쏘았을 때 2~3발을 쏘면 팔이 아파 쏘지 못하므로 중국의 제도를 참고해 조금 작고 긴 황자화포가 개발되었다고 합니다. 이때의 총통은 그 제도가 확실하지 않으나 이, 삼총통처럼 화살 하나만 쏠 수 있는 종류였을 것입니다.*

대외 원정이 잦았던 세종 때도 총통 개발이 이어졌는데, 1433년에는 화살 2개를 쏘는 쌍전화포雙箭火砲, 이후에는 4개를 쏘는 사전화포四箭火砲, 쇠집게로 집어 쏘는 세화포細火砲가 개발되었습니다.*

1445년에는 총통 제도가 대대적으로 개혁되었는데, 이전의 천자문 글자 순서를 딴 '~자화포' 식 명명법에서 하나의 화살을 쓰는 일, 이, 삼총통과 여러 화살을 쏘는 사전, 사전장, 팔전총통, 그 외의 세총통 식으로 개정되었습니다.* 당시 시험한 바로는 제일 작은 세총통조차 사거리가 500보(630m)에 달할 정도로 매우 길긴 했지만, 같은 시기 화포군을 시험할 때 150보(189m), 200보(252m) 거리에 과녁을 세운 것으로 보아 일반적으로는 150~200보가 맞힐 수 있는 한계로 여겨진 것으로 보입니다.**

당시 총통을 전문으로 다루는 총통위에서는 300명이 삼총통, 250명이 사전총통, 250명이 팔전총통을 사용했고, 1451년 의정부에서 각 도에 다른 총통은 익히지 말고 사전총통과 삼총통만 익히도록 한 것을 보면 당시는 사전총통과 삼총통이 특히 중요하게 여겨졌던 것으로 보입니다.***

15세기 후반~16세기의 소형총통

"(제주도의) 바닷가가 다 평원으로 밭머리에 돌담만 없다면 전거와 화포를 사용할 수 있을 것이니, 수레 만드는 장인과 측자총통, 지화, 소약선, 화포 등 여러 가지 기구를 많이 내려보내소서."
- 『중종실록』 중종 5년(1510) 9월 16일

1467년에는 보다 가벼운 총통인 신제총통이 개발되며, 이듬해 신제총통 1천 개와 화살 1만 개를 함길북병영에 내려보내 쓰도록 합니다. 1494년 경상도 관찰사 이극균의 계에서는 익혀야 할 총통으로 삼총통과 신제총통이 기재되어 있는 것으로 보아, 15세기 후반에는 삼총통과 신제총통이 중요한 화기로 여겨진 듯합니다.****

16세기 중반에는 총통의 명명법이 개정되어 천자총통부터 측자총통까지 천자문 순서에 따라서 재분류됩니다. 이때 등장한 측자총통은 실체가 불분명하나, 비슷한 시기 쓰였던 복전총통에 붙은 이름일 것으로 추정됩니다.*****

이상의 화살을 쏘는 총통들은 1573년경 승자총통이 개발되기까지 널리 쓰이며 각종 전란에서 중요한 역할을 했습니다. 그러나 16세기 후반 철환을 쏘는 승자총통과 조총이 등장함에 따라 구식 무기가 되는 신세를 면치 못했으며, 이후로는 거의 쓰이지 않게 됩니다.

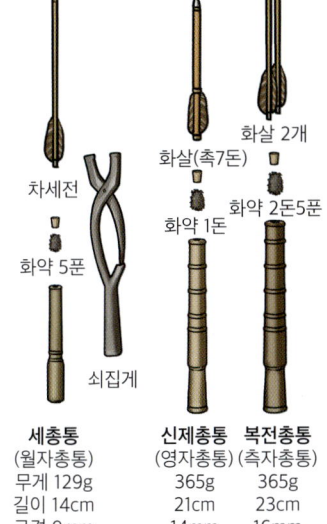

세총통 (월자총통)	신제총통 (영자총통)	복전총통 (측자총통)
무게 129g	365g	365g
길이 14cm	21cm	23cm
구경 9mm	14mm	16mm

---

*『세종실록』, 세종 5년(1423) 3월 15일
**『세종실록』, 세종 20년(1438) 11월 24일 / 『세종실록』, 세종 22년(1440) 7월 8일
***『세종실록』, 세종 28년(1446) 1월 22일 / 『문종실록』, 문종 1년(1451) 6월 5일
****『세조실록』, 세조 13년(1467) 7월 30일 / 같은 책, 세조 14년 9월 7일 / 『성종실록』, 성종 25년(1494) 5월 11일
*****서윤희(2021), 조선시대 소형총통의 명문 유형과 특징, 동원학술논문집 22호 69~94p, 수치도 같은 논문을 인용하였음.

조선 초기 소형총통의 부속장구

"격목檄木, 철추鐵椎, 철전鐵箭(화살), 화약火藥, 화심火心(약선), 양약요자量藥凹子, 장화기藏火器 등이 모두 한 사람의 몸에 가지는 것인데, 그 중에 화약, 화심, 장화기는 한 곳에 가질 수 없으니, 모름지기 화약, 화심을 한 편에 차고 장화기는 또 한 편에 차게 하고…"
 - 『세종실록』 세종 29년(1447) 11월 16일

조선 초기 소형총통을 발사하기 위해서는 최소한 화승과 장화기, 약선, 화약, 양약요자, 격목, 화살, 철추가 필요했습니다.

화약통

대약선 길이 1척 4촌(29cm), 화약 8푼(3.2g)
중약선 길이 9촌(19cm), 화약 2푼3리(0.9g)
소약선 길이 9촌(19cm), 화약 1푼5리(0.6g)

화약통

총통에 넣을 화약을 가지고 다니려면 화약통이 필요한데, 조선 초기 화약통의 형태는 『세종실록 오례의』에서 볼 수 있습니다.

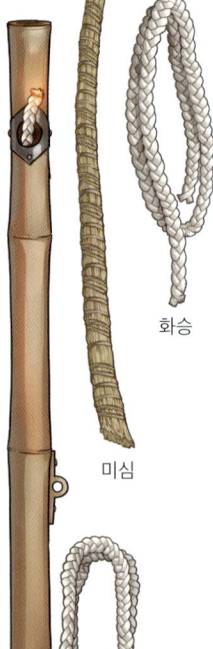

화승
미심
장화기
(추정)

약선

약선藥線은 불을 붙이면 빠르게 타들어가 불씨를 전하도록 만든 심지입니다. 화약을 종이로 싸 만들었고, 총통을 쏠 땐 약선혈에 꽂아 사용하였습니다. 약선은 대약선, 중약선, 소약선 3종으로 나뉘며, 총통의 대소에 따라 가위로 잘라 사용하였습니다. 소형총통은 대개 소약선 3촌(6cm)을 잘라 사용하였습니다.

화승

화승火繩은 천천히 타면서 불씨를 유지하도록 만든 심지입니다. 조선 초기에는 명주를 꼬아 만든 노끈 5, 6척(105~126cm)을 사용하였다는 기록이 있으며,* 민간에서는 싸리나 억새 껍질을 칡끈으로 엮은 '미심'을 사용하기도 하였는데, 1, 2척(30~60cm)이면 하루를 탔다고 합니다.** 조선 후기에는 면이나 마로 된 노끈으로 만든 화승이 주로 사용되었는데, 일반적인 화승 1가닥은 길이가 2발(4m), 무게는 3냥(120g), 전부 타는 데는 한나절 정도 걸렸다고 합니다.***

장화기

장화기藏火器는 불 붙인 화승을 넣어 보관하는 도구입니다. 불이 옮겨붙을 위험이 있으므로 화약, 약선과 반대편에 차도록 하였습니다.
장화기의 모양은 전하지 않으나, 1441년에 만들어진 화초火鞘 제도를 참고할 수 있겠습니다.
화초는 4~5척(84~105cm)정도 되는 대나무 대롱에 구멍을 뚫고, 가운데에 얇은 쇠를 두어 화승을 꽂아 불씨를 유지합니다.* 화초는 말에서 썼던 것이므로, 보병이 사용하였던 장화기는 더 짧았을 것으로 보입니다.

양약요자

양약요자量藥凹子는 총통에 화약을 계량하여 넣는 데 쓰는 맞는 용량의 숟가락입니다. 화약통의 화약을 이 숟가락에 부어 계량하는 데 썼을 것으로 보입니다.
국립청주박물관에 양약요자가 한 점 소장되어 있는데, 크기를 보면 화약이 몇 돈 들어가는 소형총통에 쓰던 것으로 보입니다.

철추

철추鐵椎 혹은 철정鐵釘, 쇠몽둥이는 격목을 다지는 데 쓰는 것으로, 격목을 강하게 다지기 위하여 철로 만들었습니다. 조선 후기에는 총통의 길이가 길어지면서 지름대 혹은 삭장槊杖이라고 하는 나무 막대가 쓰였습니다.

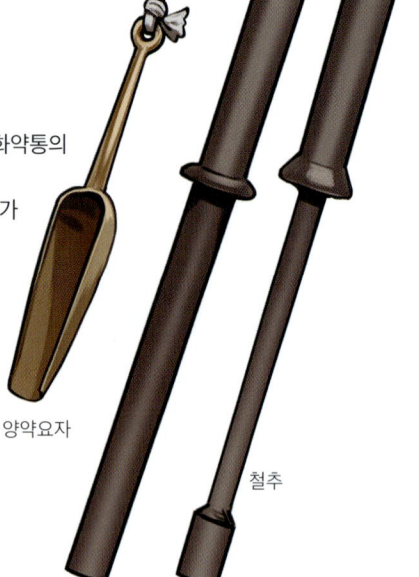

양약요자
철추

---

*『세종실록』, 세종 23년(1441) 10월 1일
**김동섭(2005), 제주도 전래 '초재민속품'에 관한 연구, 영주어문 제10권 111~142p
***『오주연문장전산고』, 鳥銃辨證說

조선 초기 소형총통의 사용법

"무릇 총통에 장약할 때에는 먼저 약선을 횡간橫看(표)에 적힌 바에 의해서 자르며, 반은 구멍 안에 넣고, 반은 구멍 밖에 내어 굽히고, 종이를 붙이고 화약을 넣되, 화살을 쓸 적이거든 격목을 넣고, 철환을 쓸 적이거든 토격을 하여, 다 철추와 철정으로 허리와 밑에 다다르게 하고, 놓을 제에 종이를 떼고 심에 불을 붙이라."
— 『화포식언해(1635)』

총통을 장전할 때에는 먼저 약선을 약선혈에 꽂는데, 반쯤 꽂고 반은 밖에 나오도록 하고, 위에 종이를 붙였습니다. 이후에는 화약을 넣는데, 화약통의 화약을 양약요자에 부어 계량해 넣었을 것입니다. 이후에는 격목이나 토격을 넣어 철추로 다지고 화살이나 철환을 넣어 다졌을 것입니다.

쏠 때가 되면 종이를 떼고 약선에 불을 붙이는데, 약선이 타는 동안 적을 겨누어야 했기 때문에, 약선을 너무 깊게 꽂지 않는 것이 중요했습니다. 적을 겨누고 있으면 약선이 타들어가 발사됩니다. 조선 시대에는 이렇게 총통을 발사하는 것을 활시위를 놓는 것과 같다 생각해서 '놓는다', 내지 '방포放砲'라 표현하였습니다.

세총통의 경우는 미리 장전된 세총통을 여러 개 준비한 상태에서 쇠집게로 집어 쏘는 방식으로 발사합니다.

소형화기 | 79

조선 후기의 소형총통

승자총통

"고 병사 김지가 새로 만든 승자총통이 지금 북방의 사변에서 적을 물리칠 때 많은 힘이 되고 있으므로…"
- 『선조실록』 선조 16년(1583) 6월 11일

"정예군들을 거느리고 승자총통에 철환과 화약을 재워 매복하다가, 적들이 그 앞에 이르면 궁노와 총통을 일시에 발사하여 적들을 급히 공격하며…"
- 『제승방략(1588)』 군무 29조

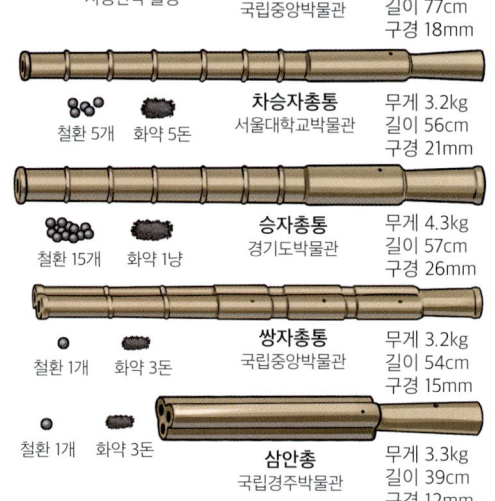

승자총통勝字銃筒은 선조 때 전라도, 경상도 병마절도사를 지낸 김지가 개발한 총통으로, 화약 1냥(40g)과 15개의 철환을 넣어 쏘는 강력한 총통입니다. 승자총통은 늦어도 1573년부터 제작된 것이 유물로 확인되며, 1583년 니탕개의 난에서 성능을 증명한 후 널리 사용되었습니다.
승자총통과 함께 조금 작은 차승자총통, 긴 별승자총통, 약실이 3개 있는 총신이 2개 있어 바깥쪽부터 6방을 쏠 수 있는 쌍자총통이 개발되어 널리 사용되었습니다.

장가승자총통

"(함경북병영에) 조총 20병과 별양장가승자총別樣裝架勝字銃 20병을 더 내려보내고…"
- 『선조실록』 선조 36년(1603) 9월 2일

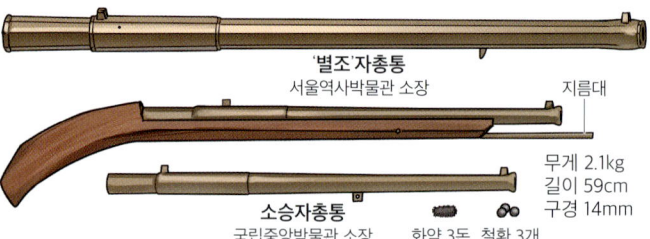

1587년경 등장한 소승자총통과 별조자총통은 장가裝架, 즉 총가를 달아서 뺨에 대고 조준할 수 있도록 하고, 또 앞에 지름대를 꽂을 수 있게 만들었습니다. 이는 당시 조선에서 조총을 접하고 기존 총통의 개량을 궁리한 결과로 보입니다.
소승자총통은 조준하고 있다가 손가락을 튕겨 발사하는 조총과 달리 약선에 불을 붙여 타는 동안 조준해야 하므로, 명중률에 있어서는 불리했을 것으로 보입니다. 그래서인지 소승자총통은 3개의 철환을, 별조자총통은 13개의 철환을 발사하여 명중률을 보완하고자 했던 노력이 엿보입니다.
소승자총통은 조총의 수량이 부족했던 임진왜란 시기부터 17세기 초반까지 널리 쓰였으나, 조총의 수량이 충분해진 이후로는 창고행을 면치 못했습니다.

삼안총

삼안총三眼銃은 임진왜란 이후 명나라군의 영향으로 들어왔는데, 3개의 총신이 있어 3방을 연이어 쏠 수 있었습니다. 17세기 초반에는 전투에도 쓰였지만 조총이 널리 보급된 이후로는 신호용으로만 쓰이게 됩니다.

백자총통

백자총통百字銃筒도 명나라군의 영향으로 들어온 총통입니다. 『신기비결(1603)』에 따르면 당시 백자총통은 크기가 고르지 않아서 넣는 탄약을 적당히 조절해야만 했다고 하는데, 명나라에서는 그때그때 적당한 크기로 만들었던 모양입니다.
조선에서는 대, 중, 소 3개 크기의 백자총통이 쓰였으며, 대백자총통은 화약 3냥(120g)을 넣었고, 중백자총통은 화약 2냥(80g), 소백자총통은 화약 1냥 반(60g)을 넣어서 철환 1개를 쓰거나 작은 연환 여러 개를 장전하여 쏘았습니다.**

---

* 『신기비결』에는 '대승총'이란 총이 있지만 맥락상 승자총통을 의미하는 것으로 보이고, 이 총통의 사용 탄약은 불명이다.
** 이 문단을 포함해 이 쪽의 모든 수치는 『화포식언해』의 내용을 바탕으로 썼으며, 다만 별조자총통만 명문을 참고했다.

삼연자포

어떤 사람이 말했다. "우리나라의 동으로 만든 총통은 총구가 크고 총복銃腹이 짧으며 총신이 또한 얇다. …(중략)… 영자, 측자, 황자총통은 너무 짧아서 모두 쓸모가 없으니 다른 총포로 개조해야 한다…"

- 『신기비결(1603)』 조총습법

조선 후기에 들어서면 조총이 널리 쓰이면서 조선 초기의 총통은 쓸모를 잃었습니다. 따라서 군에서는 녹여 다른 무기를 만들거나, 여러 개를 묶어 화거를 만드는 등 활용 방안을 모색했는데, 개중 특이한 사례로 전쟁기념관에 소장된 삼연자포가 있습니다.

삼연자포는 주자총통 3개를 묶어 하나의 총으로 만들었으며, 총의 사이가 부채꼴로 벌어져 있어 적이 근접했을 때 탄환 여럿을 장전하여 흩뿌리도록 만들었습니다. 『신기비결』에서는 기존의 총통을 모두 녹여서 다른 무기를 만들자는 혹자의 주장을 비판하며, 탄환을 여럿 쏘면 적군 중에 맞는 자가 있을 것이며, 수성전에 응용하기에 좋은 점이 있다고 하였으니, 삼연자포는 이 설에 잘 들어맞는 예라 하겠습니다.

목가포와 수포

목가포와 수포는 소승자총통처럼 총가를 달아서 만든 총통으로, 다만 크기가 더 커서 사람이 들고 쏠 수 있는 한계에 가깝고, 조총과 유사하게 철을 두드려 만든 것입니다.

국립중앙박물관엔 수포와 유사한 "오호약환일"명 포가 소장되어 있는데, 이는 5호 불랑기의 탄환을 장전하라는 뜻으로 보입니다. 5호 불랑기는 화약 2냥(80g)을 장전하고 구경에 맞는 탄환이나 작은 연환 여러 개를 발사합니다. 구경은 25mm 내외인데 목가포와 수포도 25mm 내외의 구경을 가지므로, 이들도 5호 불랑기의 탄환을 사용했을 것으로 보입니다.

조선 후기 소형총통의 사용법

조선 후기의 총통은 장전하는 방법에 있어서는 조선 초기와 큰 차이가 없고, 다만 철추 대신 지름대로 화약과 토격, 철환을 다지는 점이 다릅니다. 또 장화기를 사용하는 예를 찾기 힘듭니다.

지름대

지름대는 토격을 사용하는 총통이나 조총에 쓰는 막대로, 화약과 철환, 연환을 다질 때 사용합니다. 총신에 맞는 길쭉한 나무로 되어 있으며, 보통 총가에 꽂을 수 있게 되어있습니다.

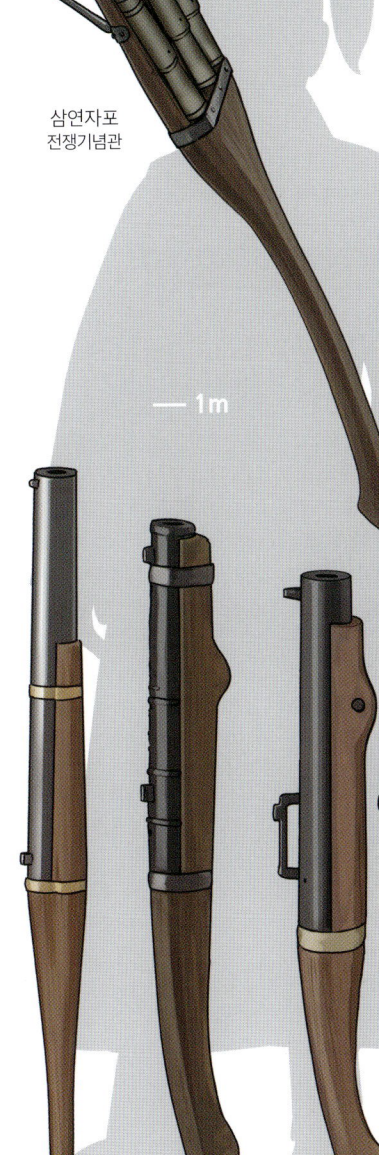

삼총통(주자총통)

1.6m

삼연자포
전쟁기념관

1m

수포
국립중앙박물관

'오호약환일'명 포
국립중앙박물관

목가포
연세대박물관

지름대

1 장전 후 약선에 불을 붙인다

2 약선이 타는 동안 겨눈다

3 발사한다

소형화기 | 81

조총

동국東國(조선)병기 돌아보니 정묘함도 적을시고 / 이 병기 가지고서 파적破賊(적을 깸)을 어찌하리
조총과 화약법을 각진에 교훈敎訓(가르침)하니 / 한두 달 지난 후에 일등병기 되었단 말인가…
— 『모하당술회가』, 김충선, 귀순 후 활동하는 대목

조총은 15세기 후반 유럽에서 만들어진 새로운 양식의 소형화기로, 표적을 겨눈 상태에서 손가락만 움직여 쏠 수 있어 더 발전된 형식의 무기였습니다. 일본에서는 1543년 타네가시마(종자도種子島)에 전래되어 16세기 후반 널리 쓰였습니다.

조선에서는 1552년 왜구가 철환을 쏘았다는 기록이 있으며, 1554년 왜인 신장信長이, 이듬해 평장친平長親이 '정교한 총통'을 바치기도 하였고, 1589년 평의지平義智가 조총을 바치기도 합니다. 그러나 그 당시까지는 조총이 그다지 주목받지 못했습니다.*

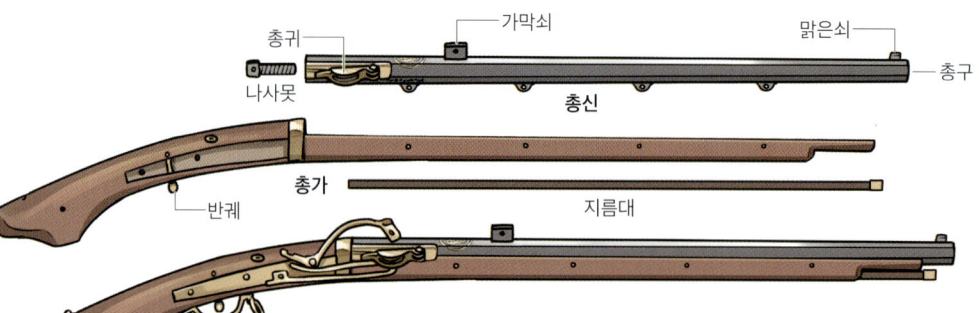

1592년 임진왜란 이후 조선은 조총의 성능에 큰 인상을 받습니다. 이에 김충선 등 항복한 일본인을 중심으로 조총을 제작하게 하였고, 같은 해 조총을 전담하여 제조하는 조총청을 설치하였습니다. 조총청은 1614년 화기도감으로 개편되었다가 1623년 군기시에 흡수되어 이후 서울에선 군영이나 군기시, 지방에서는 민간의 총계가 조총을 제조하게 됩니다.

그런데 민간에서 만든 조총은 규격이 일정치 않아 문제가 발생합니다. 1728년 이인좌의 난 당시 금위영에는 민간에서 만든 조총이 많았는데, 군영에서 내려준 탄환보다 구경이 작아서 탄환을 갈아내 써야 했다고 합니다.** 이 때문에 이듬해『조총화약제조절목』이 제정됩니다. 절목에 따르면, 조총에는 3돈의 연환이 들어가야 했고, 총에 감독과 각 부품 장인의 성명, 제작한 관청, 연도와 호수를 새기도록 하는 등 품질관리의 기준을 세웠습니다. 또한 오군영과 군기시, 진휼청을 '군기제조아문'으로 지정하여 이외 관청이나 장인이 조총을 제조하는 것이 금지됩니다.

이후로도 조총은 가장 중요한 무기 중 하나로 여겨집니다. 그러다 19세기 후반 군제 개편으로 군대에서 쓰이지 않게 되나, 1896년을 전후하여 쓰인『무기재고표』에 따르면 당시까지도 서울과 함경도를 제외한 지방의 무기고에는 약 10만 정의 조총이 존재하였다고 합니다.

조총의 총신

총신銃身(체철體鐵)은 총의 몸체로, 화약과 탄환을 장전할 수 있는 긴 관입니다. 앞은 총구銃口(총부리), 안쪽은 총혈銃穴(총구멍)이라 하며, 뒤는 나사못螺絲釘을 끼워 압력이 뒤로 새는 것을 막았습니다.***

총신 뒤쪽 오른편에는 총귀銃耳라 하는 부분이 있는데, 귀약耳藥을 담는 곳입니다. 총귀와 총혈을 연결하는 구멍은 귓구멍(이혈耳穴)이라 합니다. 총귀엔 귀약이 날아가는 것을 막는 뚜껑을 다는데, 화문개火門蓋라 하며, 총귀와 화문개를 통틀어 화문火門이라 합니다.

총신의 상단에는 가막쇠(조문照門)와 맑은쇠(청철靑鐵, 조성照星)가 달리는데, 가막쇠는 오목하게 생겼으며, 맑은쇠는 볼록하게 튀어나와 있어 총을 겨눌 때 이들의 요철을 맞추어 표적을 조준했습니다.

조총의 총신은 일반적으로 단조가 편한 팔각형의 단면을 가지는데, 이런 총신을 가진 조총을 평조총平鳥銃이라 합니다. 총구가 밤처럼 두꺼운 것은 율두조총栗頭鳥銃, 원형인 것은 원조총圓鳥銃, 대나무처럼 죽절이 있는 것은 죽절조총竹節鳥銃이라 합니다.****

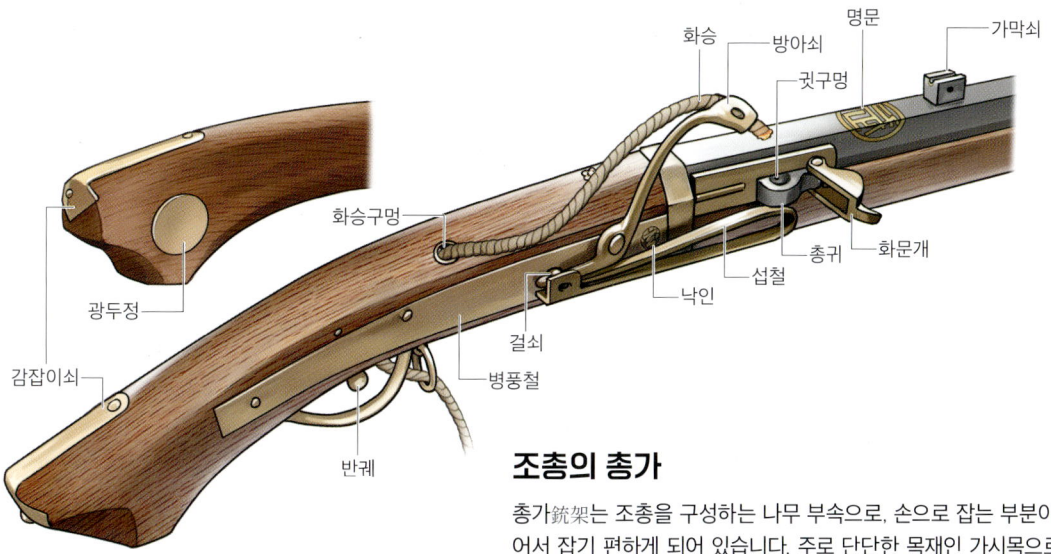

'장'자명 마상총의 장식
국립고궁박물관

조총의 총가

총가銃架는 조총을 구성하는 나무 부속으로, 손으로 잡는 부분이 약간 휘어서 잡기 편하게 되어 있습니다. 주로 단단한 목재인 가시목으로 총가를 만들었습니다.

총구 아래에는 지름대(충죽衝竹, 삭장槊杖, 총혀銃楔)라고 부르는 얇은 막대가 꽂혀 있는데, 탄약을 장전할 때 총구에 밀어 넣어 화약과 탄환을 다지는 용도로 사용합니다. 오늘날 지름대는 꽂을대라고 부릅니다.

조총의 장식

조총에 부착되는 작은 금속부품들을 일컬어 장식粧飾이라고 합니다. 개중에는 병풍철, 방아쇠, 섭철과 반궤처럼 작동에 필수적인 것도 있지만, 광두정과 감잡이쇠처럼 내구도를 높여주거나 장식적인 목적으로 다는 장석裝錫도 있습니다.

병풍철屛風鐵은 판 형태의 몸체로, 섭철과 방아쇠를 잡아주는 여러 부속들이 부착됩니다. 일부 병풍철에는 전방에 소속된 군영의 낙인이 찍히기도 합니다.

병풍철에 달린 방아쇠(침철砧鐵, 용두龍頭)는 화승을 무는 부속입니다. 조총을 장전한 후 방아쇠를 뒤로 당겨 화승을 물리고, 조총을 쏘면 방아쇠처럼 움직여 화승을 귀약에 찧는 역할을 합니다. 병풍철에 달린 집게처럼 생긴 부속은 섭철鑷鐵이라 하며, 방아쇠를 밀어주는 판 스프링 역할을 합니다.

방아쇠를 뒤로 당기면 걸쇠가 방아쇠를 움직이지 않게 잡아주는데, 이 걸쇠는 반궤搬軌라는 부속과 연결되어 있습니다. 반궤를 검지손가락으로 당기면 방아쇠를 잡아주던 걸쇠가 병풍철 안에 들어가서 방아쇠가 움직여 조총이 발사되게 됩니다. 오늘날에는 단어의 의미가 뒤바뀌어 방아쇠가 반궤를 의미하는 단어가 됩니다.

장석의 경우 감잡이쇠와 광두정이 있는데, 장식적인 목적도 있지만 파손되기 쉬운 부분을 보강하는 데에도 사용됩니다. 보통 총가 후미의 상단, 좌우에 장석을 달아줍니다.

이외에도 총가 상단에 화승구멍을 내는 경우도 있는데, 방아쇠에 화승을 물리기 전에 끼워서 화승이 방아쇠에서 빠져도 바닥으로 떨어지지 않게 하는 데 사용하였습니다. 보통 구멍 안쪽을 금속으로 감싸 불씨가 나무를 상하게 하지 않도록 하였습니다.

---

* 『명종실록』, 명종 7년(1552) 6월 3일, 명종 9년 12월 18일, 명종 10년 5월 21일 / 『선조수정실록』, 선조 22년(1589) 7월 1일
** 『승정원일기』, 영조 4년(1728) 8월 21일 기사
*** 명칭은 『승정원일기』, 영조 3년 11월 13일 기사, 『신기비결』, 『오주연문장전산고』 조총변증설, 『광재물보』를 참고하였다.
**** 『어영청등록』, 숙종 39년 12월 6일 기사

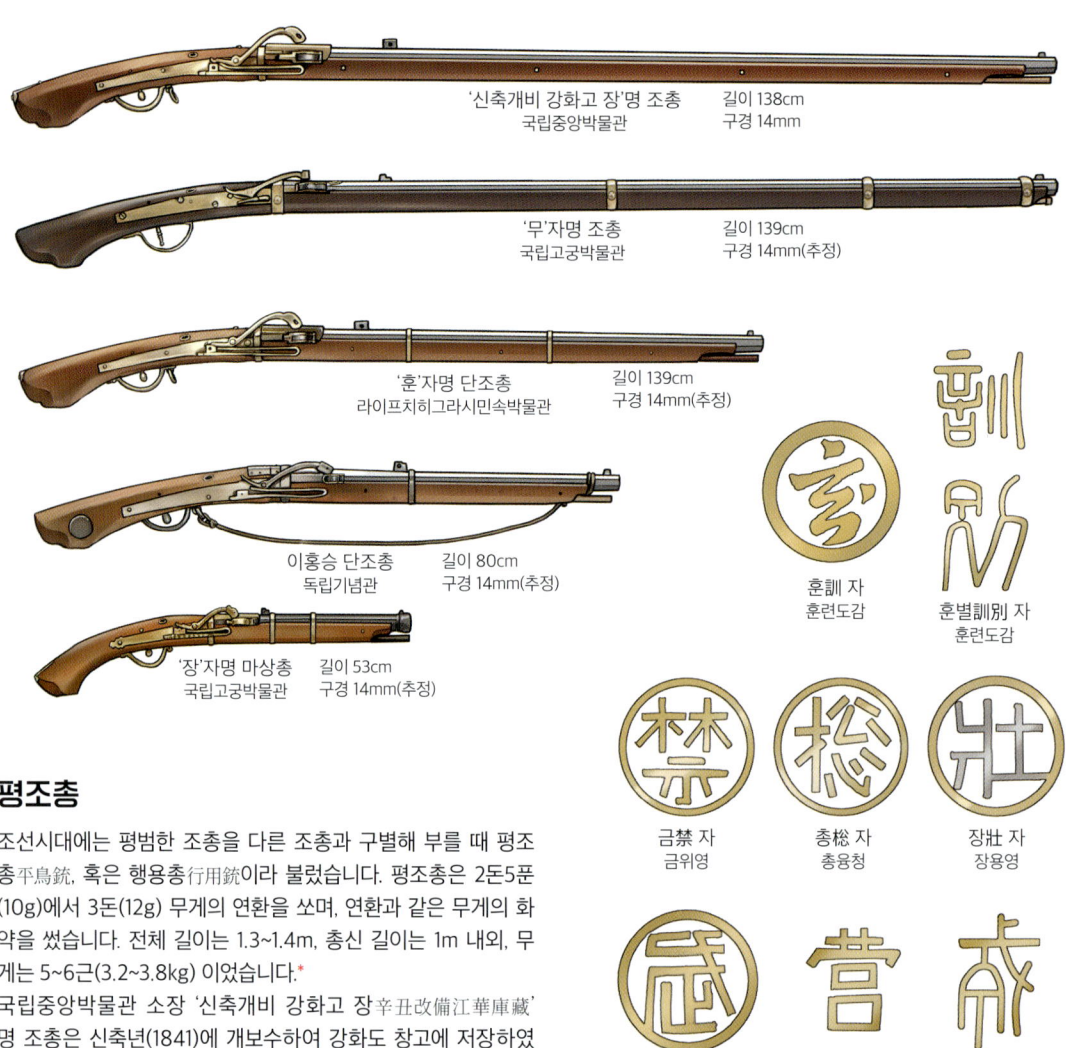

'신축개비 강화고 장'명 조총
국립중앙박물관
길이 138cm
구경 14mm

'무'자명 조총
국립고궁박물관
길이 139cm
구경 14mm(추정)

'훈'자명 단조총
라이프치히그라시민속박물관
길이 139cm
구경 14mm(추정)

이홍승 단조총
독립기념관
길이 80cm
구경 14mm(추정)

'장'자명 마상총
국립고궁박물관
길이 53cm
구경 14mm(추정)

훈訓 자 훈련도감
훈별訓別 자 훈련도감
금禁 자 금위영
총摠 자 총융청
장壯 자 장용영
무武 자 군기시
영營 자 군기시
융戎 자 군기시

평조총

조선시대에는 평범한 조총을 다른 조총과 구별해 부를 때 평조총平鳥銃, 혹은 행용총行用銃이라 불렀습니다. 평조총은 2돈5푼(10g)에서 3돈(12g) 무게의 연환을 쏘며, 연환과 같은 무게의 화약을 썼습니다. 전체 길이는 1.3~1.4m, 총신 길이는 1m 내외, 무게는 5~6근(3.2~3.8kg) 이었습니다.*
국립중앙박물관 소장 '신축개비 강화고 장辛丑改備江華庫藏'명 조총은 신축년(1841)에 개보수하여 강화도 창고에 저장하였다는 명문으로 보아 군에서 쓰인 것으로 보입니다. 전체 길이는 138cm, 총신길이는 102cm, 구경은 14mm, 무게는 3.2kg으로, 조선 후기 가장 표준에 가까운 조총이었을 것으로 보입니다.

단조총과 마상총

단조총短鳥銃은 평조총에 비하여 짧은 조총을 말합니다. 길이는 1m 전후인 것이 많으나 다양하여서 확실히 말하기 어렵고, 총신 길이와 무게도 역시 다양합니다. 단조총은 사용한 주체들이 확실하지는 않지만, 기병과 당보 등 긴 총이 걸리적거려 짧은 총을 사용하는 것이 이로운 병종에게 나누어 주었을 것으로 보입니다.
말 위에서 장전하고 쏠 수 있을 정도로 짧은 것은 마상총馬上銃 혹은 수총手銃이라고 하였습니다. 기록상으로는 1629년 일본 사신 평지광이 마상철포馬上鐵砲를 바친 것이 처음이며, 18세기 장용위와 장용영 마병의 장비로 채용되기도 합니다.**
국립고궁박물관엔 '장'자 명문이 있는 마상총이 소장되어 있는데, 장용영의 것으로 보이며 총가가 굽어있어 한 손으로 들고 쏘기에 편한 형상을 하고 있습니다.

조총의 명문

조총의 상단에는 금이나 은입사로 명문이 적히기도 했습니다. 훈련도감의 '훈訓', '훈별訓別'자, 장용영의 '장壯'자, 금위영의 '금禁'자, 총융청의 '총摠'자 등 군영의 앞 글자를 딴 것이 많지만, '무武', '영營', '융戎'자와 같이 불확실한 것도 있습니다.
『조총화약제조절목』에서는 조총 제조가 가능한 관청을 오군영과 군기시, 진휼청으로 제한하고 있으며, 『속대전』의 '총약환월과미법'에 따르면 진휼청은 총을 직접 제작하지 않고 군기시에 대가를 지급하여 제작하였습니다. 따라서 어떤 군영인지 확실하지 않은 명문들은 군기시에서 하청을 받아 생산된 부류로 추정하는 것이 합당해 보입니다.

---

*탄환은 『비변사등록』 숙종 1년(1675) 10월 14일 기사에 언급된 표본탄환의 규격인 2돈5푼과 『조총화약제조절목』 규정인 3돈을 따랐다. / 길이는 김명훈,박선숙(2019), 조총의 등장과 원리, 소형화약무기 456p의 B그룹을 참고하였다. / 무게는 『병학지남연의』 영진정구 권2, 원근겸수遠近兼授, 기계器械를 참고하였다.
**『승정원일기』 인조 7년(1629) 5월 5일 / 『장용영대절목』 권1, 軍器, 馬軍官授軍物

2돈5푼 연환
무게 10g
직경 12mm

3돈 연환
12g
13mm

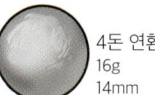
4돈 연환
16g
14mm

5돈 연환
20g
15mm

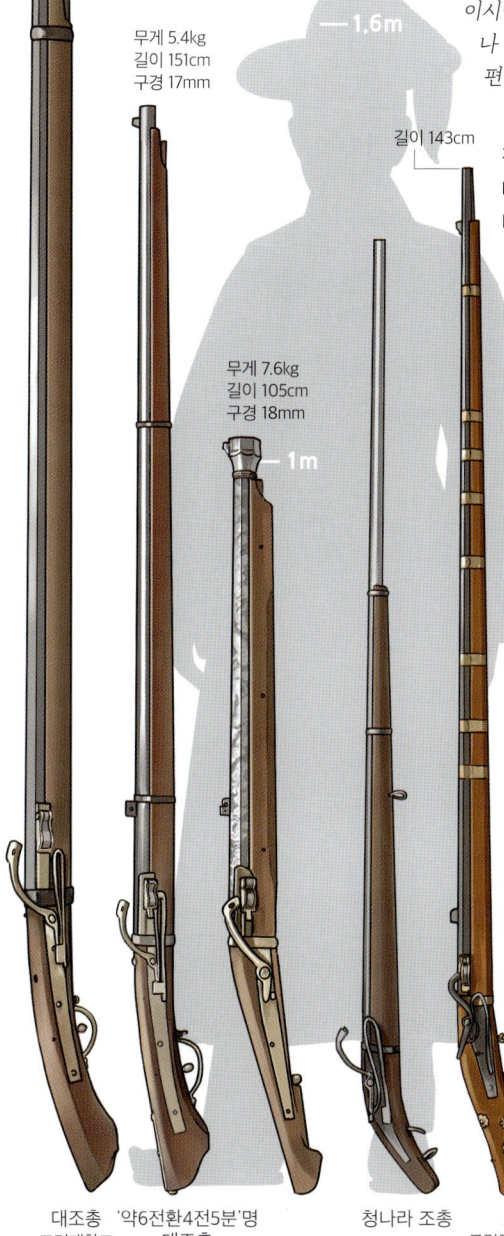

무게 10.2kg
길이 175cm
구경 15mm

무게 5.4kg
길이 151cm
구경 17mm

길이 143cm

무게 7.6kg
길이 105cm
구경 18mm

—1.6m

—1m

대조총
고려대학교
박물관

'약6전환4전5분'명
대조총
육군박물관

일본제 대조총
국립중앙박물관

청나라 조총

호총
국립중앙박물관

대조총

상이 이르기를, "이른바 장총은 길이가 얼마나 되는가?" 하니,
이시백이 아뢰기를, "상용하는 총보다는 큰데, 적중하는 수는 짧은 총보다 못하나 배나 멀리까지 날아갑니다. 성을 지키기에는 가장 좋지만, 행군하기에는 불편합니다."

- 『승정원일기』 인조 27년(1649) 4월 23일

평조총보다 큰 조총을 대조총大鳥銃 혹은 장총長銃이라 합니다. 『강도지』에 따르면, 대조총은 5돈 연환을 쓰며, 500보(630m)에서 갑옷을 뚫었다고 합니다. 그러나 대조총은 길이가 사람의 키에 육박하며 무게도 5kg을 넘길 정도로 무거웠으므로, 주로 돈대같은 진지에 수비적인 목적으로 배치하였습니다.*
물론 탄약의 무게가 5돈을 넘어가는 경우도 있는데, 1636년에는 남만국의 제도를 따라 1냥(40g)의 화약과 탄환을 쓰는 대조총이 만들어지기도 하였으며, 1729년 수어청에서는 1냥의 화약에 5돈의 탄환을 발사하는 대조총을 만들기도 했습니다.** 육군박물관에는 6돈의 화약에 4돈5분의 탄환을 쓰라는 '약6전환4전5분'명 대조총이 소장되어 있습니다.

천보총

천보총千步銃이라는 조총도 있었는데, 사거리가 900보(1134m)에 달하여 그런 이름이 붙었다고 합니다. 1냥의 화약에 5돈의 탄환을 쓰는 대조총에 비해서 가벼웠으며, 평조총보다 사용하는 탄환이 크긴 하나 평조총 탄환을 써도 무방하였다고 합니다.***
기록으로 볼 때 천보총은 평조총보다는 길고 무거운데 대조총보다는 가벼웠던 것으로 보이지만, 확실한 유물이 없는 의문의 무기입니다. 1730년에는 '반장가半粧家 쌍차고雙叉股' 모양, 즉 가운데에 양각대를 달아주어 땅에 박아 쏘기 편한 모양의 천보총이 제작되기도 합니다.****

외국제 조총

일본에서 만든 조총을 왜총倭銃이라 합니다. 17세기 초반 조선은 조총을 만드는 장인은 적은데 군대에서 필요한 조총은 많았기에 왜총이 대량으로 수입되는 일이 많았습니다. 그러나 17세기 중후반 조총 제작기술이 발달하여 왜총과 다름없을 정도가 되고, 수량이 충분히 쌓인 이후로는 대마도를 통해 선물로 받는 정도로 유통이 줄어듭니다.*****
청나라에서 만든 조총은 호총胡銃이라 하였는데, 1782년 그 제도를 본떠 만들어서 무예별감에게 나누어주는 일도 있었습니다. 이 당시 호총의 제도를 알기는 어려우나, 국립중앙박물관엔 병풍철이 짧고 총가에 장식이 많은 조총이 소장되어 있는데, 이를 호총으로 볼 수 있을 것 같습니다.******

---

*탄환과 사거리는 『병와전서 강도지』. 軍器. 大鳥銃을 참고하였다. 길이와 무게는 육군박물관 소장 "약6전환4전5분'명 대조총과 고려대학교박물관 소장 대조총의 수치를 바탕으로 임의로 비정하였다.
**『승정원일기』인조 14년(1636) 4월 27일 / 같은 책, 영조 5년(1729) 9월 20일
***『승정원일기』, 영조 1년(1725) 12월 27일 / 같은 책, 영조 30년(1754) 11월 24일
**** 『승정원일기』, 영조 6년(1730) 5월 6일
*****윤여석(2016), 壬辰倭亂 직후 軍需物資 확보와 軍需交易의 영향, 군사지 제101호 235~272p / 『승정원일기』, 현종 8년 3월 3일
******『승정원일기』, 정조 6년(1782) 8월 2일

조총의 부속장구

조총을 발사하기 위해서는 최소한 화승, 남날개, 귀약통, 연자대가 필요하고, 약관이 있으면 더 빠르게 발사할 수 있었습니다. 관리를 위해서는 총투와 송곳, 바늘이 쓰입니다.

남날개

남날개(南羅箇)(약별藥鱉, 화약통火藥桶)는 조총의 발사용 화약을 담는 통으로, 최소한 50방 분인 12냥 5돈(500g) 정도의 화약을 담았고, 큰 것은 3근(1920g)의 화약도 넣었습니다.* 보통 귀약통과 연자대를 끈으로 이어서 일습으로 휴대했습니다.
남날개는 보통 나무나 가죽으로 만들었는데, 나무로 만드는 경우 거북이 형상으로 조각하는 경우가 많으며, 뚜껑은 보통 1방 분(10~12g)의 화약을 잴 수 있는 약승藥升을 겸하도록 만들었습니다.
특이한 것으로 1729년 수어청 교련관인 이목은 화약 40방 분과 탄환 30개를 동시에 보관할 수 있는 약환통藥丸桶을 만들었다고 하나, 그 상세는 불명입니다.

뚜껑 겸 약승

남날개
국립민속박물관

고리
오구
귀약통
연자대

귀약통

귀약통耳藥桶은 불이 붙기 쉽도록 더 가늘게 만든 화약인 귀약耳藥을 담은 통으로, 약승으로 2되 분(20g) 정도 담았던 것으로 보입니다.** 유물로는 원뿔형, 원형, 호리병 등 다종다양한 형태의 귀약통이 사용되었습니다.

연자대

연자대鉛子袋(환낭丸囊)는 탄환을 담는 자루로, 보통 가죽이나 지승으로 만들었습니다. 자루의 입 부분을 새 부리 형태로 만들어 총구에 탄환을 넣기 쉽게 하였는데, 그 모양이 까마귀 부리를 닮았다 하여 오구烏口라고도 불렸습니다.
오구에는 평소에 탄환이 흘러내리는 것을 막기 위해 고리를 끼우기도 하였습니다.

약관

이서가 아뢰기를, "한 번의 전투에서 포를 쏘는 것이 20여 차례에 불과하니…"
- 『승정원일기』 인조 14년(1636) 12월 23일

약관藥管 혹은 약관통藥管筒, 약관죽藥貫竹은 조총 1방 분의 발사용 화약을 담는 통으로, 보통 대나무로 만들어 죽관竹管이라고도 하였습니다.
『기효신서』에서는 조총 1정마다 약관 30개, 『신기비결』에서는 약관 20개를 휴대하도록 규정하였는데, 대개 한 차례의 전투에서 사용되는 양이 그 정도였습니다.
약관은 약관을 휴대하기 위해 별도로 만든 요대(죽관요대竹管腰帶)에 넣어 휴대하였는데, 한 주머니에 2개의 약관이 들어갔습니다.

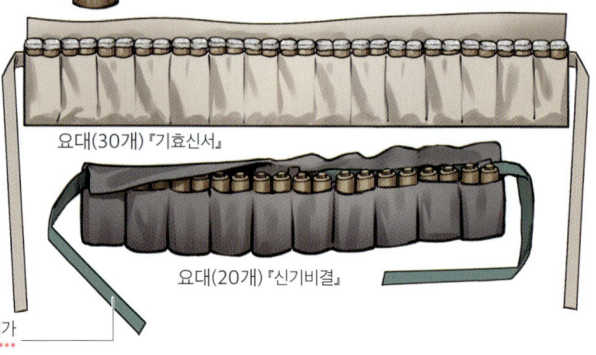

약관

요대(30개) 『기효신서』

요대(20개) 『신기비결』

요대에 띠가 달리지 않고 다른 띠에 요대가 연결된 경우도 확인된다***

*『장용영대절목』軍器, 『만기요람』에서 그 규정을 확인할 수 있다. 『승정원일기』숙종 31년 (1705) 11월 27일 기사에서는 어영청의 화약통에 3근씩 들어간다는 언급이 있다. **『어영청등록』숙종 39년 12월 6일
***국립중앙박물관 소장 「전 김홍도필 풍속도」의 납일 새를 잡는 포수 그림의 요대에는 전대로 보이는 띠가 요대 안쪽으로 이어져 있는 것을 확인할 수 있다.

총투

"개가죽狗皮으로 만든 조총의鳥銃衣가 비록 오래된 제도이기는 하지만, 비가 내리면 화문火門의 귓가에는 습기가 새는 근심이 있으니, 지금 두꺼운 종이로 만들어 주면 비록 비가 내리더라도 불을 일으킬 수 있을 것입니다…"
- 『승정원일기』 영조 36년(1760) 1월 22일

총투銃套(조총의鳥銃衣)는 습기나 비바람에 조총이 상하는 것을 막기 위해 개가죽 혹은 기름칠한 종이로 만들어 조총을 넣도록 한 자루입니다. 그러나 필수적인 부속은 아니어서 만들어주지 않는 경우가 많았던 것으로 보이며, 유물도 확인되지 않습니다.

송곳과 바늘

"화철火鐵, 대추大錐, 석침席針, 대침大針, 중침中針, 별낭침別囊針, 추갑錐匣, 침갑針匣 각 270개…"
- 『일성록』 정조 12년(1788) 7월 26일, 장용영의 군기신비수보수효별단 중

조총을 청소할 때에는 총의 귓구멍을 뚫고 청소하기 위해 송곳이나 바늘을 사용하였습니다. 판소리 『적벽가』의 '죽고타령'에서도 포수의 갖춤으로 도래송곳(대추大錐)과 돗바늘(석침席針)이 언급되며, 군영이 보유한 장비를 기록한 각종 문서에서도 송곳과 바늘이 등장합니다.

총투

돗바늘

도래송곳

송곳

회화에 그려진 부속장구 휴대양상

18세기 무예별감
「기사계첩」

18세기 군인
「전 김홍도필 풍속도」

19세기 군인
「대한제국 동가도」

19세기 사냥하는 포수
「포수사냥가고」

조총의 사용법

조총의 장전

조총을 장전할 때에는 먼저 총구를 입으로 불어서 깨끗이 하고, 약관의 화약을 총구에 붓고 지름대로 다집니다. 이후 연환을 넣고 다지고, 종이를 둥그렇게 말아서 넣고 다져서 연환이 흘러나오지 않도록 합니다. 그 다음 화문을 열고 귀약을 총귀에 붓고, 흔들어 귓구멍에 들어가도록 하고, 화문을 닫으면 장전이 끝납니다. 연환을 넣을 때는 일반적으로는 연환 1개를 넣었지만, 시험에서 부정행위를 할 때나, 호랑이 사냥을 할 때 포수들은 연환을 2,3개 넣는 일도 있었습니다. 물론 부정행위를 하는 경우에는 3년 유배형을 당할 정도로 강한 벌을 받았습니다.*

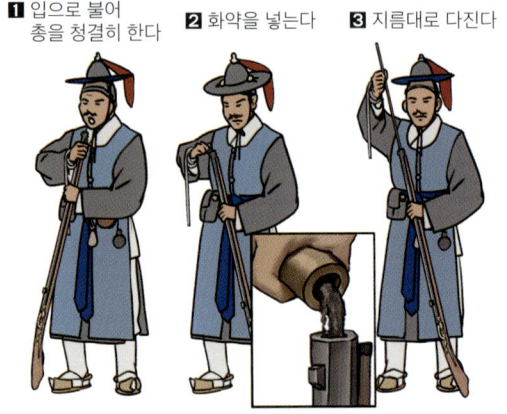

1. 입으로 불어 총을 청결히 한다
2. 화약을 넣는다
3. 지름대로 다진다

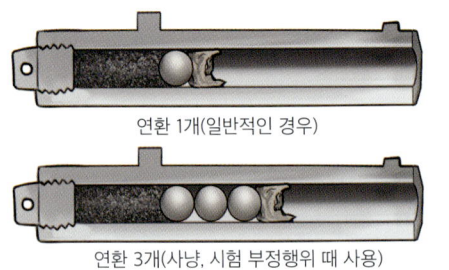

연환 1개(일반적인 경우)

연환 3개(사냥, 시험 부정행위 때 사용)

4. 연환을 넣는다
5. 지름대로 다진다
6. 종이를 넣는다
7. 지름대로 다진다

8. 화문을 연 후 귀약을 채운다
9. 총을 기울이고 흔들어 귀약을 귓구멍에 들인다
10. 화문을 닫는다

조총의 발사

조총을 쏘는 법은 앞 무릎에 총을 받치고, 개머리판을 뺨에 붙인 다음 맑은쇠를 가막쇠에 맞추어 머리를 흔들지 말고, 손을 떨지 말며, 오른손의 엄지와 검지를 써서 방아쇠를 뒤로 당겨 화승을 끼우고, 화승을 화문에 떨어뜨려 귀약에 불을 붙이면 총이 발사된다.

— 『병학지남연의』 권2, 원근겸수, 기계 조총

조총을 쏠 때는 먼저 방아쇠를 뒤로 당겨서 화승을 끼워야 하고, 화문을 열어야 합니다. 화문을 열면 가막쇠와 맑은쇠를 맞추어 적을 겨누는데, 기병일 경우에는 말의 머리를 겨누고, 보병일 경우에는 아랫배를 겨누는 것이 원칙이었습니다.**

11. 방아쇠에 화승을 끼운다 (발사준비 끝)
12. 발포명령을 들으면 화문을 연다
13. 적을 조준하여 발사한다

기병 말 머리 조준

보병 아랫배 조준

*『임원경제지 전어지』 권3, 弋獵, 砲矢, 獵虎法 / 김병륜, "한국의 문사문화재 순례 <122>무과총요", 국방일보, 2006. 06. 28.
**김병륜, "한국의 병서 <1>진법언해", 국방일보, 2008. 01. 09.

조총의 사격 자세

"군병이 사습私習과 습진習陣시에 방포할 때에는 으레 방아쇠에 화승을 끼워 대적하여 쏘는 모양이 있는데, 이번 습진시에는 그렇지 않아서 … (중략) … 지금부터 습진시에 각별히 신칙하여 방아쇠에 화승을 끼워 적의 아랫배를 조준하여 쏘게 한다면 방포하는 법이 이루어질 것입니다."
- 『승정원일기』 영조 36년(1760) 1월 22일

조총을 쏠 때도 일정한 자세가 있습니다. 조선시대 조총의 사격 자세를 명시한 자료는 많지 않지만, 일부 회화와 기록에서 다양한 자세가 있었음을 확인할 수 있습니다. 일반적인 경우는 서서 쏘았는데, 왼손으로 조총의 가운데를 잡고 오른손은 굽은 쪽을 잡아 조총을 뺨에 밀착시켜 쏘았습니다. 보통 왼팔을 약간 굽혔지만, 『충렬록』의 삽화에는 왼팔을 쭉 뻗어 조총을 잡는 예도 그려져 있습니다. 또 『병학지남연의』에는 조총을 쏠 때 앉아서 왼팔의 팔꿈치를 무릎에 대고 쏜다고 서술하고 있기도 합니다.

마상총의 경우 조총이 많이 굽어있어 뺨에 밀착시켰다고 보기 어려운 경우가 있는데, 이런 경우 오늘날의 권총처럼 한 손으로 쏘았을 것입니다. 또 조선 후기 호랑이를 사냥하는 포수는 엎드려서 조총을 쏘기도 했습니다. 『임원경제지 전어지』에 따르면, 포수는 봄, 여름엔 초록색, 가을, 겨울에는 갈색 옷을 입고 호랑이가 들어올 길목에 조총을 들고 엎드려 몸을 가리고 있다가, 호랑이가 4~5보 거리까지 들어오면 쏘아 잡았다고 합니다.*

서서 쏘기 「전 김홍도필 풍속도」
『충렬록』 식
한 손으로 쏘기
앉아서 쏘기 『병학지남연의』
무릎에 팔꿈치를 얹는다

4~5보(5~6m)
엎드려 쏘기 『임원경제지 전어지』

조총의 시험

"이들은 다 조총을 지녀서 나는 새도 떨어뜨릴 수 있고, 3방 가운데 1, 2방을 명중시킵니다…"
- 『승정원일기』 인조 3년(1625) 11월 10일

"오늘 중일시사中日試射 때 좌초 1기 3대 제2명 안악의 군병 한충선이 감적군으로 과녁에 부표를 할 즈음에, 같은 초의 군인 원진삼이 가지고 있던 화승을 조총의 화문에 떨어뜨려 연환이 함부로 발사되어 곧장 과녁을 향해 날아가 한충선의 등에 맞아 가슴을 관통하여…"
- 『승정원일기』 영조 10년(1734) 7월 3일

조총의 시험은 대개 100보 거리에서 과녁을 쏘는데, 과녁은 활쏘기에 쓰는 것과 같되 사람과 비슷한 크기였고, 1순에 3번 쏘았습니다. 훈련을 받은 포수는 1순에 1, 2번을 맞출 수 있다 여겨졌으며, 무과 시험에서는 2번 맞춰야 합격이었습니다. 반면 속오군같이 총을 자주 쏘지 못하는 병사들은 1번 맞추어도 시상했습니다.**

조총도 활과 마찬가지로 감적군을 두었는데, 조총은 활과 달리 과녁을 관통해 구멍이 나기 때문에, 감적군은 구멍을 보고 표시한 후 종이를 발라야 했습니다. 1734년에는 감적군이 과녁에 표시를 하는 중에 포수가 실수로 총을 발사했는데, 감적군이 탄환에 맞아 죽는 사고가 나기도 했습니다.

감적군
조총 시험용 과녁
100보(126m)
100보

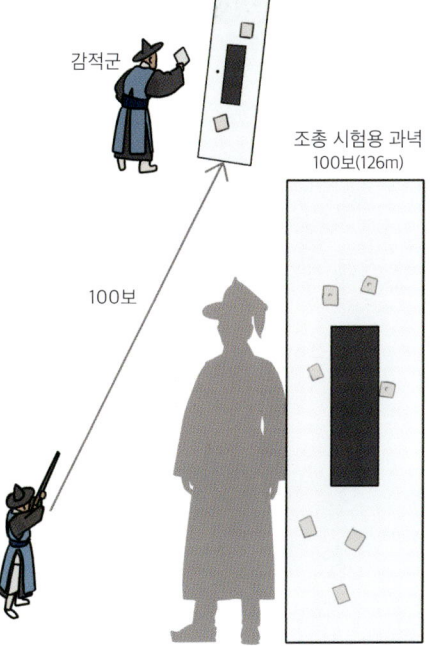

---
*『임원경제지 전어지』 권3, 弋獵, 砲矢, 獵虎法
**『만기요람』 군정편 2, 訓鍊都監 試藝 / 『대전통편』 兵典, 試取 科目 / 『정조실록』 정조 17년(1793) 10월 21일 壯勇外營軍制節目啓

개항기 소총

개항기에는 탄약을 뒤로 장전하는 후장총과 조총처럼 총구로 탄약을 장전하는 총인 전장총이 쓰였습니다. 특히 후장총은 장전이 아주 쉽고 빨랐기 때문에 높은 평가를 받았습니다.
전장총의 경우 기본 구조는 조총과 같았으나 많은 개선이 있었습니다. 총신에 강선을 파서 탄환을 멀리 날릴 수 있었고, 동화모와 탄약포로 빠르게 장전할 수 있었습니다. 특히 동화모는 장점이 커서 조총이 동화모를 쓰도록 개조되는 일이 많았습니다.
서양식 소총은 개항 이전부터 중국이나 일본을 통해 소량이 들어왔으나 널리 사용되진 못하였고, 1876년 개항 이후에는 많은 수가 수입되어 군과 민간에서 쓰였습니다.

P1853 엔필드 소총

문헌에서 주로 '영국제 전문총前門銃'으로 불리는 P1853 엔필드 소총은 1853년 영국에서 개발한 전장총이며, 조선에선 개항기에 수입되어 널리 쓰인 총 중 하나입니다.
P1853 엔필드 소총은 1882년에 1000정이 청나라에서 양도되었으며, 1884년에는 강화부에서 전장총 300정과 윈체스터吲嗲呵嘚 후장총 30정을 구매하기도 합니다. 시간이 지나며 엔필드 소총은 주요한 군영에서 밀려났으나, 1894년에도 지방 민병대가 전장총을 사용할 정도로 널리 쓰였습니다.*
엔필드 소총에는 총검銃劍을 꽂아 근접전에 사용할 수 있었는데, 개항기 훈련장으로 쓰이던 하도감 터에서 엔필드 소총 혹은 마진총에 쓰이던 총검이 발견되기도 하였습니다.**

탄약포와 동화모

탄약포彈藥包는 화약과 탄환을 싼 종이 주머니로, 개항기 서양식 전장총의 탄약으로 사용되었습니다. 동학농민운동 당시 진압군의 지출명세를 담은 『교남수록』에서 백지를 구해 탄약포를 만든 것을 확인할 수 있습니다.
동화모銅火帽는 충격을 받으면 불이 일어나 폭발하는 화학물질인 뇌분雷粉을 담은 구리 통입니다. 조선에서는 청나라에서 수입하여 쓰다가, 개항 이후 일본에서 기술을 배워 1879년부터 뇌분을 생산하였습니다. 그 상세가 『뇌분신제소입하기』에 기록되어 있는데, 수은, 염초, 소주 등으로 만들었다고 합니다.

P1853 엔필드 소총 탄약포

M1861 스프링필드 소총 탄약포

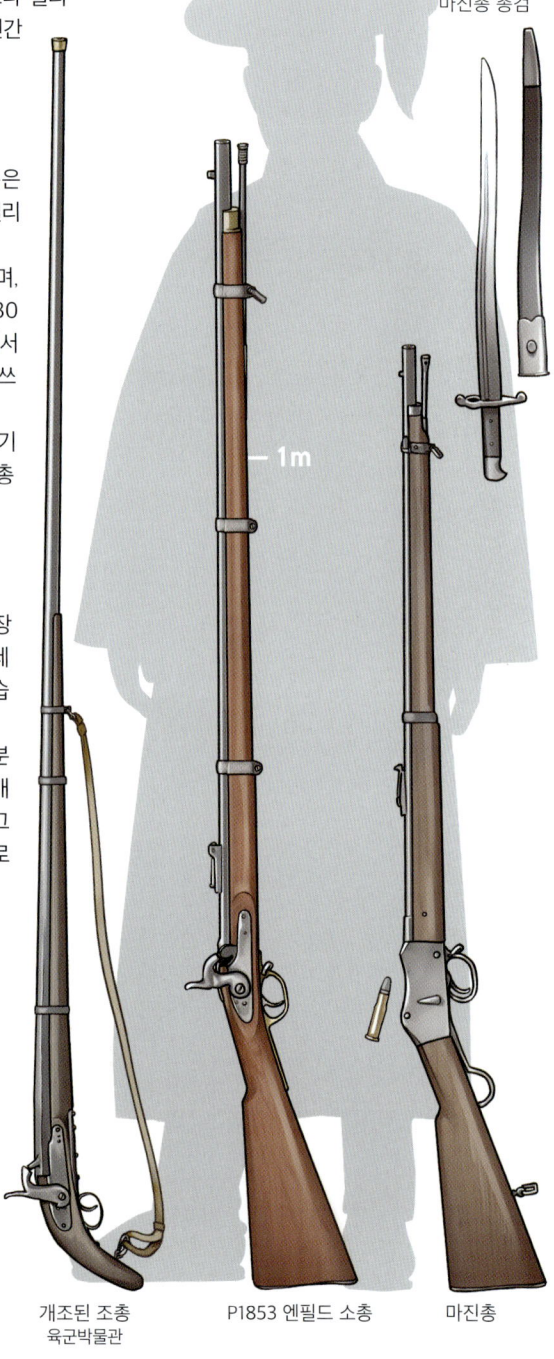

개조된 조총
육군박물관

P1853 엔필드 소총

마진총

엔필드 소총, 마진총 총검

---

* 『고종시대사』 2집, 고종 19년(1882) 10월 17일 / 『사료 고종시대사』 12, 고종 21년(1884) 4월 22일 / 『사료 고종시대사』 18, 개국 503년(1894) 10월 17일
** 임미나, "옛 동대문운동장 터에서 19세기 근대식 총검 발굴", 연합뉴스, 2021.06.23.

마진총

마진총馬珍銃, 혹은 마테리창馬體尼槍은 피바디-마티니 소총을 말합니다. 『뇌분신제소입하기』에 뇌분을 만들고 남은 비용을 마진총의 일에 투입한다는 기록이 있어, 조선은 1880년을 전후하여 해당 총기를 들여온 것으로 보입니다.

1880년의 도입 수량은 불명이나, 1885년에 조선의 친군영이 마진총 3000정으로 무장하였다는 기록이 있으며, 같은 해 다시 1000정의 마진총을 구매했다는 기록이 있어 4000정 정도의 마진총을 사용하였던 것으로 보입니다.*

회룡총

"서울에서 레밍턴 소총으로 무장한 조선 군대의 병사 수는 2000명 이상이라고 알고 있습니다…"
- 『사료 고종시대사 12』 고종 22년(1885) 1월 25일

회룡총回龍銃은 미국 레밍턴사에서 개발한 레밍턴 롤링블럭 소총을 말합니다. 조선에서는 1881년 978정을 도입한 것을 시작으로, 1883년 4000정, 1884년 3000정을 도입하여 널리 사용하였습니다.*

모슬총

"이제 덕국(독일)에서 또 후당모식창(후장모슬총)을 새로 내니 장약하여 놓기 더욱 편한지라. 1분에 가히 20방에서 22방을 놓고 멀기를 1900보를 보내니…"
- 『아언언해(1884)』 권3, 논화기論火器

모슬총毛瑟銃은 독일 마우저Mauser 사에서 개발한 후장총을 말하는데, 조선에서는 1890년경 도입하여 M1871 기병총과 M1871/84 보병총 2종의 모슬총을 사용하였습니다.

M1871 기병총은 1890년 찍힌 사진에서 사용이 확인됩니다.** 당시 친군영 기병이 이 기병총을 사용했던 것으로 보입니다. 1890년대의 기록에서는 이 존재를 확인하기 어렵지만, 후대에 쓰여진 규장각한국학연구원 소장 강계진위대『군물성책(1901)』에서 796정의 반모슬총半毛瑟銃을 확인할 수 있습니다.

M1871/84 보병총의 경우 1893년에 900정, 1894년에 1000정씩 도입되었는데, 서울의 친군영부터 보급되어 회룡총과 함께 사용되었습니다.*** 이 총은 내부에 관 형태의 탄창을 두어 5발의 탄자를 쟁여 두고 연이어서 쏠 수 있어 좋은 평가를 받았습니다. 유물로는 육군박물관에서 M1871 기병총과 M1871/84 보병총 1정씩을 소장하고 있습니다.

후장총의 탄자

후장총의 탄약은 황동으로 된 탄피에 화약과 탄환을 넣고 뒤에 동화모를 꽂아 만들었는데, 이를 조선에서는 보통 탄자彈子라고 불렀습니다. 조선의 회룡총과 마진총은 1873년 미국에서 채용한 .45-70 Government 탄자를, 모슬총은 1871년 소총과 같이 만들어진 11×60mm R Mauser 탄자를 사용하였습니다. 동학농민전쟁 때는 두 종류의 탄약을 혼용하여서 진압군이 보급에 애를 먹기도 합니다.*

회룡총 총검
모슬총 총검

회룡총   M1871 기병총   M1871/84 보병총

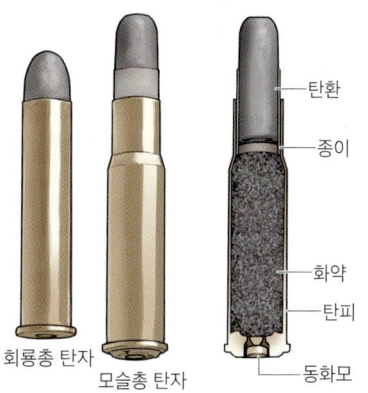

회룡총 탄자   모슬총 탄자

탄환
종이
화약
탄피
동화모

---

*김기윤 외(2022), 타임라인 M 1, 길찾기 102p, 114~117p
**백은영, "[사진으로 보는 역사] 역사 속 군인 (7)", 천지일보, 2019.03.23.
***『고종시대사』 3집, 고종30년(1893) 4월 22일 / 『주한일본공사관기록』 1권, 二. 全羅民擾報告 宮闕內騷擾의 件 二, 暴民實況 및 淸·韓兵動靜偵察彙報

개항기 소총의 사용법

개항기 소총의 부속장구

개항기 각종 소총에 사용되는 탄약포와 탄자는 모두 요대腰帶에 달린 탄약합彈藥盒이나 탄대彈帶에 넣어 가지고 다녔습니다. 요대에는 또한 총검집을 달아 총검을 차고 다닐 수 있었습니다.*
요대는 가운데 걸고리와 걸쇠를 사용해 찼는데, 걸쇠는 판 형태로 되어있어 문양을 새기기도 합니다. 각종 회화와 사진에서 몇가지 양상이 확인되는데, 회룡총의 요대는 'US'명문이 새겨지거나, 혹은 친군영의 '친親'자가, 혹은 문양이 없기도 합니다.

회룡총 요대

문양없는 걸쇠   '친'자 걸쇠

회룡총 탄약합

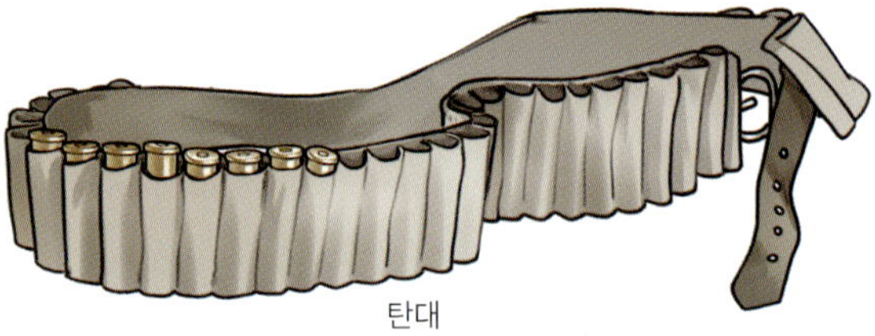

탄대

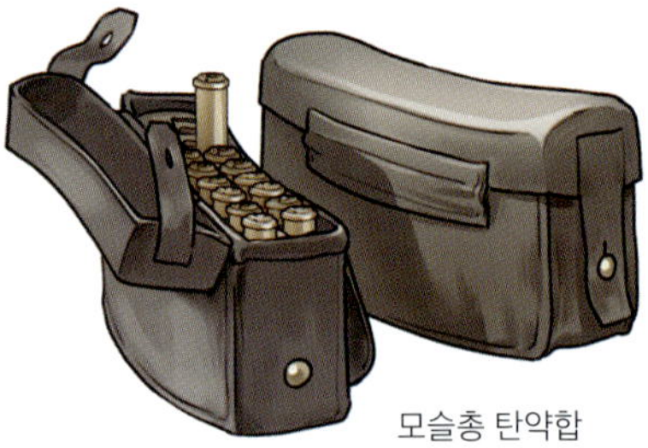

모슬총 탄약합

1 입으로 탄약포를 뜯는다

5 조준하여 발사한다

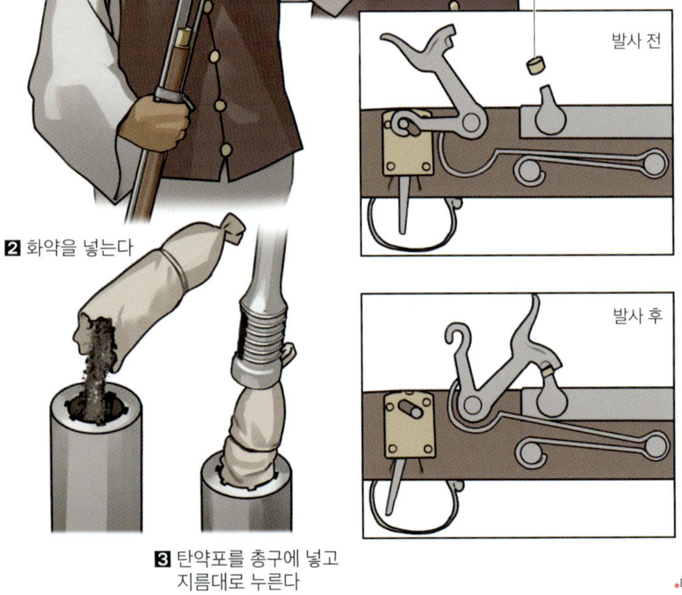

4 동화모를 끼운다

발사 전

전장총의 장전과 발사

전장총을 쏘려면 먼저 화약과 탄환이 들어있는 탄약포를 뜯는데, 보통 이로 화약이 든 부분을 뜯었습니다. 뜯으면 조총처럼 총구로 화약을 내려보내되, 연이어 탄환을 내려보냅니다. 이때 탄환은 뾰족한 부분이 앞으로 나오도록 넣어야지 반대로 넣으면 강선에 탄환이 맞물리지 않아서 탄환이 제대로 나가지 않습니다. 이후 지름대로 다지는 것은 조총과 다름이 없습니다.
이후에는 공이(조총의 방아쇠)를 당겨 동화모를 끼우고 조준을 하고 발사하면 됩니다.

2 화약을 넣는다

발사 후

3 탄약포를 총구에 넣고 지름대로 누른다

*『관보』, 개국 504년(1895) 9월 9일 제157호 宮城守衛兵規則

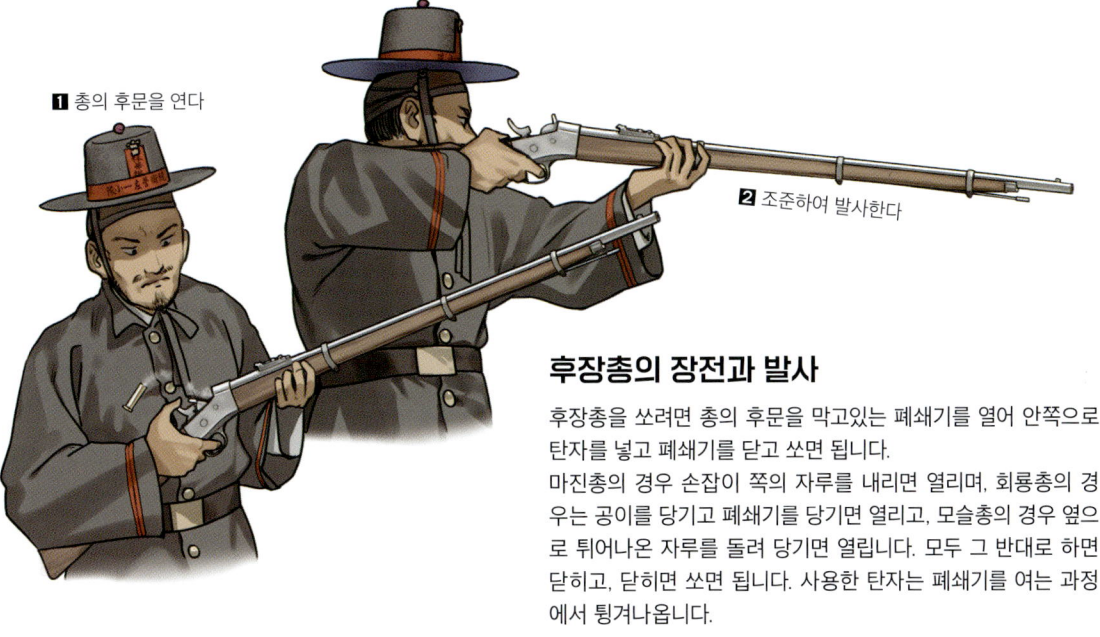

1 총의 후문을 연다

2 조준하여 발사한다

후장총의 장전과 발사

후장총을 쏘려면 총의 후문을 막고있는 폐쇄기를 열어 안쪽으로 탄자를 넣고 폐쇄기를 닫고 쏘면 됩니다.

마진총의 경우 손잡이 쪽의 자루를 내리면 열리며, 회룡총의 경우는 공이를 당기고 폐쇄기를 당기면 열리고, 모슬총의 경우 옆으로 튀어나온 자루를 돌려 당기면 열립니다. 모두 그 반대로 하면 닫히고, 닫히면 쏘면 됩니다. 사용한 탄자는 폐쇄기를 여는 과정에서 튕겨나옵니다.

마진총	회룡총	모슬총

M1871/84 보병총은 이 아래로 5발을 미리 쟁여놓을 수 있으며, 그 탄자는 후문을 열면 올라오므로 열고 닫기만 해도 장전된다.

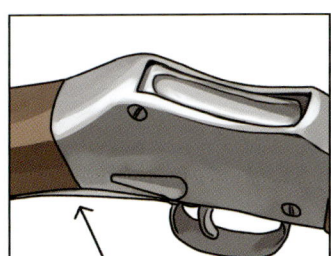 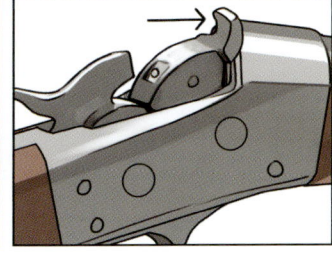 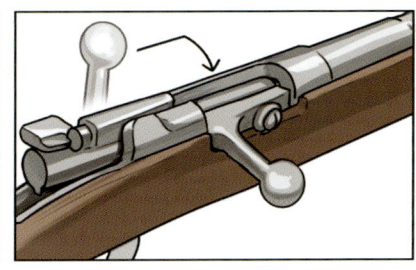

2 열린 후문 안으로 탄자를 넣는다.

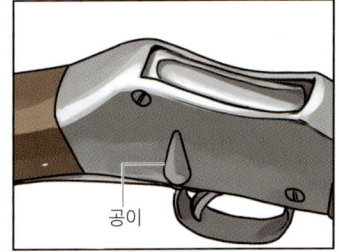 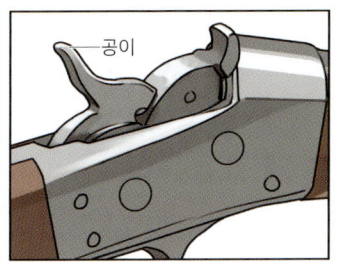 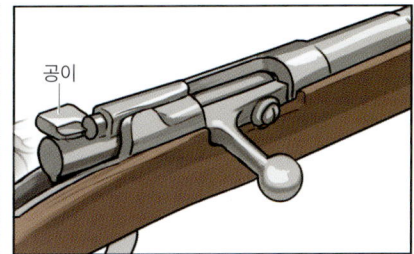

3 후문을 닫는다.

공이

공이

공이

4 검지로 방아쇠(조총의 반궤)를 당기면 공이(조총의 방아쇠)가 움직여 탄자 뒤 동화모를 쳐 발사된다.

소형화기 | 93

8돈 연환
무게 32g
직경 18mm

스페르베르호의 조총

1냥 연환
40g
19mm

1636년 훈련도감의
남만국식 대조총

특이한 총기

머스킷

머스킷(Musket)은 16~19세기 유럽에서 널리 쓰였던 총으로, 조선의 조총보다 더 무겁고 큰 탄환을 사용합니다.

조선에서는 1636년 훈련도감에서 '남만국 제도대로 만든 대조총'을 만들었는데, 1냥의 탄환을 발사하고 명중률이 일반적인 조총과 비슷해서 좋았다고 합니다. 또 1653년 스페르베르호가 표류했을 때 습득한 조총은 길이가 5척7촌(120cm), 구경이 1치(21mm)였으며, 9돈의 화약으로 8돈의 연환을 날렸다고 합니다.*

이들은 모두 머스킷의 범주에 들어가는 총기로, 수십 정 수준의 소량만 쓰였지만 특이한 총기였기에 역사에 이름을 남겼습니다.

17세기 머스킷

마상총 편곤

1732년에는 마상총에 편곤의 자편을 단 총이 만들어졌는데, 당시 조선의 기병은 활과 화살, 편곤은 잘 다루지만 이외에는 장기가 없어서 총을 겸하여 쓰라고 만들었다고 합니다. 당시 2자루가 만들어졌는데, 이후에도 만들어졌는지는 불명입니다.**

마상총 편곤

윈체스터 소총

윈체스터 소총

윈체스터 소총(Winchester rifle)은 미국의 윈체스터 사가 개발한 연발 소총인데, 조선에는 1884년 후자시득 17방 후문총吒嗻嗮嗻十七放後門熗이라는 이름으로 30자루가 수입됩니다. 당시 강화도 일대의 방위를 담당하던 기연해방영에서 쓰였습니다.***

---

*『승정원일기』인조 14년(1636) 4월 27일 / 『고운당필기』제2권, 西洋番人
**『승정원일기』영조 8년(1732) 3월 25일
***『사료 고종시대사』12, 고종 21년(1884) 4월 22일

94 | 조선의 무비 · 장비편

04 대형화기

대형총통
대형총통의 사용법
완구
불랑기
홍이포와 남만대포
크루프 포
회선포

조선 초기의 대형총통

화포火砲, 대포大砲 등의 이름으로 불리는 대형총통은 1377년 최무선의 건의로 화통도감이 설치되고 화약무기들이 생산되기 시작할 때 다른 총통들과 같이 개발되었습니다. 최무선의 졸기에는 대장군포大將軍砲, 이장군포, 삼장군포가 언급되는데, 이들이 고려 말 쓰였던 대형총통으로 보입니다.

조선 초기에는 1436년 백환화포百丸火砲라는 대형총통을 시험한 사실을 확인할 수 있고, 1450년경에는 장군화포라는 총통이 쓰였습니다. 1474년 『국조오례의서례』에서는 장군화통, 일총통 2종의 대형총통이 기재되어 있습니다. 1521년에는 벽력포霹靂砲라는 화포가 개발되어 수군에서 쓰이는데, 『고사신서』에 따르면 호리병 모양에 화약 8냥을 넣고 철환 1개를 쏘았다고 합니다.*

이런 대형총통들은 주로 배 위에서 적의 배에 쏘아서 구멍을 내거나, 성벽이나 구조물을 부술 때, 혹은 인마를 살상하는 용도로 쓰였습니다. 그러나 무게가 무거워 야전에서 쓰이는 일은 많지 않았고, 대개는 성을 공격하거나 성을 지킬 때, 혹은 배 위에 거치해 놓고 쓰는 일이 많았습니다.

화살과 격목

"적선賊船을 깨뜨리는 기구로는 대장군전보다 나은 것이 없으나…"
- 『명종실록』 명종 10년(1555) 7월 22일

조선 초기의 대형총통도 소형총통과 마찬가지로 화살을 쏘았습니다. 소형총통의 화살은 대개 대나무를 쓰고 새 깃털이나 가죽으로 깃을 다는 데 비해, 대형총통의 화살은 기본적으로 나무로 만들어 두껍고 크며, 작은 것에는 가죽으로 깃을 달고 피령전皮翎箭이라 하였고, 큰 것에는 쇠로 깃을 달아 철령전鐵翎箭이라 했다는 차이가 있습니다. 화살을 쏠 때 격목을 쓰는 점은 같으며, 격목의 재료로는 단단한 이년목(백가시나무)을 쓰는 것도 같습니다. 이런 화살은 선박이나 성벽, 공성 차량 등의 구조물을 깨뜨리는 데 효과가 좋아서, 조선 초기부터 후기까지 널리 사용됩니다.

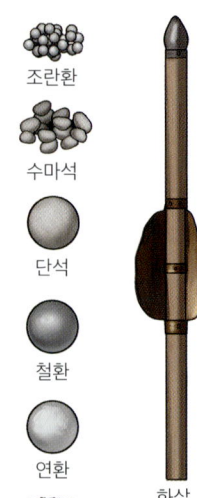

조란환
수마석
단석
철환
연환
토격
화살
격목

탄환과 토격

"요즘 군기감에서 백환화포를 연습하는데, 수마원석을 복숭아 씨만 한 것 40개와 혹은 탄환만 한 것 70개를 써서 화약에 섞어 내쏘니, 2~300보에 이르고, 혹은 4~500보에 이른다 한다."
- 『세종실록』 세종 18년(1436) 6월 6일

대형총통은 구조물을 파괴하는 일 밖에도, 인마를 살상하기 위해 작은 탄환 여러 개를 쏘기도 했습니다. 수마석水磨石, 즉 자갈을 쏘거나, 작은 탄환인 소철환, 소연환을 쏘기도 하고, 탄환이 새알만 한 조란환鳥卵丸을 쏘기도 했습니다. 소철환, 소연환은 주로 100보(126m) 안에서, 수마석, 조란환은 2~300보(252~378m) 거리에서 썼습니다.**

총구에 맞는 탄환인 합구환合口丸을 쏘기도 했는데, 둥글게 깎은 돌인 단석團石, 철환, 연환이 쓰였고 모두 토격을 썼습니다. 합구환은 주로 조선 후기에 화살과 비슷한 용도로 쓰였지만, 화살을 완전히 대체하지는 못했습니다.

벽력포

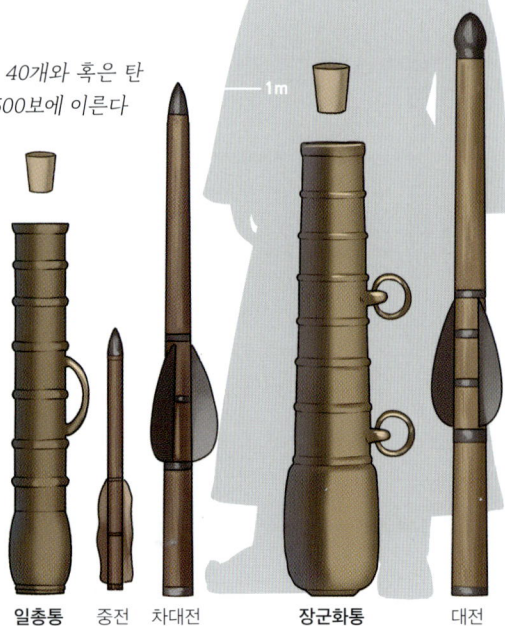

일총통
무게 27kg(41근8냥)
길이 74cm(2척3촌9푼)
구경 67mm(2촌1푼5리)

중전 차대전

장군화통
90kg(140근10냥)
89cm(2척8촌6푼)
100mm(3촌2푼3리)

대전

---

*『태조실록』 태조 4년(1395) 4월 19일 / 『세종실록』 세종 18년(1436) 6월 6일 / 『문종실록』 문종 1년(1450) 10월 5일 / 『중종실록』 중종 16년(1521) 1월 16일

**『숙종실록』 숙종 7년(1681) 5월 21일 "而若敵在百步之近多藏小丸所中者衆"
『일성록』 정조 20년 병진(1796) 4월 24일 "敵樓相距五六百步大砲中藏鐵丸大如鳥卵"

조선 중기의 대형총통

"낙(낙상지) 참장이 말하기를 '저번에 화구(화기)가 아직 오지 않았을 때 귀국의 천자총통을 썼는데, 성을 헐고 왜적을 죽이니 매우 통쾌하였다.' 하기에…"
— 『선조실록』 선조 26년 계사(1593) 3월 26일

"적이 망월대望月臺 밖에 대포를 설치하니 신경진이 사졸들에게 천자포天字砲를 쏘게 하여 오랑캐 장수와 졸개 몇 명을 맞추니, 적이 흩어져 갔다…"
— 『연려실기술』 제25권 / 인조조 고사본말, 병자노란丙子虜亂과 정축 남한출성

1555년 을묘왜변 이후 조선에서는 군비를 다시 정비하게 됩니다. 화포의 제도 또한 정비를 거쳤는데, 이때 천자, 지자, 현자, 황자총통이 등장합니다.
『화포식언해(1635)』에 따르면, 천자총통은 무게가 56근3냥(36kg)인 대장군전을 900보(1134m) 날렸으며, 지자총통은 29근8냥(19kg)인 장군전을 800보(1008m) 날렸고, 혹은 조란환을 200개 쏘았습니다. 현자총통은 차대전을 800보, 장차중전을 1500보(1890m) 날렸고, 혹은 철환을 100개 쏘았습니다. 황자총통은 피령차중전을 1100보(1386m) 날렸고, 혹은 철환을 40개 쏘았습니다.
물론 『화포식언해』에 쓰인 거리는 최대한 멀리 쏘았을 때의 거리이고, 실제 전투에서 맞출 수 있는 거리는 2~300보(252~378m)정도에 불과하였습니다.*
실제 전투에서는 천자, 지자총통같이 무거운 총통은 주로 성을 공격하거나 지킬 때 쓰였고, 현자, 황자총통은 주로 흙집, 산대 등 가벼운 구조물을 부수고 인마를 살상하는 데 쓰였는데, 특히 현자총통이 요긴하게 여겨졌습니다.**

---

*『선조실록』 선조 27년(1594) 10월 8일 "放丸或放大砲, 其丸大如手拳, 遠至三百餘步" / 『병학지남』 권5, 水操規式
**『인조실록』 인조 1년(1623) 7월 8일 / 『선조수정실록』 선조 25년(1592) 6월 1일 / 같은 책, 선조 26년(1593) 10월 1일 / 『승정원일기』, 인조 15년(1637) 1월 3일 / 『비변사등록』효종 3년(1652)년 2월 5일
***이하 총통의 무게, 길이, 구경은 『국립진주박물관 조선무기 조사연구 보고서 II』(국립진주박물관(2023), 국립진주박물관 조선무기 조사연구 보고서 II. 대형 화약무기)을 인용한 것이다.

계축명(1673) 천자총통 / 유취관*
무게 약 358kg(650근)
길이 133cm
구경 117mm

기유명(1729) 천자총통 / 국립중앙박물관
385.8kg(700근)
136.6cm
116mm

중약선 1가닥 격목(7촌) 대장군전(50근)
화약 30냥 토격 연의환(13근)

기유명 지자총통
무게 약 254, 262kg(461, 476근)
길이 약 119cm(5척6촌7푼)
구경 약 105mm(5촌)

중약선 1가닥 격목(5촌) 장군전(33근)
화약 24냥 토격 연의환(8근) 수철연의환

강희7년명(1668) 현자총통
무게 54.2kg(96근)
길이 80cm
구경 54mm

기유명 철제 현자총통
101.6~103.6kg(190근)
95cm
63~65mm

중약선 반가닥 격목(3.1촌) 차대전(7근)
화약 4냥 연환(1근13냥) 혹은 철환 100개

수철연의환

수철연의환水鐵鉛依丸은 철환을 납으로 감싸 만든 탄환입니다. 조선 후기 대형총통의 탄환으로 사용되었습니다.
연환보다는 가볍지만 철환보다 무거운 비중을 가지게 함으로써 철환보다 나은 파괴력과 연환보다 나은 기동성을 얻고자 했거나, 납으로 싸 부식을 막고자 했거나, 파손된 철환을 재활용하여 쓰고자 했던 것으로 보입니다.**

기유명 별황자총통
무게 56kg(100, 104근)
길이 89cm
구경 56mm

가경 17년명(1812) 황자총통
73.2kg(130근)
87.5cm
45mm

중약선 반가닥 격목(3촌) 피령전(3근8냥)
화약 3냥 연환(13냥) 혹은 철환 40개

조선 후기의 대형총통

조선 후기의 대형총통은 더욱 대형화되는 경향을 띠며, 죽절 수도 많아집니다. 그 대략의 체제는 17세기 후반 신기립이 수많은 화포를 주조하였던 때 정해지고 큰 변화 없이 내려온 것으로 보입니다.

성능도 어느 정도 개선되었는데, 『융원필비(1813)』에 따르면, 천자총통은 무게가 50근(32kg)인 대장군전을 1200보(1512m) 날렸으며, 지자총통은 무게가 33근(21kg)인 장군전을 800보(1008m) 날렸으며, 현자총통은 무게가 7근(4.5kg)인 차대전을 2000보 날렸고, 황자총통은 무게가 3근 반(2.2kg)인 피령전을 1100보(1386m) 날렸습니다. 또 모두 포구에 맞는 연의환이나 연환을 발사할 수 있었고, 모두 10여 리(4.5km)를 날아갈 수 있었다고 합니다.

또 별황자총통이 있는데, 『화포식언해』에 언급이 있으므로 17세기 초반부터는 쓰인 듯합니다. 유물은 기유(1729)명 별황자총통이 전하는데, 자루를 꽂는 모병이 달려있고 정철이 달려 어딘가 꽂아서 손으로 잡고 쏠 수 있는 모양입니다.

『융원필비』의 황자총통은 모양이 별황자총통에 가까운데, 19세기에는 별황자총통이 기존 황자총통을 밀어내고 주류가 된 것 같습니다.

---

*야스쿠니 신사 유취관에 있는 계축명 천자총통이다. 지자총통의 무게는 조선총독부박물관 유리건판 『경북고령대포』의 기유명 지자총통 명문을 따랐고, 이외 치수는 『융원필비』를 따랐으며, 현자, 황자총통의 경우도 『융원필비』의 치수와 무게를 따랐다. 실측치를 확인할 수 없는 경우 '약'을 표시하여 환산하되 무게는 천자총통의 경우를 참작하여 1근을 0.55kg으로 계산하였다.

**최보배, 이혜진, 김명훈, 정현진(2022), 『조선시대 금속제 탄환의 특징과 제작기법 검토』, 박물관 보존과학 제28집, 80p

대형총통의 부속장구

조선 초기부터 후기까지 대형총통을 발사할 때는 괭이, 송자, 철추, 나무메, 약승, 송곳, 가위, 피대 등의 부속장구가 사용되었습니다.

괭이는 땅을 고를 때 쓰는 연장으로, 화포를 거치할 땅을 평탄하게 하는 데 씁니다. 송자送子는 화약을 다질 때 쓰는 포구에 맞는 나무인데, 소형총통과 조총에 쓰는 지름대와 같은 용도입니다. 또 철추鐵椎가 있는데, 격목을 다질 때 쓰는 쇠몽둥이입니다. 돌을 깰 때 쓰는 큰 망치도 철추라고 하는데, 『화성성역의궤』에 그 삽화가 남아 있습니다. 총통에 쓰는 철추도 유사한 모양이었을 것이며, 자루는 나무, 그 끝을 쇠로 했을 것입니다. 격목을 다질 때 철추의 반대쪽 끝을 때리는 나무 망치를 나무메라고 합니다.

화약의 양을 재는 됫박을 약승藥升이라고 하는데, 유물은 없지만 조선 초기의 양약요자처럼 숟가락 형태일 것으로 어렵지 않게 짐작할 수 있습니다. 송곳은 약선혈에 꽂아 비벼 이물질로 약선혈이 막히는 것을 청소할 때 쓰며, 가위는 약선을 원하는 길이로 자를 때 씁니다.

피대皮袋는 가죽자루로 상기한 다양한 부속장구들을 담아서 운송하는 데 쓰입니다. 또 조총의 총투처럼 대포에 씌우는 옷도 있었던 것 같은데, 대포수우피갑大砲水牛皮匣이라 합니다. 아마 기름칠을 한 가죽을 써서 방수가 되도록 한 것 같은데, 정확한 형태를 알기 어려워 그리지는 않았습니다.*

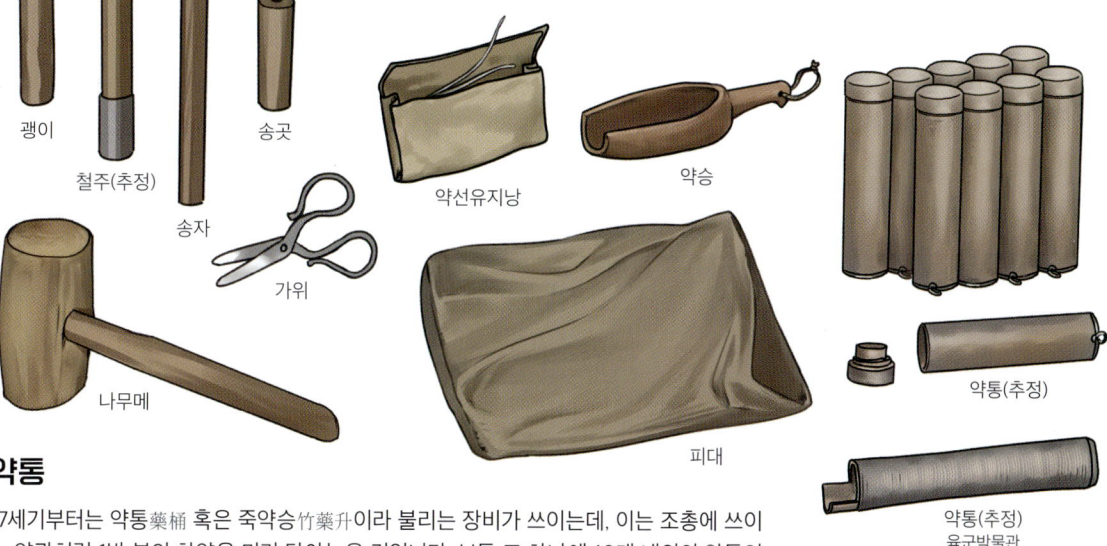

괭이 / 철주(추정) / 송자 / 송곳 / 약선유지낭 / 약승 / 가위 / 나무메 / 피대 / 약통(추정) / 약통(추정) 육군박물관

약통

17세기부터는 약통藥桶 혹은 죽약승竹藥升이라 불리는 장비가 쓰이는데, 이는 조총에 쓰이는 약관처럼 1방 분의 화약을 미리 담아놓은 것입니다. 보통 포 하나에 10개 내외의 약통이 부속되며, 주로 수군의 기록에서 나타납니다.**

포대와 궤짝

"잃어버린 화약은 24포대인데 1포대에 50근이 담겼습니다…"
- 『일성록』 정조 17년(1793) 6월 13일

조선시대에는 화약과 탄환을 보관하고 운송하는 용도로 포대와 궤짝을 사용하였습니다. 화약 포대는 화약을 50근(32kg)씩 넣어 보관하였으며, 이 포대를 궤짝에 넣어 보관한 것이 화약궤입니다. 탄환 포대는 조총의 연환 6~7000개 혹은 8~9000개가 들어갈 수 있는 용량이었으며, 따라서 무게는 100kg 내외였을 것입니다. 이 포대를 궤짝에 넣어 보관한 것이 연환궤입니다.***

탄환 포대 / 화약 포대 / 궤짝

---

*『신기비결』/『승정원일기』, 영조 14년(1738) 7월 22일
**박진철(2009), 古文書로 본 17세기 朝鮮 水軍 戰船의 武器體系, 嶺南學 16호 457~463p /
김현구(2020), 19세기 후반 통제영 8전선 船團 실태 - 1894년 통제영 解由文記를 중심으로 -, 古文書硏究, 제57호 94p
***『일성록』 정조 17년(1793) 6월 13일, 『경상우병영계록』 고종 17년(1880) 11월 27일 兵使 조희찬 재임 시 장계등록

대형총통의 사용법

총통의 거치

"후미에 괭이를 써서 흙 3~4촌을 파내 평탄치 못한 땅의 높이를 고르고, 앞 에는 이과정을 박고 뒤에도 쌍과침을 박아 얽어매어 밀려나지 않게 한다."
— 『신기비결(1603)』 대포습법

조선 초기에는 총통을 거치할 때 별다른 수단 없이 땅에 내려놓고 침목枕木 정도만 두어 각도를 조절했습니다. 『신기비결』의 '대포습법'에는 대포 후미의 흙 3~4촌(6~8cm)을 파내고 이과정과 쌍과침이라는 철물을 박아 대포를 땅에 고정한다고 쓰여 있는데, 이는 『기효신서』의 '호준포습법' 내용을 복사한 것이긴 하지만 당시 땅에 총통을 거치하는 것이 일반적이었다는 것을 보여줍니다.

배에서는 총통을 거치할 때 기목機木이라는 물건을 썼는데, 그 형태를 알기 어려우나 대략 궤짝 형태가 아니었을까 싶습니다.

동차

동차童車는 바퀴가 4개 달린 작은 수레입니다. 대형총통을 실어 옮길 때도 썼는데, 『융원필비』에서 세세한 치수와 사용법을 확인할 수 있습니다. 동차는 총통의 바닥 지름보다 좌우 너비가 좁아 총통이 완전히 들어가지 못하며, 쏠 때는 총통 뒤를 벽에 걸치고 앞에는 침목을 받친 후, 줄을 둥글게 묶어 고정하여 쏘았습니다. 동차가 어느 시점부터 총통을 거치하는 데 쓰였는지는 확실하지 않으나, 1636년 이서가 수레에 대포를 실어 쓸 것을 제안하며 동차 20대를 만들어 쓰고자 하였고, 1664년에는 강화도 소속 대완구의 부속물에 동차가 포함되기도 하였습니다. 1731년엔 훈련도감에서 화포를 거치하는 수레를 52개 제작하기도 합니다.*

이상으로 미루어 짐작해 보면 총통을 거치하는 동차는 이르면 17세기, 늦어도 18세기부터는 널리 쓰인 것으로 보입니다.

마반포차

마반포차는 『훈국신조군기도설(1868)』에 나오는 수레로, 가운데에 축을 달아서 모든 방향으로 회전할 수 있도록 만들었습니다. 또 마반포차에 장착되는 총통은 서양식 화포처럼 포이砲耳를 다는 개조를 거쳐 상하각도 조절이 쉽게 가능했습니다. 현충사에 개조된 황자총통이 소장되어 있으며, 조선총독부 유리건판 사진에서도 개조된 현자총통을 확인할 수 있습니다.

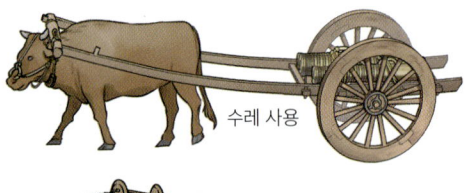

총통의 운송

조선시대 대형총통의 운송은 말과 소의 등에 지워 운송하는 방식이 널리 쓰였는데, 100kg 정도는 등에 지고 옮기거나, 50kg 정도는 좌우에 하나씩 매달아 옮길 수 있었을 것입니다. 혹은 총통의 등자철에 멜대를 끼워 2명 이상의 사람이 멜대로 운반하는 것도 생각해볼 수 있겠습니다.**

혹은 동차나 소가 끄는 수레도 쓰였는데, 그 운송량을 고려할 때 소 한 마리가 2~300kg 정도를 끌었을 것입니다. 실제 1812년 홍경래의 난 당시 서울에서 대형화기를 내려보낼 때 각종 포 5개를 수레 3대에 실어 운송하기도 하였습니다.***

---

*『승정원일기』, 인조 14년(1636) 12월 23일 / 『문정공유고』 권지6, 書啓, 江華府及所屬各鎭軍器 本府 / 『영조실록』, 영조 7년(1731) 9월 21일
**『세종실록』, 세종 19년(1437) 7월 27일
***이재정(2017), 別破陣과 조선 후기 大砲 운용, 서울대학교 대학원 국사학과 석사학위논문

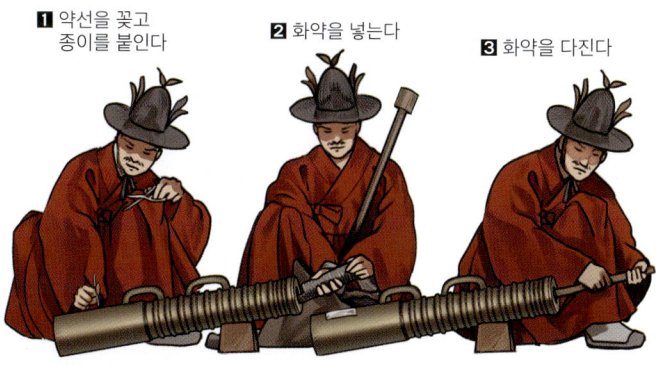

총통의 장전

총통을 장전할 땐 먼저 약선을 약선혈에 꽂는데, 반쯤 꽂고 반은 밖에 나오도록 하고, 위에 종이를 붙였습니다.

이후에는 화약을 넣는데, 약승으로 퍼서 넣었거나, 약통에 미리 담아놓은 것을 넣었을 것입니다. 화약을 다 넣으면 송자로 끝까지 잘 들어가도록 다집니다.

화약 다지기

발사체 장전

이후에는 격목이나 토격을 넣어 철추로 다지는데, 철추를 나무메로 쳐서 단단하게 다집니다. 이후 화살은 그냥 넣으면 되고, 합구환, 소철환이나 조란환을 넣으면 밀어 넣고 다시 다지면 됩니다.

『신기비결』에서는 소연환, 중연환을 넣고 토격을 다지고 다시 연환을 넣는 것을 3번 반복한 후, 포구에 합구환을 넣어 총통 안을 탄환과 토격으로 꽉 채워 장전하는 방식을 제안하기도 합니다.

토격(격목) 다지기

총통의 발사

쏠 때가 되면 적을 겨누는데, 총통에는 조준을 위해 붙는 요철은 없지만 아마도 등자철을 가막쇠처럼 활용해 조준했을 것으로 보입니다. 등자철을 활용하는 예는 앞에서 다룬 목가포의 등자철에 가막쇠가 달린 예에서도 확인할 수 있습니다. 상하 각도의 경우 각도를 잰다거나 자를 쓰는 예는 찾기 힘들고, 감으로 조준했을 것으로 보입니다.

조준을 마치면 종이를 떼고 약선에 불을 붙이면 이내 발사가 되고 화살이나 철환이 날아가서 앞의 목표물을 타격합니다.

화살 장전

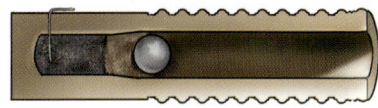

합구환 장전

조란환, 소철환 장전

연환, 합구환 장전
『신기비결』

완구

"적인이 만약에 작은 보小堡나 목책小寨에 모이게 되면 공격해서 취하지 않을 수가 없다. 공격하려면 모름지기 완구를 쓸 것이나, 무거워서 싣고 가기가 어려 우니…"

— 『세종실록』 세종 19(1437) 7월 18일

완구碗口는 무거운 돌을 높은 각도로 쏘아서 성벽 뒤의 적을 공격하거나 작은 보, 목책을 부수는 데 쓰는 화포입니다. 최무선의 졸기에서 그가 만든 화포 중 하나로 육화석포六花石砲가 언급되는데, 이것이 최초의 완구였을 것으로 보입니다.
조선 초기에는 그 제도를 잘 아는 사람이 없을 정도로 잘 쓰이지 않다가, 1407년 최해산이 대, 중, 소완구를 20개 만들어 시험하여 화석포火石砲라는 돌을 150보(189m) 날려보낸 이후 다시 쓰이게 됩니다.*
그런데 완구에는 한 가지 문제가 있었는데, 대완구는 너무 무거워서 싣고 움직이기 힘들었고, 중완구는 편리하지만, 소에는 실을 수 있어도 말에는 실을 수 없었고, 소완구는 너무 작아 전투에 쓸모가 없었습니다. 그래서 1437년에는 중완구와 소완구 중간 크기의 완구를 만들기도 하고, 이후 104근짜리 완과 99근짜리 약통을 분리해 말과 소로 운반이 가능하고, 쏠 때는 끈으로 묶어 쏘는 총통완구가 만들어지기도 하였습니다.**
『화포식언해(1635)』에 따르면, 대완구는 74근 단석을 370보(466m) 날릴 수 있었고, 중완구는 34근 단석을 500보(630m), 소완구는 11근 단석을 500보, 소소완구는 수마석을 하나 날릴 수 있었습니다.
이중 중완구는 비진천뢰飛震天雷를 날릴 수 있었는데, 비진천뢰는 단석보다 사거리가 짧아 300보(378m)만 날아갔다고 합니다. 다만 진주박물관 소장 '만력18년' 명 중완구에는 진천뢰를 쏘면 1리(453m) 날아간다는 명문이 있어, 포마다 편차가 꽤 났던 것으로 보입니다. 또 비진천뢰를 날릴 때는 혹시 약선에 불이 꺼질까를 염려해서 약선을 2개 꽂는데, 해당 유물에서 약선혈이 2개 나 있는 것을 확인할 수 있습니다.

단석(74근)
화약 30냥

대완구 / 『병학지남』
무게 약 123kg(191근 8냥)
길이 약 68cm(2척2촌)

단석(74근)
화약 30냥

총통완구 / 『국조오례의서례』
무게 약 67kg(104근) / 63kg(99근)
길이 약 62cm(1척9촌9푼)
구경 약 336mm(1척8푼5리)

단석(34근)
화약 13냥
(비진천뢰 발사엔 16냥)

만력18년(1590) 중완구
국립진주박물관
무게 50kg(85근)
길이 65cm
구경 235mm

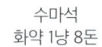

수마석
화약 1냥 8돈

소소완구(추정)
국립전주박물관
길이 19cm
구경 80mm

별대완구*** / 『융원필비』
무게 약 440kg(1100근)
길이 약 92cm(4척3촌7분)
구경 약 389mm(1척8촌5분)

조선 후기의 완구

"완구는 그 생김새가 음식을 담는 그릇(완碗)과 비슷하고 입(구口)에 돌을 담으므로 붙인 이름이다. 그 쓰임은 화약을 넣고 돌을 실어 불을 뿜기에 닿는 것마다 무너지고 문드러지지 않는 것이 없으므로 성을 공격하는 최고의 화기이다. 그러므로 비진천뢰, 단석 등을 올린다."

— 『융원필비』 별대완구

도광25년(1845)명 대완구
국립중앙박물관
무게 208kg(530근)
길이 64cm
구경 263mm

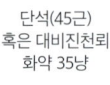

단석(45근)
혹은 대비진천뢰
화약 35냥

1813년 쓰인 병서인 『융원필비』에는 별대완구, 대완구, 중완구 3종의 완구가 실려 있는데, 이전의 완구는 중완구만 비진천뢰를 발사할 수 있었던 것과 달리, 각각 별대, 대, 중비진천뢰 3종의 비진천뢰가 개발되어 그에 맞는 완구로 쏠 수 있게 되었습니다.
별대완구의 경우 별대비진천뢰를 350보(441m), 120근 단석은 400보(504m) 날릴 수 있었고, 대완구는 대비진천뢰를 400보, 45근 단석은 500보 날릴 수 있었고, 중완구는 중비진천뢰를 350보, 35근 단석은 500보 날릴 수 있었습니다.

중완구 / 『융원필비』
무게 약 116kg(290근)
길이 약 57cm(2척7촌3분)
구경 약 210mm(1척)

단석(35근)
혹은 중비진천뢰
화약 16냥

---

*『신증동국여지승람』 제2권, 京都 下, 軍器寺
**『세종실록』, 세종 19년(1437) 7월 27일 / 『국조오례서례』 권4, 軍禮 兵器圖說, 銃筒碗口
***『융원필비』 완구는 도광 25년명 대완구의 실측치를 반영하여 1근을 400g으로 환산하였다.

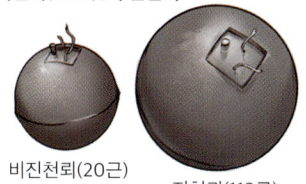

비격진뢰의 구조

진천뢰

> 비진천뢰는 무쇠를 부어 얼굴이 둥그니 무게 20근이오 뚜껑쇠 무게 4냥이오. 포구 부리에 안팎으로 시울이 있으니, 한 마디 대나무를 포 밑에 세워 안 시울에 대고 대나무 마디 곁에 심(약선)구멍을 뚫고 또 피나무에 톱칼로 골을 파되, 빠르게 하고자 하거든 열 고비를 파고, 더디게 하려거든 열다섯 고비를 팔지니, 더디고 빠름이 이에 달렸느니라…(중략)… 화약 1근을 가루로 만들어 허리 구멍으로 흘려보내 면면히 채우고 격목을 쳐서 구멍을 막은 후에…
> – 『화포식언해(1635)』

16세기에는 화포장 이장손에 의하여 새로운 무기가 개발되었는데, 바로 진천뢰震天雷와 비격진천뢰飛擊震天雷입니다. 이들은 쇠를 주조해서 만든 폭탄인데, 안에 화약과 마름쇠를 넣어 마름쇠가 파편 역할을 하도록 했습니다. 진천뢰는 땅에 매설하거나 굴려 사용하는 폭탄이며, 비격진천뢰는 중완구로 발사하는 포탄인데, 일반적으로는 줄여서 비진천뢰라고 칭했습니다.

『화포식언해』에 따르면, 진천뢰는 무게가 113근(72kg)이며, 안에 마름쇠 30개와 화약 5근(3.2kg)을 넣습니다. 또 주격쇠柱檄鐵란 통이 있고 약선을 넣어서 뚜껑쇠의 구멍을 통해 한쪽 약선을 밖으로 뺍니다. 밖으로 나온 약선에는 주화를 연결하거나 약선을 길게 연결하여 멀리서 폭파하는 식으로 썼습니다.

비진천뢰는 무게가 20근(13kg)이며, 마름쇠와 화약 1근(640g)을 넣습니다. 나선형으로 홈을 판 나무인 목곡木谷에 약선을 감는데, 빨리 폭파하고자 하면 10번 감고 느리게 하고자 하면 15번을 감습니다. 이후 목곡을 대통에 넣고, 대통은 비진천뢰에 넣고, 뚜껑쇠의 구멍을 통해 한쪽 약선을 밖으로 뺍니다. 뚜껑쇠 밖으로 나온 약선은 그 길이가 2촌(4cm)이 넘지 못하도록 하였고, 불을 붙이면 목곡의 홈을 따라 약선이 천천히 타들어 가서 일정한 시간이 지난 후에 폭발합니다. 마지막으로 화약을 넣는데, 비진천뢰 허리의 구멍을 통해서 넣고 격목을 쳐서 막습니다.

『융원필비』에는 별대, 대, 중완구에 넣어 쓸 수 있는 별대, 대, 중비진천뢰가 실려 있는데, 크기만 다를 뿐 그 구조는 『화포식언해』의 비진천뢰와 큰 차이가 없습니다.

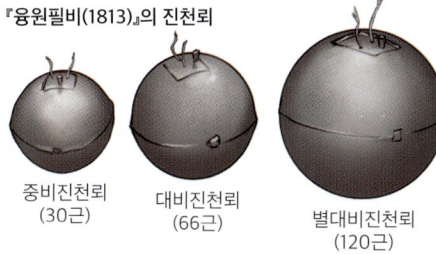

『화포식언해(1635)』의 진천뢰
- 비진천뢰(20근)
- 진천뢰(113근)

『융원필비(1813)』의 진천뢰
- 중비진천뢰(30근)
- 대비진천뢰(66근)
- 별대비진천뢰(120근)

완구의 사용법

완구의 거치

완구의 거치 방법은 총통과 큰 차이가 없었는데, 땅에 거치하거나, 동차에 거치하거나, 마반포차에 거치하는 방식이 쓰였습니다.
다만 마반포차의 경우 네 모서리에 기둥을 세워 몸체가 더 높은 모양을 하고 있습니다.

마반포차 『훈국신조군기도설』
동차
땅에 거치

완구의 장전

완구를 장전할 때는 먼저 약선을 약선혈에 꽂는데, 약선의 절반은 밖에 나오도록 해서 위에 종이를 붙였습니다. 비진천뢰를 발사할 때는 혹여나 약선의 불이 꺼져서 완구에 실린 채 비진천뢰가 터지는 일을 막고자 약선을 2개 꽂았습니다.

이후에는 화약을 넣는데, 약승으로 퍼서 넣되 적당히 양을 줄이거나 늘려서 사거리를 조정했을 수도 있습니다. 화약을 다 넣으면 송자로 끝까지 잘 들어가도록 다집니다. 이후에는 격목을 넣어 철추로 다지고 단석이나 진천뢰를 넣어줍니다.

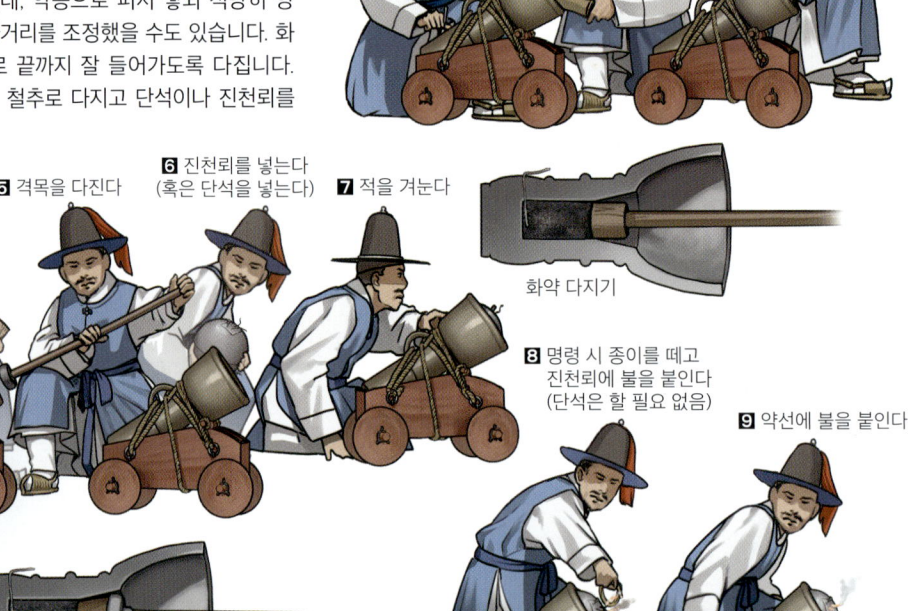

완구의 발사

"(진천뢰를) 중완구에 실어서 놓으면 300보 밖에 이르러 저절로 터지며 천지에 소리 진동하느니라. 불 붙일 제에는 먼저 진천뢰 심에 붙이고, 후에 완구 심에 붙이라. 완구에 불이 꺼질까 염려되는 고로 두 곳에 구멍을 뚫었느니라."

- 『화포식언해(1635)』

쏠 때가 되면 적을 겨누는데, 곧게 나가는 총통과 달리 완구는 포물선을 그리며 날아가므로, 화약량을 조절하거나, 각도를 조절하는 식으로 조금 더 세심한 주의를 기울였을 것으로 보입니다.

이후 약선에 불을 붙여 발사하면 됩니다. 비진천뢰의 경우는 좀 더 복잡한데, 먼저 비진천뢰의 뚜껑쇠 밖으로 나온 약선에 불을 붙여서 불이 뚜껑쇠 안으로 들어간 것을 확인해야 하고, 그 후에 완구의 약선 2곳에 불을 붙여 완구를 발사해야 합니다.

발사하면 단석 혹은 비진천뢰가 포물선을 그리며 날아가 목표물에 떨어지며, 비진천뢰는 목곡에 감긴 약선이 다 타면 폭발하여 주변의 적을 살상하게 됩니다.

비진천뢰는 날아가 터진다

불랑기

"이른바 불랑기라는 것은 대포의 일종인데, 작은 포처럼 자주자주 쏠 수가 있어 실로 화기 가운데 제일가는 화기입니다…"
- 『현종실록』현종 5년(1664) 3월 3일

불랑기佛郎機는 1522년 포르투갈에서 명나라로 전파된 모포母砲에 자포子砲를 끼우고 잠철箴鐵로 잠가 쏘는 화포입니다. 조선은 1545년과 이듬해 화기를 다룰 수 있는 중국인, 표류한 제주 사람을 통해서 중국의 화포들을 시험하는데, 이때 유입되었을 수도 있습니다.* 현재 서울역사박물관과 육군박물관에 1563년 제작된 자포가 4개 전하는데, 지통地筒이라는 이름이 적혀 있습니다.

불랑기는 임진왜란 이후 그 유용성이 널리 알려졌으며, 1614년 화기도감에서 많이 주조하였고, 17세기 후반 신기립의 감독하에 많이 주조하여 조선 후기 널리 쓰였습니다. 대개 수성용으로 배치되거나 선박에 많이 배치되었습니다.

보통 불랑기 하나에 자포 5개가 부속되었고, 가막쇠와 맑은쇠가 달려 자루를 잡고 겨누어 쏘았습니다.

불랑기의 종류

불랑기는 가장 큰 1호부터 가장 작은 5호로 나뉘는데, 『화포식언해』에 따르면 1호는 화약이 10냥(400g), 2호는 7냥(280g), 3호는 4냥 반(180g), 4호는 3냥(120g), 5호는 2냥(80g) 들어가며, 다 연환을 하나씩 쏩니다. 조선에서는 1, 2, 3호 불랑기가 쓰이긴 했으나, 주로 4, 5호 불랑기가 쓰였습니다.**
제작 시기별로도 차이가 나는데, 초기 불랑기는 좌우로 튀어나온 포이가 없고 정철을 동그랗게 두른 형태를 하고 있고, 자포는 짧고 모포와 맞물리는 주둥이에 턱이 진 모양입니다.
동아대학교 석당박물관 소장 강희 5년(1666)명 불랑기부터는 전형적인 조선 후기 불랑기의 형태를 띠게 되는데, 불랑기에 죽절이 생기며, 자포의 턱이 사라지게 됩니다. 이 형태는 큰 변화 없이 19세기까지 이어져 내려옵니다.

---

*박재광(2012),조선 중기의 화약병기에 대한 소고, 육군박물관 학예지 제19집 41~49p

**이재정(2017), 別破陣과 조선 후기 大砲 운용, 서울대학교 대학원 국사학과 석사학위논문 44p / 『병와전서 강도지』, 軍器 "佛浪機一號五位二號七位三號六位四號四百十六位…"

불랑기의 사용법

불랑기의 거치

"기가의 위는 반드시 가운데가 볼록하고 반드시 둥글어 모총을 속히 상하로 높이고 낮추며 속히 좌우로 돌려 편히 움직이도록 해야 한다…"

- 『신기비결(1603)』 불랑기

불랑기에는 정철이 달려있어 정철을 잘 박기만 하면 상하좌우로 회전하면서 조준도 편하게 할 수 있습니다. 따라서 기가機架 혹은 좌목坐木이라 부르는 시렁에 불랑기를 거치해야 한다는 것을 여러 병서에서 강조합니다. 특히 배 위에서 쓰는 불랑기는 좌목의 앞에 철방패를 연결했다고 합니다.

성벽 위에 올리는 경우에는 따로 기가를 두지 않았는데, 이는 신미양요 때 찍힌 강화도의 돈대 사진에서 확인 가능합니다. 사진에서 불랑기는 여장 사이의 오목한 부분의 땅에 정철을 박고 자루에 기둥을 묶어서 한 방향으로 고정해 두었는데, 쉽게 회전하기는 어려운 모양입니다. 『심도중기(1854)』를 보면 불랑기에 기목機木이라는 부속이 쓰인 것을 볼 수 있는데, 기둥으로 쓴 나무를 기목이라 불렀던 것 같습니다.

조선에서 사용했을 좌목과 기가의 형태는 확실히 전하는 유물은 없지만, 『무비지』 '군자승' 편의 '가불랑기식架佛郞機式'에는 기둥 2개를 세우고 가로로 나무를 끼운 좌목을 볼 수 있습니다. '불랑기식佛郞機式'에서는 철로 만든 사각대를 볼 수 있는데, 『한국의 화포』에 따르면 사각대형 기가는 신미양요 당시 노획된 것이 있고, 미국에 소재하고 있다고 합니다. 미국에 소재한 것은 아래에 나무 판과 바퀴가 달린 것이 『무비지』의 것과 다릅니다.

불랑기동차와 마반포차

『훈국신조기계도설(1867)』에는 불랑기동차佛狼機童車라는 수레가 실려 있는데, 불랑기를 싣는 동차입니다. 총통을 싣는 동차와 달리 동차 중간에 가로로 나무를 두어 정철을 박았고, 또 좌우에 등자철鐙子鐵을 두어 모포에 들어가 있는 자포를 제외한 4개의 자포를 걸 수 있게 했습니다.

후대의 『훈국신조군기도설』엔 마반포차가 실려있는데, 총통, 완구를 거치하는 마반포차와 같이 모든 방향으로 돌려 쓸 수 있고, 완구를 거치하는 것처럼 몸체가 높은 구조입니다.

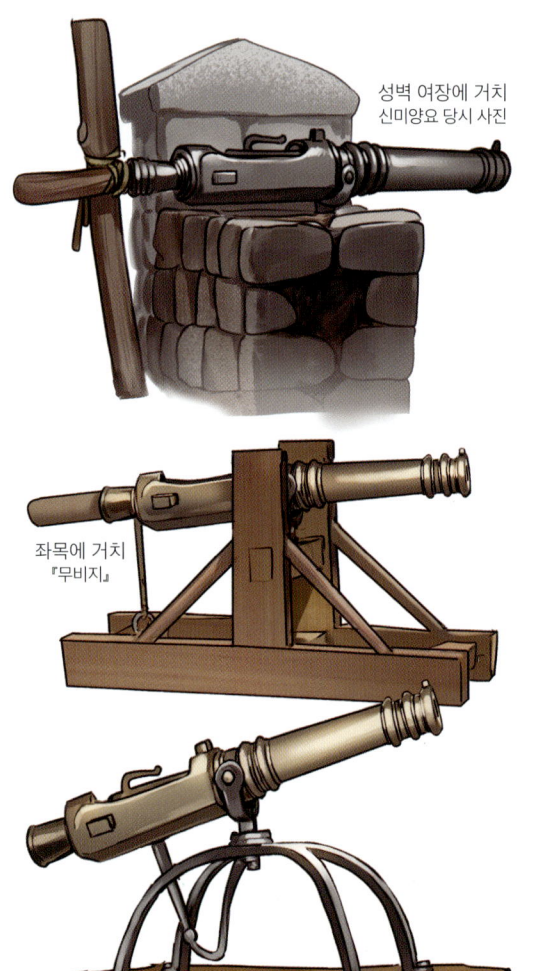

성벽 여장에 거치
신미양요 당시 사진

좌목에 거치
『무비지』

사각대형 기가에 거치
『한국의 화포』

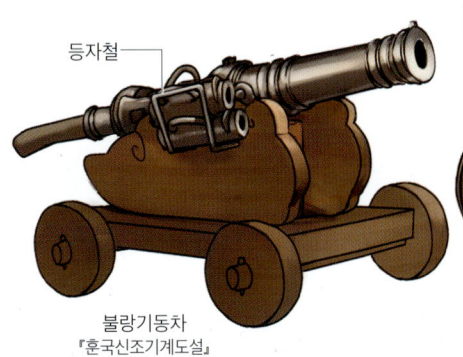

등자철

불랑기동차
『훈국신조기계도설』

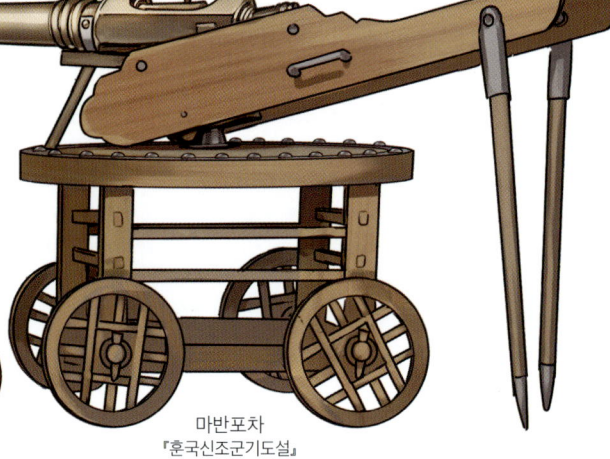

마반포차
『훈국신조군기도설』

1 자포를 장전한다

불랑기의 장전

"불랑기는 다섯 호가 있고 매 호에 각각 다섯 자포가 있으니, 매 자에 각각 부리에 맞는 연자 한 낱을 넣느니라. 1호에는 중약선이 반 오리요 화약이 열 냥이오…"

— 『화포식언해(1635)』

불랑기를 사용하기 위해서는 먼저 자포를 장전해야 하는데, 자포를 장전하는 방법은 일반 총통과 다름이 없습니다. 약선을 꽂고, 종이를 바르고, 화약을 넣고, 토격을 넣고, 연환을 넣으면 됩니다. 대개는 포구에 맞는 연환인 합구연환 1개를 장전했지만, 『신기비결』에는 연환 2~3개를 장전하라는 내용이 쓰여있기도 하며, 100보 안쪽의 적을 상대로는 소철환 혹은 소연환을 다수 장전하는 경우도 있었습니다.*

불랑기 모포에 자포 메기기

자포를 모포에 메기려면, 먼저 모포에서 잠철을 빼고 자포를 빈 모포에 넣습니다. 자포를 넣으면 앞쪽으로 밀어넣고, 잠철을 꽂아 자포가 빠지지 못하게 하면 됩니다. 이 과정들이 아주 간단하고 빠르게 가능했기에 불랑기는 조선 후기 아주 좋은 평가를 받았습니다.

『신기비결』에선 자포에 연환을 넣는 대신 따로 연환을 몇 개 싼 종이 꾸러미를 준비해서 모포에 넣어 쏘는 방식을 소개하기도 합니다.

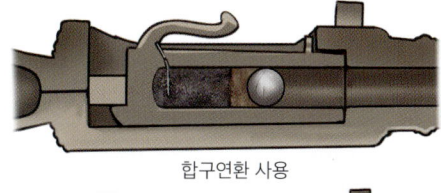

합구연환 사용

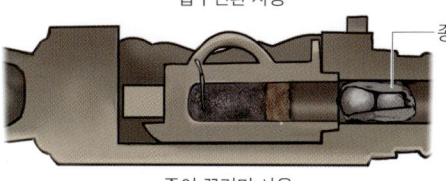

종이 꾸러미 사용

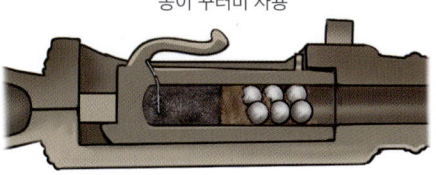

소철환(소연환) 장전

불랑기의 발사

불랑기를 쏠 때는 종이를 떼고 약선에 불을 붙이고 약선이 타는 동안 가막쇠와 맑은쇠로 적을 겨누어 발사하면 됩니다. 다만 성벽에 고정식으로 거치된 경우에는 먼저 조준하고 끈으로 묶어서 고정한 후 불을 붙여야 했을 것입니다.
이후 잠철을 빼고 사용한 자포를 뽑아내며, 새 자포를 넣어 발사하기를 계속합니다.

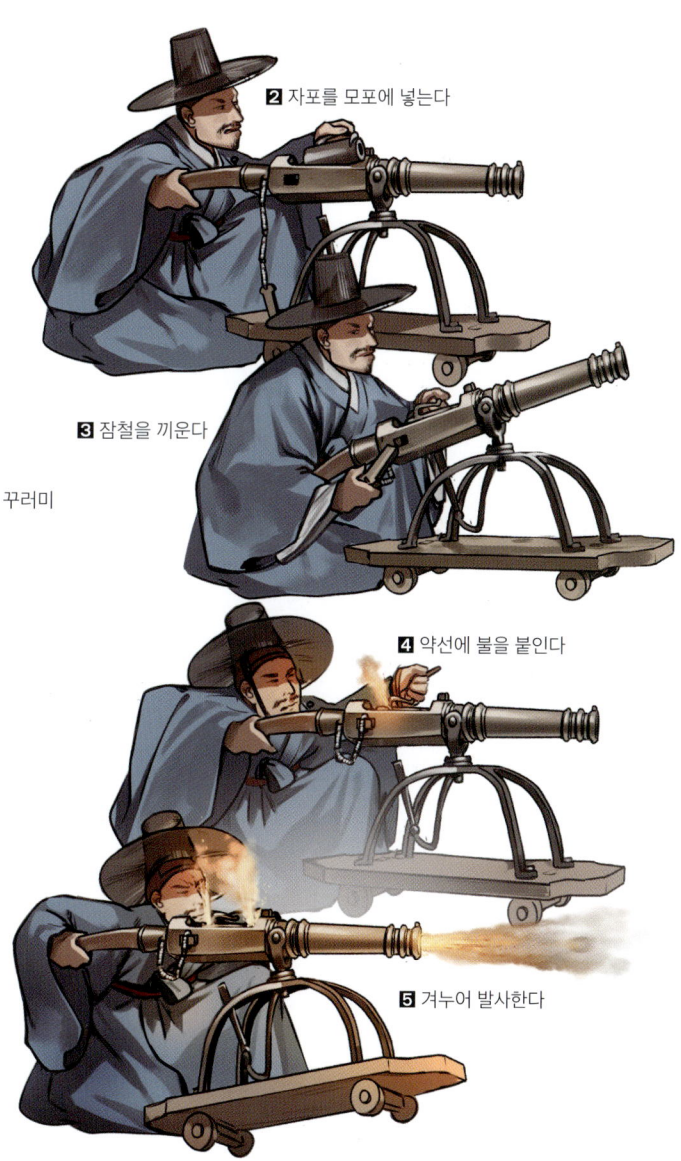

2 자포를 모포에 넣는다

3 잠철을 끼운다

4 약선에 불을 붙인다

5 겨누어 발사한다

---

*『숙종실록』 숙종 7년(1681) 5월 21일 "而若敵在百步之近多藏小丸所中者衆"

홍이포와 남만대포

홍이포

"몸통은 정철, 길이 4척 5촌, 둘레 2척 9촌, 구경 1척, 곁에 고리가 둘, 뿔이 둘, 화약 30냥을 넣으며 화살과 탄환을 쓰는 방법은 천자포와 같다."
- 『고사신서(1771)』 화포제 홍예포

홍이포紅夷砲(홍예포虹霓砲)는 명나라에서 만든 서양식 대포로, 조선에서는 명나라에 사신으로 갔던 정두원이 1631년 홍이포 제본을 가져오면서 접하게 되었습니다. 『강도지(1696)』에서는 1633년 후금에 투항한 명나라 장수인 공유덕과 경중명의 진영에서 그들의 수군에 쓰던 홍이포를 처음으로 얻었다고 전하며, 천자, 지자총통과 쓰는 방법이 같다고 하였습니다. 1729년에는 훈련도감이 홍이포를 2문 주조했는데, 『고사신서』에 따르면 당시 홍이포의 탄환과 화살을 쓰는 방식은 천자총통과 같다고 되어 있어, 1729년의 홍이포는 천자총통과 비슷한 크기였던 것으로 보입니다.
유물은 고려대학교박물관에 "숭정12년(1636)" 명문이 있는 홍이포가 있는데, 구경은 80mm, 길이는 166cm로, 지자총통에 준하는 장전 방식을 사용했던 것으로 보입니다.

남만대포

남만대포南蠻大砲는 1653년 조선에 표류한 네덜란드 동인도회사 소속 스페르베르호에 장착되었던 대포로, 30여 문 중 25문 정도가 인양되어 강화도와 남한산성에 배치됩니다
강화도에는 16문의 남만대포가 배치됩니다. 『강도지』에서 남만대포는 표류한 오랑캐 선박에서 얻은 것이며, 넓은 바다에서 암초를 피하기 위해 사용하는 것이라, 해상전과 수성전에는 쓸모가 없다고 언급하고 있습니다.
남한산성에는 1661년 9문의 남만대포가 배치됩니다.* 그러나 1668년 수어사였던 김좌명이 남만대포의 시험 발사를 해 보았는데, 모두 파열되어 이를 녹여 불랑기를 만드는 데 쓰게 됩니다. 이후 남한산성의 남만대포는 3문만 남는데, 이 마저도 1705년 견본 삼아 1문만 남기고 녹여 현자총통으로 주조하게 됩니다.** 육군박물관에 기유년(1729) 남만철로 만든 현자총통이 전해지는데, 남한산성의 마지막 남만대포를 녹여서 만든 것이 아니었을까 싶습니다.
해군사관학교박물관과 강화도 초지진에 이 남만대포로 추정되는 철제대포가 소장되어 있는데, 그 길이와 규격, 죽절의 형상과 위치가 호주 WA난파선박물관에 소장된 바타비아호의 철제대포들과 크게 유사합니다.***
스페르베르호와 바타비아호는 같은 시기 같은 소속으로 활동하였던 선박이므로, 해당 철제대포는 스페르베르호에 장착되었다가 표류로 인해 조선으로 유입되었던 남만대포로 보아도 무리가 없어 보입니다.

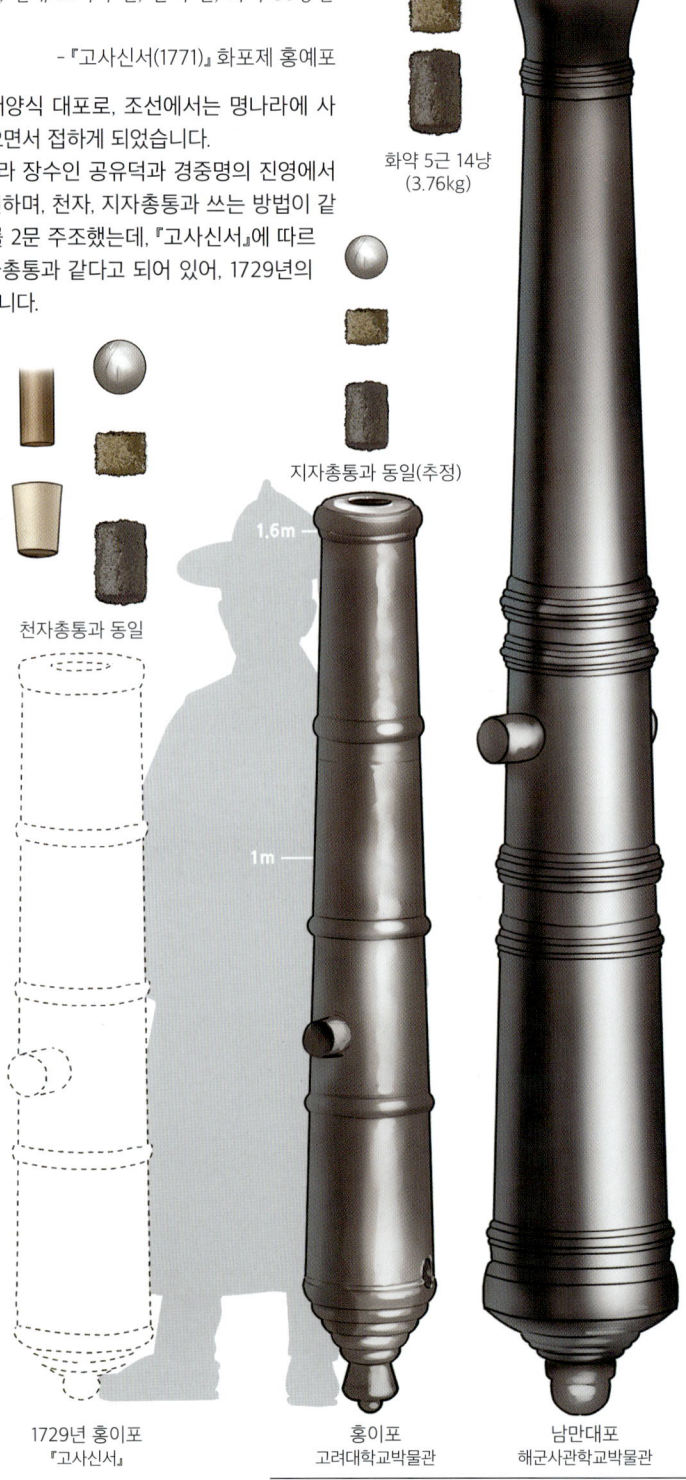

화약 5근 14냥 (3.76kg)

지자총통과 동일(추정)

1.6m

1m

천자총통과 동일

1729년 홍이포 『고사신서』

홍이포 고려대학교박물관

남만대포 해군사관학교박물관

*『승정원일기』 현종 2년(1661) 6월 17일
**『승정원일기』 숙종 31년(1705) 8월 24일 / 『비변사등록』 숙종 33년(1707) 02월 21일
***Wendy van Duivenvoorde(2010), The Armament of Australia's VOC Ships, Report—Department of Maritime Archaeology, Western Australian Museum, No. 258, 20~30p

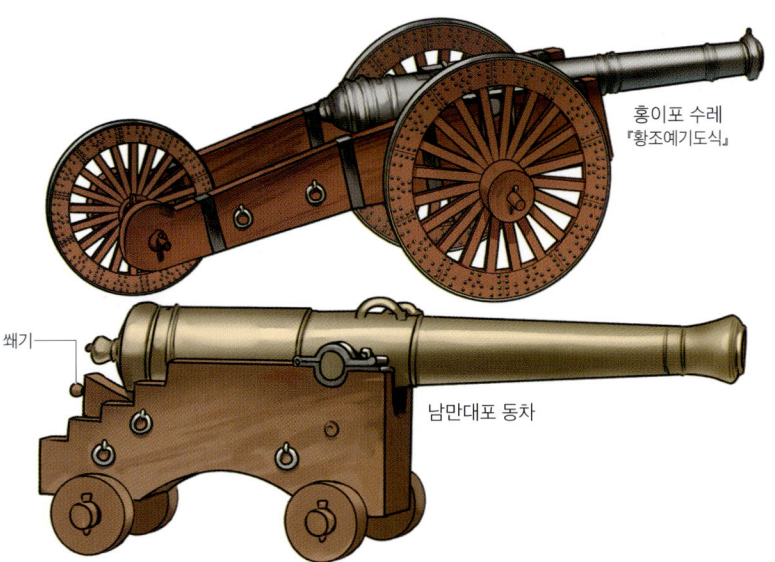

홍이포 수레
『황조예기도식』

쐐기

남만대포 동차

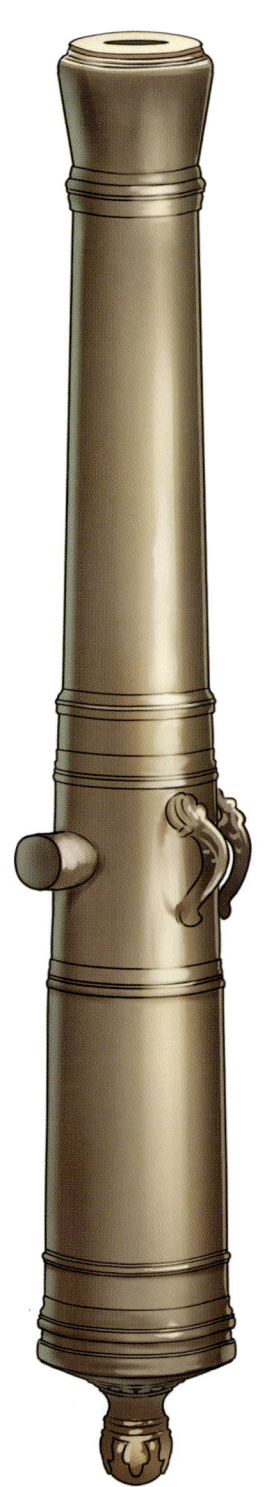

남만대포(동제)
WA난파선박물관

홍이포와 남만대포의 사용법

홍이포와 남만대포의 거치

"그들은 (남만)대포를 쏠 때 반드시 수레 위에 안치해서 발사하여, 낮추고 높이거나 두루 돌리기에 심히 편했다. 또 대포를 발사할 때는 바퀴가 절로 뒤로 돌아서, 뒤로 쏠리는 기운을 덜어내어 포신이 찢어지는 것을 면했다. 화약을 장전하는 법은 대포는 8근, 중포는 6근, 그다음 중포는 4근…"
- 『고운당필기』제2권 서양사람西洋番人

"홍이포가 낫다는 지론이 있지만, 성 위에 올리는 데 있어서 수레를 거는 것이 매우 어려우니, 시방試放한 뒤에 5, 6보를 물러가 창졸간에 부리는 방도가 가볍고 편리하지 않습니다…"
- 『승정원일기』 영조 23년(1747) 5월 8일

홍이포와 남만대포는 모두 수레에 거치하는데, 남만대포의 경우 본래 배에서 쓰던 것이라, 동차와 같은 수레에 실었고 또 뒤에 쐐기를 박아서 위아래로 각도를 조절할 수 있게 되어 있습니다.
홍이포의 경우 큰 바퀴가 양쪽에 달린 수레에 실렸습니다. 『황조예기도식』에서 볼 수 있는 청나라 홍이포는 수레 후미에 작은 바퀴를 단 모양을 하고 있는데, 조선에서 만든 홍이포도 이와 유사한 모양을 하고 있었을 것으로 보입니다.

홍이포, 남만대포의 장전과 발사

홍이포는 천자, 지자총통과 장전, 발사하는 방법이 같다는 기록이 많아 그 방법을 준용했을 것으로 보이며, 남만대포의 경우『강도지』에는 화약 5근14냥을 넣는다는 말 외에 설명이 없어 불확실하지만 총구에 맞는 크기의 철환을 쏘았을 것으로 보입니다.
홍이포, 남만대포 모두 수레에 얹은 대포이기 때문에 발사하면 뒤로 밀려나며 반동을 흡수하는데, 따라서 쏜 후에는 사람들이 붙어서 원위치 시켜야 합니다. 이 때문에 별로 좋지 못한 평가를 받기도 합니다.

5~6보(6.3~7.6m) 밀림

대형화기 | 109

중국계 화포

호준포

호준포虎蹲砲는 호랑이가 앉은 모양을 닮은 포로, 조선에는 임진 왜란 때 들어왔습니다. 『화포식언해』에 따르면, 호준포에는 화약 6냥(240g)이 들어가며, 2돈(8g)짜리 연환 70개 혹은 철환 30 개를 넣고, 위에 5냥(200g)짜리 연환을 더 넣어서 씁니다.
국립중앙박물관에는 호준포가 여럿 소장되어 있는데, 그중에는 길이가 65cm에 달하고 무게는 46kg인 큰 것이 있는가 하면, 길 이 42cm에 무게 19kg의 작은 것도 있습니다. 조선 후기에는 호 준포가 신호수단인 신포信砲로도 활용되었는데, 소리를 내는 데 는 굳이 큰 호준포가 필요 없으므로 신포에 쓰기 위해 작은 호준 포를 만들었던 것으로 보입니다.

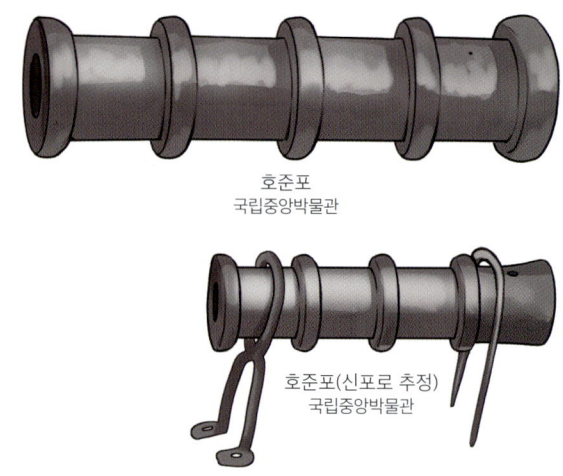

호준포
국립중앙박물관

호준포(신포로 추정)
국립중앙박물관

대위원포
국립중앙박물관

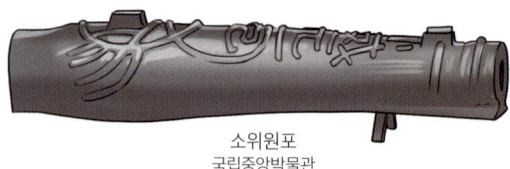

중위원포
국립중앙박물관

소위원포
국립중앙박물관

위원포

위원포威遠砲는 『무비지』에 실려있는 포로, 조선에서는 1711년 금위영에서 15문을 만든 것이 처음입니다. 『만기요람』에 따르면 1808년 금위영에 79문, 어영청에 79문, 총융청에 87문의 위원 포가 있었다고 합니다.*
『고사신서』에 따르면, 위원포는 대, 중, 소 3종이 있지만 쓰는 법 은 모두 같아서 화약 5~6냥(200~240g)을 넣고, 1근(640g)짜 리 연환 1개나 작은 연환 30개를 넣었습니다. 혹은 연환 50개, 60개를 넣기도 했다고 합니다.
호준포나 위원포같이 작은 화포들은 대개 진을 칠 때 진영 앞에 늘어놓아서 적이 가까이 왔을 때 철환 여러 개를 쏘아 적을 물리 치는 식으로 썼습니다. 물론 그 제도상 포구에 맞는 탄환을 쏘면 구조물에도 피해를 줄 수 있었습니다.

일와봉총

일와봉총一窩蜂銃은 불랑기와 같이 포이와 정철이 달려서 뒤에 자루를 잡고 쏠 수 있는 화포입니다. 조선에서는 1711년 금위영에 서 1개의 일와봉총을 만든 것이 처음이며, 이 역시 『무비지』의 도 식을 보고 만들었을 것으로 보입니다.*
『고사신서』에 따르면, 화약3냥을 넣고 연환 1개를 발사했다고 하 는데, 혹은 연환 100개를 쏘았다고도 합니다.**
일와봉총은 대개 방패가 달린 전거에 장치되어 쓰였는데, 『풍천유향』에는 '일와봉재방차一窩蜂載放車'라는 수 레에 실어 발사하는 법도 실려 있습니다. 일와봉재 방차는 뒤에 쇠말뚝을 박아서 쏠 때 뒤로 물러나지 못하도록 한 후 쏘았습니다.

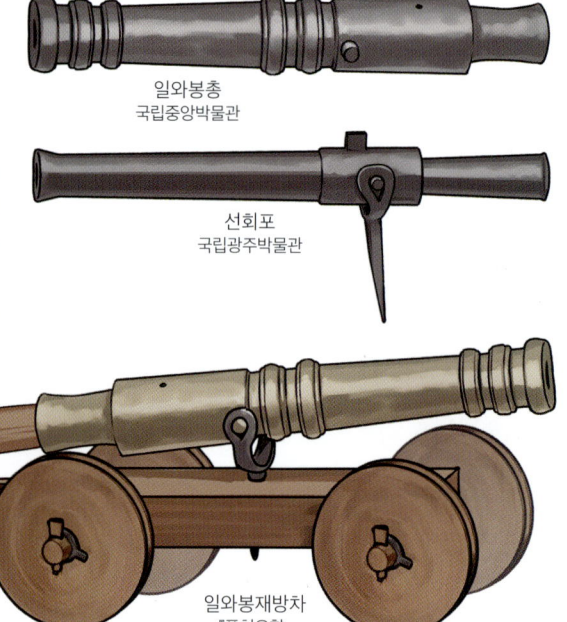

일와봉총
국립중앙박물관

선회포
국립광주박물관

쇠말뚝
구멍

일와봉재방차
『풍천유향』

---
* 『승정원일기』 숙종 37년(1711) 10월 23일
** 『정조실록』 정조 5년(1781) 10월 28일

지포(추정)

비금속제 화포

지포

지포紙砲는 몸통은 얇은 동관을 쓰고 겉은 종이로 두껍게 감싸 폭발력을 버티도록 한 대포입니다. 조선에서는 1646년 처음 등장하였는데, 비슷한 시기 유럽에서도 몸통을 가죽으로 감싸 끈으로 묶은 가죽 대포(Leather cannon)가 사용되었습니다. 지포 제도가 남만에서 왔다는 말에 비추어 보면, 그 제작 방법이 당시 네덜란드 출신 훈련도감 군관이었던 박연 등의 서양인에 의해서 전래되었을 공산이 큽니다.*

지포는 1648년 군기시에서 5문을 시험 제작한 것을 시작으로, 이듬해 100문이 생산되었으며, 1649년에는 통영에서 지포를 만들어 강화도로 보내기도 합니다. 군기시에서 만든 지포는 3근(1.9kg)의 연환을 발사하였으나, 통영의 지포는 총통의 규격에 맞게 만들었습니다. 『강도지』에 따르면 1696년 당시 강화도에는 총통의 규격과 같은 천자지포가 2문, 지자지포가 2문, 현자지포가 58문, 황자지포가 10문 있었다고 합니다.**

육합총
『훈국신조기계도설』

육합총

육합총六合銃은 여섯 조각의 나무에 철테를 감아서 만든 포로, 석환을 발사하였습니다. 조선에서는 1593년 시험삼아 만들었으나, 시험 때 터져버리고 만 후로 만들지 못했습니다.***

이후로는 쓰이지 않았다가, 19세기 후반 소수가 제작되어 『훈국신조군기도설』에 실립니다. 육합총은 사정거리가 반 리(220m)를 넘지 못했으나, 100보(126m) 안에서는 살상력이 뛰어났다고 합니다.

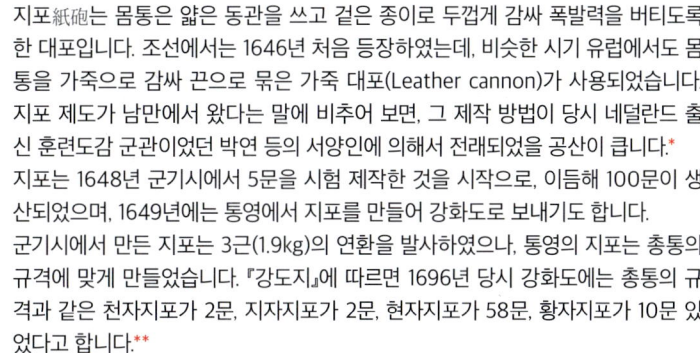

무적죽장군
『훈국신조기계도설』

무적죽장군

무적죽장군無敵竹將軍은 대나무 안쪽을 철로 보강하고 끈으로 감아 만든 화포로, 일부 철물만 만들어 놓으면 현지에서 대나무나 끈을 알아서 구해 만들 수 있는 간단한 화포였습니다. 명나라 병서 『무비지』에 실려 있던 포인데, 조선에서는 1866년에 무적죽장군 50개를 처음으로 만들게 됩니다.****

무적죽장군은 진영 앞에 길게 세워 두고 필요할 때 불을 붙여 사용하며, 화약 1근으로 석환이나 작은 탄환 여러 개를 날려 보내는데, 그 위력이 7~800보(약 1km)에 미쳤다고 합니다.

동차 사용
『중정남한지』 지포

시렁에 거치
무적죽장군

땅에 거치
육합총

---

* 『승정원일기』 인조 26년(1648) 10월 3일
** 『비변사등록』 인조 26년(1648) 11월 5일 / 같은 책, 인조 27년(1649) 4월 23일 / 『어영청도등록』 1657년 9월 26일
*** 『선조실록』 선조 26년(1593) 11월 29일 / 『서애선생문집』 권16, 雜著, 記火砲之始
**** 『순무영등록』 고종 3년(1866) 10월 4일 / 『훈국신조군기도설』

갑인명포와 을축명포

국립중앙박물관과 고궁박물관에는 갑인명포, 을축명포라는 이름의 화포가 소장되어 있습니다. 이들은 갑인년인 1854년과 을축년인 1865년 주조되었는데, 그 사용법을 전하는 문서가 없어 어떤 탄약을 사용했는지, 어떤 목적으로 만들었는지 불명입니다.

다만 그 크기로 추정해 보면 갑인명포는 구경이 38~42mm, 을축명포는 30mm로, 대략 4호, 5호 불랑기와 비슷한 탄약을 썼을 것으로 보입니다. 또 가막쇠와 맑은쇠가 달린 점과 구경에 비해 길이가 매우 길고 무게도 각각 28kg, 19kg으로 가벼운 점을 고려하면, 적은 사람이 다루며 먼 거리의 적을 쏘기 위해 만든 것으로 보입니다.

『훈국신조군기도설』엔 갑인명포를 묶어서 쌍포를 만들어 장치한 수레인 쌍포양륜거가 실려있는데, 끌고 다니다가 쏠 적에는 끌채나무를 박아서 고정하고 쏘았다고 합니다. 그러나 이 쌍포양륜거는 나온 지 얼마 되지 않아 대, 중, 소포가 나오고 신식 화포가 도입되면서 그다지 오래 쓰이진 못하였습니다.

쌍포양륜거
『훈국신조군기도설』

을축명포 갑인명포 쌍포

4근 산포와 12방 청동포

4근 산포四斤山砲는 1859년 프랑스 육군에서 채택한 4kg 포탄을 사용하는 산포山砲입니다. 일본에서는 1864년에 불완전하게 모방 생산을 하였다가, 1867년에는 나폴레옹 3세가 기증한 실물을 분석하여 완성도가 높은 것을 만들었다고 합니다. 조선은 1873년 일본에서 4근 산포를 6문 수입하였고, 사용 여부는 확실하지 않으나 후술할 대, 중, 소포의 개발에 영향을 준 것으로 보입니다.*

국립중앙박물관에는 '광서2년(1876)금릉기기국조'명 대포가 소장되어 있습니다. 이는 12파운드(5.4kg) 포탄을 발사하는 12파운드 대포, 혹은 12방 청동포十二磅青銅砲라 부르는 서양식 대포인데, 1882년 청나라에서 10문을 양도해 준 사실이 있으며, 1893년에는 해안포대에 배치할 목적으로 365문과 탄약 420상자를 구입합니다. 조선에선 이를 대환포大丸砲라고도 불렀으며, 1894년 동학농민전쟁 당시에도 청나라 군대와 민병대에서 사용했습니다.**

이들은 모두 폭발하는 탄환을 발사하였으며, 조선에서는 강선에 물리도록 한 4근 산포의 탄환을 첨류탄尖榴彈, 12방 청동포의 원형 폭발탄을 공심착발환空心着發丸이라 불렀습니다. 이들 포탄엔 발사할 때의 화염으로 점화하여 포탄이 목표물에 떨어질 때 터지도록 하는 신관을 달았는데, 이를 지관紙管이라 하였습니다.***

지관
첨류탄
4근산포

지관

화약
격목
공심착발환
12방 청동포

'금릉기기국'
12방 청동포
국립중앙박물관

4근 산포

*이재정(2022), 1860~70년대 조선의 砲架 제작과 메이지 일본 大砲 유입, 군사123호 133~172p
**『梧下記聞』二筆, 고종 31년 9월 / 김기윤 외(2022), 타임라인 M 1, 길찾기 128p /
『동학농민혁명자료총서』, 『수록』, 1894년 4월 초 7일 / 『동학농민혁명자료총서』, 『봉남일기』, 1894년 11월
***무위영각색군기완파별등록』軍器色

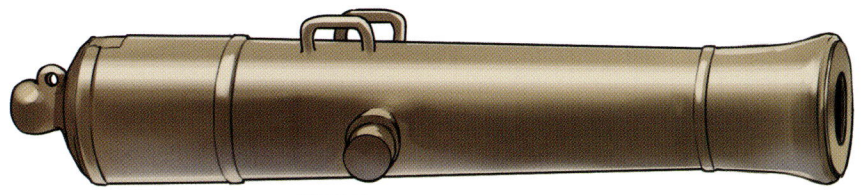

청동포신
국립중앙박물관

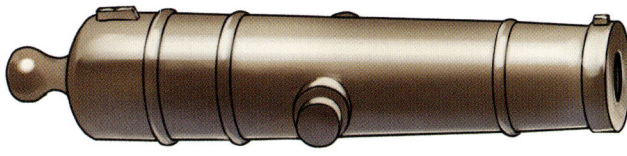

중포
국립중앙박물관

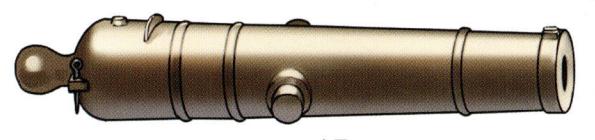

소포
국립고궁박물관

1874년의 대·중·소포

삼군부에서 아뢰기를,
"새로 만드는 군기 가운데 대포, 중포, 소포는 우선 만드는 대로 진무영鎭撫營과 영종, 인천, 통진에 나누어 보내겠습니다. 감히 아룁니다."
- 『승정원일기』 고종 11년(1874) 7월 17일

병인양요(1866)와 신미양요(1871)를 거치면서 강화도에 배치되었던 기존 화포의 무력함을 느낀 조선 조정은 당대의 서양식 화포와 유사한 새로운 화포를 요구하게 됩니다. 따라서 1872년 대포大砲와 장대포長大砲를 주조해 시험하는 동시에, 일본에서 대포 3문과 철환 300개를 밀수입하기도 합니다. 1873년에는 정식으로 일본에서 4근 산포의 수입을 타진합니다.*

1874년에는 대포, 중포中砲, 소포小砲 3종의 화포가 대량으로 주조되어 강화도와 인접지역의 포대들에 배치됩니다. 당시 주포소에서 인계된 화포 수량을 보면, 장대포 2문, 대포 3문, 중포 64문, 소포 47문이며, 『무기재고표』의 대한제국 각지에 배치된 대, 중, 소포 수량을 보면 중포가 74문, 소포가 89문으로, 짧은 시간동안 백수십여 문이 만들어지고, 배치되었음을 알 수 있습니다. 이들은 다수가 강화나 인접지역의 포대에 배치되었으며, 실제 덕진포 포대에서 중포, 소포가 발굴되기도 하였습니다.

현재까지 유물이 남아있는 중포와 소포를 보면, 중포는 구경이 120mm로 12방 청동포와 구경이 같으며, 소포는 84mm로 4근 산포와 같은 구경을 가졌습니다. 대포는 남아있는 유물이 없으나, 국립중앙박물관 소장 '청동포신'의 경우, 길이는 161cm, 구경은 140mm로 대포 혹은 장대포가 이 정도 크기였을 것으로 보입니다.

이들 대, 중, 소포가 어떤 탄약을 사용했는지는 알려진 바 없으나, 기존 총통과 큰 차이 없었을 것입니다. 명문을 보면, 소포는 화약 1근(640g), 중포는 화약 1근9냥(1000g)을 쓴다고 하며, 구경을 보면 소포는 2kg의 철환을, 중포는 5.4kg의 철환을 날렸을 것입니다.

소포

---

*『東萊府啓錄』, 7책 "則大砲三坐鳥銃二十五柄火藥二千五百斤大砲鐵丸三百箇…同治十一年三月初十日" / 이재정(2022), 1860~70년대 조선의 砲架 제작과 메이지 일본 大砲 유입, 군사123호 133~172p

개항기 화포의 부속장구

중, 소포의 포가

국립고궁박물관과 국립중앙박물관에는 중포, 소포를 거치했던 포가砲架가 남아 있는데, 그 생김새는 4근 산포의 포가나 12방 청동포의 것과 대동소이합니다. 좌우에 바퀴가 달려있고, 중앙에 긴 나무가 있고 상단에 포이를 끼울 수 있는 철물이 달렸습니다. 철물엔 경첩이 달려있어 비녀장을 뽑으면 열어서 포를 빼낼 수 있도록 되어 있으며, 뒤쪽엔 포의 상하각도를 조절할 수 있는 나사가 달렸습니다. 후미의 모양은 화포마다 차이가 꽤 나는데, 각각 쳇대, 전차前車를 걸거나 지레를 꽂아 움직일 수 있게 만들었습니다.

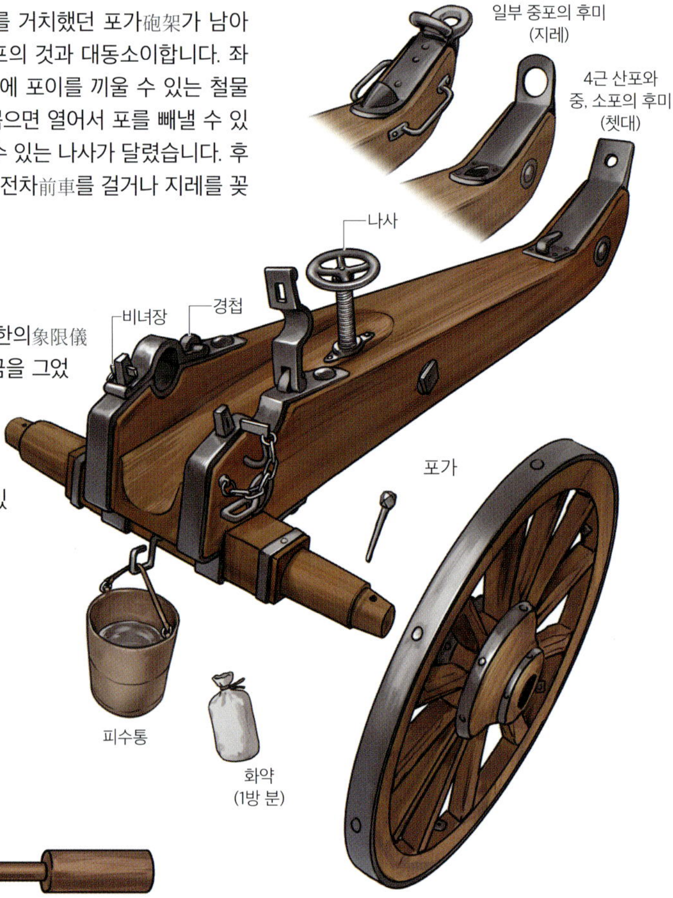

상한의

『해국도지』에는 화포의 각도를 측정하는 데 쓰는 상한의象限儀가 실려 있습니다. 상한의는 원을 360도로 나누어 금을 그었고, 포의 상하각도인 앙각仰角을 포구에 꽂아서 쟀습니다.

조선에서 이 상한의를 썼는지는 확실하지 않으나, 다른 무기를 개발할 때 『해국도지』를 참고한 사실이 있으므로 상한의도 그 존재는 알았을 것입니다.

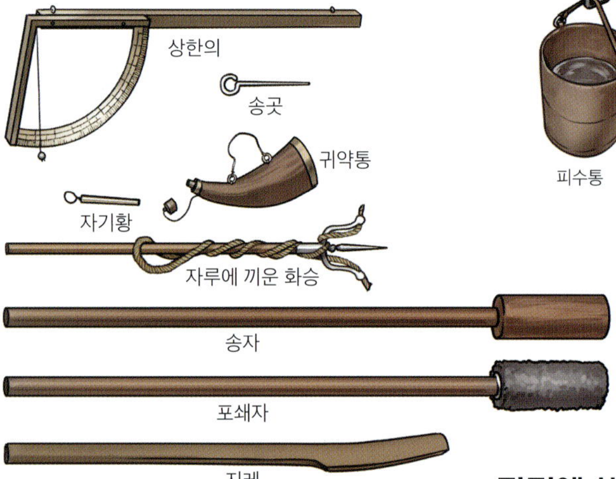

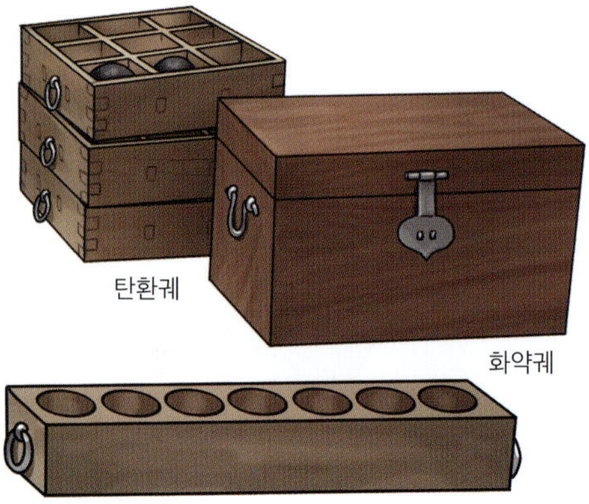

장전에 쓰는 부속장구

개항기의 화포도 총통처럼 포구로 화약과 포탄을 밀어 넣어 장전합니다. 다만 화약을 계량하는 대신 1방 분량의 화약을 천에 싸 놓고 그대로 넣으며, 약선혈에 송곳을 꽂아서 구멍을 내 씁니다.

조선의 경우에는 화포를 발사할 때 주로 약선을 썼지만, 서양은 약선혈에 귀약을 부어 쓰는 일이 많았습니다. 귀약을 쓰면 화승을 댔을 때 곧바로 화포가 발사되므로, 서양에서는 화승을 창이나 자루에 끼워서 멀찍이서 발사하였는데, 그 방식이 『해국도지』에도 그대로 실려 있습니다.

개항기에는 자기황自起磺을 쓰기도 하는데, 관 안에 인과 화약을 넣어서, 철사 고리를 잡아당기면 인이 마찰하여 불을 일으키는 관입니다. 보통 자기황에는 한쪽에는 고리, 한쪽에는 손잡이가 달린 끈인 방아끈을 걸어 당겨 발사했습니다.

화포를 쏘고 난 후에는 포쇄자砲刷子라는 솔에 피수통皮水桶의 물을 묻혀서 포를 식히고 불씨를 없앴습니다. 포를 좌우로 움직일 때는 취목橇木이라는 지레를 포가 후미에 꽂거나 좌우 아래편에 꽂아서 포를 움직였습니다.

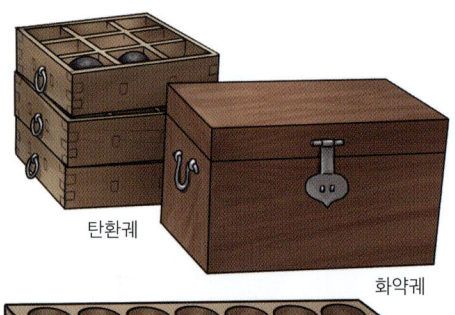

114 | 조선의 무비 · 장비편

개항기 화포의 사용법

산포의 운송

4근 산포는 산포山砲로, 도로 사정이 좋지 못하여 수레가 다니기 어려운 산간에서도 운용할 수 있도록 고안된 화포입니다. 따라서 산포는 모든 부속을 말이나 노새가 질 수 있는 무게로 분해할 수 있었고, 필요하면 등에 지고 다닐 수 있었습니다.

평탄한 지역에서는 굳이 등에 지고 다닐 필요가 없으므로, 따로 수레에 연결할 수 있게 만든 쳇대를 포가 후미의 철물에 연결하여 수레처럼 끌 수 있도록 했습니다.

4근 산포는 모두 쳇대를 연결할 수 있는 철물을 썼고 중, 소포도 쳇대를 연결할 수 있는 철물을 사용한 예가 많은데, 조선에서도 이런 운용을 하였는지, 혹은 용도를 모르고 따라 만들기만 한 것인지는 확실하지 않습니다.

야포의 운송

12방 청동포는 야포野砲로, 이동할 때 전차前車에 걸어 말이나 사람이 끌도록 한 화포입니다. 전차에는 중심에 걸쇠가 달려 포가 후미의 철물을 걸 수 있도록 했고, 포를 걸면 전차를 끌어 원하는 곳으로 이동했습니다. 원하는 곳에 다다르면 포를 들어 빼내고 발포하는 식으로 운영하였습니다.

대개 전차에는 탄약상자가 실려서 한 번 전투에서 쓸 정도의 탄약을 운송하는 역할도 겸하여 했습니다.

1 화약을 밀어 넣는다
2 탄환을 밀어 넣는다

3 송곳으로 약선혈을 찌르고 약선혈에 귀약을 붓는다
(혹은 자기황을 꽂는다)

개항기 화포의 장전

4근 산포, 12방 청동포, 대, 중, 소포 모두 포구로 화약과 탄환을 넣는 전장식 대포입니다. 이들을 장전하려면 먼저 포구로 화약을 넣어 송자로 밀어 넣고, 탄환도 마찬가지로 넣고 송자로 밀어야 합니다. 공심착발환과 첨류탄의 경우 미리 안에 화약을 넣고 지관을 꽂아서 준비해 놓아야 합니다.

이후에는 송곳으로 약선혈을 찔러서 화약을 싼 천에 구멍을 내고 약선혈에 귀약을 붓습니다. 혹은 자기황을 쓰는 경우 자기황을 꽂고 방아쇠를 단 경우에는 동화모를 꽂습니다.

개항기 화포의 발사

장전이 끝나면 조준하는데, 포에 달린 가늠자(가막쇠)와 가늠쇠(맑은쇠)로 조준을 하거나, 먼 거리를 쏘는 경우 포구에 상한의를 꽂아서 각도를 재서 정밀하게 조준하기도 합니다.

상하 각도를 조절하려면 포에 달린 나사를 돌려 높이고 낮추며, 좌우 각도는 포가 후미에 지레를 꽂거나 좌우에 지레를 끼워서 살짝씩 조절합니다.

이후에는 화승을 대서 귀약에 불을 붙여 발사하는데, 자기황을 꽂은 경우 자기황에 방아끈을 걸어서 당겨 발사합니다. 발사 이후에는 포쇄자를 포 앞에 달린 수통에 담갔다 빼고 포구 끝까지 넣었다 빼서 혹시나 남은 불씨를 끄고 화포를 식혀줍니다.

4 표적에 맞추어 포의 각도를 조절한다.

지레를 사용하여 좌우로 움직인다

5 준비가 되면 불을 붙여 발사한다
(자기황은 방아끈을 걸어 당긴다)

6 닦는다

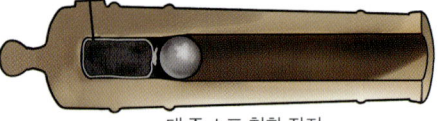

대,중,소포 철환 장전

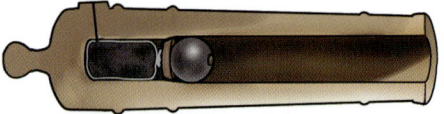

12방 청동포 공심착발환 장전

4근 산포 첨류탄 장전

구포

구포
국립중앙박물관

조선 부산포에서 오쿠라구미가 한인에게 구포를 매도하였지만, 그 발사 방법을 아는 이가 없어 …(중략)… (테이보함에) 타고 있던 사람들이 출장하여 탄알 장전의 순서부터 발사 방법 등을 친절하게 가르쳐 주었으므로 한인들도 크게 기뻐하고 6발의 시험 발사를 했다고 한다.
- 『사료 고종시대사』 9, 고종 16년(1879년) 8월 2일

구포臼砲는 서양에서 코온Coehorn이라 부르던 조선의 완구와 비슷한 포입니다. 조선에서는 개항 이후 1879년 일본에서 구매하고 그 사용법을 배워 동년 8월 28일 삼선평에서 시험 발사를 하기도 합니다. 이듬해엔 '신조 구포'를 시험 발사하는데, 조선에서 구포를 모방하여 만들기도 했던 모양입니다.*

구포의 부속장구

구포의 부속장구는 『구포기계여장방법』에 실려있는데, 화포에 넣는 화약은 흰 무명에 담아 체약體藥이라고 하였으며, 탄환은 공심환을 쓰고 지관을 박으며, 체약에 구멍을 내는데는 송곳을 쓰고, 포를 발사할 때는 약선혈에 자기황을 박아 방아끈을 걸어서 당겨 불을 일으켜 씁니다.*
이동할 때는 양쪽 고리에 긴 나무를 끼워서 2명이나 4명이 앞뒤에 붙어서 들고 옮겼습니다.

구포의 장전과 발사

먼저 발사할 거리에 맞는 양의 화약을 재서 체약에 넣고, 체약을 구포 안에 넣습니다. 그다음 공심환에 화약을 채우고 발사할 거리에 맞춰서 자른 지관을 공심환에 박고 틈을 밀랍과 기름으로 밀봉한 후, 십자로 자른 천으로 공심환을 받쳐서 구포에 넣습니다. 그다음 약선혈에 송곳을 찔러 체약에 구멍을 내고 자기황을 박으면 발사 준비가 끝납니다.
쏠 적에는 자기황의 고리에 방아끈을 걸어서 당기면 되며, 발사한 후에는 물을 적신 포쇄자로 닦아내서 혹여 불씨가 남아있지 않도록 합니다.

---

*『지각관청일기』 권6, 己卯八月二十八日 "點考設行後臼砲倭火箭回旋砲試放…" / 『지각관청일기』 권7, 庚辰四月二十四日 "新造臼砲鐵火箭一體試放事…"
**『구포기계여장방법』에는 자기황이 '이약동화모', 지관이 '木信管', 방아끈이 '挽控塗鉤'라 적혀 있으나, 다른 화포와의 통일성을 위해 명칭을 조정하였다.

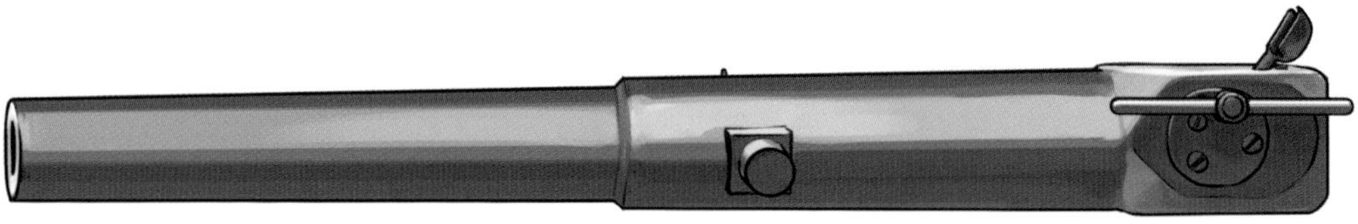

9cm 야포 포신

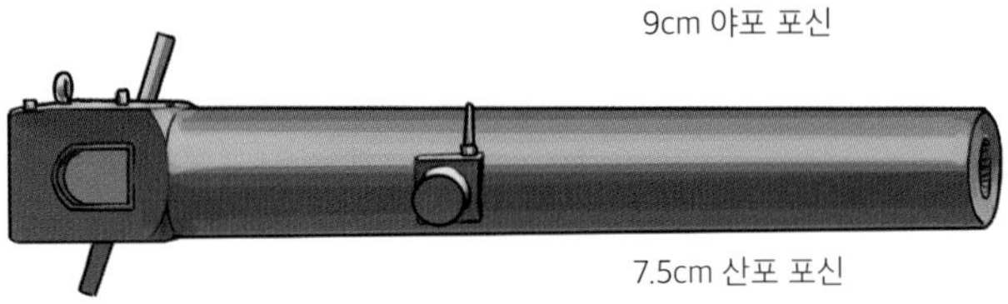

7.5cm 산포 포신

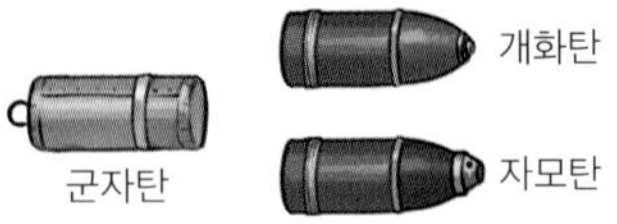

개화탄

자모탄

군자탄

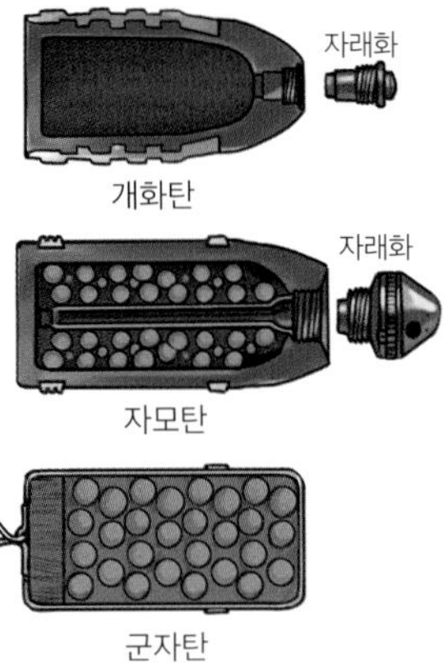

자래화

개화탄

자래화

자모탄

군자탄

크루프 포

"제 생각에 귀국은 산이 많고 험하므로, 대포가 있어도 운반하기 불편할 것이지만, 과산포過山砲(산포)의 경우는 불과 1마리 말에 실을 수 있고, 또 작은 차에 실을 수 있습니다. 또 후문後門이 있고 개화포開花砲가 있어 천보 바깥에도 닿을 수 있으니, 쓰기에 합당합니다."

- 『음청사(陰晴史)』 고종 19년(1882) 5월, 왕소운담초王筱雲談草

크루프 포, 조선에서는 극로백克虜伯이라 부른 이 무기는 독일 크루프 사가 만든 강철제 대포입니다. 조선에서는 1880년대 처음 접하였고, 1889년 홍콩에서 40파운드 대포 6문, 1890년 대포 6문, 1893년 산포 8문 등 20여 문 정도를 도입한 것이 확인됩니다.*
조선에서는 문헌 상으로 4근반포, 6근야포, 40파운드 대포 3종의 크루프 포를 사용하였던 것이 확인되는데,** 각각 포탄이 약 4.5kg인 7.5cm 산포와 약 6kg인 9cm 야포, 약 18kg(40파운드)인 12cm 요새포 3종의 크루프 포를 의미하는 것으로 보입니다.
유물로는 국립중앙박물관에 7.5cm 산포로 보이는 철제포신과 포가가 소장되어 있습니다. 해당 유물은 부식이 심하여 원형을 엿보기 어렵지만, 미국 육군 야전포병박물관에 같은 형식의 '광서21년'명 4파운드 산포가 온전히 소장되어 있습니다.

크루프 포의 포탄

쓰는 탄도 3종이 있으니, 하나는 개화탄이요, 둘은 자모탄이요, 셋은 군자탄이니, 견고한 곳에는 느리게 폭발하는 개화탄을 쓰고, 차폐가 된 곳에는 땅에 떨어지며 분산되는 자모탄을 쓰고, 적병이 모여있는 곳에는 공중에서 떨어지는 군자탄을 쓴다. 대개 신식전쟁에서 전군의 승패가 포병의 정함과 정하지 못함에 크게 달려있으니, 그 쓰임이 포탄에 달려있으리라.

- 『대한협회회보』 1909년 3월 25일, 병사교육의 개요

크루프 포는 화약을 담아서 목표물에 닿으면 터지는 개화탄開花彈, 탄환과 화약을 담아서 목표물 가까이 공중에서 터져 탄환을 뿌리는 자모탄子母彈, 조란환처럼 여러 탄환을 쏘는 군자탄群子彈 3종의 탄약을 사용했습니다. 개화탄과 자모탄은 사용할 때 자래화自來火라는 신관을 꽂아 원하는 곳에서 터지도록 하였습니다.

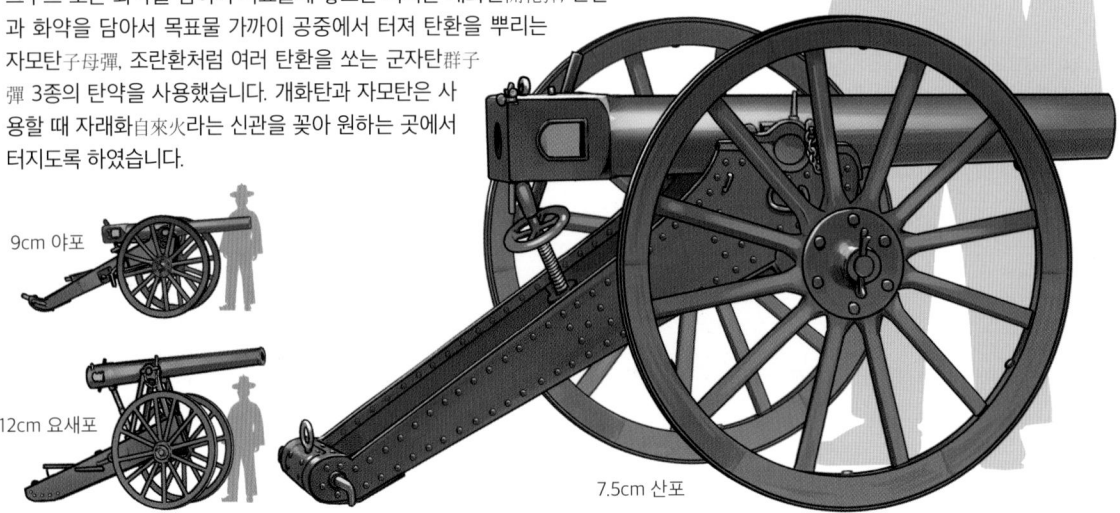

9cm 야포

12cm 요새포

7.5cm 산포

---

* 『프랑스외무부문서』 1889년 10월 18일, 미국인 군사교관과 미국 무기 수입 등에 관한 건 /
『구한국외교문서』 등9책, 992. 內務府가 註文한 大砲의 代價 支拂 要請, 고종 27년 윤2월 18일 /
『고종시대사』 3집, 고종 30년 4월 22일, 앞서 淸 總理交涉通商事宜 袁世凱에게 부탁하여…
** 『주한일본공사관기록』 1권, 명치 27년 5월 22일 / 같은 책, 명치 27년 6월 1일

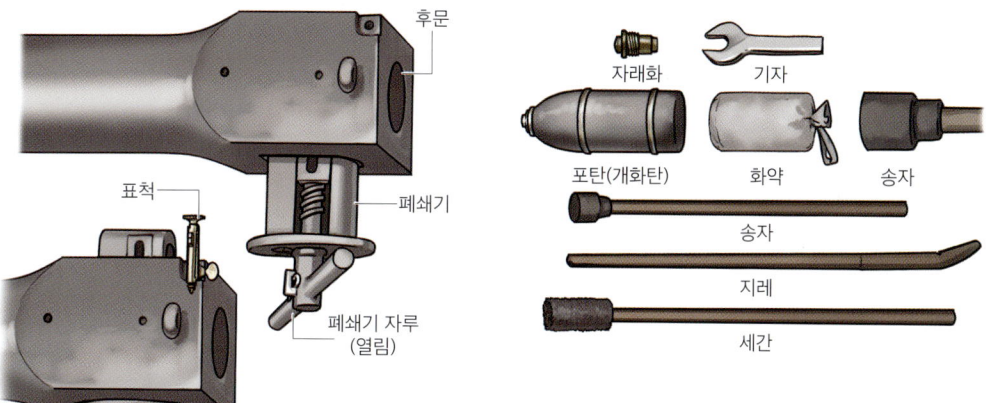

크루프 포의 부속장구

크루프 포를 다루려면 여러 가지 부속장구가 필요했습니다. 포탄 앞의 자래화는 기자起子를 사용하여 나사를 돌려서 꽂으며, 화약의 경우 1방 분량의 화약을 계량하여 자루에 담았습니다. 이 포탄과 화약을 포의 후문에 밀어 넣는 데에는 송자를 사용합니다. 포가의 후미에는 지레를 꽂아 좌우 각도를 조절하는 데 씁니다.

포탄과 화약을 포의 후문에 밀어 넣었으면 후문을 닫아야 하는데, 폐쇄기를 밀면 문이 닫히고, 폐쇄기 자루를 돌리면 폐쇄기가 잠겨 발사해도 되는 상태가 됩니다.

후문 오른편엔 수직으로 구멍이 나 있는데, 표척表尺을 꽂는 구멍입니다. 표척은 밀리미터가 표시된 자인데, 가늠자가 달려 총처럼 목표를 직접 보고 겨눌 수 있었습니다. 목표를 겨누기 전에 먼저 표척의 높이를 조절해야 했는데, 포의 화약량과 각도에 따른 사거리를 적시한 표인 포도표曬度表에 의해서 제원을 산출하고, 그를 바탕으로 표척을 조절하였습니다. 장애물에 가려 목표를 볼 수 없을 때는 상한의를 포신 위에 올려서 각도를 재어 조준하였습니다.

폐쇄기 앞쪽에는 약선혈이 있는데, 송곳으로 찔러 화약을 담은 천에 구멍을 내고 자기황을 꽂고 방아끈을 걸고 당겨서 발사합니다. 폐쇄기를 열었을 때 불씨가 남아있으면 세간洗桿이라는 솔에 양철수통의 물을 묻혀 닦았습니다.

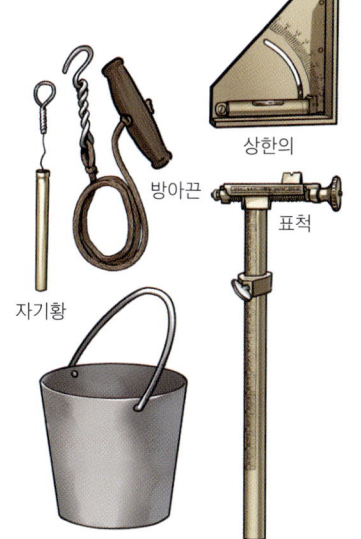

탄약차

크루프 야포의 경우 전차에 탄약이 실리긴 하지만, 여러 번 전투를 치르기에는 탄약상자의 탄약은 부족합니다. 따라서 별도로 탄약을 실은 수레인 탄약차를 두는데, 야포처럼 전차에 걸어 씁니다. 서구에서는 대개 야포 1문당 탄약차를 1대 두어 탄약을 보충해 주었습니다. 조선의 경우는 확실하지 않은데, 동학농민전쟁 당시 장위영은 대포 1문과 탄약차 1대를 같이 내려보낸 점을 보면, 서구의 경우와 비슷했을 것으로 보입니다.•

산포의 경우 별도의 탄약차 없이 말의 등에 실을 수 있는 탄약상자를 두어 탄약을 운송하였습니다.

•『주한일본공사관기록』 1권, 명치 27년(1894) 5월 22일

말 4~6마리
야포 운송

크루프 포의 사용법

크루프 포의 운송

크루프 포에도 야포와 산포, 요새포의 구분이 있는데, 야포와 요새포는 전차에 걸어 운송하는 방식이 쓰였습니다. 크루프 야포에는 전차의 탄약상자 위와 포의 좌우에 의자가 있어서 앉아서 타고 갈 수 있었습니다. 요새포의 경우 무겁기 때문에 타고 움직이지는 못했을 것입니다. 산포의 경우 쳇대를 연결할 수 있었고, 평지에서는 쳇대를 연결해 수레처럼 끌었고, 산에선 분해해서 등짐으로 운송하였습니다.

크루프 포의 운용인원

크루프 포와 후술할 회선포를 쓰기 위해서는 포목砲目 혹은 십장什長이라는 지휘자와 6명의 포수가 필요합니다. 여기에 장교인 교장敎長, 정찰을 하는 후병候兵, 밥 짓고 잡일을 담당하는 화병火兵을 대교로 편성해 1문의 포를 담당했고, 대 여럿으로 포대砲隊를 편성하여 군영 아래 두었습니다.*

크루프 포를 쏠 때 포목은 포도표를 지니고 포와 공격할 곳 사이의 거리를 얻어 포도표에 의해 계산하고 명령하는 역할을 합니다.

포수는 1번에서 6번까지의 번호가 부여되며, 예비인 6번을 제외하면 각각 할 일이 있습니다. 1번은 자기황과 방아끈, 송곳을 지녀서 포를 발사할 때 쓰며, 2번은 후문을 여닫는 역할, 3번은 송자를 들고 포탄과 화약을 밀어 넣는 역할, 4번, 5번은 포탄에 자래화를 꽂으며, 피합皮盒에 넣어서 가져가 후문에 포탄과 화약을 넣는 역할을 합니다.**

★ - 포목
❶~❻ - 1번~6번 포수

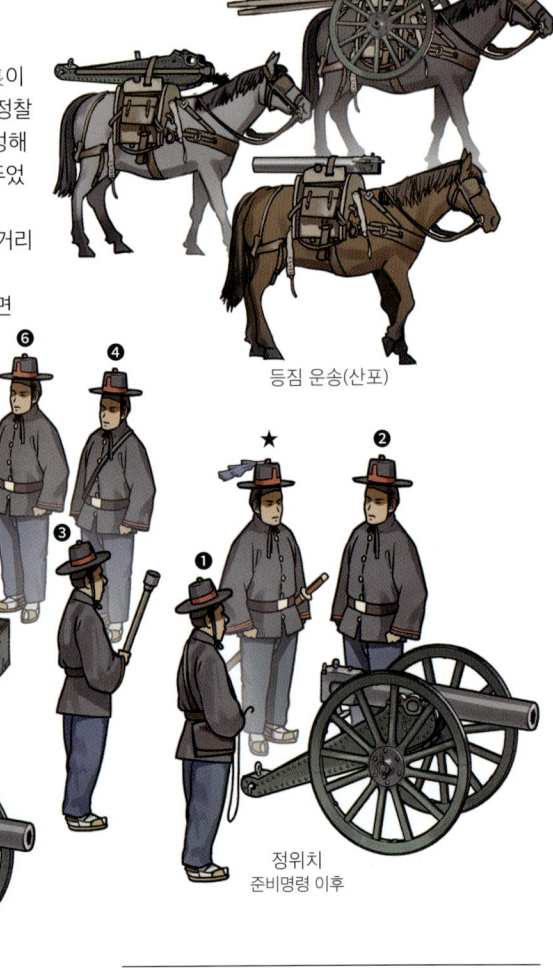

차량 운송(산포)

등짐 운송(산포)

예비용포 대형
준비명령 이전

정위치
준비명령 이후

*『양호우선봉일기』 2, 前壯衛營出陣軍案 砲隊 / 『양호초토등록』 光緒 二十年五月十九日 承政院 開拆 "營砲隊一隊回旋砲一坐"
**이하의 사격방식은 『극로백포설』을 요약한 내용이다.

❻은 예비인원이므로 생략함

준비

"용개화탄(개화탄을 쓰라), 향좌(왼쪽을 향하라) (혹은 향전,향우), 일천육백매당(1600m)" 명령
★ - 포도표를 보고 제원을 산출하고 명한다.

"표척62초(표척 62mm) 편좌3푼(좌측으로 3도)"
❶, ❷ - 앞을 향해 1걸음 가고 포를 향해 달려간다.
❷ - 폐쇄기 자루를 돌려 잠금을 풀고 당겨 연다.
❸ - 포가 후미에 지레를 끼워 좌우를 조절한다.
❹ - 포탄에 자래화를 꽂아 준비한다.

장전

"과탄약裹彈藥(탄약을 재우라)" 명령
❹ - 즉시 포 후문으로 달려가 포탄을 넣는다.
(왼손은 포탄 옆, 오른손은 포탄 아래를 받친다)
❸ - 송자로 포탄을 밀어 넣는다.
❹ - 요합에서 화약을 꺼내 포 후문에 넣는다.
❷ - 폐쇄기를 밀어 닫고 자루를 좌로 돌려 잠근다.
❶ - 약혈에 침을 꽂았다 빼고 자기황을 꽂는다.
❺ - 그동안 다음번 포탄을 준비한다.

조준

"정방향定方向(방향을 바르게 하라)" 명령
❶ - 자기황에 방아끈을 걸어 당길 준비를 한다.
❷ - 표척을 써서 앞에서 말한 제원대로 조준한다.
❸ - 지레로 포의 방향을 조정한다.
(❷의 오른손이 가리키는 방향으로 움직인다)
나머지는 모두 정위치하며, ❶, ❷는 포탄이 목표에 잘 떨어지는지 보고 있어야 한다. 혹은 후병을 따로 두어 관측을 전담하게 한 예도 있다.

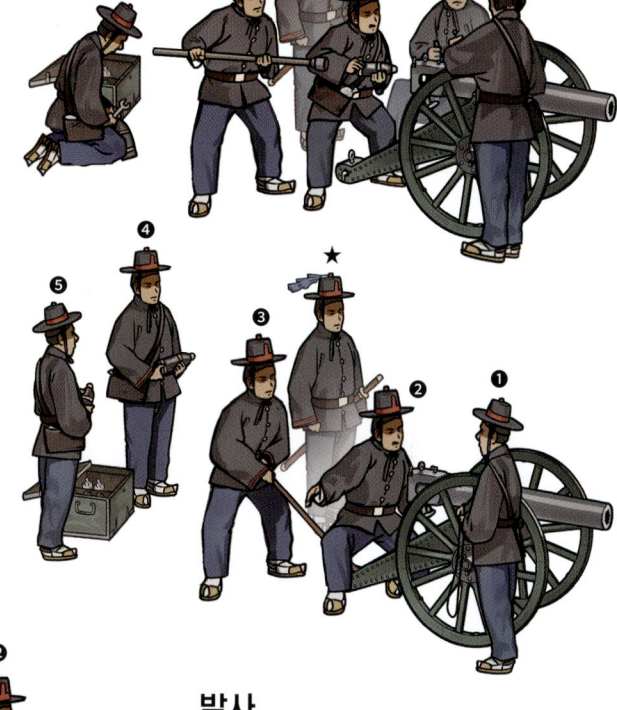

발사

"개방開放(놓으라)" 명령
❶ - 방아끈을 당겨 포를 발사한다.
❶, ❷ - 포로 즉시 달려가 포를 원위치시킨다.
★ - 형세를 살펴 다음 제원을 조정한다.

대형화기 | 121

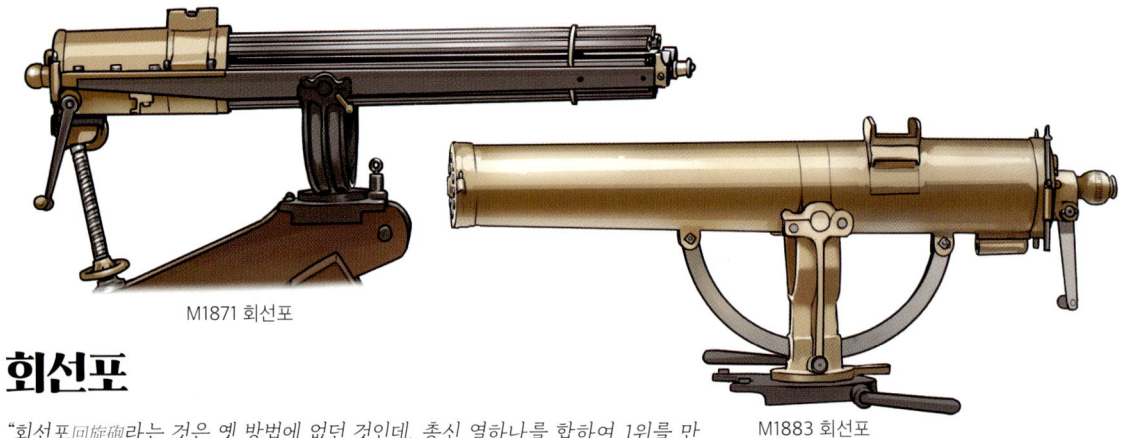

M1871 회선포

회선포

"회선포回旋砲라는 것은 옛 방법에 없던 것인데, 총신 열하나를 합하여 1위를 만들어 수레 위에 싣고 그 총신 뒤에서 장전하여 쏘며 그 기계를 씨아처럼 돌리되, …(중략)… 탄환을 넣는데 그 수를 한정하지 않고 총통 뒤에서 손으로 넣어 끊임없이 연속하니, 그 제도가 매우 공교하여 과연 적을 막는 좋은 기계입니다."
- 『승정원일기』 고종 13년(1876) 2월 6일

M1883 회선포

M1883 탄창

회선포回旋砲는 미국의 리처드 조던 개틀링이 개발한 개틀링 기관총을 말합니다. 조선에서는 강화도 조약 당시 회선포 2문이 양도된 것을 처음으로, 1885년 6문, 1892년에는 20문을 도입하였으며, 같은 해 장위영 정령관 홍계훈에 의하여 '쌍신회선포雙身回旋砲'라는 새로운 회선포가 제작되기도 합니다.*

회선포는 당시의 일반적인 총이 한 번 쏘면 재장전해야 하는 것에 비해 탄창을 집어넣고 손잡이를 돌리면 빠르게 총을 발사할 수 있어 높은 평가를 받았고, 동학농민전쟁에서도 경군과 동학군 모두 사용하였습니다.

1876년 당시 양도된 2문의 개틀링은 십혈총十穴銃이라는 별칭을 가졌던 것으로 보아 M1871 개틀링 건이었던 것으로 추정되며, 이후에 수입된 것은 미 육군에서 쓰였던 M1883 개틀링 건이었습니다. M1883은 현재까지 살아남아 국립중앙박물관에 하나가 소장되어 있습니다.

M1871 탄창

1.6m

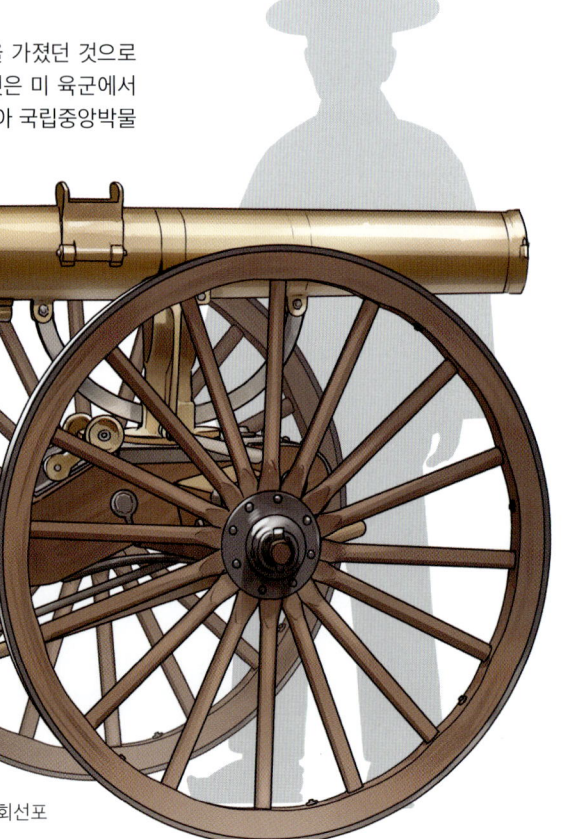

의자

지레

M1883 회선포

*김기윤 외(2022), 타임라인 M 1, 길찾기 116~117p / 『충의공가장(忠毅公家狀)』

회선포의 사용법

회선포에는 탄창을 꽂고 움직이지 않게 잠그는 탄창 고정쇠, 잡고 돌려서 총을 발사하는 손잡이, 눈으로 보고 조준할 수 있게 만든 표척이 달렸습니다. 회선포의 경우 야드로 표시됩니다.

좌우에는 포이가 있고 정철이 달려 상하좌우로 쉽게 각도를 조절할 수 있었는데, 회선포를 발사하려면 손잡이를 돌려야 했으므로, 흔들리지 않게 쏘기 전 고정해야 했습니다. 따라서 조준을 마치면 상하각도, 좌우각도 고정쇠를 꺾어서 회선포가 움직이지 않도록 한 후 발사해야 합니다.

또 잠금쇠가 있는데, 이는 이동할 때 회선포가 좌우로 흔들리지 않도록 잡아주는 역할을 합니다.

탄약차

크루프 포처럼 회선포도 탄약차가 사용되었습니다. 1892년 미국에서 20문의 회선포를 수입할 때, 인천항에서는 25대의 수레를 통관시킨 기록이 남아있어 회선포용 탄약차도 같이 수입되었음을 짐작할 수 있습니다. 4문당 1대의 탄약차가 붙었던 것으로 보이나, 동학농민전쟁 때는 회선포를 1, 2문씩 나누어서 운용했기 때문에 따로 탄약차가 쓰인 기록을 찾을 수는 없습니다.*

회선포에는 당시 미군에서 쓰였던 탄약차를 그대로 썼을 것으로 보이는데, 전차에 싣는 탄약상자와 같은 탄약상자를 2개 싣는 간단한 형태를 가졌고, 예비 바퀴도 하나 달려있어 바퀴가 부서지면 교체할 수 있었습니다.

회선포의 운송

회선포는 당시 일반적인 야포와 같이 전차를 두어서 4~6마리 정도의 말이 끄는 방식으로 운송하였습니다. 운송 시에는 탄창을 빼고 운용 인원은 전차에 타거나 말에 타고, 혹은 걸어서 이동했습니다.

*『사료 고종시대사』 16, 고종 29년(1892) 1월 24일

❻은 예비인원이므로 생략함

간격 10야드(9m)

준비

"거리~야드(Range~yards) 조종 동작(Traversing motion) 준비(Action)" 명령
- ❶ - "준비" 라 외친다
- ❶ - 의자에 앉아 잠금을 풀고 모두 잘 작동하는지 확인하고 거리대로 표척을 조절한다.
- ❷ - ❹에게 탄창을 받아 ❸에게 전달한다.
- ❸ - 드럼을 회선포에 꽂는다.
- ❹ - ❺에게 탄창을 받아 ❷에게 전달한다.
- ❺ - 전차의 탄약상자를 열고 탄창을 빼서 ❹에게 전달한다

조준

- ❶ - 좌석에 앉아서 조준하며, "포 오른쪽 / 왼쪽" "멈춰" 라 외친다.
- ❷ - 포가 후미의 방향을 조정한다(❶이 지시하는 방향으로 움직인다).
끝나면 모두 정위치한다.

잠금쇠 풀기 각도 교정

발사

"사격 개시(Commence firing)" 명령
- ❶ - 손잡이를 돌려 발사한다.
- ❸ - 탄창에 든 탄자를 다 발사하면 "탄창"이라 외친다.
- ❸ - 빈 탄창을 ❷에게 전달하고 새 탄창을 받아와 꽂는다.
- ❷ - ❸에게 빈 탄창을 받고 새 탄창을 전달한다.
- ❹ - ❷에게 빈 탄창을 받고 새 탄창을 전달한다.
- ❺ - ❹에게 빈 탄창을 받고 탄약상자의 새 탄창을 전달한다.

"사격 중지(Cease firing)" 명령
- ❶ - "사격 중지"라 외친다
사용한 탄창은 탄약상자로 보내고 모두 '사격 준비' 대형으로 돌아간다(사용 중인 탄창은 가능하면 다 발사하는 것이 좋다).

*『Handbook for the 0.45-inch Gatling gun for land service』, War office, 1880년. 내용을 일부 요약, 수정하였음.

05 기타 화약무기

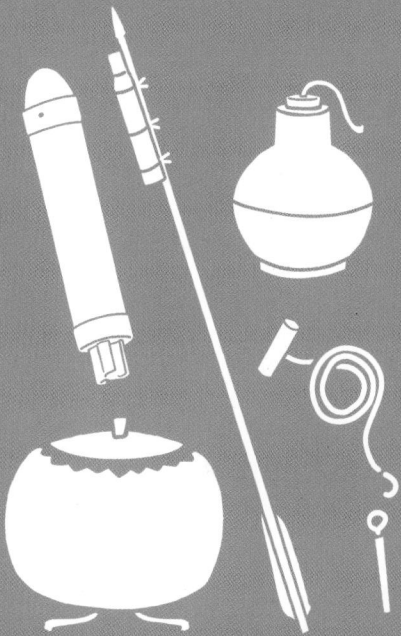

폭탄류
매화법
수뢰포
자모포와 비몽포
분통과 이화통
신기전
철화전

폭탄류

산화포통과 질려포통

산화포통散火砲筒은 나무 통 안에 화약을 넣고, 지화통과 소발화통을 연결한 지화소발화구를 넣고, 남은 부분에 쑥잎을 채운 폭탄입니다. 이들이 터질 때에는 사방으로 불이 흩어지는 형상이었기 때문에, 산화散火라는 이름이 붙었습니다. 안에 질려蒺藜, 즉 마름쇠를 넣은 것은 질려포통蒺藜砲筒이라 하였는데, 땅에 매설해 놓고 터뜨리거나, 성벽이나 배 위에서 던져 불을 일으키고 마름쇠를 흩뿌리는 용도로 쓰였습니다.

질려포는 최무선의 졸기에 이미 언급되는 것으로 보아, 1377년 화통도감 설치 때 이미 만들어지기 시작하였던 것으로 보입니다. 조선 후기에는 매화법에 쓰는 산화포통은 목통木桶, 수군에서 쓰는 질려포통은 와관瓦棺이라 부르기도 하였습니다.*

질려포통, 산화포통도 대, 중, 소의 구분이 있었는데, 『화포식언해』에 따르면 대질려포통은 화약이 5냥(200g), 지화소발화가 81개, 마름쇠는 30개 들어가고, 중질려포통은 화약이 3냥(120g), 지화소발화가 30개, 마름쇠는 10개 들어가며, 소질려포통은 화약이 2냥(80g), 지화소발화가 15개, 마름쇠는 10개 들어갑니다.
대, 중, 소산화포통도 같은데, 다만 마름쇠가 없을 뿐입니다.

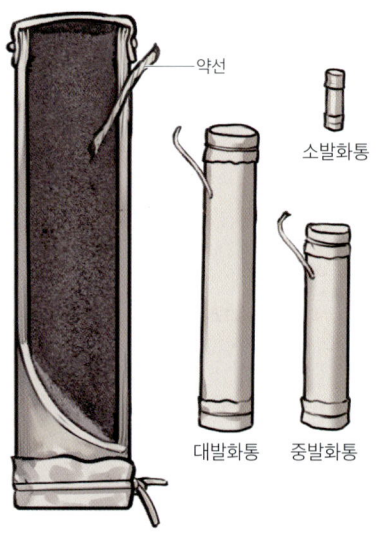

발화통

발화통發火筒은 종이로 만든 폭탄으로, 대발화통은 화약이 3냥(120g), 중발화통은 2냥(80g), 소발화통은 1돈(4g) 들어갑니다. 또 지화통地火筒이 있는데, 화약이 1냥1돈(44g) 들어가는 로켓입니다. 이 지화통과 소발화통을 연결한 것을 지화소발화地火小發火라고 합니다.
이들은 모두 조선 초기부터 쓰였으며, 성벽이나 배 위에서 던져서 불을 내거나 혼란을 일으키는 용도, 혹은 불꽃놀이에 쓰였습니다.

쇄마탄

"쇄마탄. 매방에 화약을 12냥 넣는다. 요해처에 숨겨서 약선을 연결해 터뜨리거나, 혹은 성 위에서 불을 붙여 바깥으로 던진다."
– 『강도지(1696)』, 군기軍器

쇄마탄碎磨彈은 철로 몸체를 만든 폭탄으로, 화약을 12냥(480g) 혹은 13냥(520g) 넣고 튀어나온 꼭지에 약선혈을 낸 격목을 꽂아서 필요할 때 불을 붙여 터뜨립니다. 보통 중요한 위치에 매설하고 약선을 연결해 폭파하지만, 불을 붙여서 던지기도 했다고 합니다.

쇄마탄은 『화포식언해』에도 나오기 때문에, 늦어도 1635년부터는 쓰였고, 주로 수성을 위한 무기로 여겨져 1696년 강화도는 51개, 1847년 남한산성은 1,996개의 쇄마탄을 보유하였습니다.**

---

*목통은 『융원필비』, 와관은 『병학지남연의』 수조정식의 표현이다.
**『고사신서』, 火砲制 在南漢, 碎磨彈 "鑄水鐵體圓有項." / 『병와전서 강도지』, 軍器 / 『중정남한지』 권2, 軍器 碎磨彈
***해당 유물은 '호형철포환'이라는 이름으로 소장되어 있다.

매화법

> "매화법의 사용은 설령 전멸시키려는 계획이었다고 하여도 어찌 무고하게 죽는 사람들을 염두에 두지 않겠는가? 이것은 진실로 만부득이 사용해야지 결코 경솔히 사용해서는 안된다.
>
> - 『융원필비』 매화법

매화법埋火法은 『융원필비(1813)』에 나오는 산화포통, 진천뢰, 신기전, 불랑기 자포 등의 화약무기를 매설하여 먼 거리에서 폭파하는 기술입니다. 먼 거리까지 불을 전달하는 데는 줄을 따라서 왕복하는 로켓인 거래주화去來走火를 사용하였고, 가까운 거리는 대나무 통에 약선을 넣고 매설하여 썼습니다. 매화법은 18세기 후반 자주 시행되어 「득중정어사도」 등의 회화에서도 그 모습을 확인할 수 있으며, 그 이전에는 '매화법'이라는 이름은 없지만 거래주화나 폭탄을 매설하여 몰래 폭파시키는 기술이 존재했습니다. 17세기 초반에는 지뢰포地雷砲라는 무기가 쓰였는데, 땅속에 폭탄과 화승을 묻어서 연이어 터뜨리는 점에서 매화법과 그 쓰임이 비슷합니다.*

1612년에는 파진포破陣砲가 개발되는데, 아륜철牙輪鐵이라는 쇠바퀴와 부싯돌이 마찰하면서 불을 일으키는 원리가 쓰입니다. 불을 붙이지 않고도 불이 일어나기 때문에 후대의 것보다 더 나은 점이 있으나, 이후에는 쓰인 예를 찾기는 어렵습니다.**

거래주화

거래주화를 쓰기 위해선 먼저 불을 붙이고 싶은 지점과 본인이 서 있는 지점에 기둥을 설치하여 노끈을 묶고, 아래에는 판자를 두고 화약을 쌓아서 약선을 연결합니다. 거래주화는 대나무통 3개를 묶어 만드는데, 하나는 양쪽을 다 뚫어서 노끈에 걸고, 두 개는 한쪽만 뚫고 화약을 채워 신기전처럼 만듭니다. 둘을 반대로 두고 약선으로 연결하여 하나가 다 타면 반대쪽으로 돌아오도록 하는데, 갔다가 돌아오기 때문에 거래去來라는 이름이 붙었습니다.

거래주화는 『화포식언해』에도 진천뢰를 터뜨릴 때 주화를 연결해서 쓰거나 약선을 연결하라는 식으로 언급되며, 『용재총화(1525)』의 관화觀火(불놀이)에 대한 서술에서도 사용을 확인할 수 있어, 조선 초기부터 쓰인 듯합니다.

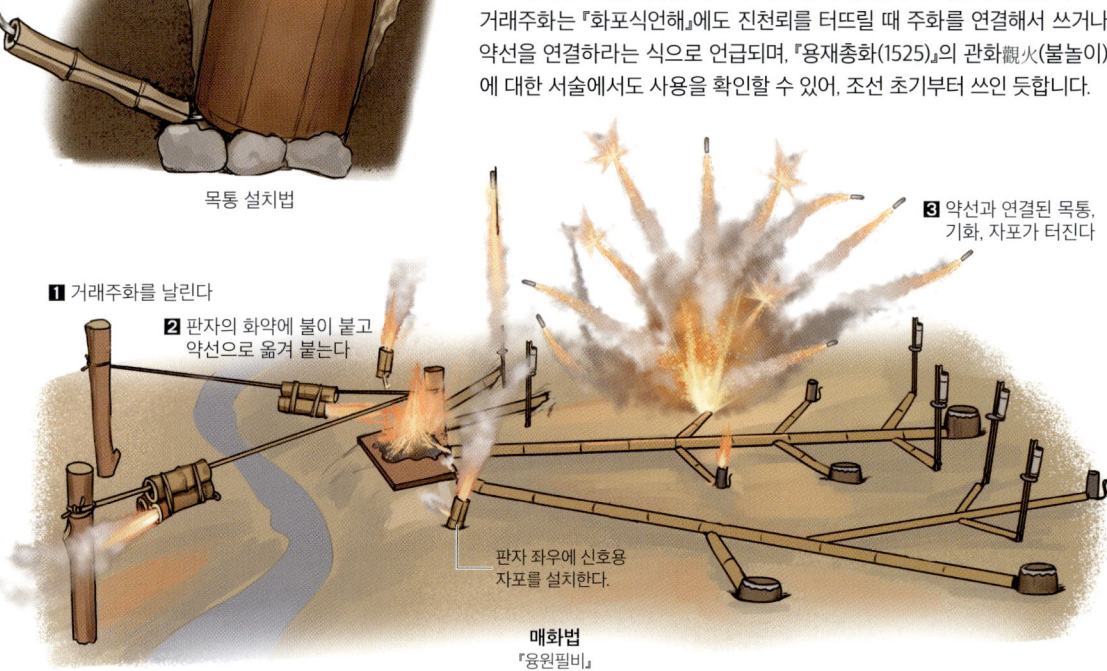

매화법
『융원필비』

---

* 『선조실록』, 선조 31년(1598) 6월 19일 / 『인조실록』, 인조 3년(1625) 3월 7일 / 『인조실록』, 인조 5년(1627) 6월 10일
** 『광해군일기』, 광해군 4년(1612) 11월 12일

공선수뢰

공선수뢰攻船水雷 혹은 수뢰포水雷砲는, 수중에서 터지는 폭탄입니다. 1866년 병인양요 이후 서양의 선박을 막기 위해 개발한 무기로써, 1867년 『해국도지』의 도설에 의거하여 만들어 시험, 배치되었습니다.* 대한제국 시기 작성된 『무기재고표』에 의하면 경기도에 18좌가 배치되었다고 하니, 당시 강화도 인근의 방비에 쓰였던 것으로 보입니다.

『훈국신조군기도설』에 따르면, 공선수뢰에는 화약이 120근(77kg) 들어가는 작은 것과 180근(115kg)의 들어가는 큰 것이 있었는데, 크기만 다를 뿐 생김새는 대동소이합니다. 크게 화약을 넣는 몸체인 독櫝, 부력을 내는 부구浮毬, 납으로 된 추인 연철추鉛鐵墜가 있는데, 연철추는 6~7근의 무게를, 부구는 12~13근의 부력을 가지게 해 평형을 맞추었다고 합니다.**

독 안은 3개의 공간으로 나뉘는데, 양편은 화약이 들어가는 부분이고, 중앙은 불을 일으키는 장치인 기괄機括이 들어갑니다. 기괄을 작동시키려면 먼저 독 바깥쪽과 연결된 마개인 호개護蓋의 나무 마개를 뽑아 관으로 물이 들어가게 하는데, 관으로 물이 들어가면 가죽으로 부풀게 만든 통인 수고水鼓가 부풀어 오릅니다. 수구가 부풀어 오르면 수구와 연결된 강기판扛機板이 움직였으며, 강기판은 화상火床에 달린 탄조彈條를 당기게 됩니다. 수고에 물이 차면, 탄조가 풀려 동화모를 쳐 불을 일으키게 됩니다.

1873년과 이듬해, 대원군의 정적이었던 민자영과 민씨 척족인 민승호에 대한 폭탄 공격이 있었는데, 상자를 열자 폭발하였다는 증언을 보아 상기한 폭파기술이 활용되었을 가능성이 높습니다.

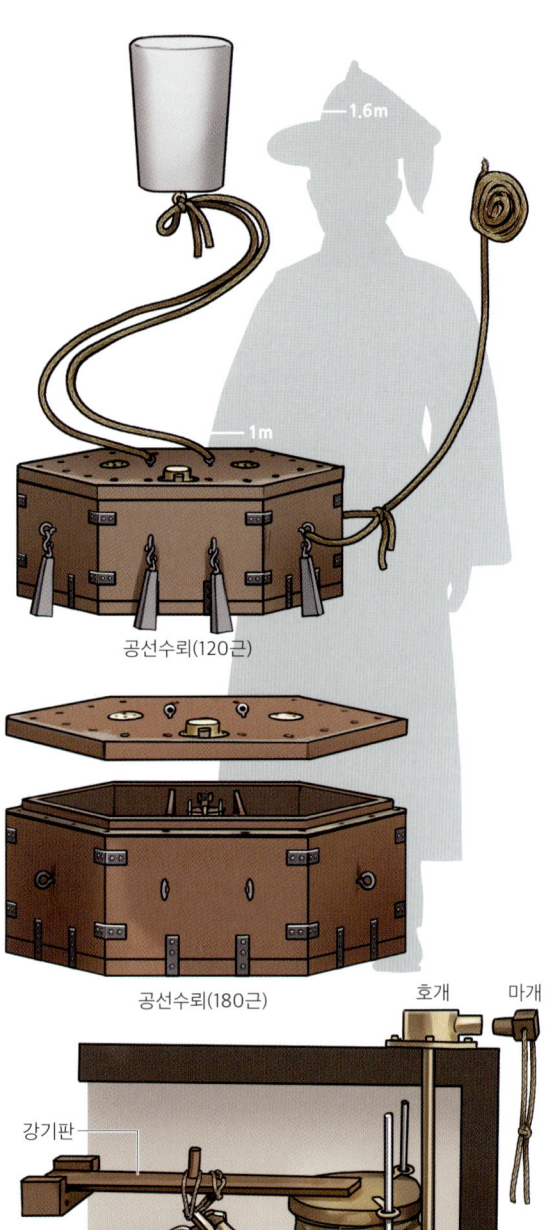

공선수뢰(120근)

공선수뢰(180근)

호개 마개

강기판

탄조

불 나오는 곳 동화모 수고

공선수뢰의 사용법

공선수뢰를 사용하기 위해선 먼저 잠수부가 목표물로 수뢰를 가지고 가야 합니다. 부구의 경우 풀이나 불에 탄 판자로 위장했으며, 독에 달린 끈을 당겨 견인했습니다. 목표물에 다다르면 잠수부는 끈을 목표 선박의 닻줄에 묶은 후 호개의 마개를 뽑고 도망치며, 수뢰는 5~6분의 시간이 지난 후 폭발했다고 합니다.

풀이나 판자로 위장

1. 공선수뢰를 끌고 이동한다
2. 공선수뢰를 닻줄에 묶는다
3. 마개를 뽑고 도망친다

*『승정원일기』 고종 4년(1867) 9월 11일
**이하의 내용은 『훈국신조군기도설』, 攻船水雷의 내용을 참고하였다.

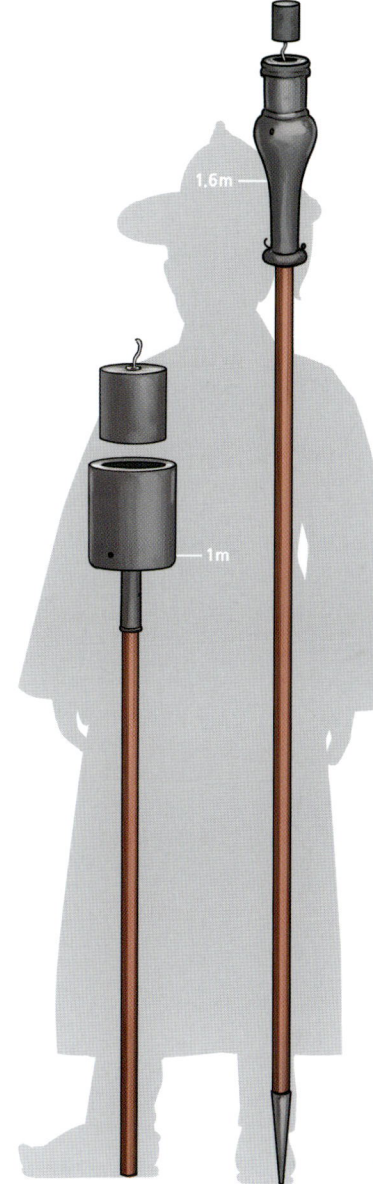

자포
『기효신서』

류성룡의 자포
『서애선생문집』

종이 / 뚜껑쇠 / 대나무통

자포
『기효신서』

비몽포
국립중앙박물관

자모포와 비몽포

자모포

"이 포의 제원을 살펴보면 우리나라의 비격진천뢰와 아주 닮았다. 비격진천뢰는 밤에 적진을 교란시키기에 가장 좋다."
- 『서애선생 별집』 제4권, 잡저 자모포

자모포子母砲는 진천뢰와 유사하게 터지도록 만든 자포와 자포를 발사하는 모포로 구성되어 있는 화포입니다. 조선에서는 1596년경 명나라군이 가져와서 사용한 것이 처음이며, 얼마 지나지 않아 군기시 주부 이자해가 비격진천뢰의 구조를 참작한 새로운 자모포를 만들었다고 합니다.* 조선에서 만들어지기까지 한 화포지만, 이후로는 달리 쓰인 기록이 없어 잊혀진 듯합니다.

『기효신서』에 실린 명군의 자모포 자포는 나사처럼 홈을 판 목곡을 종이에 싼 형태지만, 『서애선생 별집』에 실린 조선의 자포는 조금 더 컸으며 비격진천뢰와 같이 목신을 대나무통에 넣었고 뚜껑쇠가 있었다고 합니다. 이 자모포의 크기는 정확히 알려진 바 없지만, 『서애선생 별집』에 따르면 자포의 크기가 비격진천뢰의 3분의 2나 4분의 3쯤 되었다고 하니, 직경이나 길이가 13~15cm정도 되었던 것 같습니다.

비몽포

비몽포飛礞砲는 자모포와 유사하게 모포와 자포로 구성되어 있으나, 자포에 독약과 화약을 담아 발사하는 무기입니다. 『융원필비(1813)』에 그 구조가 실려 있으며, 포의 크기는 작은 편이지만 자포가 터지면 인마가 순식간에 죽는다고 되어 있어 그 위력을 짐작할 수 있습니다. 비몽포는 현재 국립중앙박물관에 한 점이 소장되어 있습니다.

자모포, 비몽포의 장전과 발사

자모포와 비몽포 모두 장전할 때 먼저 화약을 넣어 다지고, 토격을 넣어 다진 후, 자포를 넣었을 것으로 보입니다. 쏠 때는 자포에 먼저 불을 붙인 후 모포에 불을 붙여 쏘았습니다. 비몽포의 경우 자포에 불을 붙이는 과정은 생략되었는데, 자포의 약선을 안쪽으로 두어 발사할 때의 화염으로 불을 붙인 것으로 보입니다.

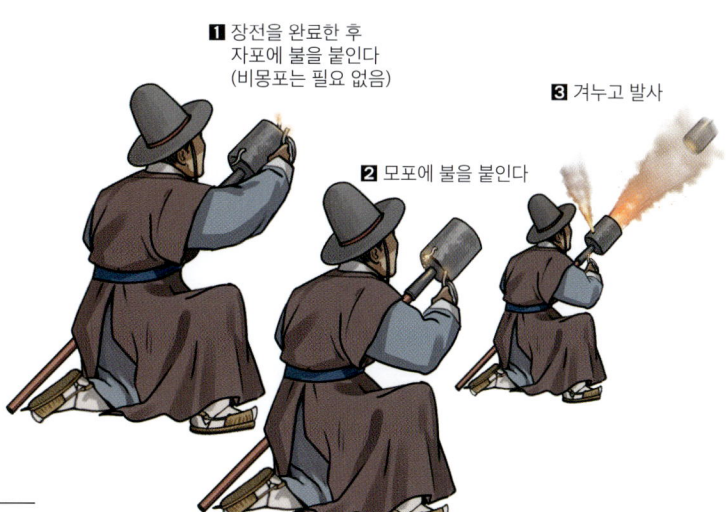

1 장전을 완료한 후 자포에 불을 붙인다 (비몽포는 필요 없음)
2 모포에 불을 붙인다
3 겨누고 발사

*『선조실록』 선조 29년(1596) 11월 17일 / 『서애선생문집』 제16권, 雜著 記火砲之始 / 『서애선생 별집』 제4권, 雜著 子母砲

간이 폭탄

목사(김시민)는 적이 솔가지를 많이 쌓은 것이 성을 넘으려 함이며 대나무 엮은 것으로 앞을 막은 것은 성에 맞닿으려 함인 줄을 눈치채고 불 지를 도구를 미리 준비하되, 나무가 젖어 태우기 어려울 것을 염려하여 종이에다 화약을 싸서 묶은 마른 섶 속에 넣어서 성 밖으로 던져 솔가지를 태울 준비를 하였습니다.
- 『난중잡록』 권2, 임진년(1592) 10월 10일

조선시대에도 쓸 만한 화약무기가 부재한 경우나, 불을 지르기 위해서 화약과 함께 주변에서 쉽게 구할 수 있는 재료로 간이 폭탄을 만들어 쓰기도 했습니다.
1592년 진주성 전투에서는 성 밖에 쌓아둔 소나무 가지에 불을 내기 위하여 화약을 종이에 싸고 마른 나뭇가지들 안에 넣고 묶어서 던지기도 하였고, 1812년 정주성 전투에서도 관군과 반군을 가리지 않고 화약을 담은 궤짝, 화약을 담은 죽통, 화약 주머니로 싼 화살 등 다양한 폭발물을 현장에서 만들어 사용했습니다.*

찬혈비사신무통

찬혈비사신무통鑽穴飛砂神霧筒은 『융원필비(1813)』에 실린 일종의 화학무기로, 물에 닿으면 끓어오르는 특성이 있는 석회와 주사走砂, 유황硫黃, 초오草烏 등 각종 독약을 섞어 졸인 가루인 신사神砂를 사용합니다. 이것이 신체로 들어가면 피가 흘러나오고 정신이 혼미해지며, 눈이 멀어 땅에 엎어지게 되었다고 합니다.

가까운 거리에서는 이 신사를 가죽자루에 넣어 손등에 묶고 가지고 다니다 바람을 잘 맞으면 바람을 따라 날렸다고 하며, 성벽 밖 멀리 있는 적을 칠 때는 죽통에 넣어 순풍을 만나면 발사하였다고 합니다. 이를 사용하면 10리(4km) 떨어진 거리에서도 정신을 혼미하게 할 수 있었다고 하며, 적이 혼란한 틈을 타 공격하도록 하였습니다.

원문에서는 발사에 화약을 쓰는지에 대하여 명시하지는 않았지만, 삽화에서는 통에서 불과 가루가 퍼지는 모양이 그려진 것으로 보아 화약을 넣어 독 연기를 발사하는 방식이 사용된 것 같습니다.

이 무기는 본래 명나라 병서인 『무비지』에 실려있던 것인데, 『융원필비』를 편찬하는 시점에 개발된 여러 신무기가 아닐까 추정됩니다. 실제 사용된 기록은 없지만, 1882년의 『무위영각색군기완파구별성책』의 군기 목록을 보면, 당시 총위영에 10자루가 있었다고 합니다.

독 연기

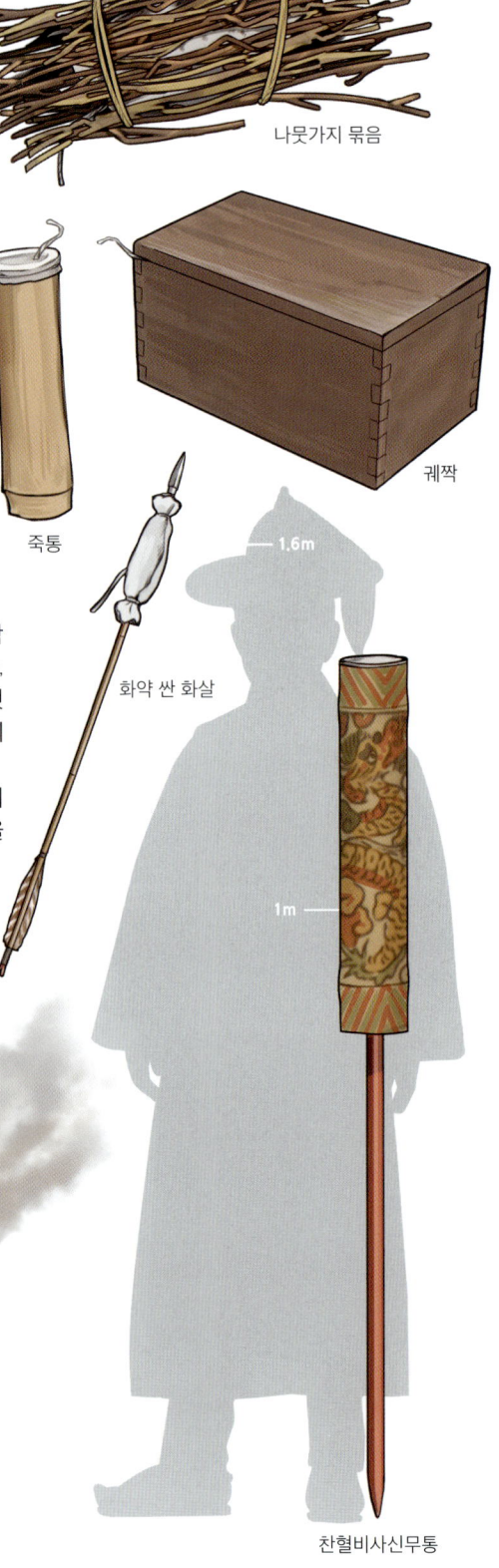
나뭇가지 묶음
궤짝
죽통
화약 싼 화살
1.6m
1m
찬혈비사신무통

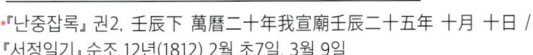

*『난중잡록』 권2, 壬辰下 萬曆二十年我宣廟壬辰二十五年 十月 十日 /
『서정일기』 순조 12년(1812) 2월 초7일, 3월 9일

분통과 이화통

분통

분통噴筒 혹은 분화통噴火筒은 총구로 불을 뿜어서 적을 공격하는 무기로, 30보(38m) 안쪽의 가까운 거리에서 씁니다. 조선에서는 임진왜란 이후 명나라군에게 그 방법을 배웠고, 주로 수군에서 사용했습니다.*

『화포식언해(1635)』에 따르면, 분통에는 화약에 유황, 쇳가루를 더해서 만든 분통약을 20냥(800g)씩 담았다고 합니다.

『병학지남연의(1787)』에는 조금 다른 방법이 실려 있는데, 안지름이 2촌(4cm), 길이가 1척5촌(32cm)인 대나무를 끈으로 단단히 감으며, 자루는 5척(1m) 정도의 대나무를 씁니다. 먼저 재와 염초를 깔고, 천천히 타는 만약慢藥을 한 층, 빠른 분약噴藥을 한 층 깔고 그 위에 초황과 장뇌, 송진, 비상 등으로 된 떡을 깝니다. 이를 5번 반복해 넣으면 완성이고, 쏠 때는 주둥이에 나온 약선에 불을 붙여 쏘면 됩니다.

이화통

이화통梨花筒은 분통의 일종으로 보이는데, 1735년 금위영에서 이화통 100자루와 분통 50자루를 만든 기록에서 처음 등장하며, 이듬해에는 어영청에서 이화통 400자루를 만들기도 합니다.**

『융원필비』에는 이화창梨花槍이라는 이름으로 실려 있는데, 장창의 머리에 묶어 사용하고, 적과 대치할 때 쓰면 몇 길 정도 화염이 나가서 맞는 사람이 즉사했다고 합니다. 또 화창火槍이 있는데, 요구창 형태의 창에 2개의 분통을 단 창이고, 소일와봉小一窩蜂이 있는데, 똑같이 2개의 분통을 달아 쏘았을 때 3~4길 밖의 적이 눈을 뜰 수 없도록 한 것입니다.

신기만승화룡도

『융원필비』에는 신기만승화룡도神機萬勝火龍刀라는 창도 실려 있는데, 가운데가 비어있어 연환 1개를 쏠 수 있는 창입니다. 그 위에는 호약虎藥을 묶고, 아래의 양옆에는 독화약을 묶어 쓰도록 하였습니다. 호약은 주사, 수은을 더한 화약에 3푼짜리 돌인 석자石子, 5푼짜리 화약 덩어리인 화탄자火彈子, 1푼짜리 철 조각인 생철능각生鐵錂角과 생철자生鐵子를 섞어 만드는데, 종이통에 담거나 대나무를 소가죽에 싼 통에 담습니다.

분통과 이화통의 발사

수군에서 쓰는 일반적인 분통은 자루가 달렸지만, 화창에 다는 분통이나 이화통은 창에 끈으로 묶어서 써야 합니다. 쏠 적에는 앞이나 옆에 달린 약선에 불을 붙이고, 자루를 잡고 적을 향해서 쏘면 됩니다.

*『선조실록』선조 33년(1600) 6월 22일 / 박진철(2009), 古文書로 본 17세기 朝鮮 水軍 戰船의 武器體系, 嶺南學 16호 482~489p
**『승정원일기』영조 11년(1735) 8월 2일 / 같은 책, 영조 12년(1736) 8월 19일

신기전

"주화의 이로움은 크다. 말 위에서 쓰기 편해 다른 화포가 미치지 못한다. 기사騎士가 혹은 허리에 꽂거나 혹은 화살통에 꽂아 말을 달리며 쏘면 닿는 자가 필시 죽을 뿐 아니라, 그 모양을 보고 소리를 들은 자는 모두 두려워서 항복한다. 야간전에 쓰면 빛이 하늘에 비치니, 적의 기운을 먼저 잃게 한다. 복병伏兵이 있는가 의심스러운 곳에 쓰면, 연기와 불이 어지러이 일어나 적도 놀라고 겁내어 그 정황을 숨기지 못한다.
그러나 화살 나가는 것이 총통처럼 곧지 못하고, 화약 쓰는 것이 크게 많아서 총통이 화약을 적게 쓰는 것만 같지 못하고, 거두어 보관할 때 조심하지 않을 수 없어 총통의 수시로 장약하는 편리한 것만 같지 못하다. 이것으로 본다면 총통의 이익이 더욱 크다…"
- 『세종실록』 세종 29년(1447) 11월 23일

신기전神機箭 혹은 주화走火는 화약을 연료로 쓰는 로켓으로, 조선시대 불을 지르는 용도나 신호용으로 많이 쓰였습니다. 조선 초기에는 대신기전, 산화신기전, 중신기전, 소신기전의 제도가 있었으나, 소신기전은 1451년 폐지되고, 대신기전과 산화신기전은 『국조오례의서례(1474)』에는 그 제도가 기록되어 있으나 『화포식언해(1635)』에는 기록되어 있지 않아, 오랫동안 쓰이지 않으며 실전된 것으로 보입니다.*

대신기전은 2척2촌2푼(69cm) 길이의 통에 3kg 내외의 화약을 채웠고, 대는 길이가 17척(5.3m)인 대나무를 씁니다. 사거리는 약 1km이며, 발화통을 연결해서 신기전통의 화약이 다 타면 발화통이 터지도록 만들었습니다. 대신기전 발화통의 크기는 중발화통과 대발화통 사이로 살상력은 크지 않지만, 불을 내거나 사람과 동물을 놀라게 하기에는 충분한 크기입니다. 또 산화신기전이 있는데, 발화통 대신 지화소발화를 여러 개 담아서 공중에서 사방으로 비산되며 터지도록 한 것입니다.**

중신기전은 6촌4푼(20cm) 길이의 통에 1냥5전(60g)의 화약을 채웠고, 소발화통을 연결해 다 타면 터지도록 만들었습니다. 이를 4척5촌(140cm) 길이의 대에 달고 2전(8g)짜리 촉을 달아 썼습니다. 신호에 쓰는 주화는 중신기전과 같되, 소발화통이 없으며 촉을 달지 않았습니다.

소신기전은 4촌7푼(15cm) 길이의 통에 약 20g의 화약을 채웠고, 3척3촌(102cm) 길이의 대에 촉을 달아 썼습니다.

조선 초기에는 기병에게 중, 소신기전을 주어서 활 대신 무기로 쓰게 하기도 하였고, 화거에 중신기전을 넣어서 한꺼번에 많이 쏘거나 대신기전, 산화신기전을 쏘아 적의 사기를 꺾는 용도로 썼습니다. 혹은 적의 배나 들판에 불을 지르거나 경보를 알리는 신호로 사용하였습니다.***

조선 후기에 들어서는 중신기전, 주화만 남는데, 이를 화전火箭이라 부르기도 합니다. 주로 적의 배나 진영에 쏘아 불을 지르는 데 썼고, 당화전唐火箭이란 중국식 신기전도 도입되어 불을 지르는 데 썼습니다. 『병학지남』 수조정식에 따르면 200보(252m) 거리에서 쏘았다고 합니다. 그 외에는 주화를 신호용으로 썼습니다.****

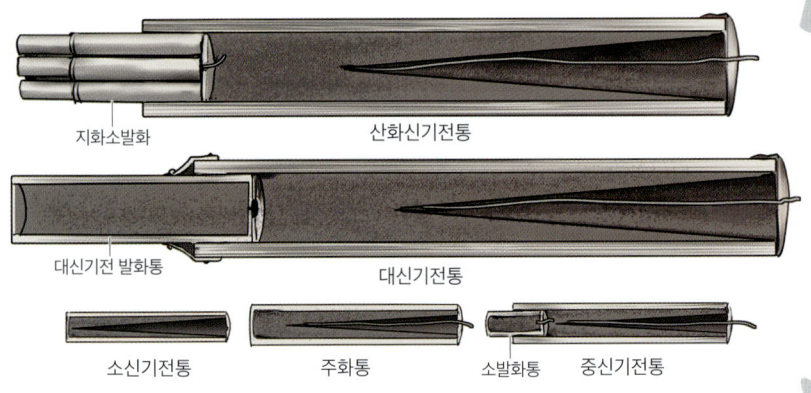

지화소발화 · 산화신기전통 · 대신기전 발화통 · 대신기전통 · 소신기전통 · 주화통 · 소발화통 · 중신기전통 · 소신기전 · 주화 · 중신기전

---

*『문종실록』 문종 1년 신미(1451) 4월 17일
**이용우, 허환일(2009), 15세기 조선시대 로켓인 대신기전 복원 : 비행실험 결과,
한국추진공학회 2009년도 추계학술대회 논문집 325~328p / 『국조오례의서례』 軍禮, 兵器圖說, 大神機箭 / 『화포식언해』
***『세종실록』, 세종 29년(1447) 11월 23일 / 『세종실록』, 세종 23년(1441) 10월 1일
****『선조실록』, 선조 30년(1597) 3월 24일 / 『병와전서 강도지』, 軍器 "火箭 無鏃則起火用於號令報…"

신기전의 사용법

신기전의 휴대법

조선 초기 기병이 신기전을 휴대할 때는 전통에 넣어 안장에 걸어두거나, 허리띠에 끼워 휴대한 기록이 있고, 이는 조선 후기에도 크게 다르진 않을 것으로 보입니다.*

신기전의 부속장구

1441년에는 화초火鞘라는 도구가 개발되었는데, 화승의 불씨를 유지하는 도구입니다. 4~5척(84~105cm)정도 되는 대나무 대롱에 구멍을 뚫고 가운데에 얇은 쇠를 붙인 형태의 불씨를 유지하는 집으로, 기병들이 말 위에서 신기전을 쏠 때 쓰도록 만들었습니다. 다만 조선 후기의 「평안감사향연도」의 「월야선유도」에는 화승을 그냥 손에 쥐었거나 나뭇조각에 감아서 불을 붙이는 모습이 그려져 있어, 조선 후기에는 잘 쓰이지 않은 듯합니다.*

신기전을 쏘는 데 조선 초기엔 방사기계放射機械, 조선 후기엔 화전기목火箭機木이라 부르는 물건이 쓰이기도 했습니다. 조선 초기의 방사기계는 그 모양을 알 길이 없으나, 조선 후기의 화전기목은 「평안감사향연도」, 「훈련도감습진도」등 회화와 『융원필비』의 매화법 삽화에서 그 모습을 확인할 수 있는데, 발사할 때 화염을 막는 원형 방패판이 달린 막대의 모습입니다.**

신기전의 발사

신기전은 일단 불을 붙이면 날아간다는 간명한 원리 때문에 그 사용방법을 설명한 자료가 많지 않습니다. 그러나 그냥 손에 들고 불을 붙이면 화염이 바로 손과 얼굴로 날아오므로, 방사기계나 화전기목 등 전용의 가대에 신기전을 꽂아 발사하였을 것입니다.

전용의 가대가 없는 경우 어딘가에 걸쳐서 쏘았을 것으로 보이는데, 조선 후기 당파수는 당파에 신기전을 걸쳐서 발사했습니다.

대신기전, 산화신기전의 경우 어떤 방식으로 발사했는지 확실하지 않습니다. 오늘날 복원할 때는 후술할 철화전의 화전대와 비슷한 가대를 쓰기도 합니다.

---

*『세종실록』, 세종 23년(1441) 10월 1일 / 『세종실록』, 세종 29년(1447) 11월 23일
**『세조실록』, 세조 7년(1461) 12월 16일 / 『심도중기』, 道光十一年辛卯九月日軍器 "火箭機木柒箇…"
***『세종실록』, 세종 29년(1447) 11월 23일 / 『세종실록』, 세종 23년(1441) 10월 1일

철화전

이때 테이보함에서 로켓 발사를 한인에게 보여주었다. 이 로켓은 철로 만든 화살에 불을 붙이면 저절로 공중으로 날아가 터지는 것이기에 한인들은 혀를 내두르고 경탄했다.
발사가 끝난 후에 한인들은 다시 관리관에게 "조금 전에 본 로켓이라는 것을 매수하여 도성에 보내고자 합니다. 허용해 주시겠습니까?"라고 제의하였다. 관리관이 바로 이 사유로 테이보함과 교섭하니 속히 승낙하고 2발의 로켓을 조선 정부에 증여했다 한다.
옛날에는 우리나라가 문물제도로부터 공업에 이르기까지 많은 것을 삼한三韓의 가르침을 받았는데, 국운國運 진보의 빠르고 느림에 따라 지금은 이쪽에서 가르쳐주는 것으로 되었다…

- 『동경일일신문』, 1879년 8월 2일*

철화전鐵火箭 혹은 6근 군용화전六斤軍用火箭은 당시 서양에서 헤일 로켓Hale rocket이라고 부르던 대신기전과 유사한 로켓입니다. 조선에서는 1879년 구포와 같이 도입해 시험 발사한 기록이 있고, 이듬해 새로 만든 구포와 철화전을 시험한 기록이 있어 조선에서 만들기도 한 모양입니다.*

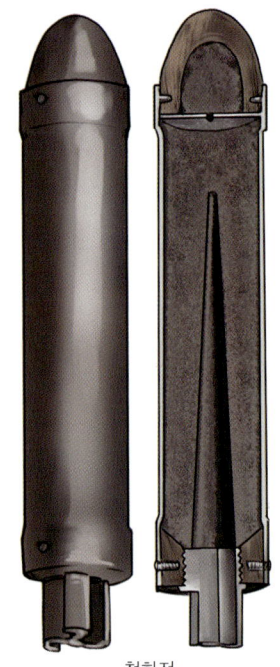

철화전

철화전의 부속장구

철화전을 쏘려면, 화전대火箭臺, 유방척鍮方尺, 자기황이 필요한데, 화전대는 곡척 6척(1.8m)길이의 화선을 올려놓고 쏘는 가대이며, 유방척은 상한으로 화전대의 각도를 재는 기구입니다.『구포기계여장방법』에는 '6근 군용화전 사표'가 부속되어 있는데, 그에 따르면 철화전은 최소 각도인 10도로 쏘면 300간(540m), 최대 각도인 37도로 쏘면 1250간(2273m)을 갔다고 합니다. 자기황은 불을 붙이는 도구로 방아끈을 걸어 당겼습니다.

방아끈   자기황   마개

철화전의 발사

방시법식은 (화전)대를 평평히 놓고 각도를 90도로 조절하게 하였으니, 10도가 300간을 가옵니다. 높이고 낮추는 것은 표에 의하여 하고, 3혈에 나무를 박았사오니 빼고…

- 『구포기계여장방법』

철화전을 쏘려면 먼저 목표 지점을 향해 화전대를 설치하고 유방척으로 각도를 조절해야 합니다. 그 다음 철화전의 마개를 뽑고 자기황을 꽂아서 화전대에 올리고, 방아끈을 걸어서 당기면 발사됩니다.

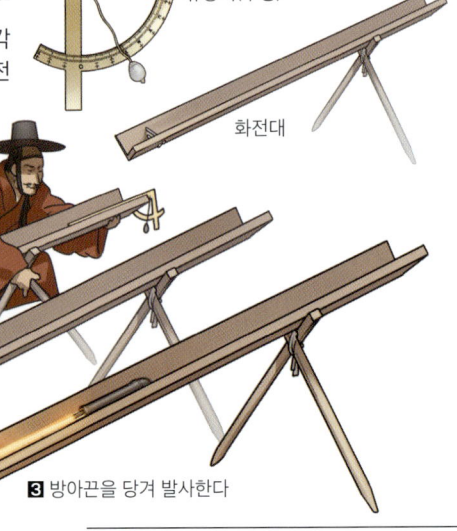

유방척(추정)
화전대

1 화전대 각도를 조절한다
2 자기황을 꽂은 철화전을 올리고 방아끈을 건다
3 방아끈을 당겨 발사한다

*『사료 고종시대사』9, 고종 16년(1879) 8월 2일 /『지각관청일기』권6, 己卯 八月二十八日 "點考設行後臼砲倭火箭回旋砲試放…" /『지각관청일기』권 7, 庚辰四月二十四日 "新造臼砲鐵火箭一體試放事…"

06 전거

武備

조선초기의 화거
조선초기 화거의 사용법
조선중기의 화거
조선후기의 화거
전거
공성 차량
특수한 전거

조선 초기의 화거

> 군기감에 명하여 화포를 쏘게 하고 허수아비芻人를 만들어 갑옷을 입히고 방패를 가지게 하여 그것을 7, 80보 밖에 세워 두고, 화거火車의 화살을 쏘아서 추인과 방패를 모두 관통하였다. 왕이 내금위의 활을 잘 쏘는 자 5인에게도 또한 편전을 가지고 이를 쏘게 해 그 우열을 비교하니, 화거 때와 같지 아니하였다.
> - 『문종실록』 문종 1년(1451) 1월 16일

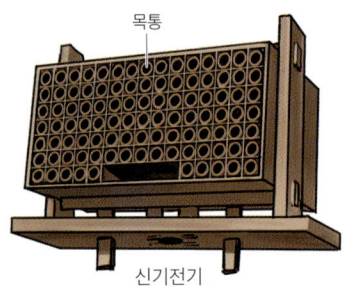

신기전기

화거火車는 총통이나 신기전을 여러 개 실어 발사할 수 있는 수레입니다. 화거는 조선 초기부터 후기까지 많은 수가 지속적으로 운용되며 여러 변천을 겪게 됩니다.

1409년, 수레에 동통 수십 개를 실어 철령전을 발사하는 화거가 처음으로 제작됩니다. 이전에도 최무선에 의하여 화거가 제작되기도 하나, 총통 여러 개를 실은 수레를 의미하는지는 확실하지 않습니다. 1445년 군기감에서 가자화포架子火砲를 만들었는데, 신기전이나 총통기를 가자架子라 부르기도 하므로 이 역시 화거의 일종으로 보입니다. 이 가자화포는 변방 장수들이 "매우 좋다" 하였다고 합니다.*

작은 기둥

가장 널리 알려진 화거는 1451년 만들어지는데, 사전총통 50개 혹은 중신기전 100개를 실어서 쏠 수 있었습니다. 『국조오례의서례』에 그 제도가 상세하게 나와 있는데, 화거의 중앙에는 기둥이 나 있고 그 좌우에 작은 구멍이 나 있습니다. 사전총통 50개를 실은 총통기銃筒機나 신기전을 넣는 목통 100개를 설치한 신기전기神機箭機에는 좌우에 작은 기둥이 있고 중앙에 기둥이 들어가는 구멍이 있어 빼고 낄 수 있도록 되어 있습니다. 수레 양편의 채에는 등철鐙鐵이 달려 지목支木과 횡초橫梢를 끼우는데, 쏠 때는 지목으로 횡초를 받칩니다. 또 앞쪽에는 작은 상자가 있는데, 칼 2개와 창 3개를 넣습니다. 이들은 화거 앞 구멍에 꽂아서 적을 막고 밀어 공격하는 데 씁니다.

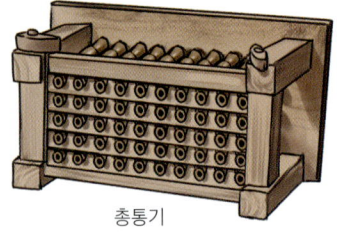

총통기

이 화거는 1451년 서울의 군기감에서 50대, 의주, 안주, 종성, 길주에서 20대씩 제조하여 시험하도록 하였고, 강무할 때 문 앞에 2대씩 세워두도록 하였습니다. 이후 대대적으로 도입되어 서울에 50대, 평안도에 85대, 함길도에 102대, 경상도에 100대, 전라도에 80대, 충청도에 40대 등 457대 이상을 만들도록 하였고, 1492년에는 평안도에만 화거가 400대 존재할 정도로 널리 보급되었습니다.**

화거
『국조오례의서례』

*『태종실록』, 태종 9년(1409) 10월 18일 / 『세종실록』, 세종 27년(1445) 3월 30일
**『문종실록』, 문종 1년(1451) 2월 13일 / 『성종실록』, 성종 23년(1492) 5월 25일 / 『국조오례서례』 軍禮, 兵器圖說 火車

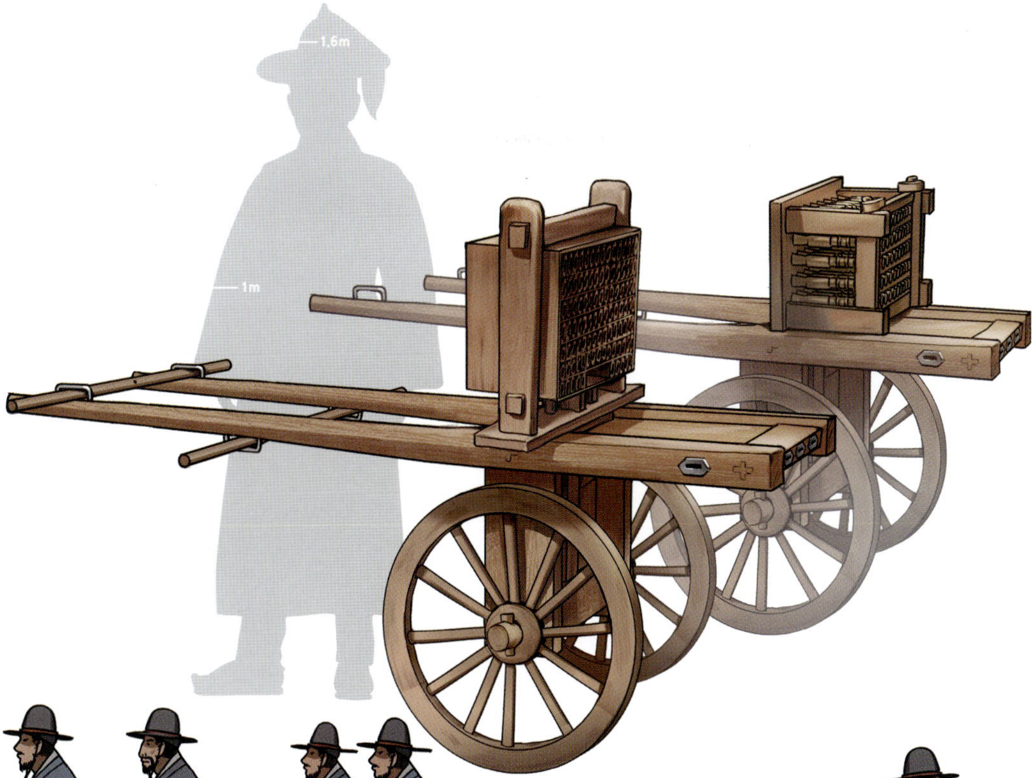

험한 곳(4인)

잡물 운송

평지(2인)

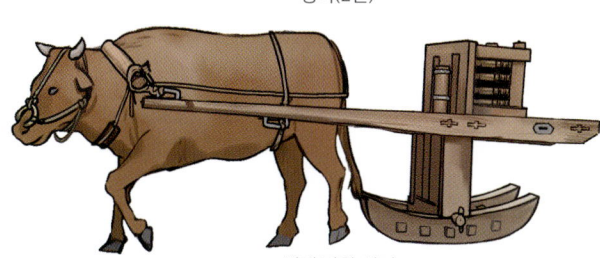
썰매 장착 화거

조선 초기 화거의 사용법

화거의 운송

화거를 운송할 때는 보통 사람이 끌었는데, 평지에서는 2명이 끌었다고 합니다. 조금 험한 곳에서는 1명이 붙어서 밀어주었고, 험지에서는 2명이 밀어주어 총 4명이 운용하였습니다. 평상시에는 신기전기나 총통기를 빼고 관청에서 잡다한 물건을 운반하는 데 썼다고 합니다.*
1491년 신해북정 때에는 겨울철 눈이 쌓였을 때 화거 3대를 15명이 붙었는데도 끌지 못하였는데, 썰매에 실어서 암소 한 마리가 끌도록 하였더니 구릉과 계곡의 험한 곳에서도 잘 끌었다는 기록이 있습니다. 1499년에는 당시 왜구에 대한 대책으로 배 위에 썰매에 올린 화거를 싣는 것이 논의되기도 합니다.**

---

*『문종실록』 문종 1년(1451) 2월 13일
**『연산군일기』 연산군 5년(1499) 7월 2일

전거 | 137

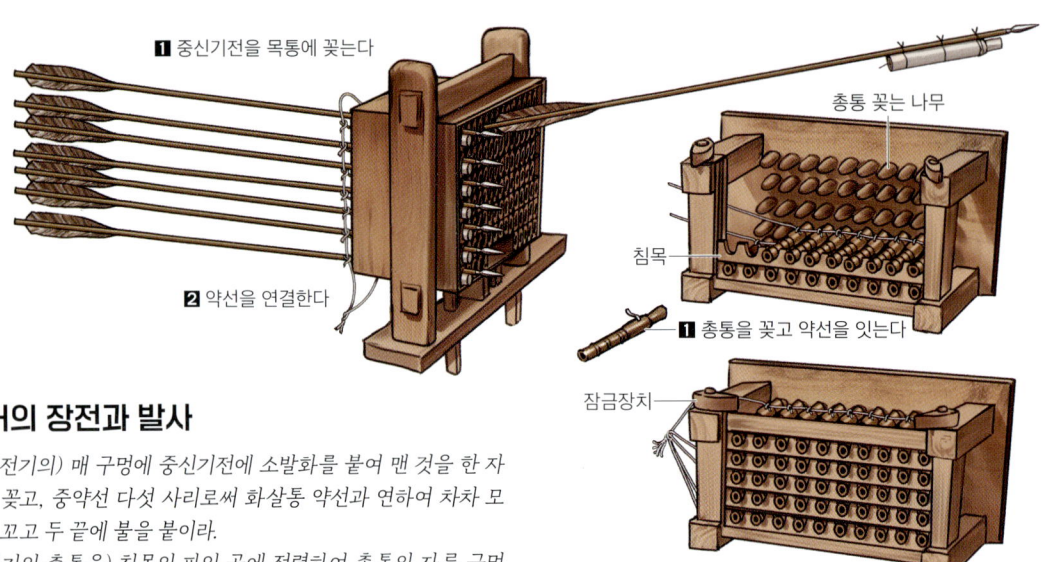

화거의 장전과 발사

(신기전기의) 매 구멍에 중신기전에 소발화를 붙여 맨 것을 한 자루씩 꽂고, 중약선 다섯 사리로써 화살통 약선과 연하여 차차 모아서 꼬고 두 끝에 불을 붙이라.
(총통기의 총통을) 침목의 파인 곳에 정렬하여 총통의 자루 구멍(모병)을 나무에 끼우고, 중약선 다섯 사리를 써 총통의 심에 이어서 차차 모아서 꼬아 다섯층에 다 이르게 하고 임할 때에 심에 불을 붙이라.

— 『화포식언해』

화거를 쏘려면 먼저 신기전기나 총통기를 장전해야 합니다. 신기전기는 각각의 목통에 중신기전을 꽂고, 뒤로 빠져나온 약선을 하나하나 꼬아서 중약선과 연결해 주면 됩니다.
총통기의 경우 총통을 먼저 장전해야 하는데, 사전총통을 쓰므로 화약 3돈과 세전 4개 혹은 차세전 6개를 장전하면 됩니다. 장전된 총통은 총통기에 박힌 나무에 총통의 모병을 꽂아주면 되고, 앞쪽은 침목에 놓으면 됩니다. 총통의 약선은 하나하나 중약선과 연결합니다. 한 층에 10개씩 5층을 끼우면 침목 맨 위에 나무를 하나 끼우고 잠금장치로 잠가 줍니다.
이동할 때는 화거에 신기전기나 총통기를 끼워 이동했을 것이고, 겨눌 때에는 횡초를 지목으로 받치는데, 횡초와 지목이 만나는 높이를 바꾸어 가며 각도를 조절했을 것입니다.
약선에 불을 붙여 발사하면 약선이 타들어가며 하나하나 발사되어 중신기전은 100개, 사전총통은 200여 개의 화살을 흩뿌립니다.

조선 중기의 화거

류성룡의 화거

임진왜란 중인 1592년 10월, 류성룡은 안주와 영변에 있던 화거 22대를 찾아내 개조하여 승자총통 15문을 실은 화거를 만들었습니다. 류성룡은 당시까지 화거를 전투에 쓰지 않았던 것을 애석해하며, 자신의 제도를 따라 화차 100여 대를 만들고 진을 쳐서 방패를 대신하여 사수가 몸을 숨길 수 있도록 있도록 하자고 주장하였습니다. 방패를 대신한다는 말과 후대의 화거 개량을 참작하면 이 때부터 화거에 방패를 달았던 것으로 보입니다.*

1594년 소강첨사 김여율은 화거 감조관으로서 화거를 6대밖에 만들지 못한 일로 파직되기도 하며, 이후에도 화거는 만들었는데 정작 화거를 쓸 전장에서는 도망쳐 현감에서 파직된 기록 등을 볼 때, 류성룡의 제언은 어느 정도 받아들여져 쓰인 것으로 보입니다.**

1740년 함경북병영에는 지금은 폐지하여 쓰지 않는 무기 중 4명이 운영하며 포가 15개 달린 화거가 있었다고 하는데, 당시까지 각지에 류성룡의 화거가 남아있었던 것으로 보입니다.***

류성룡의 화거
『진사록』

『화포식언해』의 화거

1635년 쓰인 『화포식언해』에는 주자총통을 50개 실은 화거와, 중신기전 100개를 실을 수 있는 중신기화거中神機火車가 실려있습니다.

화거는 상용하는 수레를 쓰며 주자총통을 50개 싣는데, 피령목전을 하나씩 장전해 한 번 쏠 때 50개씩 발사하였습니다. 1592년 류성룡은 승자총통을 15개 실은 화거를 만들면서 승자총통이 부족하다면 주자, 우자총통을 쓸 것을 제안하기도 했는데, 이 제안이 받아들여진 것으로 보입니다.

중신기화거는 중신기전을 100개 꽂아 쏘는 화거인데, 상용하는 수레를 쓰며, 이전의 화거가 중신기전을 목통에 넣는 것과 달리 넓은 판자에 구멍을 내어 중신기전을 꽂아 쓰게 변합니다. 화거, 중신기화거 모두 전체적으로 단순하게 변했습니다.

신기전기 배열
『국조오례의서례』

중신기화거 배열
『화포식언해』

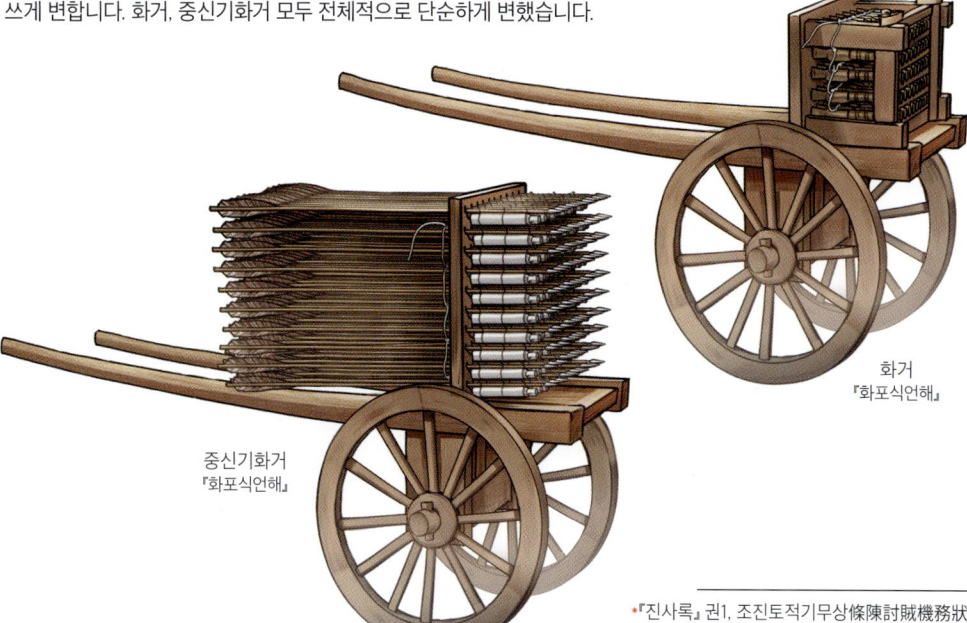

중신기화거
『화포식언해』

화거
『화포식언해』

---

*『진사록』 권1, 조진토적기무상條陳討賊機務狀 임진년(1592) 10월
**『선조실록』 선조 27년(1594) 4월 23일 / 『선조실록』 선조 27년(1594) 7월 9일
***『승정원일기』 영조 16년(1740) 7월 5일

조선 후기의 화거

"병거兵車는 많은 의논이 있습니다. 혹은 쓸 만하다 하고 혹은 쓸 수 없다 하기도 하지만 화거는 사실 쓸 만한 물건이라서 군기시軍器寺에서 화거 50대乘와 체거體車, 방패 등속을 필역한 지 이미 오래입니다…"
— 『비변사등록』 숙종 5년(1679) 9월 11일

1679년, 훈련도감에서는 새로운 제도의 화거를 70대 제작하여 9월 11일 대열의에서 첫선을 보입니다. 진을 짜고 공격을 막으며 일제히 발포하는 모습에 깊은 인상을 받은 숙종은 더 많은 화거의 제조를 명했습니다. 화거는 1680년까지 109대가 제조되었으며, 1729년 대대적으로 수리되기도 하였고, 1788년에는 50대를 더 만들기도 하였습니다.* 『만기요람』에 따르면, 1808년 훈련도감은 화거 121대, 어영청은 56대, 금위영은 10대를 보유하여 중앙 군영에서는 총 187대의 화거를 보유하였습니다.

이 화거의 제도는 『융원필비』에 자세히 서술되어 있는데, 화거는 조총을 몰래 싣고 진영 밖의 보루에 배치하는 무기로, 공격보다는 방어에 유리하나 그 제도상 밀고 가서 대질러 공격하는 것도 가능했다고 합니다.

화거에는 수레 위에 가죽으로 된 지붕이 있는 5층의 판옥板屋이 있는데, 각 층에 조총이 10개 실린 총판을 싣습니다. 판옥 좌우에는 접고 펼 수 있는 방패가 달려 몸을 가리도록 하였으며, 수레채에는 주목柱木이라는 막대가 달렸는데, 화거를 세워 각도를 맞추고 움직이지 않게 할 때 쓰는 것입니다.

목화수거

목화수거는 조선에서 『무비지』에 실린 화룡권지비거火龍捲地飛車라는 무기를 본떠 새로이 만든 화거입니다. 1808년 쓰인 『만기요람』의 군기목록에는 화거만 언급되고 목화수거는 언급되지 않으나, 1812년 『융원필비』에서 언급되며, 동년 훈련도감에서 20대의 목화수거와 120대의 화거를 이용한 진을 연습한 사실이 있는 점을 볼 때, 1812년경 20대 정도가 제작되어 쓰였던 것으로 보입니다.**

목화수거의 제도도 『융원필비』를 통해 알 수 있는데, 아래 선반에 조총이 5개 실린 총판을 3개 싣습니다. 호랑이 모양 조각인 화호火虎에는 호약虎藥을 넣어 입에서 불을 뿜게 하였으며, 또 좌우에 접고 펼 수 있는 날개 모양의 방패가 달려 몸을 가릴 수 있도록 하였습니다. 육군박물관에는 '오연자포'라는 이름의 유물이 소장되어 있는데, 이것이 목화수거의 총판이었을 것으로 보입니다. 목화수거의 본체는 남아있지 않지만, 국립고궁박물관에 가죽으로 된 목화수거의 날개모양 방패가 소장되어 있습니다.

*『승정원일기』 숙종 6년(1680) 7월 3일 / 『승정원일기』 영조 5년(1729) 4월 21일 / 『일성록』 정조 12년(1788) 3월 24일
**『승정원일기』 순조 12년(1812) 9월 15일

조선 후기 화거의 사용법

화거의 부속장구

1802년 장용영 해체 시 작성된 『장용영해우기계군물구처별단』을 보면, 화거와 함께 체철體鐵(총판), 기旗, 피낭皮囊, 우비雨備를 아울러 갖추어 보관하였음을 알 수 있으며, 『무위영각색군기완파구별성책』의 화거질을 보면, 상기한 물품에 더불어 지름대인 연추목橡推木과 약선을 보관하는 주머니인 약선유지갑藥線油紙匣 등을 화거의 부속 장구로 보관하였습니다.

화거의 장전

화거를 발사하기 위해서는 먼저 주목을 세우고 화거를 원하는 방향에 서 있도록 고정하고, 방패를 펼쳐 적의 공격을 막을 준비를 해야 합니다.
조선 초기의 화거가 신기전기, 총통기를 빼서 장전하는 것과 마찬가지로, 조선 후기의 화거도 총판을 빼서 장전하였습니다. 조총을 10개 단 모양이므로 장전 방법도 조총과 같겠으나, 다만 귀약이 아닌 약선을 꽂아 점화한다는 점이 다릅니다. 장전된 총판은 판옥에 올려 발사할 준비를 마칩니다.

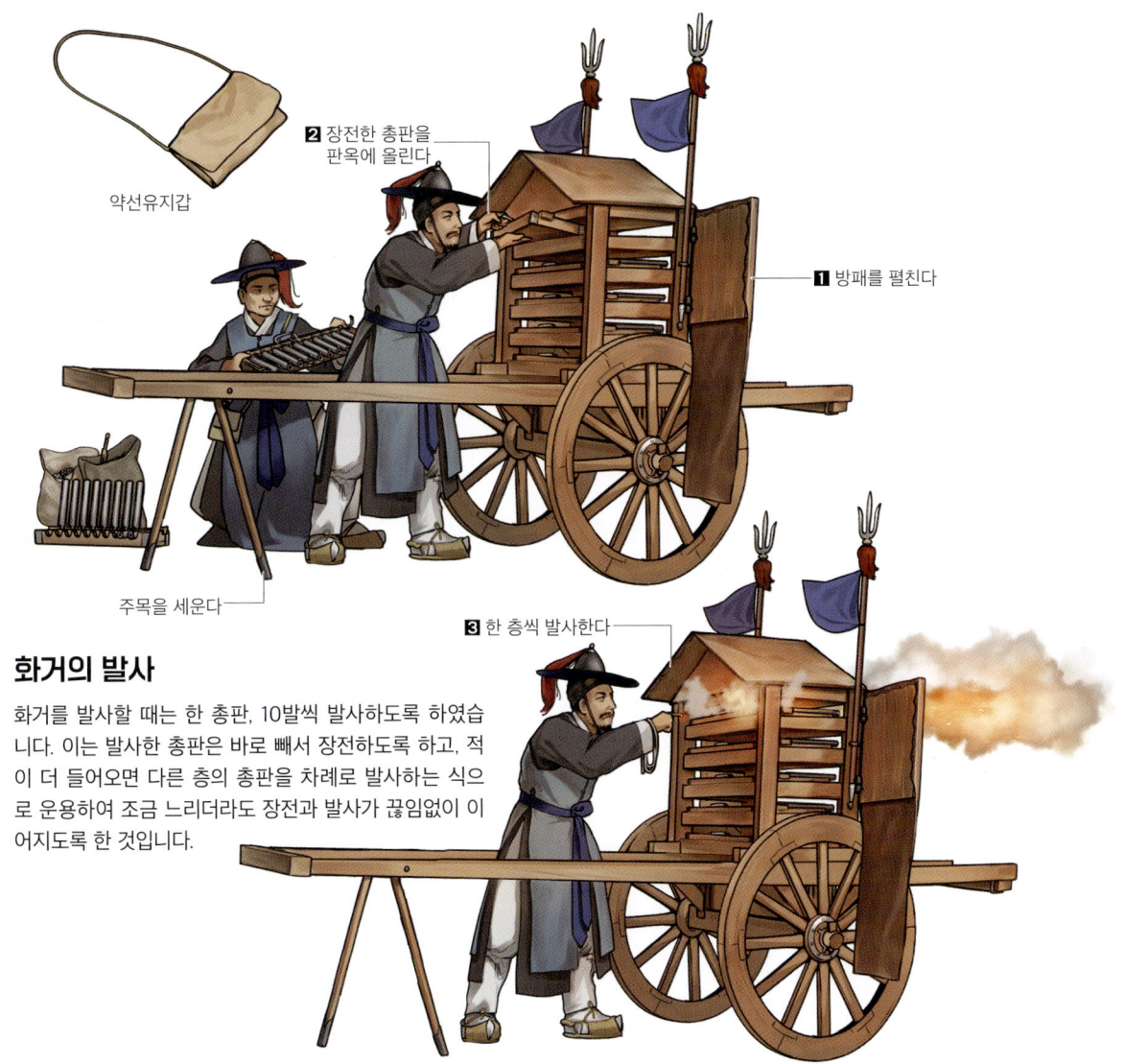

화거의 발사

화거를 발사할 때는 한 총판, 10발씩 발사하도록 하였습니다. 이는 발사한 총판은 바로 빼서 장전하도록 하고, 적이 더 들어오면 다른 층의 총판을 차례로 발사하는 식으로 운용하여 조금 느리더라도 장전과 발사가 끊임없이 이어지도록 한 것입니다.

화거의 운송

화거는 화물 운송에 활용되기도 하였는데, 1678년 새로이 제조한 화거 70여 대를 소 60~70마리가 끌게 해 돌을 운반하도록 한 바 있습니다.*
조선 후기의 화거는 조선 초기의 것과 달리 작은 기둥이 없으므로, 판옥만 떼면 일반 수레와 똑같이 사용할 수 있었을 것입니다.
그 외의 일반적인 운송에는 초기와 마찬가지로 4명의 사람이 끌고 밀었던 것으로 보이며, 실제 보병을 동원하여 화거를 옮기고 진을 짜는 등 운용 훈련을 하기도 하였습니다.**

목화수거의 장전과 발사

목화수거의 사용도 아래에 총판을 장전하고 한 총판씩 발사한다는 면에서 화거와 크게 다르지 않지만, 목화수거의 경우 위쪽의 화호에 호약을 넣어 발사하게 한 것이 다릅니다.
그 상세가 『융원필비』에 쓰여있지 않으나, 다만 화호의 등에 2개의 뚜껑이 그려져 있으므로 뚜껑을 열어서 안쪽에 호약을 넣었을 것으로 보입니다. 호약은 가까운 거리에서 화염과 작은 파편으로 공격하는 무기이므로, 먼 거리의 적에게는 총을, 적이 가까운 거리로 접근했을 때는 호약을 발사했을 것으로 보입니다.

화물 운송

인력 운송

총판 발사

호약 발사

*『비변사등록』, 숙종 4년(1678) 11월 04일 기사. 내용상 병거兵車이나, 『승정원일기』 숙종 6년(1680) 7월 3일 기사에 따르면 당시 화거 70대가 새로이 제작되었으므로 병거는 화거를 의미한다고 보는 것이 합당하다.
**『융원필비』 화기류 목화수거 /『승정원일기』 순조 12년(1812) 9월 15일 기사

전거

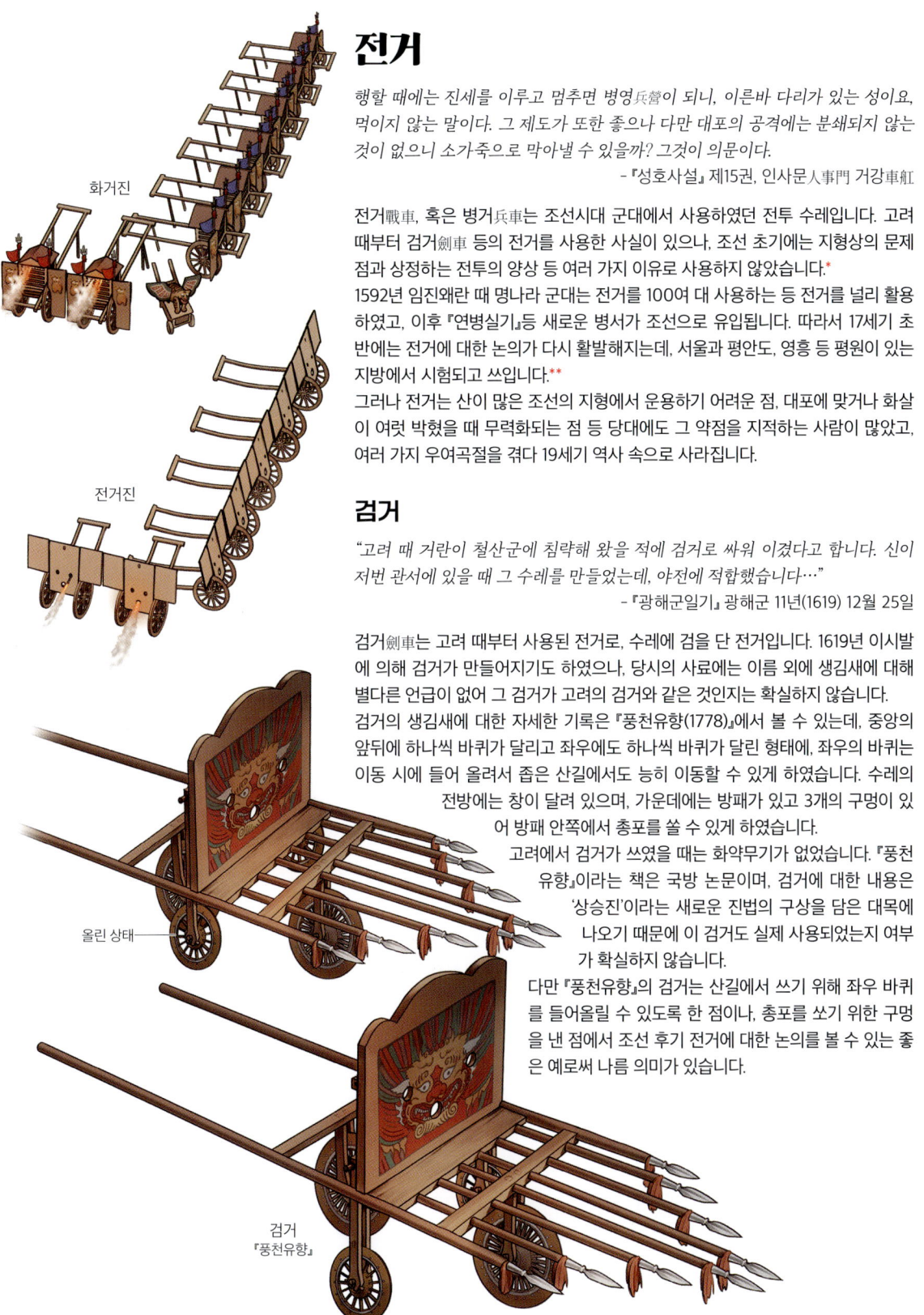

행할 때에는 진세를 이루고 멈추면 병영兵營이 되니, 이른바 다리가 있는 성이요, 먹이지 않는 말이다. 그 제도가 또한 좋으나 다만 대포의 공격에는 분쇄되지 않는 것이 없으니 소가죽으로 막아낼 수 있을까? 그것이 의문이다.
- 『성호사설』 제15권, 인사문人事門 거강車舡

전거戰車, 혹은 병거兵車는 조선시대 군대에서 사용하였던 전투 수레입니다. 고려 때부터 검거劍車 등의 전거를 사용한 사실이 있으나, 조선 초기에는 지형상의 문제점과 상정하는 전투의 양상 등 여러 가지 이유로 사용하지 않았습니다.*
1592년 임진왜란 때 명나라 군대는 전거를 100여 대 사용하는 등 전거를 널리 활용하였고, 이후 『연병실기』 등 새로운 병서가 조선으로 유입됩니다. 따라서 17세기 초반에는 전거에 대한 논의가 다시 활발해지는데, 서울과 평안도, 영흥 등 평원이 있는 지방에서 시험되고 쓰입니다.**
그러나 전거는 산이 많은 조선의 지형에서 운용하기 어려운 점, 대포에 맞거나 화살이 여럿 박혔을 때 무력화되는 점 등 당대에도 그 약점을 지적하는 사람이 많았고, 여러 가지 우여곡절을 겪다 19세기 역사 속으로 사라집니다.

검거

"고려 때 거란이 철산군에 침략해 왔을 적에 검거로 싸워 이겼다고 합니다. 신이 저번 관서에 있을 때 그 수레를 만들었는데, 야전에 적합했습니다…"
- 『광해군일기』 광해군 11년(1619) 12월 25일

검거劍車는 고려 때부터 사용된 전거로, 수레에 검을 단 전거입니다. 1619년 이시발에 의해 검거가 만들어지기도 하였으나, 당시의 사료에는 이름 외에 생김새에 대해 별다른 언급이 없어 그 검거가 고려의 검거와 같은 것인지는 확실하지 않습니다.
검거의 생김새에 대한 자세한 기록은 『풍천유향(1778)』에서 볼 수 있는데, 중앙의 앞뒤에 하나씩 바퀴가 달리고 좌우에도 하나씩 바퀴가 달린 형태에, 좌우의 바퀴는 이동 시에 들어 올려서 좁은 산길에서도 능히 이동할 수 있게 하였습니다. 수레의 전방에는 창이 달려 있으며, 가운데에는 방패가 있고 3개의 구멍이 있어 방패 안쪽에서 총포를 쏠 수 있게 하였습니다.
고려에서 검거가 쓰였을 때는 화약무기가 없었습니다. 『풍천유향』이라는 책은 국방 논문이며, 검거에 대한 내용은 '상승진'이라는 새로운 진법의 구상을 담은 대목에 나오기 때문에 이 검거도 실제 사용되었는지 여부가 확실하지 않습니다.
다만 『풍천유향』의 검거는 산길에서 쓰기 위해 좌우 바퀴를 들어올릴 수 있도록 한 점이나, 총포를 쏘기 위한 구멍을 낸 점에서 조선 후기 전거에 대한 논의를 볼 수 있는 좋은 예로써 나름 의미가 있습니다.

---
* 『문종실록』, 문종 1년(1450) 7월 18일 "唐 房琯用車戰, 大敗而後, 中國亦不用。況我國山川險阻, 不宜車行…"
** 『광해군일기』, 광해군 4년(1612) 9월 18일 "韓嶠頗知軍法, 都監稱爲敎訓官而聽其造車…" /
『상촌고』 제25권, 墓誌銘, 崔永興墓誌銘 "明束伍練技藝, 造戰車習野操…"

양륜전거와 독륜전거

"혹자는 우리나라는 광야가 좁으니 전거를 어찌 쓰겠냐고 한다. 그러나 포차는 진영 아래의 외루에서 임전하여 적을 막아 승리를 거둘 수 있으니, 장수된 자는 마땅히 알아야 한다."
- 『훈국사례촬요』도성, 갑술(1754) 11월 어제훈영차록

(어영청 군기 중) 양륜거 30량, 독륜거 10량, 오륜거 5량, 유철일와봉총 90문, 정철일와봉총 90문, 일와봉연구환 256000개…
- 『승정원일기』영조 31년(1755) 10월 6일

『연병지남(1612)』의 전거제에 따르면, 전거에는 두 바퀴가 있고, 두 기둥을 세우며 앞에 1촌(3cm) 두께의 단단한 나무로 된 방패를 연결하며, 아래쪽에는 3개의 구멍을 내어 총포에 연결하고, 가운데에는 6개의 창을 끼웁니다. 기둥 양편에는 방패를 문처럼 달아 여닫을 수 있도록 했습니다.*
조선에서는 전거에 대한 논의가 있을 때 일반적인 전거로 언급되는 것이 이런 양륜전거였습니다. 그러나 산이 많은 조선의 지형과 만들 때 비용이 많이 든다는 이유로 지적을 받자 1679년 윤휴는 2, 3명이 움직일 수 있고 비록 산골짜기라도 능히 갈 수 있는 바퀴 하나가 달린 독륜전거를 제안하기도 합니다.**
양륜전거는 1612년 한교가 서울과 평안도에서 만들어 시험해 보기도 하며, 그 제도가 『연병지남』에 상세히 기록되어 있습니다. 같은 해 영흥부사를 지낸 최기남 또한 전거를 만들어서 속오군을 훈련하였다고 하니, 나름 널리 쓰인 듯 합니다.***
이후로는 도입에 대한 논쟁은 있어도 군에서 거의 쓰지 않다가, 1755년 전거가 대량으로 제조됩니다. 당시 어영청에서는 양륜전거 30대, 독륜전거 10대, 오륜전거 5대를 제조하였고, 금위영은 오륜전거 45대를 제조하였습니다. 그러나 이를 마지막으로 새로 제작되는 일은 없었고, 1808년 어영청은 양륜전거 20대, 독륜전거 26대, 오륜전거 5대를 보유하는 등 기존의 수량이 계속 유지되다가 19세기에 이르러서 전거는 자취를 감춥니다.****

독륜전거(추정)

양륜전거 『연병지남』

일와봉총

일와봉총은 화약 3냥을 장전하여 구경에 맞는 연환이나 작은 탄환 여러 개를 쏘는 포인데, 주로 전거에 장치되었습니다. 금위영과 어영청에서 만들어진 전거들을 보면 전거 한 대에 2개 혹은 4개 꼴로 일와봉총이 만들어집니다.****
아쉽게도 이 일와봉총이 어떻게 전거에 안치되는지 상세하게 적힌 기록은 없고, 단지 『고사신서』의 오륜전거 제도에선 철로 만든 안장에 하나의 일와봉총을 안치한다고만 적혀 있습니다. 양륜거의 경우 전거에 가로로 나무를 대고 정철을 박아서 쏘았을 것으로 추정할 뿐입니다.

일와봉총

양륜전거

---

* 『비변사등록』, 숙종 36년(1710) 10월 12일.
** 『승정원일기』, 숙종 5년(1679) 9월 11일 "鑴曰, 若以獨輪爲之, 且爲天上蓋, 用之如法…"
*** 『광해군일기』, 광해군 4년(1612) 9월 18일 / 『상촌고』제25권, 墓誌銘, 崔永興墓誌銘
**** 『승정원일기』, 영조 31년(1755) 10월 16일 / 같은 책, 영조 31년(1755) 12월 3일 / 『만기요람』군정편 3, 御營廳 軍器

오륜전거

"저번의 오륜거 제도는 실로 죽지 않는 말이면서, 다리가 있는 성입니다."
- 『승정원일기』 영조 31년(1755) 1월 18일

18세기, 5개의 바퀴가 달린 새로운 형태의 전거가 도입됩니다. 당시 행정 실무를 위한 상식을 담은 책인 『고사신서(1771)』에는 당시 오륜전거의 제도도 수록되었는데, 이 전거는 좁은 산길에서는 1개의 큰 바퀴를 이용하여 이동하나, 평원에서는 작은 기둥에 달린 4개의 작은 바퀴를 사용하는 방식으로 운송합니다.

중앙의 방패에는 일와봉총을 발사하기 위한 구멍이 뚫렸으며, 창이 나왔다 들어갈 수 있는 구멍이 6개 뚫려 있습니다. 좌우에는 방패를 문처럼 달았는데, 각각 작은 구멍이 많이 뚫린 관측용 철판이 하나 달렸고, 조총을 쏠 수 있게 경첩이 달린 구멍이 4개 달렸습니다.

좁은 길에서 1개의 바퀴로 다닐 수 있게 한 것, 경첩으로 펴고 접을 수 있게 한 방패 등은 전거 도입론자들이 전거가 조선의 산지 지형에 적합하지 않다는 비판을 극복하기 위해 고심한 결과가 아닌가 싶습니다.

오륜전거
『고사신서』

평지

험한 길

오륜전거

공성차량

조선시대에는 여러 전란이 있었지만, 공성전의 경우 많지 않았고, 지형 또한 산에 의지한 경우가 많아 공성차량이 사용된 예를 찾아보기 힘듭니다. 임진왜란 때 진주성 전투에서 왜군 측이 공성차량을 사용한 바 있지만, 조선 측에서 공성차량을 사용한 경우는 많지 않으며 기록도 소략하여 알기 어렵습니다.

1812년 정주성 전투는 공성차량이 제작되고 사용되었으며, 그 기록을 상세히 확인할 수 있는 거의 유일한 사례입니다. 당시 관군은 송림리에서 패주하여 정주성에서 농성하는 반군에 대해 기세를 몰아 속전속결로 반란을 마무리 지으려 하였고, 동원할 대형 화기가 부족한 상황에서 공성전을 치르기 위해 공성차량을 제작하게 되었습니다.

그러나 이러한 공성차량들은 해빙기에 진창으로 변한 도로 사정으로 인해 멈추거나, 경사 때문에 넘어지거나, 조총과 같은 화기의 집중사격과 화약통, 화약을 싼 화살 등으로 모두 무력화되어 결국 공성전은 장기화됩니다.

전거

1월 13일 '전거'

1월 13일 관군이 공성전 시작 이래 처음으로 만든 공성차량인 전거戰車는 장작과 화약을 실은 화공용수레로, 15명이 수레 안에서 수레를 밀도록 하고, 성문 아래에서 태우도록 하였습니다.

관군은 전거를 남문 앞에서 불태워 남문을 부수고자 하였으나, 15일 공격에서는 남문 밖 100보에서 바퀴가 부러져 버렸습니다.

1월 23일 영변의 '공거'

1월 23일에는 영변에서 만든 공거攻車는 성에 접근하면 녹로로 줄을 당겨 포수가 숨은 판옥을 들어 올려 높은 위치에서 총을 쏘도록 한 수레였습니다.

공거는 관군 측에 4대가 보내졌으나, 사용되었는지 여부는 확인할 수 없습니다.

2월 1일 '충거'

2월 1일에는 충거衝車 혹은 윤거輪車라는 탑 형태의 수레를 만들었는데, 위쪽의 판옥에서 3명, 혹은 5, 6명의 포수가 올라가 사격을 하였으며, 아래에서 수십 명의 병사가 밀도록 하였습니다. 판옥 안쪽에는 철판을 덧대었고, 아래에는 겉에는 무명, 안쪽에는 가죽을 대어 공격을 막고자 하였습니다.

충거는 모두 4대가 제작되었으나, 3대는 전투 전 진창에 빠지거나 바퀴가 부서져 움직이지 못하였습니다. 1대는 성벽 앞 30보(38m)까지 접근하였으나, 반군의 집중적인 사격으로 관통되어 멈추었고 결국 직접 불태우게 되었습니다.

별거

2월 23일 '별거'

2월 23일 제작된 별거別車는 굴토군이 운용하는 차량으로, 병사 10여 명이 들어가서 성벽에 접근해 쇠꼬챙이로 주춧돌을 파내 성벽을 무너뜨리고자 하였습니다.
별거는 성 아래까지 접근은 성공했으나 돌이 많이 날아들고 지원할 병거가 따라오지 못해 후퇴하였습니다.

2월 24일 '병거'

2월 24일 제작된 병거兵車는 서울에서 내려온 도목수 김재명이 제작한 탑 형태의 수레입니다. 4장(8.4m)길이의 기둥과 판옥에 10명의 포수가 앉았다는 점에 비추어 보면, 앞서 만들어진 충거에 비하여 큰 크기였을 것으로 보입니다. 3대는 통바퀴이며 병사 20명과 소가 끌도록 하였고, 1대는 바큇살이 있는 바퀴로 내부에서 바퀴와 연결된 물레繀車를 돌려 전진하는 방식인데 그 제도가 가벼웠다고 합니다.
이 병거들도 이렇다 할 성과를 내지는 못하고, 이후 이러한 무게중심이 높은 수레를 제작하는 일은 없었습니다.

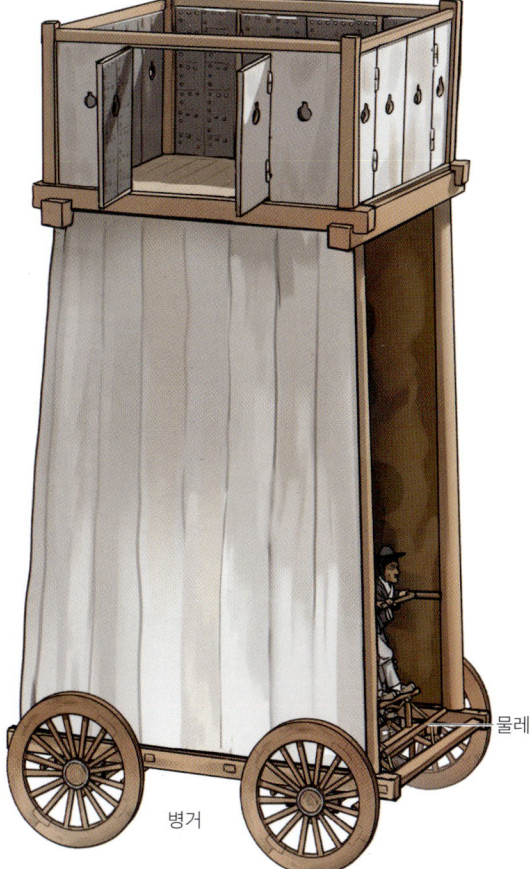
병거 / 물레

방패

4월 2일 '방패'

4월 2일에는 길이 1장(2.1m), 두께 5치(10cm)의 소나무 판에 바퀴가 2개 달린 방패가 11대가 제작됐습니다. 바퀴가 3개나 4개 달리고 가죽을 씌운 방패도 있었다고 합니다.

4월 2일 '유거'

4월 2일 제작된 유거油車는 기름이 담긴 솥 2개와 숯 2석을 실은 수레로, 기름이 끓어오를 때 물을 부어 유증기 폭발을 일으켜 성문을 불태우고자 하였습니다.
이 유거는 소서문 30보 앞에서 진창에 빠져 불탔습니다.

유거

*이상의 내용은 『진중일기』, 『서정일기』에 묘사된 서술을 바탕으로 작성하였다.

특수한 전거

변이중의 화거

변이중이 양호兩湖에서 군사를 소집한 다음, 망령되게 옛 법을 본받아 우거牛車를 많이 준비해서 학익진으로 적둔에 다다르니, 적들이 칼을 휘두르며 마주 나와서 종횡 무진 어지럽게 베자, 아군이 패해 흩어졌다. 적이 또 불을 던져 우거를 태우니 우거 위의 군사들이 모두 죽었으며, 변이중은 겨우 죽음을 면하였다.
- 『선조수정실록』 선조 26년(1593) 2월 1일

임진왜란 중인 1593년에는 호남 소모사 변이중에 의해 승자총통 40개를 실은 화거가 제작되었습니다. 『망암집』에 따르면 300대가 만들어졌다고 하며, 『선조수정실록』에는 우거牛車라는 이름으로 전합니다.

변이중의 화거는 『망암집』에 삽화가 있는데, 일반적인 소가 끄는 수레에 사각형의 방패판을 두른 모양이고, 3면에 승자총통 40개를 설치하였습니다. 이 화거는 1593년 1월 죽산성 전투에서는 화공에 불타는 수모를 겪었지만, 얼마 지나지 않아 있었던 행주산성 전투에서는 40대가 쓰여서 대승에 기여하기도 합니다.

변이중의 화거
『망암집』

귀거

거북선처럼 수레 위에 집을 얹고 사방을 막은 것을 귀거龜車라 합니다. 조선에서는 1650년 박산남의 상소로 전라남병영에서 시험 삼아 제작하였으나, 인부 70명이 끄는데도 구릉에 걸리고 진창에 빠져서 하루에 10리도 가지 못했기 때문에 시험을 중지하였습니다.*

신경준의 화거

18세기 활동한 문관 신경준의 문집 『여암전서』에는 화거라는 이름의 수레가 실려 있습니다. 신경준의 화거는 8명의 차부가 끌며, 불랑기가 탑재된 판방板房이 있습니다. 판방에는 문이 달려서 화포수 2명과 지휘관인 교사가 탑승합니다. 사면에는 익판翼板을 달아 화포수가 일어섰을 때 몸을 가리도록 하였으며, 양편의 채는 길이가 16척(5m), 채 사이의 폭은 2척 4촌(74cm)이었고, 판방의 앞뒤 길이는 5척(155cm), 높이는 3척(93cm)이었습니다.**

신경준의 화거는 실제 만들어졌는지 여부가 확실하지 않지만, 수치가 아주 구체적으로 제시되어 있어 시험은 했을 것으로 보입니다.

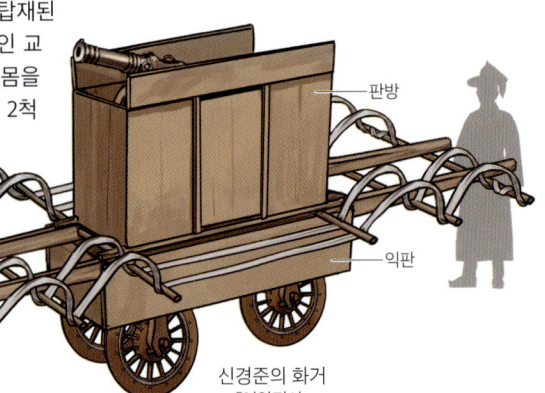
신경준의 화거
『여암전서』

*『승정원일기』 효종 1년(1650) 11월 9일 / 『승정원일기』 효종 3년(1652) 1월 3일
**『여암전서』 권18, 車制策, 論兵船火車諸備禦之具

07 형명제도

조선 초기의 형명제도
조선 초기의 깃발
조선 초기의 악기
조선 후기의 깃발
형구
취타악기
세악기

깃발의 제도

휘 색은 오색, 기도 오색이네 / 휘로써 지휘하고 기로써 응하네 / 중은 황색, 뒤는 흑색, 앞은 적색 / 좌는 청색, 우는 백색 각각 모두 마땅하네 / 동서남북 방향은 휘를 보아라…
- 『세종실록』 세종 15년(1433) 7월 4일 '기휘가旗麾歌'

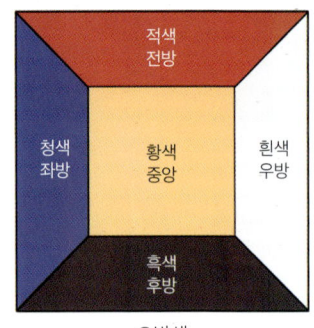

오방색

조선시대에는 오늘날과 같은 통신 수단이 없었기 때문에 수천, 수만의 병력을 통솔하기 위해서는 형명形名이 무엇보다 중요했습니다. 형形은 보이는 것, 즉 깃발을 의미하고, 명名은 들리는 것, 즉 악기를 의미합니다.

조선시대의 깃발은 대개 오방색에 의하여 배색이 되었는데, 당시 부대를 나눌 때 좌군, 우군, 중군 식으로 방향을 부여하여 나누었기 때문입니다. 이 방법은 5개의 색과 방위만 외우면 깃발을 분간할 수 있었기 때문에, 무지한 병사들도 쉽게 진법을 이해하고 자기 위치를 알 수 있었습니다.

깃발의 구성

깃발은 크게 기, 깃대, 깃봉으로 구성됩니다. 기는 천으로 된 휘날리는 부분으로, 대개 바탕천에 끈을 달아서 깃대에 매달았습니다. 혹은 가로로 채를 달고 채에 기를 꿰매는 경우도 있었습니다. 기의 언저리에 천을 덧대는 일도 있는데, 보통 불꽃 모양을 하지만, 조선 후기에는 삼각형, 사각형의 간단한 모양으로 대는 일도 있었습니다. 기 끝에는 얇고 긴 류를 매다는 경우도 있는데, 이는 조선 초기에 주로 쓰였고, 기 위쪽에 얇고 긴 띠를 매다는 경우도 있는데 이는 조선 후기에 주로 쓰였습니다.*

깃대의 경우 긴 나무로 만들며, 아래에는 창처럼 물미를 두어 바닥에 꽂을 수 있게 합니다. 큰 깃발의 경우 벌이줄을 두어 두 명, 혹은 네 명이 더 달라붙어 깃발을 당겨 넘어지지 않게 합니다.

깃대 위에는 깃봉을 붙이는데, 조선 초기엔 간단한 정자頂子나, 일반적인 창의 머리를 닮은 창두槍頭가 쓰였습니다. 조선 후기에는 구름모양을 닮은 운봉雲鋒이 쓰였는데, 구멍을 내서 다른 깃발을 꽂을 수 있게 만들어 교차시키는 데 썼다고 합니다. 한편 꿩의 꼬리로 만든 치미雉尾도 쓰였는데, 운봉보다 격이 높은 깃발에 쓰였습니다. 운봉과 치미엔 붉은 털 장식인 주락珠絡, 끈으로 짠 망 장식인 영두纓頭가 붙어 화려함을 더했습니다.

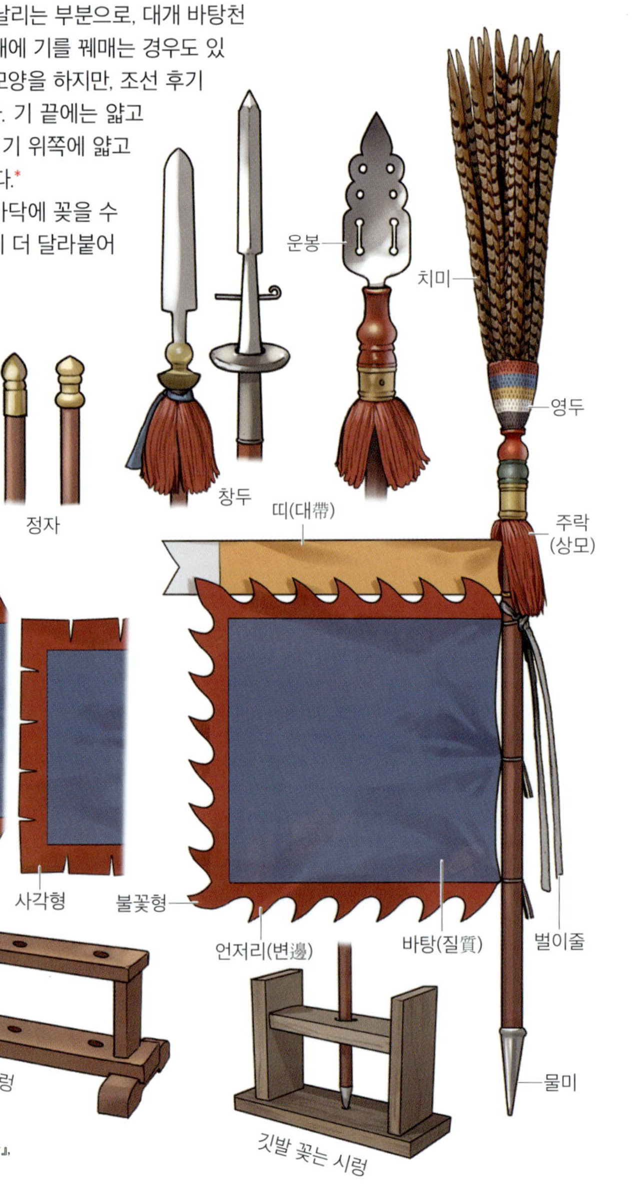

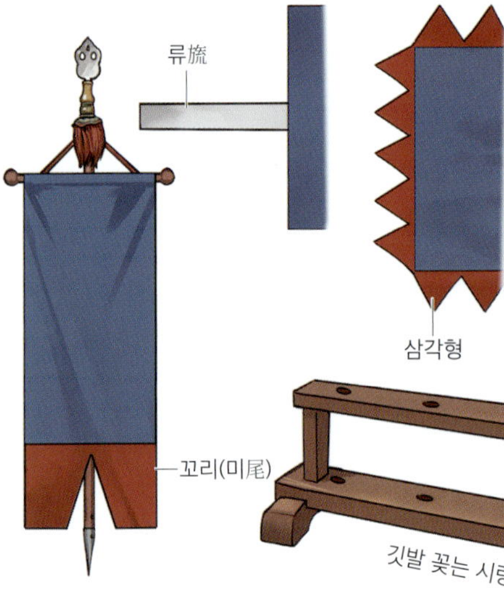

*제송희,김영선(2021), 『조선 후기 무위(武威)의 상징 대기치(大旗幟) 고증』, 문화재 Vol. 54 No. 41, pp.154~175

조선 초기의 형명제도

1392년 건국된 조선은 국가의 기틀을 잡아나가며 대량의 인력을 동원하여 전쟁을 치룰 수 있는 역량을 갖추려 하였고, 병법도 그에 맞춘 변화를 요구받았습니다. 그 핵심이 바로 형명과 진법입니다.

14세기 후반 정도전은 『진법』, 1421년 변계량은 『진도법』, 1433년에는 하경복 등이 『진설』을 썼고, 1451년에는 『진법』이 완성됩니다. '오위진법'이라는 이름으로도 알려진 이 진법은 널리 보급되어 1593년 『기효신서』가 도입될 때까지 큰 변화 없이 이어져 내려옵니다.*

이때의 제도에 따르면, 5명으로 오伍를 편성하고 5개의 오를 대隊로 묶으며, 5개의 대를 여旅로 묶고, 여 몇 개를 묶어 통統을 만들었습니다. 통의 인원 수는 병사의 다소에 따라서 한 개의 대 규모일 수도 있고, 많으면 몇 개의 여 일수도 있었습니다. 통에는 기병인 기통騎統, 보병인 보통步統이 있었고, 이 둘을 나아가 싸우는 전통戰統, 머물러 방어하는 주통駐統으로 나누어 기전통, 기주통, 보전통, 보주통 4개의 통이 있었고, 이들로 부部를 구성했습니다. 5개의 부를 위衛로 묶으며, 5개의 위를 묶어 군軍을 편성했습니다. 오는 오장伍長, 대는 대정隊正, 여는 여수旅帥, 통은 통장統將, 부는 부장部將, 위는 위장衛將, 군은 대장大將이 통솔하였습니다.

추가로 각 위의 아래에 유격전을 수행하는 유군遊軍을 두었는데, 유군 아래에는 5개의 영領을 두었습니다. 영의 경우도 통처럼 인원 수에 따라서 대 규모일 수도 있고, 여 규모일 수 있되, 전체 규모가 부에 소속된 병사들인 정군正軍의 30% 비율로 편성하도록 하였습니다. 유군은 유군장遊軍將, 영은 영장領將이 통솔하였습니다.

대장의 형명 — 깃발 / 악기

위장, 부장, 유군장의 형명 — 깃발 / 악기

통장, 영장의 형명 — 깃발 / 악기

여수, 대정의 형명
(그 수는 적절히 조정한다)

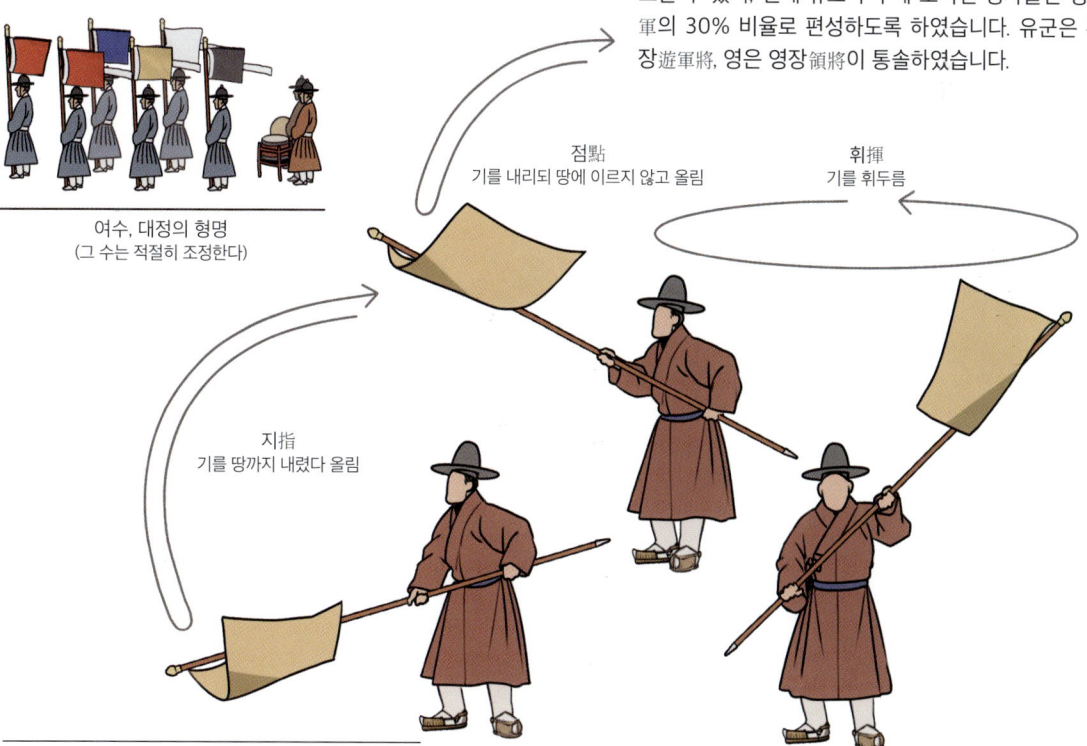

지指
기를 땅까지 내렸다 올림

점點
기를 내리되 땅에 이르지 않고 올림

휘揮
기를 휘두름

*윤훈표(2011), 『조선 세종대 진법서 편찬과 훈련체계의 개편』, 군사 제81호, 75~113p

조선 초기의 깃발

독

"조증皀繒(검은 비단)으로 만드는데 치우蚩尤의 머리와 비슷하다. 군대가 출발할 때에 독에 제사 지낸다."

- 『국조오례의서례』 군례, 형명도설 독

독纛은 창에 꽂힌 머리를 형상화한 깃발로, 지휘관의 군령권을 상징하는 의장물입니다. 독은 조선 초기에는 형명의 하나로써 왕, 대장부터 통장까지 사용하였고, 그 크기도 직급에 따라 달랐던 것으로 보입니다.

조선 후기 독은 군대에서 쓰는 형명의 지위에서 내려왔지만, 독제를 지낼 때 썼고, 교룡기와 함께 왕의 의장물로써 쓰입니다. 조선 후기의 독은 머리가 삼지창 형태로 바뀝니다.

서울과 지방의 군대에서는 매년 2월의 경칩일과 9월의 상강일에 독을 대상으로 독제纛祭라는 제사를 지냈으며, 참여하는 무관들은 모두 갑옷을 입고 참여하였습니다. 혹은 원정을 떠나기 전에 독제를 지내 일이 잘 풀리기를 기원하였습니다. 독제는 그 상세가 『국조오례의서례』, 『악학궤범』등에 상세히 전하며, 조선시대 거의 유일한 군사 관련 제사였습니다.*

독
『병장도설』

조선 후기의 독

교룡기
『병장도설』

교룡기

교룡기交龍旗는 왕을 상징하는 깃발로, 황색 바탕에 황룡이 용틀임을 하는 모양을 그렸고 붉은색 언저리를 대었습니다. 조선 초기에는 군사에 관한 일에 쓰는 형명 중 하나였습니다.

조선 후기에는 용 두 마리가 용틀임을 하며 여의주를 두고 다투는 모양으로 변하며, 깃봉이 삼지창 형태로 변합니다. 또 형명의 지위에서 내려오고 독과 함께 국왕을 상징하는 의장물이 됩니다.

조선 후기의 교룡기

---

* 『세종실록』, 세종 12년(1430) 11월 12일 / 『일성록』, 정조 10년(1786) 2월 2일
** 이하의 내용은 『병장도설』, 『세종실록』 문종 1년(1451) 6월 19일 기사에 실린 『진법』에 근거하여 서술하였다.

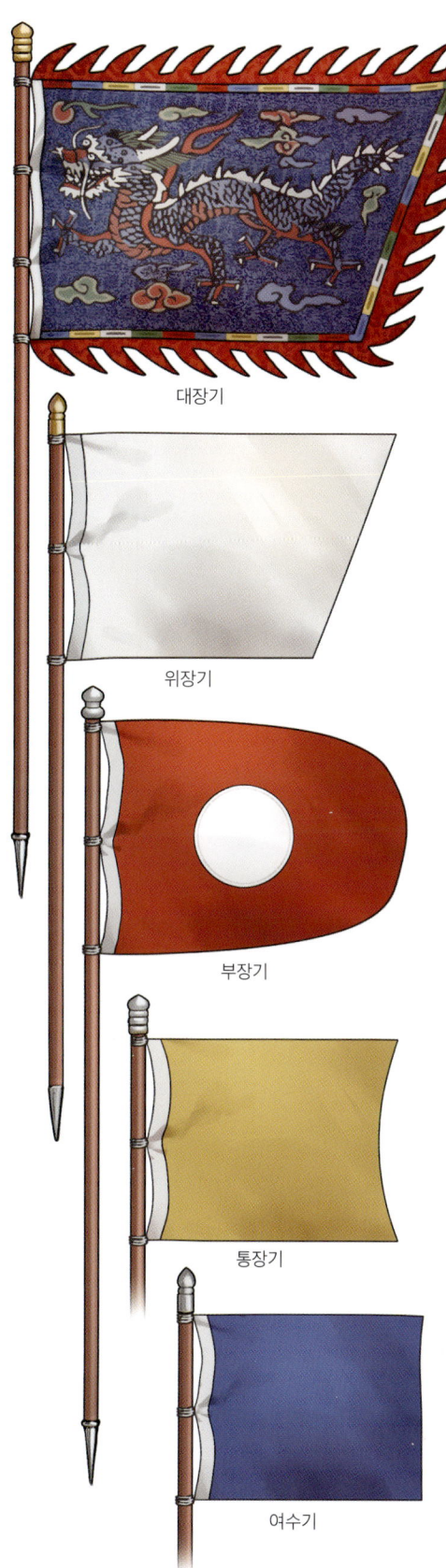

표기

표기標旗는 부대를 대표하는 깃발로, 부대를 지휘하는 장수 옆에 세워두어 멀리서도 어느 부대가 어디에 있는지 쉽게 분별할 수 있도록 하였습니다. 직속상관의 명령에 응하거나 변이 있어 보고할 때 신호 용도로 사용되기도 하였습니다.

대장은 그 군의 방위색에 맞는 방위색을 따르며, 용을 그리고 언저리를 달았습니다. 아래 지휘관은 그림은 없고 모두 부대의 급마다 모양을 달리하였고, 해당하는 부대의 방위에 따라 방위색을 달리하였습니다.

표기는 조선 후기 그 제도가 모두 폐지되기는 하지만, 「탐라순력도」, 「수군조련도」 등의 회화에 그려진 제주목사, 통제사의 의장에서는 용을 그린 깃발을 볼 수 있습니다. 다른 표기는 모두 폐지되었지만, 대장기의 제도는 남아서 일부 명맥을 유지한 것이 아닐까 합니다.

표기의 신호법

휘가 하는 신호를 따라 함
명령을 확인했고 응할 것임을 알리는 신호.

명령없이 표기를 내렸다가 올리고(점) 각을 붊
전투가 발생하였음을 상급부대에 알리는 신호.

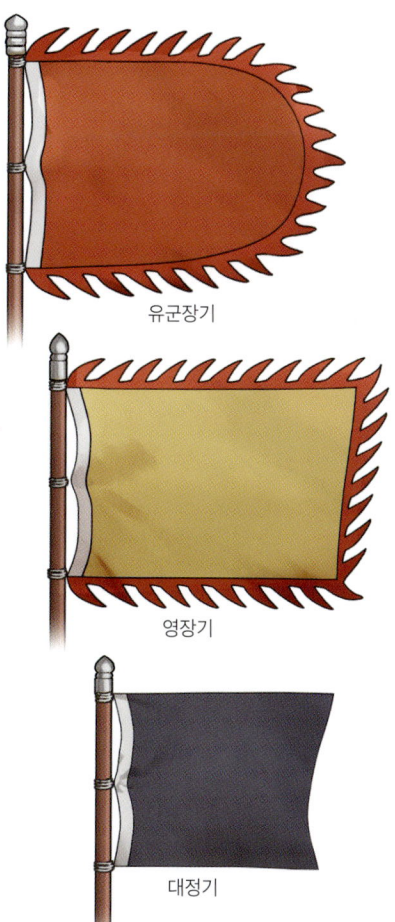

휘

휘麾는 휘하 장수에게 명령을 내릴 때 사용하는 1개, 혹은 3개의 류가 있는 기입니다. 진을 치고 전투를 하거나 훈련을 할 때에는 휘하 소속 부대의 방위색에 맞는 휘를 점하거나 지, 휘 하여 해당 부대에 명령을 하였습니다. 조선시대에는 장수 아래 부하들을 휘 아래 있다 하여 '휘하麾下에 있다'고 표현했는데, 오늘날까지도 자주 쓰이는 표현입니다.

왕, 대장이 사용하는 것은 휘라고 불렀지만, 위장 이하가 사용하는 휘는 영하기슈下旗, 혹은 유류기有旒旗라는 격이 낮은 명칭을 사용하였습니다. 이들의 모양은 쓰는 지휘관의 표기를 따르되, 바탕색은 명령을 내리고자 하는 부대의 색을 따서 명령을 받는 부대를 명확히 했습니다.

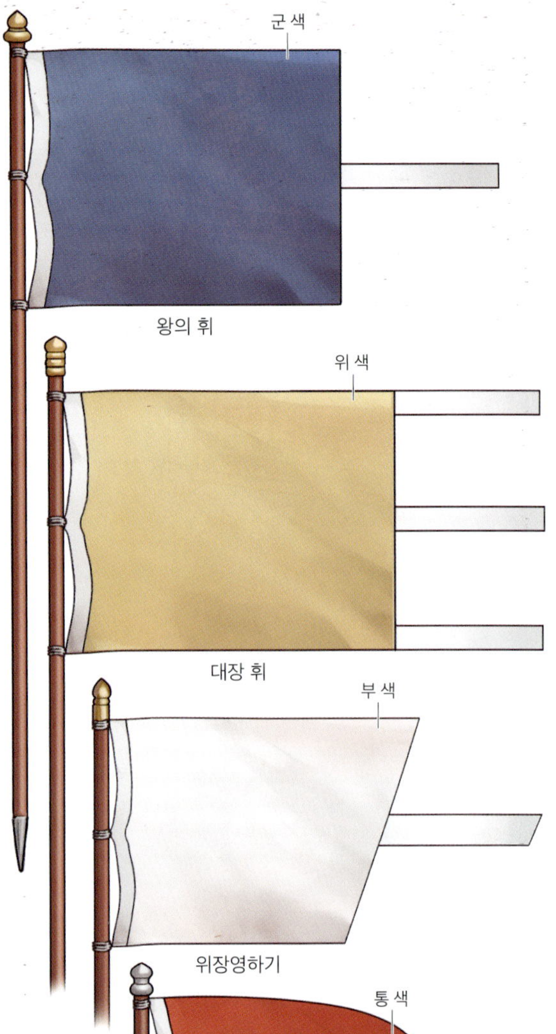

휘의 신호법

휘를 내렸다가 올림(점)
진을 치라는 신호.
왼쪽으로 점하면 직진直陣, 오른쪽으로 점하면 방진方陣
앞으로 점하면 예진銳陣, 뒤로 점하면 곡진曲陣
사방으로 점하면 원진圓陣

휘를 땅까지 내렸다가 올리고 앞을 향함(지)
깃발이 향하는 곳으로 진격/퇴각하라는 신호.
진격/퇴각의 여부는 북과 징으로 구분한다.

휘를 휘두름(휘)
승리가 가까울 때 대장이 영을 지키던 군사들을 모두 동원해서 나아가고자 할 때 쓰는 신호.

휘를 눕힘
휘하 지휘관이 명령에 응함을 확인하면 눕힌다.

휘를 세움
다시 명령을 내리고자 함을 알리는 신호.

휘하 장수가 표기를 점하고 각을 불었을 때 휘를 점함
전투 발생을 확인했음을 알리는 신호.

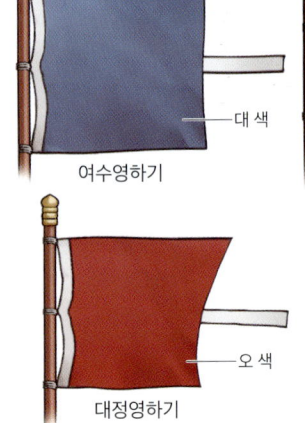

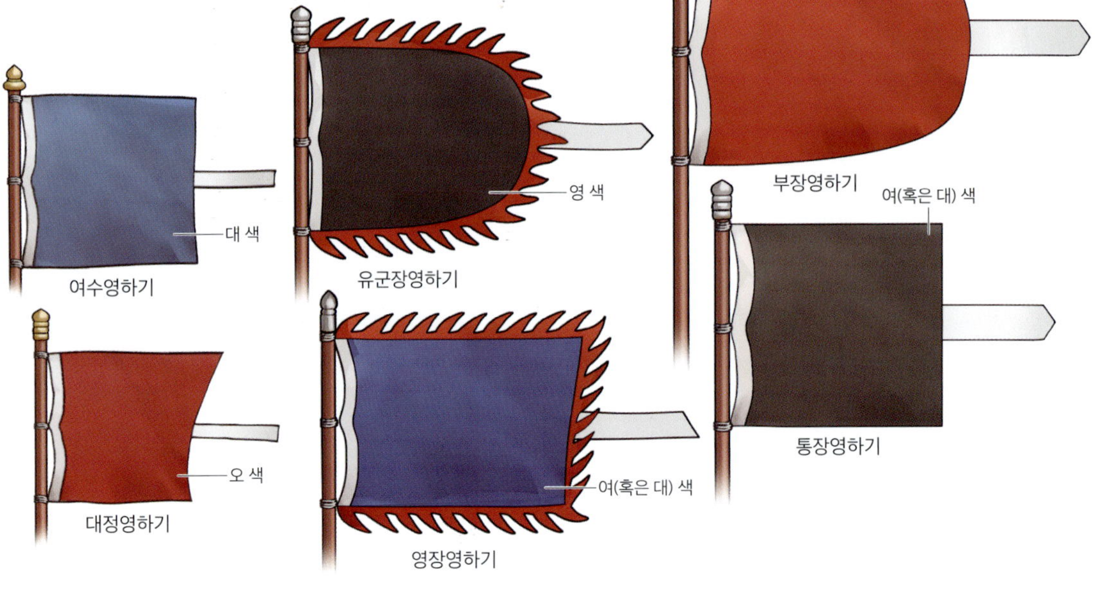

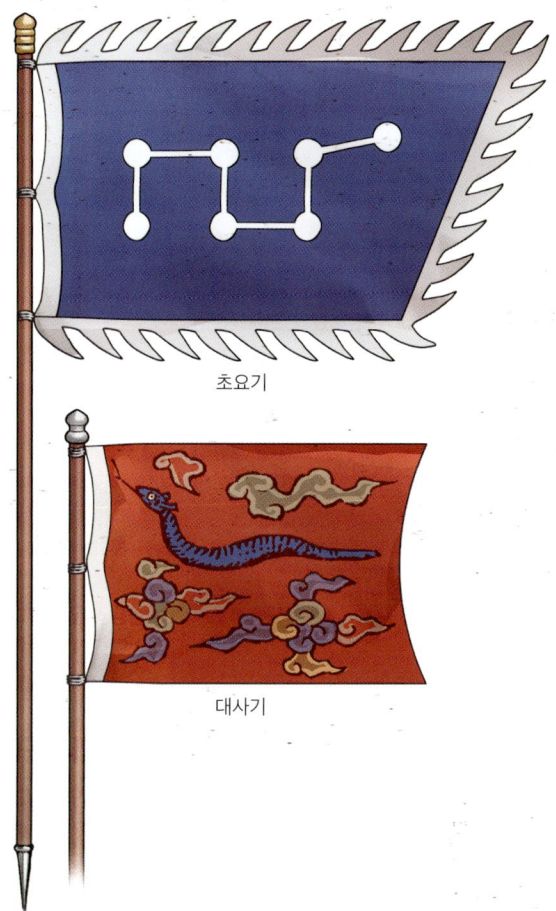

초요기

대사기

초요기

초요기招搖旗는 왕, 대장과 이하 장수들이 사용하며 휘하의 장수를 소집할 때 사용합니다. 청색 바탕에 북두칠성을 그렸고, 백색의 화염이 있습니다. 대장 이하가 쓰는 초요기는 바탕색이 그 부대의 방위색을 따릅니다.

초요기의 신호법

휘와 초요기를 세움
휘하 장수를 소집하는 신호.

초요기를 눕힘
휘하 장수가 응하였음을 확인하면 도로 눕힌다.

대사기

대사기大蛇旗는 복병에게 명령할 때 쓰는 깃발입니다. 복병들은 미리 적이 올 만한 길목 좌우에 숨어있고, 적을 칠 때가 되면 말을 탄 장교가 홀로 복병이 있는 곳으로 달려와 대사기를 원하는 방향으로 점하여 공격하도록 하는 식으로 썼습니다.

대사기의 신호법

대사기를 좌우로 내렸다가 올림(점)
숨어있던 복병이 모두 일어나서 적을 치라는 신호.

대사기를 한쪽으로 내렸다가 올림(점)
점하는 쪽의 복병만 일어나서 적을 치라는 신호.

후기기

본대에서 2~3리(0.9~1.4km)를 앞서가며 적을 정탐하는 기병인 후기候騎는 여러 가지 지형지물을 만나면 후기기候騎旗를 들어 상황을 알리는 역할을 합니다. 기를 쓰지 못하면 신포나 신기전을 쏘아 경보를 알리거나 사람을 보내기도 했습니다.

후기기의 신호법

후기청기를 든다
깊은 숲이나 초목이 있다는 신호.

후기백기를 든다
적의 소리나 흔적을 탐지했다는 신호.

후기적기를 든다
험한 구릉지가 있다는 신호.

후기황기를 든다
흙더미와 촌락이 있어 좁은 곳을 만났다는 신호.

후기흑기를 든다
물가나 강이 있다는 신호.

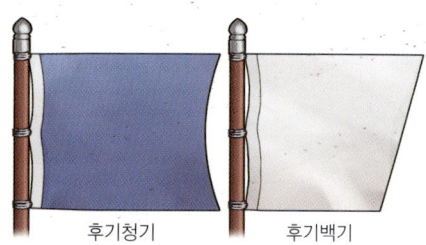

후기청기 / 후기백기

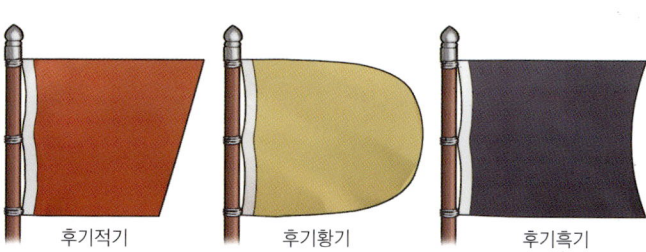

후기적기 / 후기황기 / 후기흑기

조선 초기의 악기

북 하나는 바로 서며, 둘에 진을 치네 / 북 셋은 나아가고, 넷에 빨리 걷네 / 북 다섯에 급히 달려가 바로 싸우는데 / 삼군이 한 뜻으로 같이 나아가라 / 징 하나는 느리게 싸우며, 둘에 싸움 그치네 / 징 셋은 몸을 돌리고, 넷에 물러나네 / 징 다섯에 급히 물러나 진으로 돌아오며 / 삼군이 한 뜻으로 같이 물러나라.

— 『세종실록』 세종 15년(1433) 7월 4일 '고진금퇴가鼓進金退歌'

조선 초기의 군대에서는 청각 신호를 위해 대각大角, 소각小角, 탁鐸, 징(금金), 북(고鼓), 비鼙 6개의 악기를 주로 사용했습니다.

1451년의 『진법』에 따르면, 대장은 대각 2명, 소각 2명, 탁, 징, 북, 비, 각 1명으로 총 8명을, 위장, 부장, 유군장은 대각, 소각, 탁, 징, 북, 비, 각 1명으로 총 6명, 통장, 영장은 탁, 징, 북, 비, 각 1명으로 총 4명, 여수, 대정은 징, 북 각 1명으로 총 2명을 거느렸습니다.

악기 중 특히 각의 경우 취급이 남달랐는데, 진을 펼칠 때가 아닌 평상시에 각을 부는 일은 취각령吹角令이라 하여 경보가 있을 때나 혹 불시에 준비 태세를 점검하고자 할 때 시행하였습니다. 취각령이 내려지면 남산과 인근 지역의 연대에서도 각을 불며 신기전을 쏘아 신호하며, 모든 관원과 군사들은 갑옷과 무기를 갖추어 대궐 앞으로 속히 집결해야 했습니다.*

대각 / 소각 / 탁

징(금) / 북(고) / 비

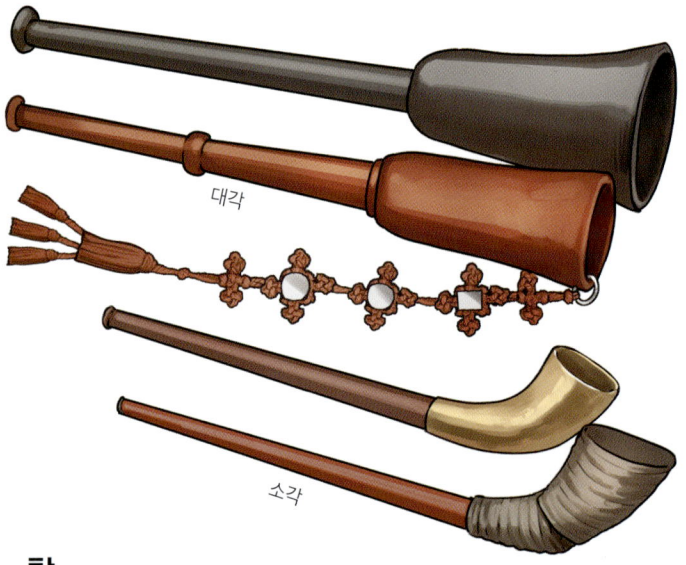

대각

소각

각

각角 혹은 쥬라는 뿔이나 나무로 된 관악기로, 크기에 따라 대각, 중각, 소각으로 나뉘었습니다. 대각은 은이나 나무로 만들며, 붉은색이나 검은색을 칠했습니다. 조금 작은 것은 중각이라 하였고, 소각은 도금한 황동이나 소뿔로 만들어 나무 자루를 만들고 붉은색을 칠했다고 합니다.

각의 신호법

휘로 명령하기 직전에 대각을 붊
휘하 장수가 명령을 내려질 것임을 알게 해 휘를 바라보도록 하는 신호.

대각을 빠르게 붊
진격/퇴각을 알리는 신호.

소각을 빠르게 붊
전투를 알리는 신호. 이를 전각戰角이라고도 함.

탁

탁은 손잡이가 달린 방울입니다. 진을 쳤을 때 탁을 흔들어 병사들이 함부로 떠들지 않고 정숙하게 만드는 데 씁니다.

탁의 신호법

탁을 흔듦
떠들지 말고 정숙하라는 신호.

탁

---

*『세종실록』 세종 즉위년(1418) 8월 18일

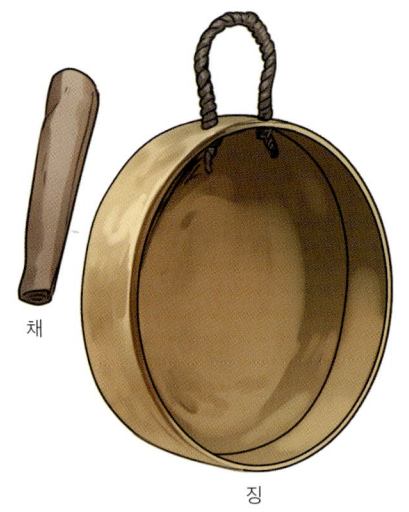

채
징

징

징鉦 혹은 금金은 금속으로 만들고 가죽을 말아 만든 채로 치는 타악기입니다. 징을 치는 것은 주로 퇴각이나 정지를 의미하는 신호였습니다.

징의 신호법

휘를 향하며 징을 자주 침
퇴각을 명령하는 신호.

징을 천천히 침
군사를 멈추고 가지런히 서서 움직이지 말라는 신호.

북

북 혹은 고鼓는 나무로 틀을 만들고 양쪽에 가죽을 씌워 막대기로 치도록 만든 타악기입니다. 대개 북을 치는 것은 이동을 의미하는 신호였습니다. 또 비鼙가 있는데, 말 위에서 치는 북으로 전투할 때 사기를 북돋기 위하여 각과 함께 요란하게 치며 크게 함성을 지르는 용도로 사용되었습니다.
또 도鼗가 있는데, 작은 자루가 있으며 양쪽 귀에 끈이 달려있고 추가 있어 흔들면 귀에 달린 추가 돌아오며 북을 스스로 치도록 합니다. 도는 『병기도설』에 실려 있긴 하나, 병서에서는 볼 수 없어 일반적으로 사용되는 악기는 아니었던 것으로 보입니다.

북의 신호법

휘를 향하며 북을 침
진격을 명령하는 신호.

각을 불며 북을 침
전투 중에 사기를 북돋우기 위해 쓴다.

북을 천천히 침
전투에 걸어서 나아갈 때 쓴다.

북을 빠르게 침
전투에 달려서 나아갈 때 쓴다.

신포

신포信砲는 신호에 쓰는 포로, 종이로 된 지신포紙信砲와 철로 된 철신포鐵信砲가 있었습니다. 철신포는 길이가 40cm 정도며, 화약 13냥(520g)을 넣어 연대烟臺(봉화)에서 연기와 함께 경보를 알리는 데 쓰였습니다.

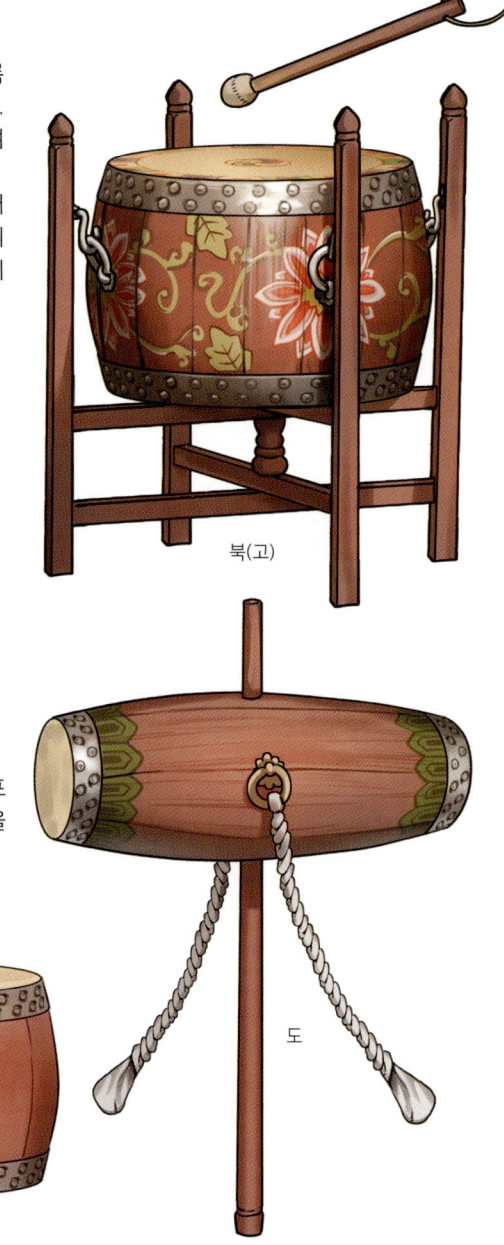

북(고)

도

철신포
강화전쟁박물관

비

조선 후기의 형명제도

임진왜란 중인 1593년, 조선은 명나라 병서인 『기효신서』를 기반으로 하는 군사제도를 도입합니다. 형명제도 또한 『기효신서』를 좇아 기존의 휘와 표기가 오방기와 인기로 바뀌고, 더 많은 악기가 사용되기 시작합니다. 이 형명제도는 1881년 서양식 나팔인 곡호曲號, 즉 뷰글Bugle신호가 도입될 때까지 조선군에서 훈련과 전투에 사용하였습니다.

개편된 제도에 따르면, 5명으로 오伍를 편성하고 2개의 오를 대隊, 3개의 대를 기旗로 묶고, 3개의 기는 1초哨가 되었습니다. 초 위에는 사司, 사 위에는 부部, 부 위에는 영營이 있어 하나의 부대가 되었습니다. 오는 오장伍長, 대는 대장隊長, 기는 기총旗摠, 초는 초관哨官, 사는 파총把摠, 부는 천총千摠, 영은 영장營將 혹은 대장大將이 통솔했습니다. 영장 아래에는 중군中軍을 두어 영장을 보좌하도록 하였습니다.

기병의 경우 10여 명을 령領, 2령을 정正으로 묶으며, 2정 4령을 번番으로 묶어 번장番將이 통솔하였습니다. 혹은 보병과 같은 대, 기, 초로 편성되기도 하였습니다. 초, 번은 열列로 묶여 별장別將이 통솔하였고, 별장은 영장의 바로 아래 있었습니다.

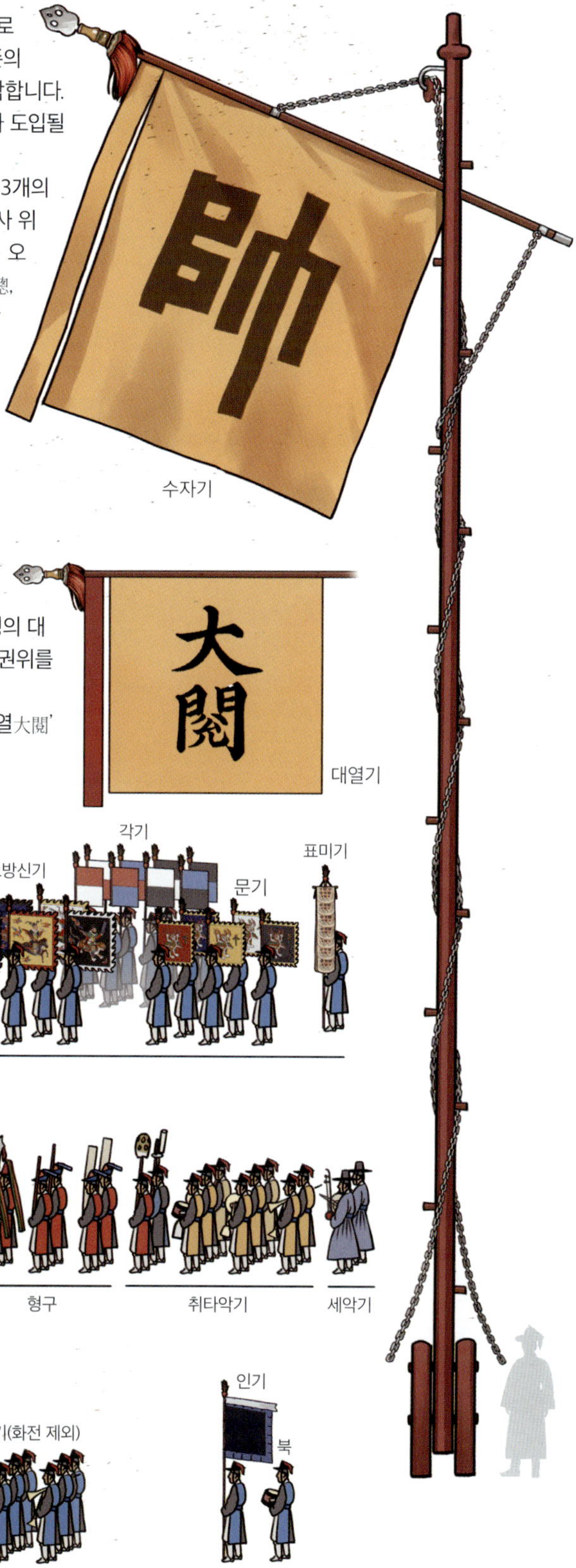

수자기

수자기帥字旗는 황색 바탕에 '수帥' 자를 쓰고 황색 띠를 단 깃발로, 높은 깃대에 매달아 두었습니다. 신호에 쓰지는 않으나, 성 내에 군영의 대장이 위치하는 곳, 혹은 훈련장에서 훈련을 진행할 때 매달아서 그 권위를 보였습니다.

왕이 친림하여 군사들을 사열할 때에는 대열기大閱旗를 쓰는데, '대열大閱' 자를 쓰고 붉은색 띠를 씁니다.

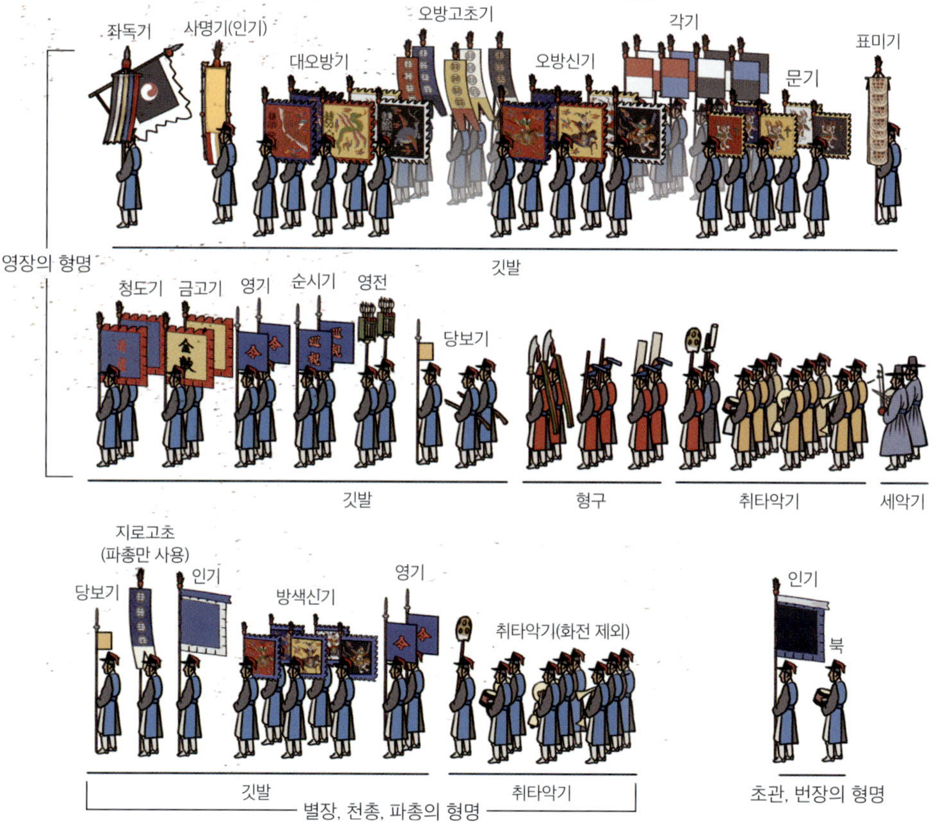

수자기

대열기

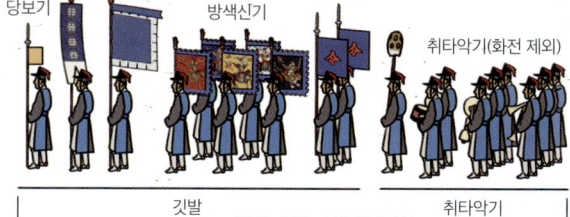

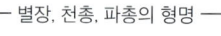

조선 후기의 깃발

인기

인기認旗, 혹은 몸기는 조선 후기 지휘관을 상징하는 깃발로, 그 부대에 해당하는 방위색을 씀으로써 해당 부대임을 표시했습니다. 인기는 세워두어 위치를 표시하는 데 쓰이기도 하지만, 명령에 응함을 알리거나 경보를 알리는 등 신호 용도로도 쓰였습니다.

인기의 바탕색은 해당 부대의 방위색을 따르며, 언저리는 상급부대, 띠는 그 상급부대의 방위색을 따릅니다. 다만 기총기와 대장기는 소속된 초와 같은 배색을 합니다. 가장 높은 영장의 인기는 기가 사방 5척, 깃대가 18척이나 되며, 가장 작은 대장기는 기가 사방 1척, 깃대가 15척입니다.

기병의 경우 기의 크기는 같으나 깃대가 짧은 깃발을 쓰는데, 별장 인기는 깃대가 7척, 번장(초관)은 7척, 정(기총), 령(대장)은 6척입니다. 「훈련도감습진도」 등 회화에서는 기를 등에 꽂아두는 것을 볼 수 있는데, 동개에 꽂았는지, 따로 묶었는지는 확실하지 않습니다.

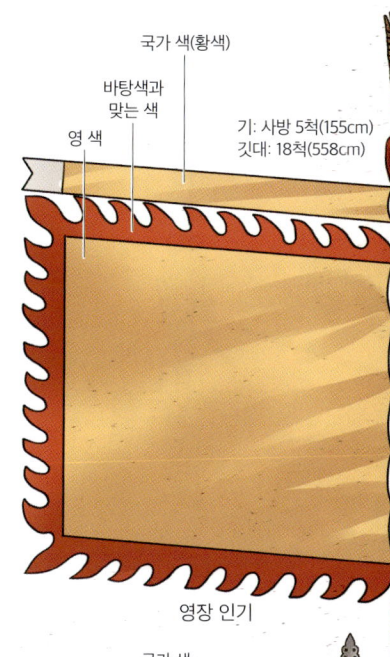
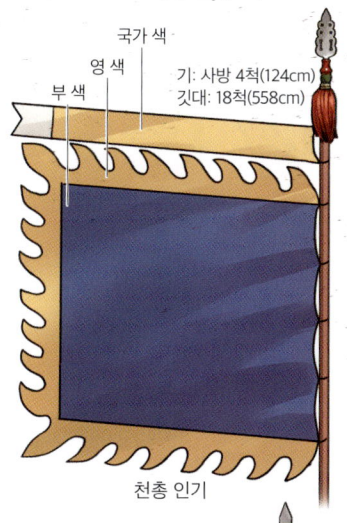
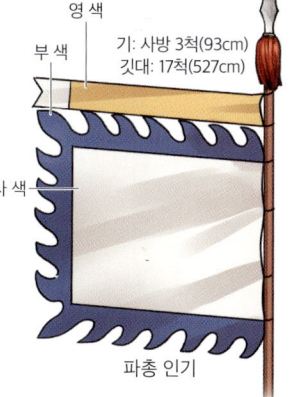
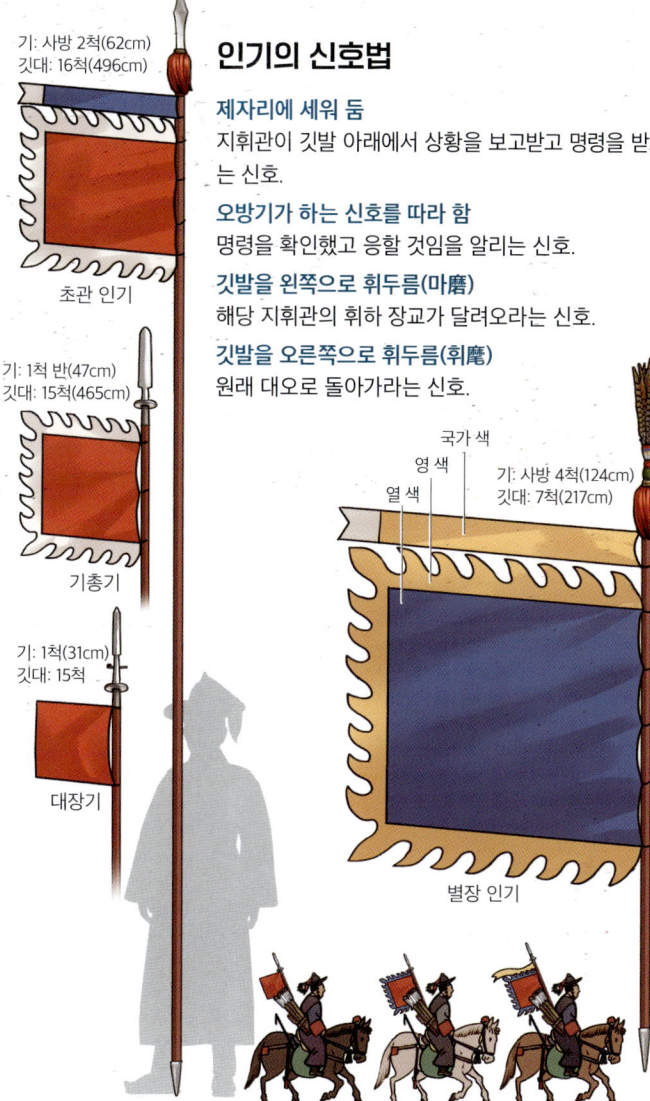

인기의 신호법

제자리에 세워 둠
지휘관이 깃발 아래에서 상황을 보고받고 명령을 받고 있다는 신호.

오방기가 하는 신호를 따라 함
명령을 확인했고 응할 것임을 알리는 신호.

깃발을 왼쪽으로 휘두름(마磨)
해당 지휘관의 휘하 장교가 달려오라는 신호.

깃발을 오른쪽으로 휘두름(휘麾)
원래 대오로 돌아가라는 신호.

---

*제송희, 김영선(2021), 『조선 후기 무위(武威)의 상징 대기치(大旗幟) 고증』, 문화재 Vol. 54 No. 41, pp.154~175를 따라 영조척으로 환산하였다.

**이하의 내용은 『병학지남연의』, 『속병장도설』을 바탕으로 『기제』등의 자료를 참고하여 서술하였다.

좌독기

좌독기坐纛旗는 중앙에 태극과 팔괘, 낙서를 그리고 흰색의 언저리를 댄 깃발로, 권위를 보이는 깃발입니다. 행군 때는 영장의 뒤에, 진을 펼쳤을 때는 영장의 왼쪽에 섭니다. 좌독기의 드림은 오방색을 따라 5개의 드림을 달았는데, 황색 드림을 제외한 4개 드림에 28수 그림을 그렸습니다. 『기효신서』에 따르면 십자형 채에 드림을 달았는데, 『속병장도설』의 삽화에서는 일자형 채의 모습이 보이기도 하여, 그림은 두 가지 안을 모두 그렸습니다. 유물로는 국립고궁박물관에 좌독기의 홍색 드림이 하나 남아 있습니다.

사명기

사명기司命旗는 '○○군 사명'자를 쓴 깃발로, 가로로 달린 채에 달아 씁니다. 영장의 인기 격인 깃발로, 훈련 때는 사명기를, 그 외에는 영장인기를 사용하였습니다. 행군 때에는 영장의 앞에, 진을 펼쳤을 때는 영장의 오른쪽에 섭니다.

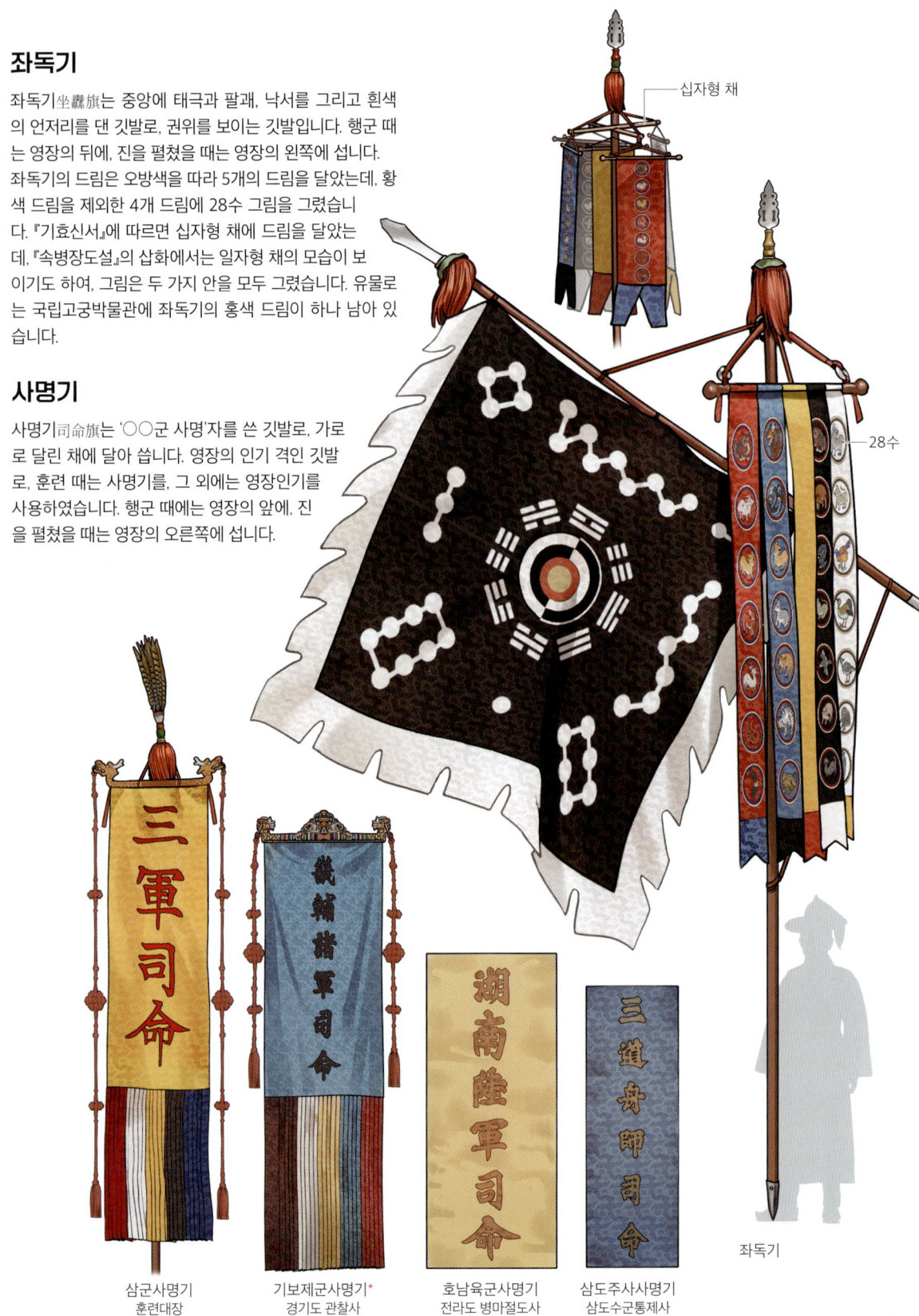

삼군사명기
훈련대장

기보제군사명기*
경기도 관찰사

호남육군사명기
전라도 병마절도사

삼도주사사명기
삼도수군통제사

좌독기

*기보제군사명기는 경운박물관 소장, 호남육군사명기는 동진수리민속박물관 소장, 삼도주사사명기는 해군사관학교박물관 소장임.

대오방기

"대체로 군영 하나에는 반드시 대오방신기大五方神旗 5면, 소오방신기 5면, 고초기高招旗 5면, 문기門旗 8면, 각기角旗 8면이 있습니다…"

— 『승정원일기』 인조 19년(1641) 2월 5일

조선 후기 깃발 신호의 핵심은 오방기五方旗로, 대장이 군에 명령을 내릴 때 사용하였습니다. 후술할 대오방기, 오방신기, 오방고초기 모두 오방기로써, 그 모양과 서는 위치만 다를 뿐 보내는 신호와 사용법은 거의 동일합니다.

대오방기大五方旗에는 앞쪽의 주작기朱雀旗, 왼쪽의 청룡기靑龍旗, 중앙의 등사기騰蛇旗, 오른쪽의 백호기白虎旗, 뒤쪽의 현무기玄武旗 5가지가 있습니다.

바깥쪽 진영인 외루外壘에 그 방위에 맞는 깃발을 하나씩 세우며, 중앙에는 등사기를 세워 영에 소속된 모든 부대에 명령하는 데 사용합니다. 각 방위마다 하나이므로, 한 군영이 5개를 씁니다.

청룡기

주작기   등사기

백호기   현무기

오방신기

오방신기五方神旗는 중오방기라고도 하며, 관원수關元帥, 즉 관우를 그린 홍신기, 온원수溫元帥를 그린 남신기, 마원수馬元帥를 그린 백신기, 조원수趙元帥를 그린 흑신기, 왕령관王靈官을 그린 황신기가 있습니다.

신기는 오방기가 서는 외루外壘와 오방고초기가 서는 자벽子壁의 사이에 서지만, 진영이 크지 않을 경우 영장의 양옆에 섭니다. 이 신기도 각 방위마다 하나이므로 한 군영이 5개를 씁니다.

영장이 통솔하는 신기 외에도 별장, 천총, 파총도 신기를 보유하고 있는 것이 『원행을묘정리의궤』, 『만기요람』, 「훈련도감습진도」등의 자료에서 확인됩니다. 이들의 신기는 오방신기와 구별해 방색신기方色神旗라 불렸으며, 휘하의 사나 초에 명령을 내릴 때 사용하였습니다. 오방신기와 달리 명령을 내리고자 하는 부대의 인기와 같은 배색을 쓴 것이 특징입니다.

홍신기

남신기   황신기

백신기   흑신기

오방고초기

오방고초기五方高招旗는 소오방기라고도 하며, 팔괘가 그려졌으며, 제비 꼬리 장식이 붙은 깃발입니다. 고초기는 자벽의 4방향에 서며, 황고초기는 중앙에 위치합니다. 고초기도 방위마다 하나이므로, 한 군영이 5개를 씁니다. 고초기는 밤에도 깃발을 눕히지 않고 바람을 보는 데 사용하였다고 합니다.

『만기요람』의 훈련도감 군기목록을 보면, 고초기와 별개로 지로고초指路高招라는 기를 6개 보유한 것이 확인되는데, 이 깃발도 「훈련도감습진도」에서 확인 가능합니다. 지로고초는 파총의 앞에 서며 파총의 인기와 같은 배색을 사용하는데, 행군 시 각 사의 선두에서 행렬을 인도하는 역할을 한 것으로 보입니다.

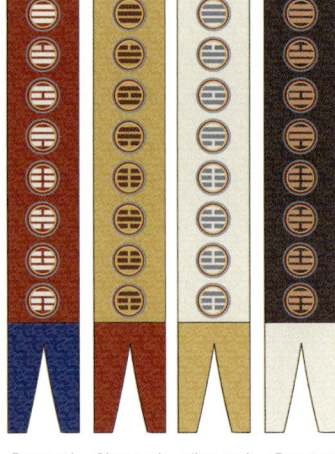

홍고초기 황고초기 백고초기 흑고초기

흑문기

홍문기 남문기

황문기 백문기

남고초기

오방기의 신호법

영장이 오방기로 명령을 내리면 그 깃발의 방위에 맞는 부대가 인기로 응해 따라야 합니다.

모든 깃발을 세우고 점하여 움직임
모두 깃발을 따라 가라는 신호.

깃발을 어떤 방향을 향해서 점함
깃발이 향하는 곳에 가라는 신호.

깃발을 왼쪽으로 휘두름(마)
방진(방영)을 급히 이루라는 신호. 진영을 설치했을 때 황색은 병사가 나가 나무하고 물을 길어오라는 신호. 흑색은 밤새워 훈련한다는 신호.

나누어 조련할 때 깃발을 세움
청, 홍, 백색은 삼재진, 청, 백색은 양의진, 황색은 원앙진을 펴라는 신호.

행군 때 깃발을 펼침
길이 숲에 막히면 청기, 물에는 흑기, 군사와 말에는 백기, 험한 산엔 황기, 불에는 홍기를 펼쳐 알린다.

행군 때 고초기를 세움
길을 살펴 1길로 행군할 수 있으면 1개를 세우고, 2길 2개, 3길 3개, 4길은 4개를 세운다. 진을 편채로 갈 수 있으면 5개를 세운다.

무예를 비교할 때 고초기를 세움
남색은 활, 홍색은 조총을 시험하라는 신호. 이들을 모았을 때는 흑색 등패, 백색 당파, 홍색 창, 남색은 낭선과 곤방을 시험하라는 신호.

문기

문기門旗는 진영의 문에 세우는 깃발로, 날개 달린 호랑이를 그렸으며 바탕색은 해당 방위에 맞는 색, 가장자리는 황색을 사용하였습니다. 진영의 출입을 통제하는 데 쓰는데, 밤이 되어 진영 문을 닫으면 문기수가 영기와 영전의 여부를 확인하여 없으면 들어오지 못하게 하였습니다.

자벽의 문 한곳에 황문기 한 쌍, 외루에 난 네 방향의 문에는 방위에 맞는 문기를 한 쌍씩 세워 한 군영에서 10개를 씁니다.

각기

각기角旗는 진영의 모서리에 세우는 깃발로, 이정표가 되어 병사들이 본인의 위치가 적절한지 확인할 수 있게 해주는 깃발입니다. 바깥쪽 진영인 외루의 모서리에 한 쌍씩 세우는데, 4개의 모서리가 있으므로 한 군영에서 8개를 씁니다.

청도기

청도기淸道旗는 행군시 선두에서 부대를 인도하는 깃발로, 푸른색 바탕에 "청도淸道"자를 쓰고 붉은색 가장자리를 대었습니다. 행군 때는 선두에 서고, 진을 치면 대장의 앞 양편에 세워 한 군영에서 2개를 씁니다.

금고기

금고기金鼓旗는 금과 고, 즉 모든 취타수의 행동을 통제하는 깃발로, 황색 바탕에 붉은색 가장자리를 대었습니다. 취타수의 앉았다 일어나며 이동하는 행동을 금고기로 통제합니다. 진을 치면 대장의 앞 양편에 세워 한 군영에서 2개를 씁니다.

표미기

표미기豹尾旗는 출입을 통제하고자 하는 곳에 세우는 깃발로, 표범의 가죽으로 만들거나 그 모양을 그렸습니다. 표미기가 서 있는 곳을 함부로 엿보거나 들어가면 군법으로 처벌하게 되며, 그곳에 가려면 영기나 영전이 있어야 했습니다.

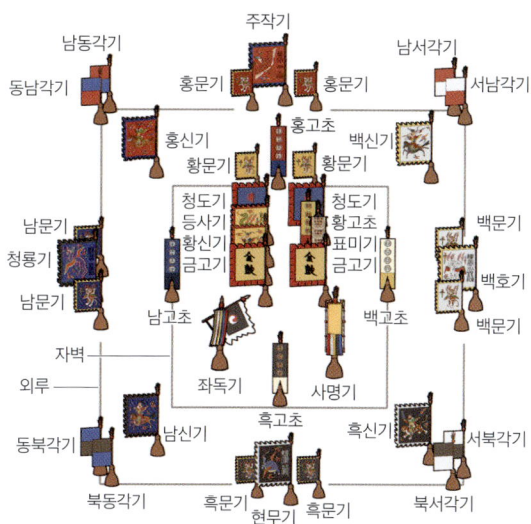

방진에서의 깃발 위치

청도기
라이프치히그라시민속박물관

금고기
라이프치히그라시민속박물관

표미기
국립고궁박물관

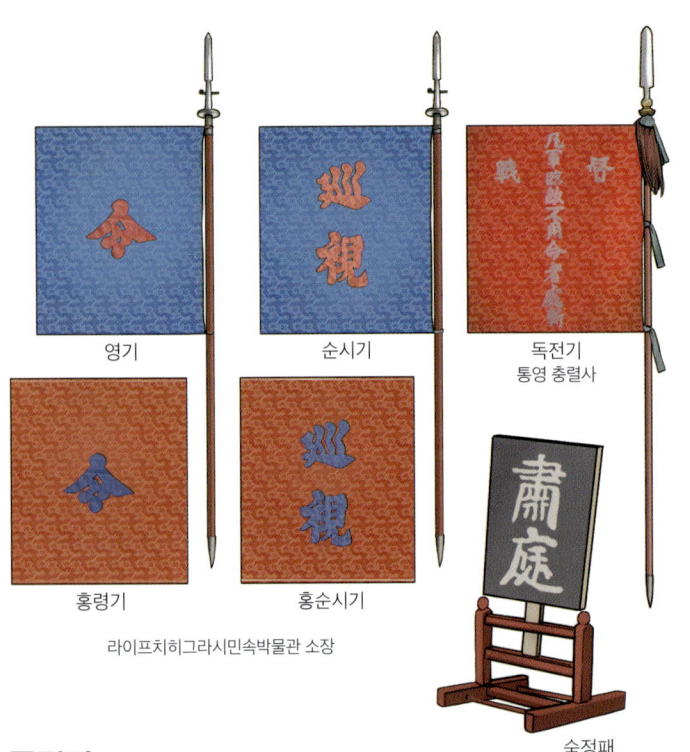

영기와 순시기

영기令旗는 명령을 전하는 깃발로, 청색 바탕에 붉은색으로 '영令'자를 썼습니다. 행군 중 진영을 설치하였을 때와 적과 대적하고 있을 때, 구두로 명령을 전하기 위해 쓰는데, 명령을 전할 전령에게 주어서 신원을 증명하게 했습니다. 아무리 높은 장수라도 영기를 지녀야만 진영 안으로 출입할 수 있었습니다. 혹은 영전, 영패로 대체하기도 했는데, 일반적으로는 영기나 영전을 사용하였고, 사람을 임명해서 은밀히 명령을 전달할 때 영패를 썼습니다.

순시기巡視旗는 순찰하는 깃발로, 청색 바탕에 붉은색으로 '순시巡視'자를 썼습니다. 진영을 쳤을 때 진영 안을 순찰하여 죄인을 잡아 올 때 쓰였습니다.

왕이 사용하는 영기와 순시기는 그 제도가 약간 달랐는데, 붉은색 바탕에 청색 글씨를 쓰고 홍령기紅令旗, 홍순시기紅巡視旗라 불렀습니다.

독전기

독전기督戰旗는 전투를 독려하는 깃발로, 명나라가 이순신 장군에게 하사한 소위 '팔사품' 중 하나입니다. 바탕은 붉은색에 청색 글씨로 좌우에 '독전督戰'이라 썼으며 세로로 '범군임적불용명자처단凡軍臨敵不用命者處斷'이라 썼는데, 군사가 적을 만났을 때 명령에 따르지 않으면 처단한다는 뜻입니다.
독전기는 통제영 외에 다른 군영에서 사용례를 찾기는 힘드나, 조선 후기 수군의 훈련을 그린 각종 그림에서는 삼도수군통제사의 의장으로 빼놓지 않고 나옵니다.

숙정패

숙정패肅靜牌는 흑색 바탕에 흰 글씨로 '숙정肅靜'자를 쓴 패입니다. 병사와 장수가 행동을 삼가고 정숙해야 할 장소에 숙정패를 세워 정숙하게 했습니다.

영전과 관이전

영전令箭은 명령을 전하는 화살로, 영기와 함께 명령을 전할 때 씁니다. 관이전貫耳箭은 군대에서 죄를 지어 사형에 처할 사람의 귀에 꽂아두거나, 은밀히 명령을 전할 때 씁니다.
영전과 관이전은 모두 틀에 꽂아서 들고 다녔으며, 필요할 때 꺼내서 나누어 주는 식으로 썼습니다.

신전

왕이 군영의 대장들에게 명령할 때 쓰는 영전은 신전信箭이라 했는데, 촉은 '영令'자를 새겼고, 황색 기에 '신信'자를 썼습니다.

당보기

당보기塘報旗는 경보를 알리는 황색의 작은 기입니다. 당보기를 사용하는 병사인 당보수는 행군할 때 본대에 앞서 행군하며 길과 주변을 수색했는데, 2명에서 6명, 보통 3명을 한 당보로 삼아 활동하였습니다.
이들은 눈으로 확인할 수 있는 거리인 60보(76m)에서 반 리(227m) 사이의 간격을 유지하며 이동하였으며, 당보기뿐만 아니라 삼안총과 주화를 휴대하여 경보를 알렸습니다. 이들은 산을 타는 등 험한 지역을 다니며 더 은밀한 행동을 요구받았으므로, 조총과 당보기를 어깨에 지거나 높이 들지 않고 한 손에 눕혀서 들고 다녔습니다.

당보수의 신호법

계속 내렸다가 올림(점)
적이 느리게 온다는 신호.

계속 왼쪽으로 휘두름(마)
적이 급하게 온다는 신호.

계속 몸에 둘러서 왼쪽으로 휘두름(마)
적이 많다는 신호.

왼쪽으로 세 번 휘두른 후 세 번 말아둠
무사하다는 신호.

삼안총 발포(보경포)
1번 발포는 적이 적다는 신호.
2번 발포는 적이 많다는 신호.

주화를 하늘로 쏨(기화)
기화 1개는 적이 적다는 신호.
기화 2개는 적이 많다는 신호.

수기

수기手旗는 한 손으로 잡을 수 있는 작은 깃발로, 영장부터 초관까지 어떤 부대를 지휘하는 장교가 썼고, 보통 동개에 꽂아놓았습니다. 대장의 경우 인기와 같은 색에 '내외제군사명', '탐라수륙제군사명' 식으로 사명기처럼 글을 썼으며, 중군은 황색 바탕에 '삼군사명'이라 썼습니다.
『속병장도설』, 『만기요람』 등의 자료에는 이하 지휘관의 수기에 글을 쓴다는 언급이 없지만, 『총위영사례』를 보면 인기와 같은 색에 '선기별장', '좌부우사파총' 식으로 직명을 쓰는 예를 볼 수 있습니다.*
대장의 수기는 기가 사방 9촌(28cm), 깃대는 1척 8촌(56cm)이었으며, 계급이 낮아질수록 기는 작아지고 깃대는 높아지는 특징이 있습니다. 그런데 라이프치히그라시민속박물관에 소장된 '총어군사명' 수기나 여타 박물관의 수기 유물은 크기가 60~70cm에 달하는 것들이 많아 이 제도가 완전히 지켜졌는지는 추후 연구가 필요하겠습니다.

*『총위영사례』 권2, 形名, 旗幟方色制度詳見圖式

파총, 초관의 수기
기 사방 7촌(22cm)
깃대 3척(93cm)

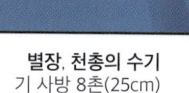

별장, 천총의 수기
기 사방 8촌(25cm)
깃대 2척(62cm)

대장, 중군의 수기
기 사방 9촌(28cm)
깃대 1척8촌(56cm)

형구

곤장棍杖은 본래 전시戰時에 사용하는 몽둥이인데 평상시에 마음대로 사용하여 남쪽 지방의 얼마 남지 않은 백성들로 하여금 죽지 않아도 될 처지에서 많이 죽게 하였으며…
— 『승정원일기』 인조 4년(1626) 7월 27일

형구刑具는 형벌을 가하는 도구를 말하는데, 조선시대 관청에서는 나장羅將이, 조선 후기 군영에서는 군뢰軍牢가 형구로 형벌을 집행했습니다. 조선시대에는 태형, 장형, 도형, 유형, 사형 5가지 형벌이 있었는데, 태형은 태장笞杖 혹은 태笞라는 회초리로 때리는 것이고, 장형은 장杖이라는 막대로 치는 것입니다.

임진왜란 이후로는 곤장棍杖 혹은 곤棍이라는 형벌이 새로 생기는데, 본래는 군에서만 쓴 것이었으나 형벌을 엄하게 하는 것만을 능사로 여기는 풍조 때문에 각지로 퍼졌습니다. 이 때문에 정조는 1777년 『흠휼전칙』을 반포하여 형구의 크기를 제한하였으며, 곤장을 사용할 수 있는 관직을 제한하는 조치를 취하기도 합니다. 그림은 『흠휼전칙』에 따른 형구의 크기를 그렸으되, 군뢰가 드는 주장朱杖은 제도가 조금 다른 것 같아 따로 추가하였습니다.

「안릉신영도」에는 군뢰가 먼 길을 갈 때 곤장을 휴대하는 모습이 그려져 있는데, 넓은 천을 둘러 묶고 어깨끈을 단 모습입니다. 또 방울을 매달아 소리가 나게 한 것도 볼 수 있습니다.

치도곤 중곤(重) 대곤 중곤 소곤 장 태 주장

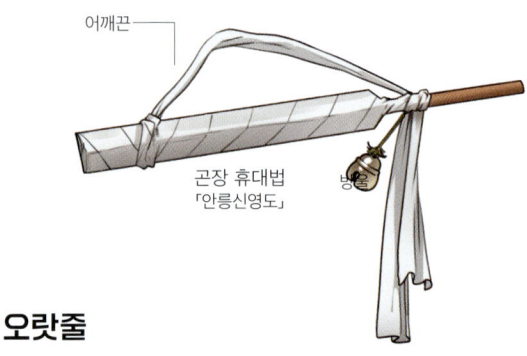

곤장 휴대법 「안릉신영도」

허리띠에 차기 면승투삭 걸기 사슬 걸기

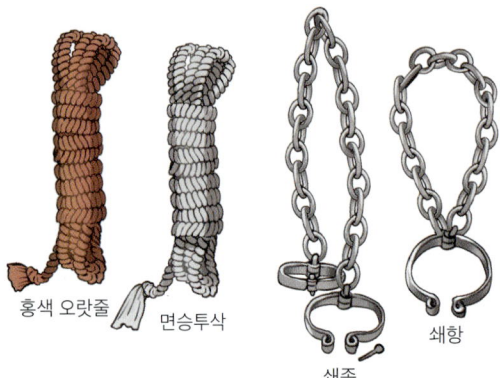

홍색 오랏줄 면승투삭 쇄족 쇄항

오랏줄

"어전전배 자개창 시위하고 모단전건 흥덩그레 화약통 남날개며 오라 사슬 칼에 걸고 행보 좋게 가는구나…"
— 『한양가(1844)』

오랏줄, 혹은 오라는 죄인의 몸에 묶는 끈으로, 주로 포졸과 군사들이 사용했습니다. 포졸의 경우 주로 붉은색 오라를 허리띠에 차고 다녔고, 조선 후기의 보군은 흰 무명으로 만든 끈인 면승투삭綿繩套索을 칼에 걸어서 가지고 다녔습니다.

사슬

『만기요람(1808)』에 따르면, 당시 일반 보군은 칼에 면승투삭을 걸고 다녔지만, 군뢰의 경우 사슬을 걸고 다녔다고 합니다. 이들이 걸고 다닌 것이 그냥 쇠사슬일 수도 있지만, 죄인을 구속하고 처벌하여야 한다는 군뢰의 임무를 고려해 보면 쇄족, 쇄항이 아닐까 싶습니다.

『흠휼전칙』에 따르면, 사슬에는 발에 거는 쇄족鎖足이 있었고 목에 거는 쇄항鎖項이 있는데, 모두 사형죄를 범한 죄인에게 채웠습니다. 쇄족은 사슬의 길이가 5척(105cm), 쇄항은 사슬의 길이가 4척(84cm)이라고 합니다.

조명구

등롱

등롱燈籠은 철이나 나무로 테를 만들어 안에 초를 꽂고, 천이나 종이로 싸 불이 꺼지지 않게 하되 빛은 나게 한 조명구입니다. 조선시대 일상생활과 각종 행사에 쓰였습니다.

조선 후기 군영에서는 주로 등롱군燈籠軍에 의해 쓰였는데, 위는 붉고 아래는 푸른 청사초롱靑紗燭籠이 주로 쓰였습니다.

깃발에도 등을 달았는데, 좌독기는 오색등 5개, 대오방기에는 방위색을 따른 등 1개, 고초기는 2개, 천총, 별장 인기에는 4개, 파총 인기에는 3개, 초관 인기에는 2개, 기총기, 대장기, 당보기는 1개의 등을 달았습니다. 실제 그 사용례를 「평안감사향연도」, 「화성행행도 병풍」 등의 회화 자료에서 볼 수 있습니다.

이 등에는 모두 조개罩介라는 검정색 천에 기름을 먹인 덮개를 쓰는데, 갑자기 모든 등에 불을 붙이기 어려우므로 안에 불은 유지한 채 불빛은 가리기 위해 쓰는 것입니다.

등의 신호법

등을 매달음
명영明營(빛나는 진영)을 하겠다는 신호.

등을 조개로 덮음
암영暗營(어두운 진영)을 하겠다는 신호.

중군의 쌍등을 내렸다가 올림(점등點燈)
등불을 덮어 암영을 한 채로 진영을 몰래 옮기겠다는 신호.

전투 시
낮에 하는 신호와 같음.

조개 / 등롱틀 / 청사초롱

오색등 좌독기 / 색등 고초기 / 색등 인기

홰

홰는 나뭇가지 여러 개를 묶어 만든 조명구로, 한쪽 끝에 불을 붙여 사용합니다. 홰에 붙인 불이나 그 불빛을 횃불이라고 합니다. 조선시대 일상생활과 군대에서 쓰였으며, 보통 비바람이 심해서 등롱을 쓰기 어려울 때 쓰였습니다. 혹은 야간에 성을 지키는 조련을 할 때 온 성을 환하게 비추기 위해서 씁니다.

조적등

조적등照賊燈은 손잡이가 달린 등으로, 안에 철물이 있어서 어느 방향으로 돌리든 안의 초는 위를 향하게 만들었습니다. 또 사방이 막히고 한쪽만 트여서 빛이 한 방향으로 모이기 때문에, 옆으로 들어서 적을 비추면 빛 때문에 조적등을 든 사람을 보기 어려운 장점이 있으며, 또 바닥을 향하여 들면 은밀하게 이동할 수 있었습니다.

조적등의 도설과 상세한 사용법은 『훈국신조기계도설(1868)』에 처음 나오지만, 『풍천유향(1778)』에서 제안된 '상승진'에서 검거마다 나눠주는 장비 중 하나로 언급되므로, 그 이전에도 군영과 민간에서 쓰였던 것으로 보입니다.

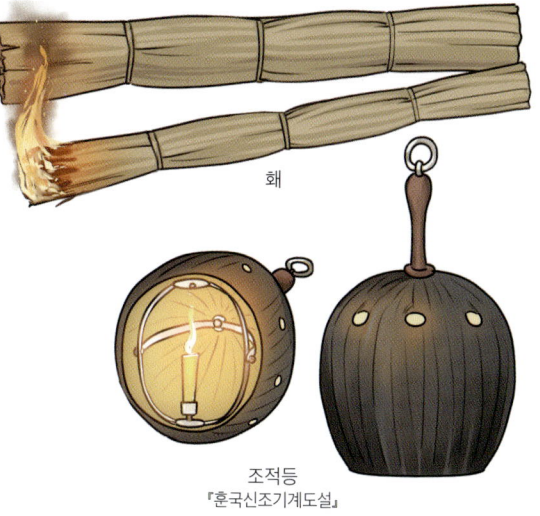

홰

조적등 『훈국신조기계도설』

암령법과 군호

암령

암령暗令은 적이 명령을 내리는 사실을 모르게 명령을 전달하는 것을 말합니다. 조선 후기부터 쓰였으며, 주로 작은 물건을 전달해 명령을 전합니다.

암령법

나뭇가지 전달
행군을 멈추라는 신호.

긴 곤방을 전달
천천히 행군하라는 신호.

돌덩이를 전달
앉으라는 신호.

관이전을 전달
급히 달려나가라는 신호.

영전을 전달
부대를 수습하고 대오를 정돈하여 전투를 대비하라는 신호.

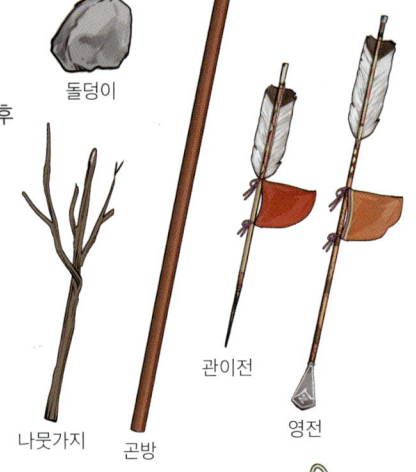

돌덩이 / 관이전 / 영전 / 나뭇가지 / 곤방

영패

영패令牌는 조선 후기 은밀하게 명령을 전할 때 쓴 패인데, 『병학지남연의』에 따르면 '영'자를 새긴 후 붉은색을 칠한 원형 목패로, 군영마다 10개씩 만들어 영기, 영전 대신 몰래 명령을 전할 때 썼다고 하나 현재 전하는 유물 중에는 그러한 모양의 패가 없어 의문스러운 부분이 있습니다. 충렬사에 '명조 팔사품'으로 전하는 영패는 호랑이 모양의 패와 함께 달려있고, 같은 모양을 한 대장패가 함께 전합니다. 그러나 이 영패는 하나만 있어서 의장에 가깝고 명령을 전달할 때 쓰이진 않은 듯합니다. 또 전령패傳令牌가 있는데, 사각형 목패 앞에 '전령傳令' 자를 쓰고 뒷면에는 직책과 화압을 쓴 모양입니다.

전령패
서울대학교박물관

영패
통영 충렬사

군호

"신이 일전에 감군監軍에 임명되어 어영청의 군졸을 잡아 군호를 외우게 했는데 알지 못했고 요패도 차지 않았습니다. 때문에 법조에 이송하여 법대로 처단하게 했는데, 해당 영의 대장에게도 견책의 벌을 시행해야 마땅하다고 신은 생각합니다."
- 『일성록』 정조 6년(1782) 5월 24일

군호軍號는 조선시대 군사들이 사용하는 암호로, 말마기言的라고도 하였습니다. 군호는 3자 이내의 단어로 이루어져 있어 전시에는 적과 아군을 분별할 때 사용하였고, 평시에는 주로 궁궐을 경비하는 군사가 야간에 통행하거나 순찰할 때 썼습니다.
군호는 매일 병조 생기색에 숙직하는 당상관이 작성하여 신시(오후 4시경)에 왕의 결재를 받았습니다. 결재를 받은 군호는 27장을 써서 중앙의 각 군영 대장과 좌, 우포도대장, 각 문과 초소에 분배하였으며, 담당자가 직접 받으러 와야 했습니다. 그러나 왕이 병이 심해 결재를 하지 못할 때나 국상 때에는 군호도 바뀌지 않아 이전 군호를 계속 사용하였습니다.
군호는 보통 시의에 맞는 단어로 지었는데, 평시에는 날씨, 농사, 명절을 소재로 지었습니다. 1차 왕자의 난 때 정안군은 '산성山城' 두 글자로 군호를 지었으며, 1481년 겨울에는 '설송雪松'을 군호로 삼기도 하였습니다.* 『노상추일기』에는 1790년부터 1811년 동안 분배된 422건의 군호가 기록되어 있는데, '중일中日', '순작巡綽' 등 군영의 일상 업무에 관계된 군호가 자주 쓰였으며, 또 '화창和暢', '춘청春晴', '백설白雪' 등 날씨를 나타내는 군호도 많이 쓰였습니다. 나라에 기념할 만한 경사가 있을 때는 '경축慶祝', '축만祝萬' 등 축하하는 단어가 쓰였고, 초복날엔 '초복初伏', 칠석날엔 '칠석七夕' 식으로 군호를 짓기도 하였습니다.**
순찰 때 군호를 쓸 때는 서로 마주쳤을 때 동시에 소리쳐 군호를 확인하는 방식이 사용되었습니다. 이 법에 대한 의논이 많아 시기에 따라 작게 말해 유출을 막기도 하고, 혹은 위엄을 보이기 위해 크게 말하게 하기도 하였습니다. 1731년 병조판서 김재로는 비밀 유지를 위해 한 글자로 물으면 다음 글자로 답하는 방식을 제안했으나 받아들여지진 않았습니다.***

"말복!"
군호 확인법

*『태조실록』, 태조 7년(1398) 8월 26일 / 『성종실록』, 성종 12년(1481) 11월 14일
**김윤희(2023), 『노상추일기』로 본 조선 후기 군호(軍號)에 담긴 생활상 연구, 한국학 제46권 제2호 243~283p
***『승정원일기』 숙종 4년(1678) 10월 1일 / 같은 책, 영조 7년(1731) 9월 14일

나각 / 대각 / 호적 / 나팔

조선 후기의 취타악기

취타吹打는 불고 친다는 뜻으로, 조선 후기 군영에선 대장이 장막에 오를 때나 훈련 중 모두 제자리로 돌아가도록 할 때, 혹은 훈련을 마무리할 때 취타악이 연주되었습니다. 이 취타와 신호를 위해 쓰는 악기를 취타악기라고 합니다. 취타악기에는 나팔, 바라, 호적, 징, 자바라, 점자, 북이 있었으며, 악기는 아니지만 화전, 호포도 신호를 보내는 데 썼습니다.

나팔

나팔喇叭은 금속으로 된 관악기로 조선 후기에는 5척(105cm)길이의 나팔이 쓰였습니다. 수군은 위로 굽은 곡나팔曲喇叭을 씁니다.

나팔의 신호법

호포 / 화전 / 징 / 북(고)

다른 악기 없이 나팔을 붊(장호)
첫 번째는 일어나 짐을 챙기고 밥을 지으라는 신호(두호).
두 번째는 준비하여 문을 나와 진을 칠 곳에 모이라는 신호(이호).
세 번째는 대열로 나와 진에서 그가 있을 곳에 서라는 신호(삼호).

호포와 함께 나팔을 붊(장호)
매복한 복로군과 당보군, 나무하고 물 긷는 병사는 복귀하라는 신호.

나팔을 한 번 긴 소리로 붊(천아성)
병사들이 함성을 치며 총과 활을 일제히 발사하라는 신호.

북을 천천히 치고 나팔을 붊(파대오)
일렬로 줄을 지어 큰 대오를 구성하라는 신호.

큰 대오가 이루어진 후 긴 소리로 붊(단파개)
대오를 작은 대오로 나누어 전투태세를 갖추라는 신호.

긴 소리로 불고 깃발로 가리킴(전신)
깃발이 가리키는 방향으로 몸을 돌리라는 신호.

바라

자바라 / 점자 / 솔발

바라哱囉는 즉 쥬라, 각으로, 조선 후기에는 나무나 동으로 된 대각大角과 소라로 만든 나각螺角이 쓰였습니다.

바라의 신호법

긴소리 3번(기신)
첫 번째는 휴식하는 병력이 일어나 이동을 준비하라는 신호.
두 번째는 각자 말에 타거나 일어나 전투태세를 갖추라는 신호.

다른 신호 없이 바라만 붊(외주라)
주장(지휘관)만 일어나라는 신호.

나각 / 대각 / 곡나팔 통영 충렬사 / 나팔

호적

호적胡笛 혹은 쇄납嗩吶, 태평소太平簫는 구멍이 7개 달린 관악기입니다. 취타에 쓰거나 지휘관을 소집할 때 씁니다.

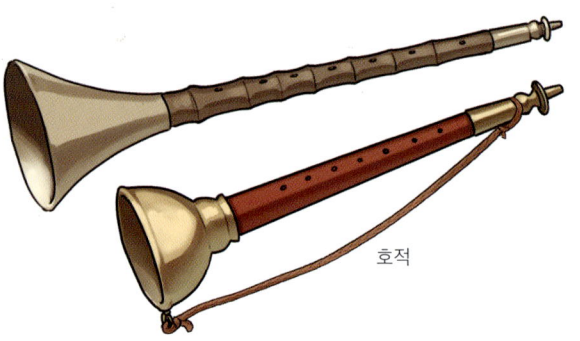
호적

호적의 신호법

호적을 길게 붊(장호적)
각 장관과 기총, 대장을 집합시켜 중요한 명령을 내릴 때의 호령. 급한 일이 있거나 군사의 수가 수만에 이를 때는 기총까지만 가며, 평시 영문에서 장호적을 불 때는 초관까지만 집합하라 신호.

징

징鉦 혹은 금金은 금속으로 만들고 나무에 천을 감은 뭉툭한 채로 치는 타악기입니다. 징을 치는 것은 주로 퇴각이나 정지를 의미하는 신호였습니다.

징 / 채

징의 신호법

1번 울림
시행 중인 명령을 중지하고 악기의 사용을 중지하며, 또 깃발을 눕히라는 신호. 이후 호포를 울리고 새로운 명령을 내린다.

2번 울림
취타하라는 신호.

3번 울림
취타할 때 취타를 멈추라는 신호. 혹은 전투를 마쳤을 때 후퇴하라는 신호.

연달아 2번 울림
후퇴하던 군사들이 몸을 돌리고 그 자리에 서라는 신호.

징의 가장자리를 침
복로병과 당보병은 출동하라는 신호. 혹은 깃발을 세우라는 신호.

자바라

자바라啫哱囉 혹은 동라銅囉는 양손에 끼워 사용하는 원판 형태의 타악기입니다. 주로 병력을 쉬게 하는 데 쓰입니다.

자바라의 신호법*

자바라를 울림
첫 번째는 기병은 말에서 내리고, 전거병은 전거에서 내리란 신호.
두 번째는 모든 병력이 앉아서 쉬라는 신호.

거리에서 연달아 자바라를 울림
대기중인 군사들이 갑옷을 벗고 편히 쉬라는 신호.

자바라의 가장자리를 울림
깃발을 좌우로 나누어 세우라는 신호.

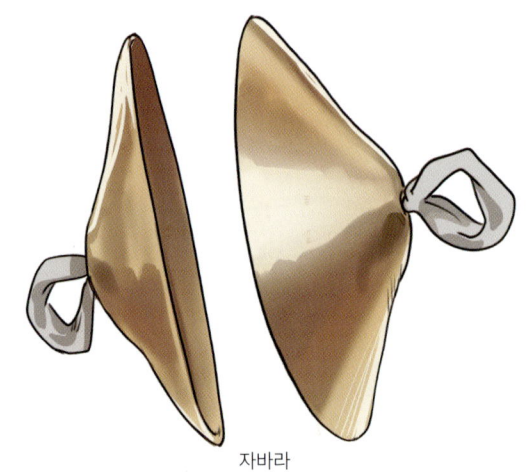
자바라

---

*『병학지남』의 원문은 '명라하는 법' 이며, 라鑼는 징과 유사하나 가운데가 튀어나온 모양의 악기로 보기도 한다. 그러나 라의 정확한 형상을 알기 어려워 이 책에서는 『역주 병학지남』 (세종대왕기념사업회, 2014), 의 해석을 따라 '자바라'로 보아 썼음을 밝힌다.

솔발

솔발捽鈸은 조선 초기의 탁과 같이 손잡이가 달린 방울입니다. 주로 대오를 정돈하게 만드는 데 씁니다.

솔발의 신호법

1번 울림
첫 번째는 대오를 정돈하라는 신호.
두 번째는 큰 대오를 이루고 기치를 거두어 복귀하라는 신호.

전투를 마쳤을 때 1번 울림
첫 번째는 각각 대오를 정돈하라는 신호.
두 번째는 본래 소속된 부대의 대오로 복귀하라는 신호.

점자

점자點子는 4개의 징을 틀에 매달고 채로 치는 형태의 타악기입니다. 명령에는 쓰지 않지만, 취타에 사용합니다.

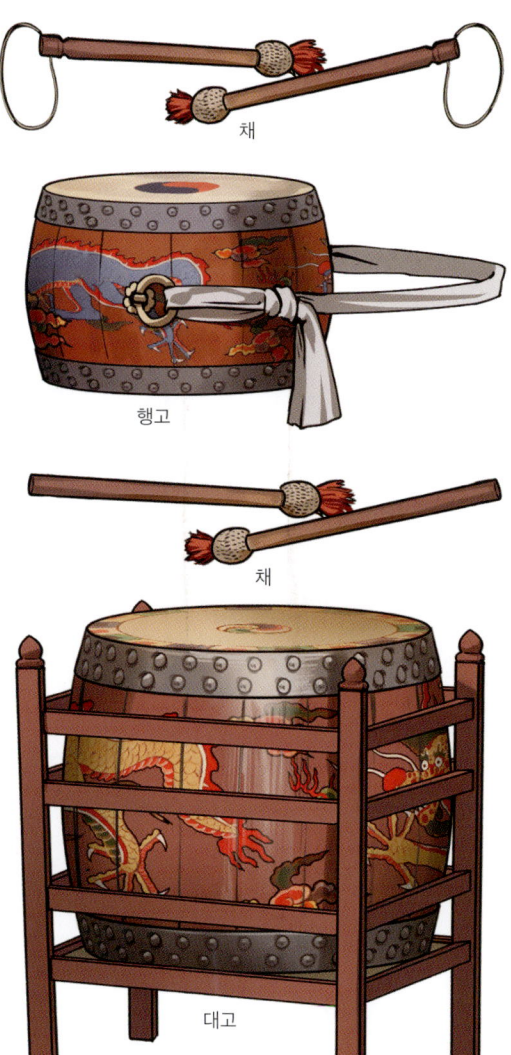

북

북 혹은 고鼓는 나무 틀 양쪽에 가죽을 씌워 채로 치도록 만든 타악기입니다. 조선 후기에는 바닥에 놓는 큰 북을 대고大鼓, 들고 다니며 치는 북은 행고行鼓라 하였으며, 주로 용이 그려졌습니다. 북을 치는 것은 대개 이동을 의미하는 신호입니다.

북의 신호법

북을 드물게 침(점고)
북을 1번 칠 때 20걸음 가라는 신호. 진을 친 상태에서는 대형을 유지하여 나아감.

북을 빠르게 침(긴고)
북을 1번 칠 때 한 걸음씩 빠르게 가라는 신호.

우레와 같이 연달아 침(뇌고)
전진하여 적과 교전하라는 신호. 진영을 설치했을 때는 땔감을 장만하고 물을 길라는 신호이며, 밤에 영문을 닫을 때의 뇌고는 야경(야간 순찰)을 명하며 경계하는 신호.

뇌고와 함께 바라를 불고 징을 울림
야간에 순라군을 내보내는 신호.

가장자리와 가운데를 번갈아 침(득승고)
병사들이 원위치로 돌아가라는 신호.

화전

화전火箭은 주화를 말합니다. 주화는 대개 화전기목에 끼워 하늘을 향해 쏘았는데, 이를 기화起火라고 합니다.

화전의 신호법

주화를 하늘로 쏨(기화)
당파수가 신기전을 쏘라는 신호.
진영 문을 닫고 쏘는 것은 밥을 지으라는 신호.
밤이 되어 진영 문을 닫은 후에 쏘는 것은 등을 밝히라는 신호.

호포

호포號砲는 신호에 쓰는 포인데, 주로 삼안총이 쓰였습니다. 신호에 쓰는 삼안총은 평소에는 대개 표범 가죽 덮개를 덮어서 가지고 다녔습니다. 임금이 친히 임하여 명령을 할 때는 신포信砲를 쓰는데, 조선 초기와 달리 조선 후기에는 호준포가 신포로 쓰였습니다.

호포의 신호법

3번 발포 후 징을 울리고 대취타를 함(승장포)
대장이 당(장막)에 오름을 알리는 신호.

1번 발포 후 뇌고를 치고 자바라를 3번 울리며 깃발을 세움(승기포)
모두 깃발을 세우라는 신호.

3번 발포 후 숙정패와 표미기를 세움(숙정포)
떠들지 말고 정숙하도록 하고, 이후 진 치는 명령을 들으라는 신호.

1번 발포 후 천아성을 불고 고함을 침(눌함포)
한차례 용맹을 북돋는 고함을 치라는 신호. 적진과 대치했을 때는 징을 칠 때까지 계속한다.

행군 때 1번 혹은 여러 번 발포(분합포)
군사를 여러 길로 나누어 진격시키려 할 때, 길의 숫자만큼 발포하고 깃발을 나눈다.

3번 발포 후 대취타(폐영포)
진영의 문을 닫으라는 신호.

1번 발포 후 천아성 나팔(정경포)
밤이 되어 북 치기를 끝낼 때 한다.

1번 발포(변령포)
정상적으로 명령을 진행하는 중에 명령을 다시 하달할 때의 신호.

성을 지킬 때 발포(보경포)
1번 발포는 적이 북쪽, 2번은 남쪽, 3번은 동쪽, 4번은 서쪽에서 적이 온다는 신호.
당보군과 복로군이 쓰는 경우 1번은 적이 적다는 신호, 2번은 적이 많다는 신호.

조선 후기의 세악기

"군문軍門의 세악수細樂手는 근년 이래 처음으로 창립되어 평상시에 달리 긴요하게 쓸 곳이 없어 습진習陣할 때 대장 앞에 서 있을 뿐입니다. 따라서 봄, 가을 옷감만 주고 급료는 주지 않았습니다. 이런 부류는 마땅히 덜어내야 하는데, 궐원이 생기더라도 보충하지 말아도 되겠습니까?"
- 『승정원일기』 숙종 23년(1697) 11월 13일

세악細樂은 가는 음악이라는 뜻으로, 조선 후기 군영에서 연주된 민간의 음악을 말합니다. 세악을 연주하는 악기를 세악기라고 하는데, 17세기 후반부터 군영에서 사용한 것으로 보이며, 신호에 쓰는 악기는 아니었습니다.

세악기는 '삼현육각'으로 구성되는데, 각각 목피리, 곁피리, 젓대(대금大琴), 해금奚琴, 장구長鼓, 북으로 구성됩니다. 목피리는 주선율을 연주하는 피리고 곁피리는 나머지 선율을 연주하는 피리로, 둘 다 피리입니다.

이들 세악은 취타악과 달리 가늘고 감미로운 선율을 연주하였으나, 군대에서는 쓸모가 적으므로 급료를 주지 않는 등 취타악에 비해서 박한 대우를 받았습니다. 따라서 세악수들은 민간 행사나 연회, 무당의 굿 등에 돈을 받고 부르는 일을 부업으로 하며 생계를 유지하게 됩니다.

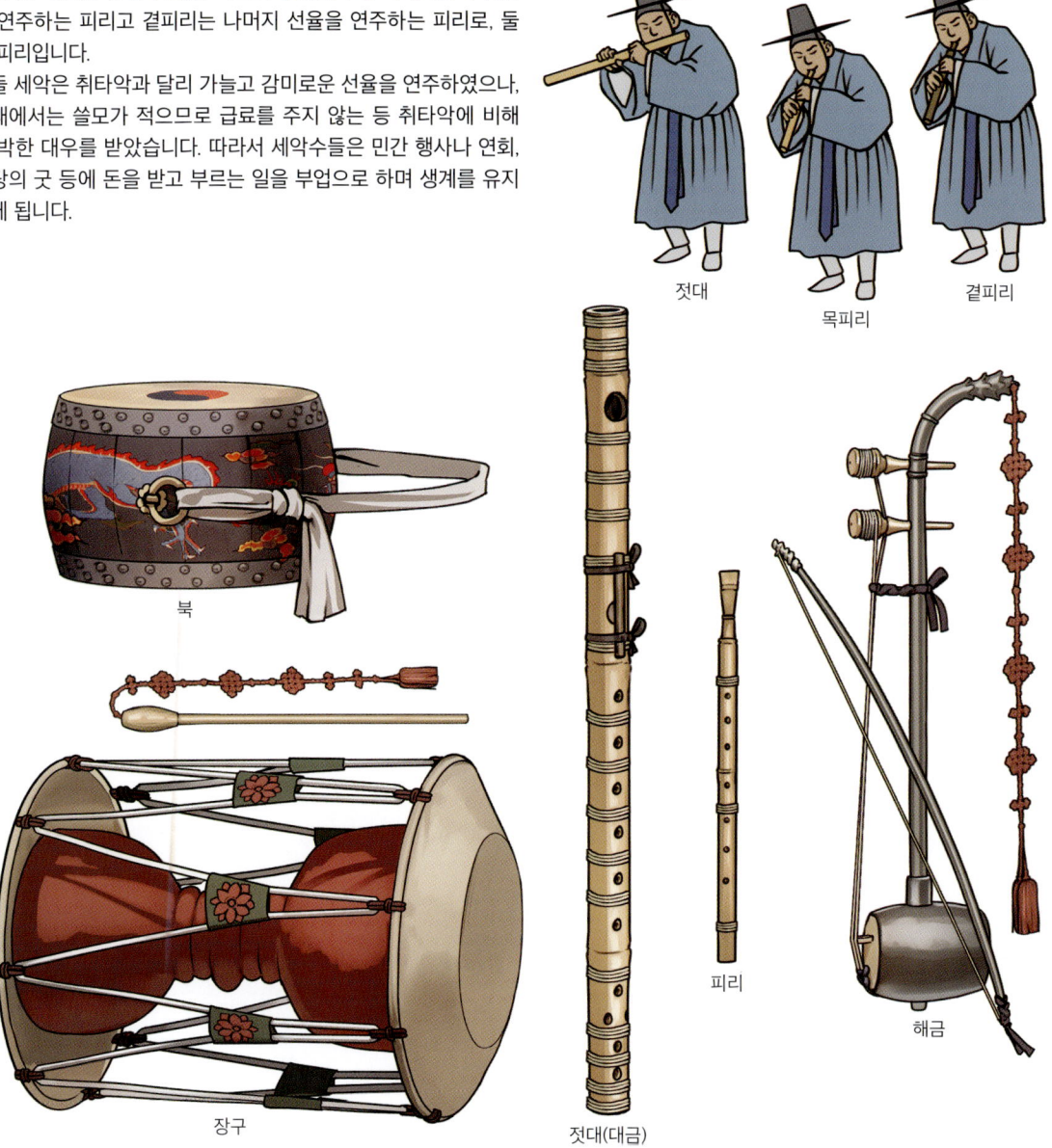

조선의 무비

⑧ 수송수단

말과 마구
가마
좌거
수레
짐말
짐 지기
수행원

말

말은 매우 오랜 세월 동안 인간이 길러온 가축 중 하나입니다. 말은 특히 지구력과 달리는 능력이 뛰어나, 한반도에선 고대부터 사람과 짐을 옮기는 데 썼습니다.

조선시대에도 말에 몇 가지 품종이 있었는데, 만주와 몽골, 혹은 북중국에서 기른 호마胡馬(달마韃馬, 청마淸馬), 함경도에서 기른 북마北馬, 제주도에서 기른 제주마濟州馬가 있었고, 그 외의 토종말은 향마鄕馬라 하였습니다.

호마는 체구가 커 금군과 무관이 타는 말로 선호되었으나, 성질과 지구력에서는 토종말보다 못했습니다. 그 장점 때문에 조선 초기엔 경기도 장봉도 목장이, 조선 후기엔 평안도의 가도, 탄도목장, 제주 청마별둔에서 그 품종을 구해 길렀습니다.*

북마는 호마에 비하여서 체구는 작지만, 성질이 굳세고 지구력이 뛰어났습니다. 북마는 뛰어난 품종으로 여겨져서 1654년 함경도 밖으로 사사로이 반출하는 것이 금지되었고, 북마임을 표시하기 위해 왼쪽 귀를 조금 갈랐습니다. 따라서 함경도의 친기위만이 북마를 사용할 수 있었지만, 일부 무관들은 빼내어 사용하였습니다.**

제주마는 지금까지 있는 품종으로, 체구는 작지만 온순하고 지구력이 뛰어납니다. 조선 초기만 해도 제주마는 좋은 말로 여겨졌지만, 조선 후기엔 체구가 작단 이유로 무관들은 호마, 북마 타는 것을 선호하게 됩니다.

1430년 병조에서 정한 말 크기 규정을 보면 가장 큰 진헌별마의 체고는 5척8촌~6척(122~126cm)이고, 그 아래 세공마는 5척6촌~8촌(118~122cm)입니다. 현대 제주마는 5세 평균 어깨 높이가 125~126cm, 전체 평균이 120~123cm라고 하니, 조선시대 토종말은 오늘날 제주마와 큰 차이가 없었던 것 같습니다.***

말의 털색

조선시대에는 말의 털색도 중요하게 여겼습니다. 조선 후기의 『각변마적』을 보면 붉은색 절따말赤多馬과 붉은 털에 갈기가 검은 월따말騮馬이 대다수를 차지하고, 그 외에는 붉은 털에 흰 털이 섞인 부루말, 밤색 구렁말, 검은색 가라말, 검은 털에 흰 털이 섞인 추마말, 누런색 공골말, 누런 털에 갈기가 검은 고라말, 흰 털에 갈기와 꼬리가 푸른 총이말, 무늬가 있는 털총이말, 흰 털에 갈기가 검은 가리온말, 털색과 무관하게 이마나 뺨에 줄이 난 간자말 등이 있었습니다.

절따말
월따말
부루말
구렁말
가라말
추마말
공골말
고라말
총이말
털총이말
가리온말
간자말

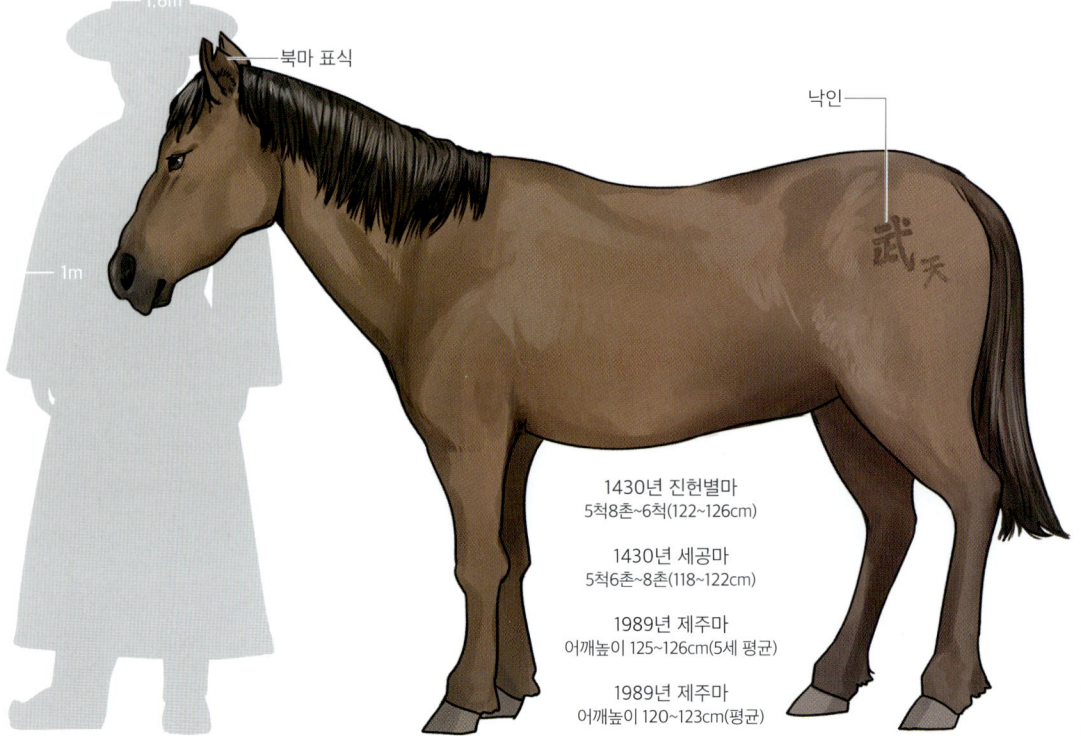

1.6m
1m
북마 표식
낙인

1430년 진헌별마
5척8촌~6척(122~126cm)

1430년 세공마
5척6촌~8촌(118~122cm)

1989년 제주마
어깨높이 125~126cm(5세 평균)

1989년 제주마
어깨높이 120~123cm(평균)

시기	낙인				
조선 초기	市 시市 자 매매가능	父 부父 자 매매금지	山 산山 자 국가소유	周 주周 자 개인소유	兵 병兵 자 군용마
1444년	義 의義 자 충의위	司 사司 자 사금, 사벽	別 별別 자 별시위	禁 금禁 자 내금위	甲 갑甲 자 갑사
조선 후기	兵 병兵 자 군영소유	自 자自 자 개인소유	武 무武 자 왕실소유		
목장 내	天 地 玄 ~ 芥 천자문 순서 낙인				

조선 초기 말의 낙인

1433년에는 좋은 종마의 넓적다리에 '부父'자 낙인을 찍어 매매를 금지하였고, 1434년에는 관마官馬, 즉 국유 말은 '산山'자를 낙인하고, 개인 소유의 사마私馬는 '주周'자를 낙인해 구분하도록 하였습니다.

1444년에는 기존의 군마에 사용하였던 '병兵'자 낙인을 없애고, 부대별로 낙인을 나누어 충의위는 '의義'자, 사금, 사벽은 '사司'자, 별시위는 '별別'자, 내금위는 '금禁'자, 갑사는 '갑甲'자를 낙인하도록 하였으며, 1458년에는 지방 군사의 말에는 소속 주진의 이름 첫 글자를 낙인하도록 하였습니다. 1469년에는 육지에서의 매매를 허가받은 제주마를 대상으로 '시市'자 낙인을 찍는 제도가 시행되었습니다.****

조선 후기 말의 낙인

조선 후기에는 관마官馬에는 '병兵'자, 사마에는 '자自'자 낙인이 시행되었고, 『보인부신총수』에는 마필용 '무武'자 낙인이 실려 있는데, 이는 왕실 소유의 어마, 혹은 내구마에 낙인하였던 것입니다.*****

이외에도 목장 내에서 관리를 위해 낙인하기도 하였는데, 『남환박물』의 「탐라계록초」를 보면, 제주도의 63개 둔에 천자문 순으로 글자를 부여하여 낙인하였습니다. 살곶이 목장을 그린 그림인 「진헌마정색도」에서도 낙인하는 장소가 확인되므로, 제주도 밖의 다른 목장에서도 이와 유사한 낙인 체계가 사용되었을 것으로 보입니다.

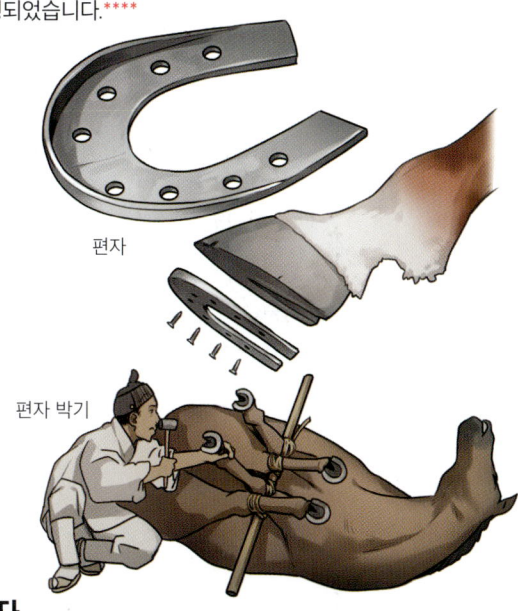

편자

편자 박기

편자

편자는 말과 소의 발굽에 박는 철물로, 조선시대에는 '대갈'이라 했습니다. 편자는 자주 소모되는 부속이었기 때문에 말을 다루는 사람은 대개 여러 개의 편자를 가지고 다녔는데, 실제 『제승방략(1588)』의 군무 29조를 보면 기병 개개인이 2부(8개)의 편자와 망치를 항상 휴대하도록 하는 규정이 있습니다.

갈기와 꼬리 정리

말도 생물이므로 갈기와 꼬리의 털은 계속 자라기에 자르거나 정리해 줄 필요가 있습니다. 고관대작의 경우 갈기와 꼬리를 길게 길러서 붉은 끈으로 묶고 붉은 털로 장식했는데, 이를 주락상모라고 하였습니다. 그 외의 일반적인 말도 꼬리를 땋거나 묶는 식의 정리는 잦아서 회화나 사진에서 자주 확인됩니다.

주락상모

주락상모

땋기

묶기

---

* 『일성록』, 정조 5년(1781) 7월 3일 / 『연원직지』 제6권, 留館別錄 禽獸 "至武將所騎 無一土產…"
** 『어우집』 후집 제5권, 雜著 安邊32策 "今者馬之駿者稱北馬…" / 『승정원일기』, 효종 5년(1654) 10월 13일 / 같은 책, 숙종 39년(1713) 5월 4일 "大抵胡馬 雖若體大 致遠耐飢 不及北馬…"
*** 『세종실록』, 세종 12년(1430) 8월 24일 / 같은 책, 세종 12년 9월 13일 / 강민수(1991), 濟州在來馬 血統定立 및 血統登錄 위한 調査研究 Ⅰ. 제주마의 지역별, 성별, 연령별 체형측정치
**** 『세종실록』, 세종 15년(1433) 9월 9일 / 같은 책, 세종 16년 7월 3일 / 같은 책, 세종 26년(1444) 1월 20일 / 『세조실록』, 세조 4년(1458) 3월 5일 / 『예종실록』, 예종 1년(1469) 2월 29일
***** 『만기요람』 군정편 2, 附 龍虎營 戎器點考 / 『보인부신총수』

마구

"길마(안장), 굴레, 고들개(밀치의 몽골어), 가슴걸이, 다래, 길마가지, 둥우리, 등피(등자 가죽끈), 오랑(뱃대의 몽골어), 혁(고삐), 바구레(재갈 없는 굴레), 밑막이, 땋은고삐, 쥬리올(경마잡히는 데 쓰는 고삐), 자가미(목사리), 마함(재갈), 갖언치, 땀언치를 다 샀다…"

— 『노걸대언해(1670)』

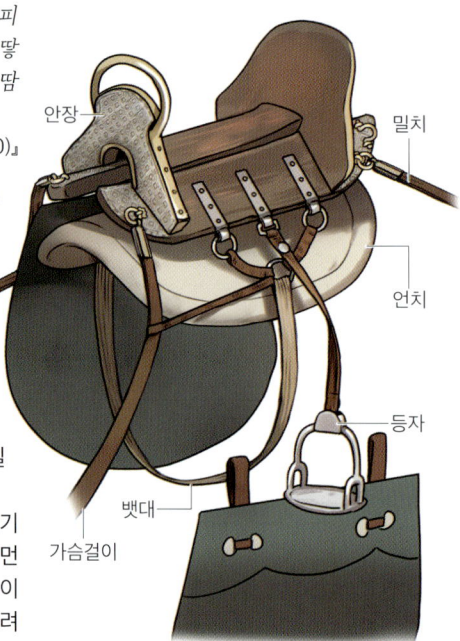

말을 타거나 원하는 대로 부리는 데 쓰는 기구를 마구馬具라고 합니다. 마구는 크게 타는 의자인 안장, 발을 거는 등자, 머리에 거는 굴레, 입에 끼우는 재갈, 재갈 양쪽에 달아서 말을 부리는 데 쓰는 끈인 고삐가 있습니다.

안장에는 말의 배에 매는 넓은 끈 뱃대가 있어 아래로 연결되고, 앞쪽으로는 가슴걸이가 있어 오르막을 만날 때 뒤로 미끄러지지 않게 하며, 뒤로는 밀치가 있어 내리막에서 앞으로 미끄러지지 않게 합니다. 조선시대엔 가죽으로 만든 밀치는 주피鞦皮라고 하여 구분하였으며, 밀치를 짧게 매어서 꼬리 바로 아래까지 오는 것은 살밀치라고 했습니다. 밀치 끝 말의 엉덩이에는 밑막이라는 부속이 달리는데, 한자로 포분包糞이라 부른 것을 보면 말똥을 받거나 말똥으로 밀치가 더러워지는 것을 막는 부속으로 보입니다.

안장 아래에는 무게를 완충해 주는 천이나 가죽인 언치를 깔며, 위에는 사람이 앉기 좋도록 만든 방석인 도둔을 깝니다. 좌우에는 다래와 첨보로를 늘어뜨려 바닥의 먼지가 올라오지 않도록 하며, 그 뒤에는 드림을 답니다. 드림 끝에는 대개 말방울이 달려 달릴 때 소리를 냅니다. 말의 가슴걸이나 굴레, 머리 등에 붉은 털을 늘어뜨려 장식을 하는 경우가 많은데, 이를 주락珠絡, 혹은 상모象毛라고 합니다. 이 주락과 장식을 많이 단 가슴걸이는 별도로 '갖은삼거리三巨里'라 구별해 부릅니다.

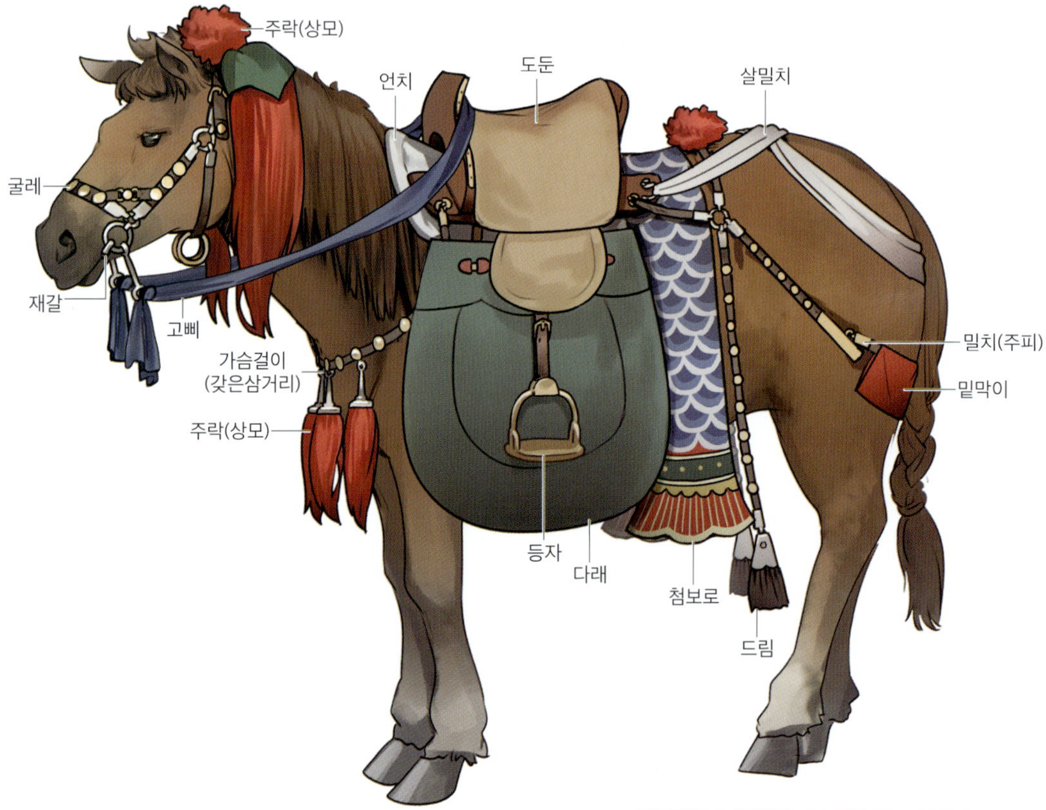

• 김광언(1991), '말치레', 한국민족문화대백과사전(https://encykorea.aks.ac.kr/Article/E0017833) 검색일 2024.7.20, 『역어유해(1690)』 하권, 鞍轡의 내용을 바탕으로 구성하였다.

굴레

굴레는 말의 머리에 끼는 마구로, 주로 가죽으로 만들지만 끈으로 만들기도 합니다. 굴레 앞에는 재갈이 있어 말의 입에 끼우며, 그 좌우에 고리를 두어 고삐를 연결합니다.

고삐는 주로 가죽이나 천으로 만드는데, 간혹 천을 땋아 고삐를 만들기도 합니다. 경마잡이를 두는 경우 그를 위한 고삐를 두어 2개, 3개의 고삐를 달기도 합니다. 경마잡이에 쓰는 경우 간혹 재갈 가운데 달아서 입으로 고삐가 나오도록 하기도 합니다.

말의 턱 아래로는 목사리를 둘렀고, 목사리에는 고리를 끼우거나 방울을 달아 소리가 나게 하기도 합니다. 또 굴레 위에 광안光眼이라는 원형 금속 거울을 달아 빛을 반사하게 하기도 합니다.

끈목 굴레
국립민속박물관

가죽 굴레
라이프치히그라시박물관

경마잡이

경마牽馬잡이는 말을 잡아 이끄는 행위를 말합니다. 경마잡이를 하는 하인을 견마배牽馬陪라 하며, 이 견마배가 좌측에 있으면 좌견, 우측에 있으면 우견, 말을 탄 사람이 고삐를 잡으면 자견이라 하였습니다. 이중 좌견은 당상관만 가능하였고, 우견은 당하관이 사용하였습니다.

조선 후기 좌견을 쓰는 고관대작은 긴 고삐인 장공長銎을 사용하기도 하였는데, 『열하일기』의 '막북행정록'에 따르면 그 길이가 5길(10m)이나 되었다고 합니다.

우견

좌견

등자

등자鐙子는 아래 발판이 달려서 말을 탈 때 발을 거는 부속으로, 조선시대에는 대개 고리 형태의 등자가 쓰였습니다. 일반적으로는 발판은 원형, 반원형이고, 위에는 반원형의 고리, 위쪽 끝에는 끈이나 가죽을 매는 작은 고리가 있어서 안장의 가운데 달린 고리와 연결합니다.

보다 격이 높은 등자는 화려한 문양이 투각되기도 하고, 축이 달려 회전할 수 있도록 만들거나, 고리의 한쪽이 트여서 쉽게 발을 걸고 뺄 수 있게 하는 등 여러 요소가 추가되기도 합니다.

언치

언치於赤 혹은 체屉는 안장 밑에 까는 깔개로, 말과 안장 사이에 두어 충격을 완충해 주는 역할을 하며 말을 허벅지로 조일 때 말과 허벅지 사이를 완충해 주는 역할을 합니다.

가죽으로 만든 갖언치皮屉, 여름에 쓰는 땀언치汗屉가 있었고, 짐말이나 짐소는 짚으로 자리를 짜서 언치로 만들기도 합니다.

언치는 대개 두껍게 만들어 무게를 완충해 주는 역할을 하므로, 말에서 내렸을 때는 본래의 용도 말고도 이불처럼 덮어서 추위를 막는 용도로 쓰거나 말아서 베개로 쓰이기도 했습니다.*

일반적인 등자

등자
국립고궁박물관

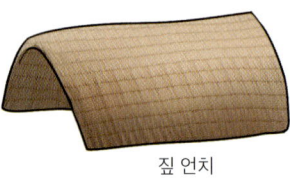

짚 언치

갖언치

땀언치

첨보로

첨보로韂甫老는 안장 뒤 좌우에 드리우는 천으로, 말의 꼬리를 덮는다고 해서 마미첨보로馬尾韂補露, 비단을 쓴다고 해서 단자첨보로段子韂甫老라 부르기도 했습니다. 『경국대전』에 따르면 1, 2품 관리만 첨보로를 쓸 수 있었는데, 조선 후기엔 구분이 약해져 품계와 관계없이 말을 장식할 때 첨보로를 달았고, 평소에는 1, 2품도 첨보로를 잘 쓰지 않았습니다.**

첨보로에는 주로 용의 비늘을 그렸지만, 날아오르는 말과 구름을 그린 경우도 있었습니다. 쾰른동아시아박물관에 소장된 『준마도』의 말에는 산문을 그리고 그 위로 도끼 모양 천을 이어 늘어뜨린 예도 확인되며, 국립민속박물관 소장 『평생도』의 '한림겸수찬시' 도상에도 천을 엮어 늘어뜨린 모습이 확인되어 그 양상은 다양했던 것 같습니다.***

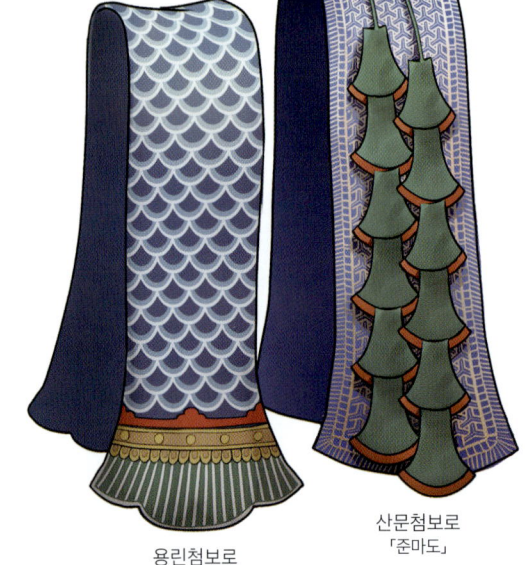

용린첨보로

산문첨보로
「준마도」

---

*『광해군일기』, 광해군 9년(1617) 8월 29일 "居民或衣狗皮或被馬韂…" /
『영조실록』, 영조 6년(1730) 6월 16일 "着笠倚南窓枕馬韂…"

**『세종실록』, 세종 1년(1419) 2월 27일 / 『성종실록』, 성종 3년(1472) 7월 17일
『경국대전』 禮典, 儀章 朝參常參朝啓 / 이화여자대학교박물관 소장 「태수행락도」에서 기생조차 첨보로를 쓰는 예가 보이나, 국립중앙박물관 소장『평안감사향연도』에서는 종2품 평안감사의 말에 첨보로를 쓰지 않는다.

***『승정원일기』, 효종 10년(1659) 윤 3월 18일 "此外如繁纓龍鱗點甫老…"

안장

안장鞍裝은 조선 초기까지만 해도 '길마'라고 불렀는데, 조선 후기 화물을 나르는 안장은 길마, 사람이 앉는 안장은 안장으로 단어가 분화되었습니다.* 안장은 아래에 두 개의 판자인 둥우리를 두어 말의 등에 대고, 위에 굽은 길마가지를 대어 둥우리를 연결하였는데, 대개 앞은 수직으로 올라오며 좁고, 뒤는 비스듬히 올라오되 넓어서 엉덩이를 잘 받치도록 만들어졌습니다.

안장의 앞에 고리가 달려 손잡이로 쓰는 안장도 있습니다. 『임원경제지 섬용지』를 보면 본래 중국에서 먼저 유행했던 것 같은데, 19세기 초반을 전후로 조선에 들어와 쓰인 것 같습니다. 안장에 다는 고리는 19세기 널리 유행했는지 지금의 안장 유물은 대개 고리가 달린 모양입니다.

도둔

도둔挑臀은 말안장에 까는 방석입니다. 『임원경제지 섬용지』에 따르면 본래 도둔은 표범이나 사슴의 털가죽으로 만든 직사각형 방석인데, 속을 털로 채워 푹신하게 만들고, 양쪽에 끈을 두어 등자에 묶어서 안장에 고정했다고 합니다.

19세기 초반에는 모직물로 만든 도둔이 유행하였는데, 안장 앞의 고리가 나올 수 있도록 만든 도둔이 나와 유행했다고 합니다. 이때의 도둔은 실제 유물이 꽤 있는데, 양쪽으로 천이 내려와서 말 다래 위까지 덮는 것을 볼 수 있고, 또 실이나 못으로 안장에 박아버린 예도 볼 수 있습니다.

가죽 도둔은 말에서 내리면 둘둘 말아서 바닥에 깔아 방석으로 쓰기도 했다고 합니다.

다래

다래는 말 좌우에 늘어뜨리는 원형 혹은 사각형 가죽이나 천으로, 장니障泥라고도 합니다. 말을 달릴 때 흙먼지나 흙탕물 등의 더러운 것이 다리에 튀지 않도록 다는 것입니다. 대개 한 겹으로 만들지만, 두 겹으로 만들기도 했는데, 층층다래라고 부릅니다.

조선 초기에는 다양한 색의 다래가 쓰인 것으로 보이는데, 1419년과 1429년에 걸쳐 붉은색 계열의 다래를 금한 이후엔 녹색, 청색 계열, 혹은 염색하지 않은 갈색 다래를 주로 쓰게 됩니다.**

---

* 『노걸대언해(1670)』 하권, "鞍子是…" "기루마는…" / 『신석박통사언해(1765)』 권2, "快背鞍子…" "안장 짓고…"
** 『세종실록』, 세종 1년(1419) 1월 17일 / 같은 책, 세종 11년(1429) 2월 5일

안장에 짐 싣기

괘안낭

괘안낭挂鞍囊은 안장 앞부분에 걸어 두는 가죽 주머니로, 노잣돈, 붓, 벼루, 빗, 차 등의 작은 도구들을 넣었습니다.
괘안낭이 언제부터 사용되었는지 여부는 확실하지 않으나, 18세기 허필의 「기마원행」을 보면 찢어진 다래를 쓰는 가난한 양반도 쓸 정도이므로, 늦어도 18세기에는 널리 쓰인 것으로 보입니다.

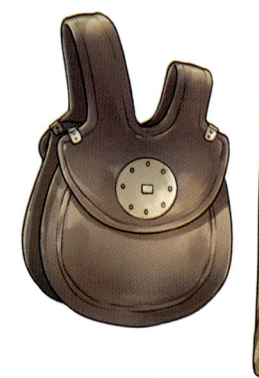

괘안낭
국립민속박물관

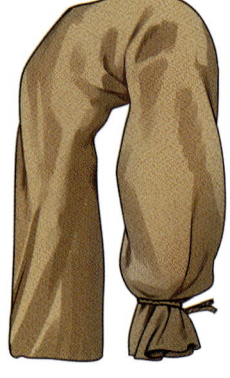

갈포 자루

자루

"금군 700명에 대해 능행陵幸할 때마다 병조에서 베를 지급하여 자루를 만들어서 말여물을 담는 도구로 삼게 하였을 뿐입니다."
– 『승정원일기』 영조 4년(1728) 7월 19일

괘안낭 외에도 안장 뒤편에 자루를 매는 방식도 사용되었는데, 여행에 쓰는 물건을 담을 때나, 식량이나 여물을 담는 용도로 사용되었습니다. 대개 흰색 무명으로 만들어 목대木袋, 포대布袋라고 불렀고, 여물을 담는 용도로 쓰는 것은 천으로 만든 여물통이라는 뜻으로 포마조布馬槽라 불렀습니다.
19세기 쓰인 『임원경제지 섬용지』에서는 당시에 먼 거리를 여행할 때 괘안낭과 함께 곧잘 쓰였던 일상용품 휴대 방법을 소개하는데, 갈색 천으로 좁고 긴 자루를 만들어 안장 뒤쪽에 걸쳐놓았다고 합니다. 이는 「원세조출렵도(1280)」에서도 확인 가능한 방식으로 그 유래가 매우 오래되었음을 알 수 있습니다.

금대

금대

금대衾俗는 혼자 말을 타고 갈 때 사용하는 이불과 깔개, 베개, 대야, 수건 등의 침구류를 휴대했던 자루입니다. 『임원경제지 섬용지』에 따르면, 금대는 안장 위에 올려놓고 양편으로 나온 끈을 등자에 묶는다고 하는데, 말을 탈 때는 뒤로 빼는지, 도둔처럼 그 위에 타는지는 확실하지 않습니다.
『임원경제지 섬용지』가 쓰인 19세기 초반에는 겹으로 된 무명의 겉에 표범 가죽을 쓰고 가장자리에 사슴 가죽을 댄 것이 있었고, 모두 사슴 가죽을 쓴 것, 면포를 염색해 가장자리에만 가죽을 댄 것 3종이 쓰였다고 합니다.
금대는 여러 박물관에 다수가 소장되어 있는데, 주로 '말행낭'이란 명칭으로 소장되어 있습니다.

무명 / 사슴가죽 / 표범가죽

포대
편곤 주머니
금대
괘안낭

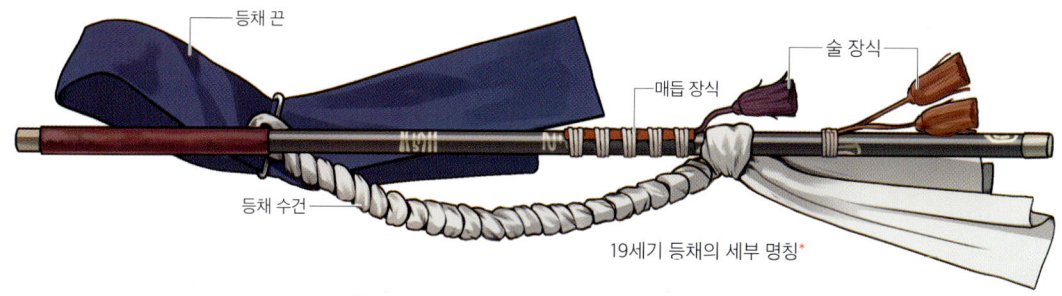

19세기 등채의 세부 명칭*

등채

"근래에 별군직과 선전관의 몸은 편자鞭子(채찍)에 미치지 못하고, 장년도 아닌 스무 살인 부류가 제각기 큰 지팡이를 짚고는 편자라고 하며 서있을 때 몸을 기대고 걸을 때 팔을 받치니, 그 모습이 매우 한심하다…"
- 『승정원일기』정조 11년(1787) 3월 15일

등채, 혹은 등편藤鞭은 무관이 쓰는 등나무로 된 말채찍입니다. 말채찍은 얇은 막대에 가죽 끈이 달려서 휘둘러 말의 엉덩이를 쳐 사용했고, 손목에 거는 끈이 있었습니다. 말을 타고 달려야 하는 기병과 무관에 있어서는 필수적인 장비였습니다.

18세기에는 지팡이처럼 짚고 다닐 정도로 두껍고 큰 등채가 유행합니다. 그러다 1787년 두꺼운 등채가 금지되는데, 이후 얇아진 등채를 「이창운 초상」에서 볼 수 있습니다. 그런데 「이창운 초상」의 등채는 가죽 끈 대신 술 장식이 달리는데, 말을 때릴 수 없을 정도로 작습니다. 18세기 후반을 전후하여 실제로 쓰기 어려운 의장용 등채가 쓰이기 시작한 것 같습니다.

19세기에는 수건을 달고 주칠, 흑칠을 하기도 하며 손잡이에 천을 감는 등 화려한 장식을 하되 말을 때릴 수 없는 의장용 등채가 널리 쓰이며, 지금 남은 유물도 대개가 그러한 형식입니다. 물론 스스로 말을 몰아야 하는 군관과 기병은 실제 쓸 수 있는 등채를 써야만 했을 것입니다.

계급별 마구

조관 중 통훈대부(당하관)이하로써 (마구에)은입사 사용을 금함.
- 전마戰馬는 금지하지 않는다. -
- 『전록통고』형전, 금제『경술정식출금(1670)』

조선 초기에는 마구에 대한 제한이 없어 모든 관리가 사치를 일삼았는데, 이 때문에 1433년 안장에 대한 금제가 생기게 됩니다. 당시 정해진 제도는 조금의 첨삭을 거쳐 『경국대전』에 수록되는데, 그에 따르면 2품 이상 관리는 상어 가죽 안장, 녹색 다래, 비단 첨보로, 장식을 단 밀치에 술을 3개 드리워 사용하였고, 정3품 상계는 거기서 첨보로를 제외합니다.

당하관인 정3품 하계부터 4품은 백색 사슴뿔을 댄 안장을 사용하고, 녹색 다래, 밀치에는 술을 2개 드리워 사용합니다. 왕실 종친은 품계가 당하관이면 청색 다래를 사용합니다. 5, 6품은 안장은 같으나 술을 1개 드리우고, 그 미만은 술을 쓰지 않습니다. 장식에 있어서는 당하관은 은입사를 사용할 수 없었습니다.

그러나 사치하는 풍조가 널리 퍼진 조선 후기엔 이서와 천민도 은입사 안장을 쓰고 화려하게 장식하는 일이 잦았습니다.**

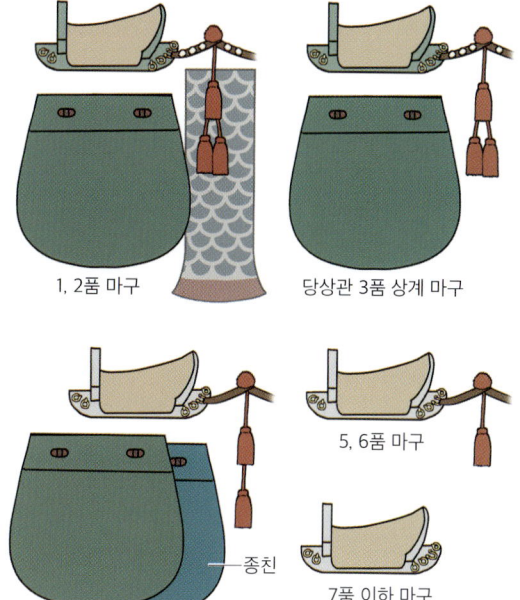

*박가영(2021), 조선시대 등채에 관한 연구, 아시아民族造形學報 第22輯 143~169p / 로텐바움세계문화예술박물관 소장품
**『세종실록』, 세종 15년 5월 22일 / 『목민심서』禮典, 제5조 辨等 "法雖如此 今下吏賤氓 皆騎銀鞍…"

조선 초기의 마구

왕실의 말

특별히 홍윤성에게 내구안구마 1필을 주었는데, 그 안장은 금으로 용을 그린 주홍색 다래와 홍색 털, 앞뒤에 빛나는 장식이 있었다.
- 『세조실록』 세조 6년(1460) 2월 3일

조선시대 왕실의 말은 내구마內廐馬라 하여 내사복시가 관리하였는데, 신하들에게 상으로 내려주기도 했습니다. 말은 완전히 흰 백마나 총이말이었고, 마구는 용을 그린 붉은 다래가 특징입니다.

관리의 말

"(대마도 하사품 중)말 1필, 안장 1개 - 남색실과 가죽으로 만든 굴레, 염소가죽 갖언치, 염소가죽 땀언치, 녹색 다래, 비단 첨보로를 갖춤."
- 『성종실록』 성종 3년(1472) 7월 17일

조선 초기 관리가 타는 기마는 『경국대전』의 금제에 맞는 마구를 썼을 것으로 보이나, 유물이나 회화가 적어 세부적인 양식을 확인하기는 어렵습니다.

병사의 말

"(양성지의 상소 중) 말다래의 꾸밈새도 청색과 홍색을 금하지 말아 적의 눈이 현혹되도록 하고, 우리 삼군三軍의 기세를 장하게 할 것이며…"
- 『세종실록』 세종 32년(1450) 1월 15일

조선 초기 군사들이 타는 기마는 『경국대전』의 금제에서 평민의 예를 따랐다면 아주 검소했을 것으로 보이지만, 군사의 일에 있어서는 예외를 두어 화려한 색채를 사용했을 수도 있습니다. 다만 다래의 색에 있어서는 왕실의 말은 홍색, 당하관 종친은 청색을 사용하여 구분하였으므로, 그 두 색은 쓰지 못하였을 것입니다. 그림에서는 검소한 편을 좇았지만, 『삼강행실도』 등의 삽화에서는 문무관에 준하는 장식을 하기도 합니다.

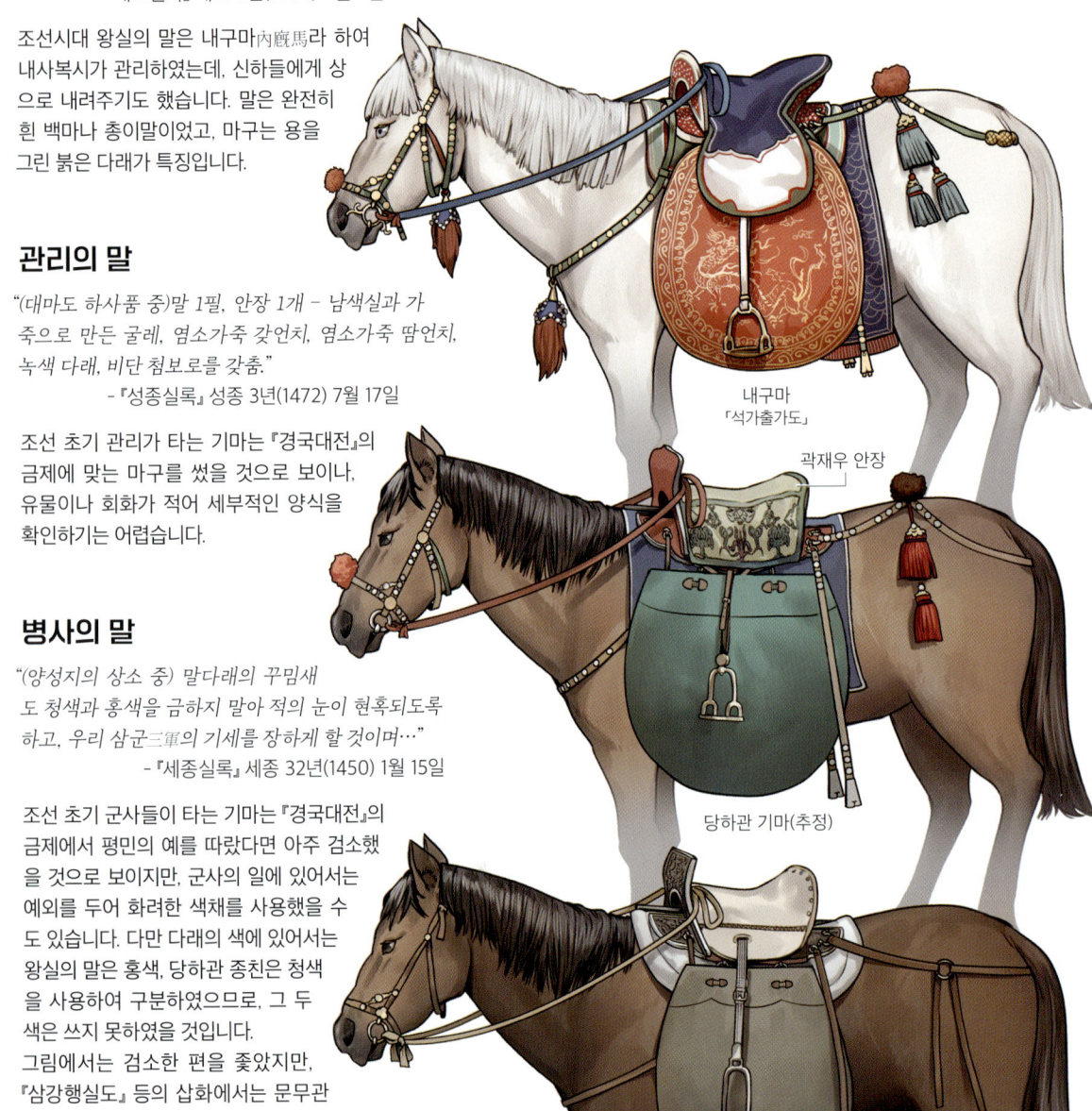

내구마
「석가출가도」

곽재우 안장

당하관 기마(추정)

병사 기마(추정)

조선 후기의 마구

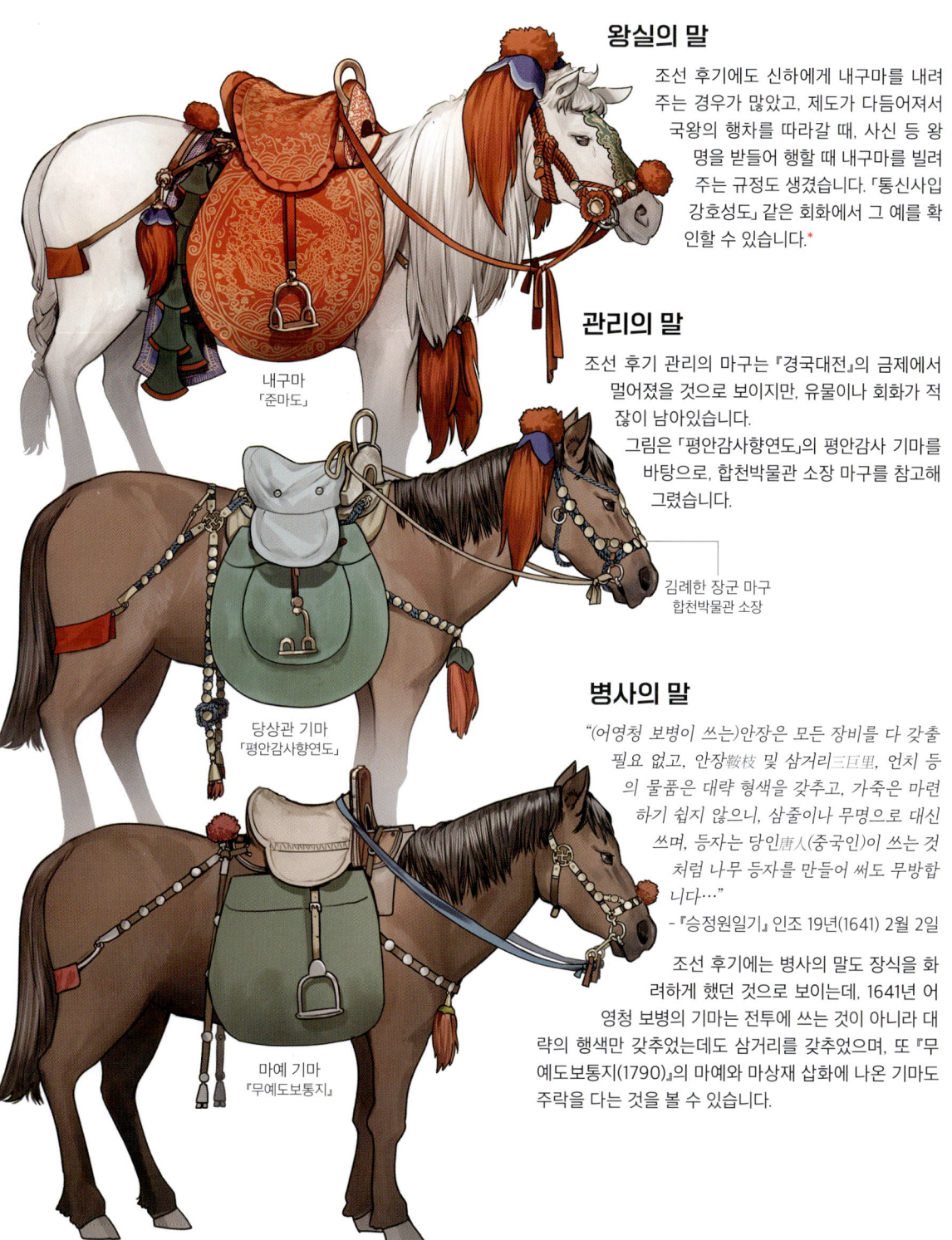

왕실의 말

조선 후기에도 신하에게 내구마를 내려주는 경우가 많았고, 제도가 다듬어져서 국왕의 행차를 따라갈 때, 사신 등 왕명을 받들어 행할 때 내구마를 빌려주는 규정도 생겼습니다. 「통신사입강호성도」 같은 회화에서 그 예를 확인할 수 있습니다.*

내구마
「준마도」

관리의 말

조선 후기 관리의 마구는 『경국대전』의 금제에서 멀어졌을 것으로 보이지만, 유물이나 회화가 적잖이 남아있습니다.

그림은 「평안감사향연도」의 평안감사 기마를 바탕으로, 합천박물관 소장 마구를 참고해 그렸습니다.

김례한 장군 마구
합천박물관 소장

당상관 기마
「평안감사향연도」

병사의 말

"(어영청 보병이 쓰는)안장은 모든 장비를 다 갖출 필요 없고, 안장鞍枝 및 삼거리三巨里, 언치 등의 물품은 대략 형색을 갖추고, 가죽은 마련하기 쉽지 않으니, 삼줄이나 무명으로 대신 쓰며, 등자는 당인唐人(중국인)이 쓰는 것처럼 나무 등자를 만들어 써도 무방합니다…"
- 『승정원일기』 인조 19년(1641) 2월 2일

조선 후기에는 병사의 말도 장식을 화려하게 했던 것으로 보이는데, 1641년 어영청 보병의 기마는 전투에 쓰는 것이 아니라 대략의 행색만 갖추었는데도 삼거리를 갖추었으며, 또 『무예도보통지(1790)』의 마예와 마상재 삽화에 나온 기마도 주락을 다는 것을 볼 수 있습니다.

마예 기마
『무예도보통지』

---

*『대전통편』兵典, 廐牧 動駕時及奉命時

쌍마교

수안장

마교

보교

남여

가마

가마는 사람이 타는 집이나 의자 모양의 탈것으로, 앞뒤로 채가 있어 사람과 말에 실어 옮깁니다. 가마는 조선시대 널리 쓰인 탈것이었고, 형태에 따라서 여러 가지 이름이 있었습니다.

교자轎子는 승차칸이 있는 가마를 말하는 것으로, 말이 지는 것은 마교馬轎, 사람이 지는 것은 보교步轎라고 합니다. 집을 지은 것처럼 꾸민 것은 옥교자屋轎子라 하고, 집이 없고 바닥과 난간만이 있는 것은 평교자平轎子(무옥교자無屋轎子), 승차칸 대신 의자를 얹은 가마는 남여籃輿라고 합니다.

마교는 대개 먼 거리를 여행할 때 사용하였고, 보교는 가까운 거리, 먼 거리 모두 쓰되, 옥교자는 당상관의 어머니, 처, 며느리 등의 가족만 쓸 수 있었습니다. 남여는 출퇴근 등 가까운 거리를 이동할 때 주로 쓰였습니다.*

마교

"(송복견은) 집이 있는 마교를 타고 기생과 함께 그 속에 나란히 앉아서 노래를 부르고 즐기며 제멋대로 행동하였습니다…"
— 『명종실록』 명종 3년(1548) 3월 26일

말이 메는 가마인 마교는 당상관 이상의 관리나, 특별히 허가를 받은 관리가 먼 거리를 갈 때 주로 사용하였습니다. 마교를 이끄는 마부들은 권마성勸馬聲이라는 소리를 내어 말을 독려하고 돌부리를 경고하였습니다.

마교가 어느 시대부터 사용되었는지는 확실하지 않으나, 1548년 마교를 타고 기생과 함께 그 안에 나란히 앉아 유흥을 즐긴 송복견이 파직된 기록이 있고, 「유영수양관연명지도(1571)」의 관찰사 행렬에도 마교가 그려진 바 있으므로, 늦어도 16세기에는 등장한 것으로 보입니다.**

*『경국대전』 刑典, 禁制 大小員人用紅
**『명종실록』 명종 3년(1548) 3월 26일

쌍마교(16세기)
「유영수양관연명지도」

쌍마교(18세기)
「모당 홍이상 평생도」

독마교
민속박물관 소장

독마교
「채용신 평생도 병풍」

쌍마교

관찰사와 종2품 이상의 관원은 성 밖에서는 쌍마교를 타며, 예전에 승지承旨를 역임했던 자는 수령이라 하더라도 쌍마교 타는 것을 허락한다. - 의주와 동래의 수령은 변방의 관원이므로 또한 쌍마교 타는 것을 허락한다.
— 『대전통편』 예전, 의장 쌍마교

쌍마교雙馬轎(쌍교雙轎)는 앞뒤로 2마리의 말 위에 얹는 옥교자로, 말에 수안장이라는 안장을 얹어 겁니다.
쌍마교는 2품 이상의 관리나 승지를 역임했던 자, 의주와 동래의 수령만이 타는 것을 허락받았습니다. 무관의 경우 품계가 되더라도 마교를 타는 것을 허락받지 못하였지만, 장만 장군은 질병을 얻은 상태에서 쌍마교를 타고 전쟁을 지휘하기도 하였으며, 직책이 관찰사나 유수에 이른다면 합법적으로 쌍마교를 탈 수 있었습니다.*

독마교

쌍마교를 타지 못하는 당상관은 말의 등에 얹는 독마교獨馬轎(독교獨轎)를 탔습니다. 그 외 당하관은 옥교자를 타는 것을 허락받지 못하였으나, 금령이 미치지 못하는 지방에서는 당하관인 수령이나 그 가족이 독마교를 타고 다니기도 하였습니다.**

---

*『대전통편』 禮典, 儀章 雙馬轎 / 『일성록』 정조 21년(1797) 12월 20일
**『승정원일기』 영조 7년(1731) 10월 8일 / 『정조실록』 정조 2년(1778) 7월 22일

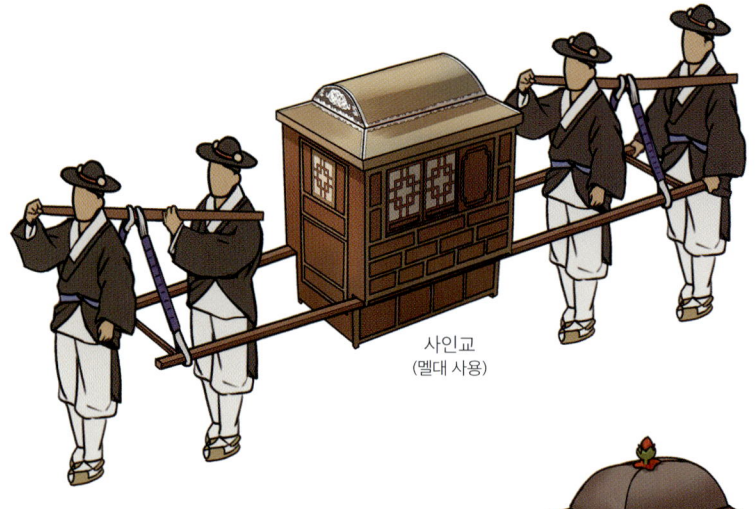
사인교
(멜대 사용)

보교

사람이 메는 가마인 보교步轎는 조선시대 거의 모든 계급이 사용한 가마였고, 계급에 따른 여러 형태가 존재했습니다. 주로 2명이 멨으나, 먼 거리를 갈 때나 몸체가 무거운 옥교자를 멜 때는 4명이 메기도 합니다.
『경국대전』에 따르면, 지붕이 있는 교자인 옥교자는 당상관의 어머니, 처, 며느리 등의 가족만 쓸 수 있었으나, 실제론 관찰사 등 당상관은 먼 거리를 갈 때 옥교자를 타는 일이 잦았습니다.*

사인교

사람 4명이 메는 옥교자를 사인교四人轎 혹은 산여山輿라 합니다. 어깨에 멜대를 지는 것과 어깨에 채를 지는 것 2종이 있었습니다.
사인교는 19세기에 크게 유행하는데, 그 때문에 1858년 1품 이상만 사용 가능하도록 법을 세웁니다. 그러나 이 금령도 잘 지켜지지 않아 3품 이상이면 타고 다니는 일이 많았습니다.**

부인교

당상관 부인이 타는 옥교자를 부인교婦人轎라 합니다. 1404년부터는 3품 이상 관리의 부인은 옥교자, 이하는 말을 타게 법을 세우며 쓰게 됩니다. 이 법은 『경국대전』에도 수록되나, 이후에도 부인들이 평교자를 타는 일이 많아 문제가 되기도 합니다.***
『임원경제지 섬용지』에 따르면, 19세기 부인교의 형태는 앞이 짧게 나온 채가 2개 있고 기둥을 4개 세워 3면에 휘장을 치고 앞에 주렴을 둔 형태입니다. 10리(4km) 이내를 갈 때는 4명이 메고, 10리 이상을 갈 때는 말 등에 실어 독마교처럼 썼다고 합니다. 풍속화나 근대에 찍힌 사진에서는 2명이 메는 일이 많습니다.

평교자

지붕이 없는 교자인 평교자는 『보교금령절목』 등 금제에서 상대적으로 자유로웠는데, 특히 19세기에는 초교草轎라는 간단한 모양의 평교자가 널리 쓰입니다.
『임원경제지 섬용지』에 따르면, 초교는 본래 시골 부녀자들이 타던 것이었으나, 19세기 초반에는 사대부까지도 타는 사람이 있었다고 합니다.

사인교
(어깨에 지기)

부인교

초교

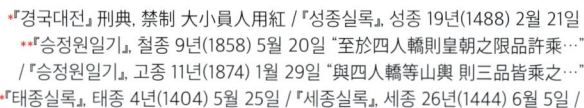

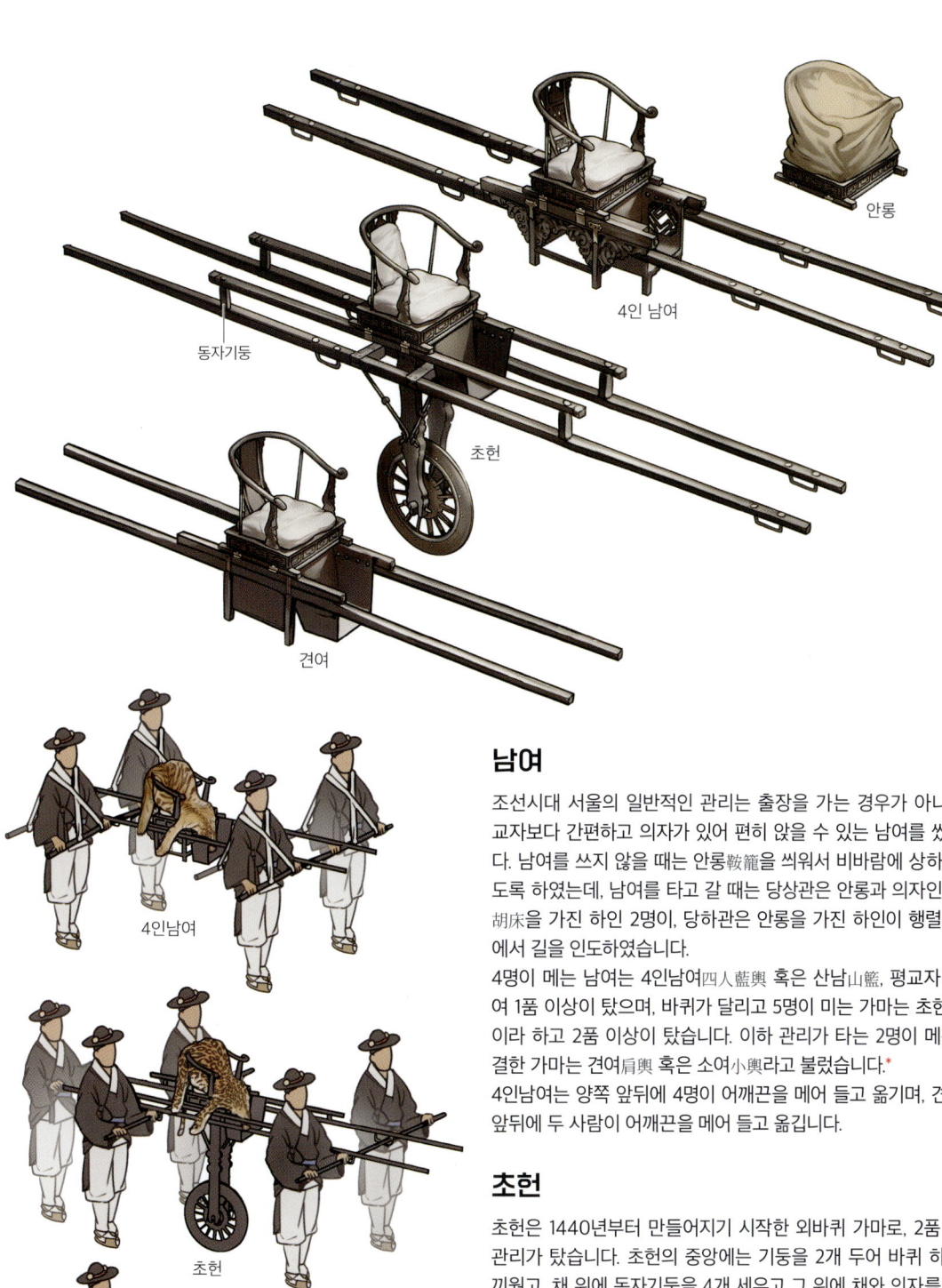

남여

조선시대 서울의 일반적인 관리는 출장을 가는 경우가 아니고선 교자보다 간편하고 의자가 있어 편히 앉을 수 있는 남여를 썼습니다. 남여를 쓰지 않을 때는 안롱鞍籠을 씌워서 비바람에 상하지 않도록 하였는데, 남여를 타고 갈 때는 당상관은 안롱과 의자인 호상胡床을 가진 하인 2명이, 당하관은 안롱을 가진 하인이 행렬의 앞에서 길을 인도하였습니다.
4명이 메는 남여는 4인남여四人藍輿 혹은 산남山籃, 평교자라 하여 1품 이상이 탔으며, 바퀴가 달리고 5명이 미는 가마는 초헌軺軒이라 하고 2품 이상이 탔습니다. 이하 관리가 타는 2명이 메는 간결한 가마는 견여肩輿 혹은 소여小輿라고 불렀습니다.*
4인남여는 양쪽 앞뒤에 4명이 어깨끈을 메어 들고 옮기며, 견여는 앞뒤에 두 사람이 어깨끈을 메어 들고 옮깁니다.

초헌

초헌은 1440년부터 만들어지기 시작한 외바퀴 가마로, 2품 이상 관리가 탔습니다. 초헌의 중앙에는 기둥을 2개 두어 바퀴 하나를 끼웠고, 채 위에 동자기둥을 4개 세우고 그 위에 채와 의자를 올려 바닥의 진동을 채가 흡수하도록 하였습니다. 끌 때는 양쪽 앞뒤에 4명, 뒤에 1명으로, 총 5명의 가마꾼이 끌었습니다.
초헌 위에는 여러 가지 장치가 올라가는 경우가 많이 있었는데, 1441년에는 의정부에서 초헌에 4개의 기둥을 세워 지붕을 올리고 3면을 휘장으로 가려서 비바람을 막게 하는 방안을 건의하여 받아들이기도 하였으며, 1544년에는 검은 양산을 장치한 초헌이 유행하였다고 합니다.**

*『경세유표』 제2권, 冬官工曹 典軌司 "國制下大夫乘小輿。卿大夫乘軺軒。公孤乘平轎。平轎者。安車之類也…" /
『승정원일기』, 고종 11년(1874) 1월 29일 "亦有四人藍輿及山藍名色, 而四人藍輿, 最初二品以上乘之…"
**『세종실록』, 세종 23년(1441) 1월 15일 / 『중종실록』, 중종 39년(1544) 5월 27일

좌거

조선 후기 먼 거리를 갈 때 가마 말고도 말이 끌고 사람이 타는 수레인 좌거坐車가 쓰였습니다. 가마에 비하여 사용되는 빈도는 낮았지만, 중국에 가는 사신 행차 때 사신이 타거나 지방 수령이나 무관이 타고 다니기도 하였습니다.

절충형 쌍륜거
「안릉신영도」

동자기둥

태평거와 한림거

태평거太平車와 한림거翰林車는 모두 중국에서 쓰던 좌거로, 조선에서는 18세기 내내 전면적으로 도입하여야 한다, 말아야 한다 논쟁의 중심에 있었던 수레입니다. 『열하일기』에 따르면, 태평거는 천으로 된 반원형 지붕이 있는 천막이 있고 말이나 나귀가 끄는 수레입니다. 또 한림거가 있는데, 바퀴가 승차칸의 뒤에 달려 있으며, 4면에 벽이 있고, 유리창을 내어 화려하게 장식한 수레였다고 합니다.
『북학의』에서는 중국으로 가는 서장관의 행차에 진동을 줄이기 위해 바퀴를 뒤쪽 끝으로 옮겨 상하 진동을 줄이도록 하고, 집을 얹어 개조한 태평거가 사용되었다고 하는데, 이는 한림거를 말한 것으로 보입니다. 『서정일기』에서도 1812년 2월 28일 신임 중군이 한림거를 타고 전장에 도착했다고 서술하고 있으며, 『열하일기』에서도 한림거를 사와서 쓰는 사람이 있다는 대목이 있어, 조선에서도 어느 정도 쓰였음을 알 수 있습니다.

태평거

한림거

쌍륜거(추정)

동자기둥이 달린 좌거

"남병사와 북병사 및 북로의 수령들이 역마를 타고 왕래할 때 양륜거兩輪車를 타는 일이 많아 매번 말을 입파할 때 말 한 필이 두 바퀴를 끄니 멀리 가기 어렵습니다…"

- 『일성록』 순조 22년(1822) 8월 6일

태평거와 한림거 외에도, 18세기 후반부터는 동자기둥 위에 채가 달려 그 위에 승차칸이 가설된 형태의 좌거가 쓰였습니다.

19세기 초반 쓰인 『임원경제지 섬용지』에서는 당시 사용되었던 쌍륜거雙輪車와 독륜거獨輪車가 실려 있는데, 모두 승차칸이 달려 있고 동자기둥을 세운 좌거입니다. 독륜거 중에는 초헌처럼 의자를 둔 것도 있었다고 합니다. 「안릉신영도(1785)」에서는 독륜거와 쌍륜거를 절충한 식의 바퀴 폭이 좁은 쌍륜거가 확인됩니다.

이러한 동자기둥이 있는 좌거는 태평거나 한림거에 비하여 높은 무게중심을 가졌고, 특히 독륜거의 경우 좌우에 사람이 붙어서 균형을 잡아주어야 했습니다. 『임원경제지 섬용지』에서는 인력의 낭비라는 이유로 이를 비판하였지만, 동자기둥으로 띄운 채가 휘면서 진동을 흡수해 주었을 것이므로 승차감은 더 나았을 것으로 보입니다.

독륜거(추정)

독륜거(추정)

절충형 쌍륜거
「안릉신영도」

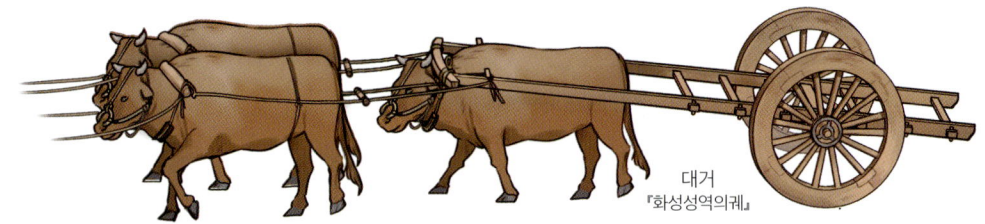

대거
『화성성역의궤』

짐수레

조선시대에는 짐을 나르기 위해 소나 사람들이 끄는 짐수레가 많이 쓰였는데, 필요와 용도에 따라서 여러 명칭이 존재하였습니다. 대개 소 1, 2마리가 끄는 것을 소거小車나 발거發車, 그보다 큰 것은 대거大車 혹은 평거平車라고 불렀습니다.
조선시대 소 한마리가 끄는 수레는 쌀 3석(270L), 약 216kg을 실을 수 있었고, 하루에 60리(27km)를 갈 수 있었다고 합니다.*

함경도 소거
「헤르만 산더 사진첩」

대거

소 여러마리가 끄는 큰 수레를 대거라고 합니다. 군에서는 무기와 화약 등의 수송을 위하여 대거를 사용하였는데, 훈련도감에서는 15석을 수송할 수 있는 소 5마리가 끄는 대거를 보유하였습니다.*
1808년 당시 훈련도감에선 대거 9대를 보유하였고, 금위영에서는 대거 2대와 모래를 싣는 사거沙車를 3대, 어영청에서는 대거 2대, 소거 2대, 사거 3대를 보유하였다고 합니다.**

발거
『화성성역의궤』

소거와 발거

소거는 소 1, 2마리가 끄는 작은 수레로, 돈을 받고 짐을 나르는 수레꾼이 쓰거나, 농촌에서 짐을 옮길 때 사용하였습니다. 농촌에서 쓰는 것은 농거農車라고도 합니다.
발거는 발구라고도 부르는 수레인데, 본래 바퀴가 없는 수레로 일반적인 수레의 통행이 어려운 곳에서 썰매처럼 쓰던 것입니다. 『화성성역의궤』에서는 통바퀴를 달아 가벼운 물건을 운반할 때 쓰는 수레로 나와 있습니다.

수라가자(마차)
「화성원행반차도」

동차
『화성성역의궤』

수레바퀴
함경도식

수레바퀴
『화성성역의궤』

통바퀴

마차

조선시대에는 드물게 말이 끄는 수레인 마차가 쓰이기도 했는데, 「화성원행반차도」에서 수라간의 집기를 수송하는 데에 쓰는 것을 볼 수 있습니다.

동차

동차는 통바퀴가 4개 달렸으며, 줄을 달아 사람이나 소가 끌게 한 작은 수레입니다. 주로 평지에서 물건을 옮길 때 사용하였습니다.

수레바퀴

산이 많았던 함경도 지방의 수레바퀴는 다른 지역과 차이가 있는데, 바퀴 직경이 크며 굴통이 길게 튀어나온 형태입니다. 『화성성역의궤』에 나온 수레들에는 굴통 안쪽 줏대와 마찰하는 부분을 쇠테로 보강한 바퀴가 쓰입니다.

*『북학의』內篇 車 / 『주한일본공사관기록』 12권, 七. 各館往信, 鏡城視察報告 進達의 件.
*『만기요람』 군정편 2, 訓鍊都監 舟車 / 군정편 3, 禁衛營 車子 / 군정편 3, 御營廳 舟車

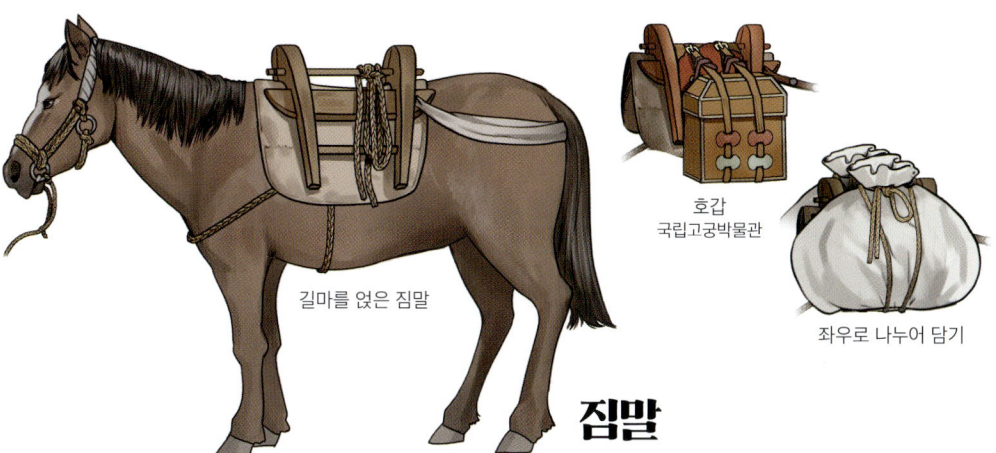

길마를 얹은 짐말

호갑
국립고궁박물관

좌우로 나누어 담기

갑마, 인마
『화성원행반차도』

짐말
『훈련도감습진도』

짐말

"한 바리에 싣고 가는 수량이 20말이라고 하니, 몇 말의 곡식을 더 싣고 가도 될 것이다…"
- 『비변사등록』 인조 19년(1641) 1월 8일

말과 소에는 운반에 쓰는 안장인 길마를 얹어 짐을 지게 하기도 하였는데, 짐을 지는 말인 짐말은 한문으로 복마卜馬, 짐소는 복우卜牛라 불렀습니다. 조선시대 농촌에서는 짐소가 일반적으로 쓰였지만, 행상이나 군대에서는 짐말을 많이 썼습니다.

일반적인 짐말이나 소는 20말(120L)의 쌀, 약 96kg의 짐을 나를 수 있었으며, 이 짐 하나를 한 바리라고 부릅니다. 물론 힘이 센 소는 30말의 짐을 싣는 경우도 있었다고 하고, 과적하는 경우도 있었습니다.*

짐말, 짐소에 짐을 실을 땐 대개 포대나 망태기, 가마니 등 실을 물건에 맞는 자루에 넣어 양편에 실었습니다. 대개는 그 위에 우비를 덮고 끈을 조여서 고정해 이동했습니다.

조선 후기에는 종4품 파총 정도 되는 무관은 따로 갑옷을 실은 짐말인 갑마甲馬를 두었고, 군영의 대장쯤이 되면 인장을 실은 인마印馬를 더해 가지고 다녔는데, 이들은 일반 안장에 가까운 마구를 사용하였고, 호피로 된 우비를 덮었습니다. 인장함은 호갑護匣이라는 별도의 함에 넣어서 가지고 다녔습니다.**

부담틀

조선 후기에는 짐말, 짐소에 짐을 양편으로 실어 반부담이라는 모양을 만들고, 그 위에 부담틀負擔機을 얹기도 하였습니다. 부담틀은 길마 위에 얹는 등받이가 달린 의자 형태의 틀인데, 안장과 달리 등자에 발을 얹지 않고 편하게 걸터앉을 수 있었습니다.

부담틀을 얹은 말은 부담마駙擔馬라고 하여 가마를 타기는 부족한 신분의 사람들에 의해 많이 쓰였습니다.

부담틀
반부담
부담마
『채용신 평생도 병풍』

* 『비변사등록』 인조 19년(1641) 1월 08일 /
『경세유표』 12권, 地官修制, 倉廩之儲 高麗之弊俗
** 『일성록』 정조 20년(1796) 1월 23일 "印甲馬四疋各太二升合…"

짐 지기

"행장은 군사들이 사용하는 물건으로, 건량(건조식량), 신발, 옷, 갑옷, 병기, 재갈과 굴레 등의 물건을 이르는데, 이들 중 건량이 특히 중요하다. 그러므로 별도로 취하여 기록한 것이니, 적에게 포위되는 등 급박한 상황이 아니라면 건량을 꺼내 먹지 못하도록 철저히 통제해야 한다. 그리고 만약 이것을 휴대하지 않았을 때는 무기를 잃은 죄와 똑같이 다스려야 한다."
- 『병학지남연의』 기고정법 1권, 나팔 부는 호령을 밝힘明喇叭號

조선시대에도 오늘날과 마찬가지로 사람이 물건을 날랐습니다. 먼 길을 가는 여행자들은 행장行裝 혹은 자장資裝을 꾸렸는데, 보통 의복과 그릇, 노잣돈, 빗, 책과 필기구 등을 꾸려서 가지고 다녔습니다. 군인들은 군장軍裝을 꾸렸는데, 무기와 군막, 우천 장비와 취사도구 등 전투에 필요한 물건을 꾸려서 가지고 다녔습니다.

큰 길가의 백성들은 평상시 부역에 동원되지 않고 일이 있을 때 동원되어 짐을 날랐는데, 이를 길짐 혹은 노복路卜을 진다고 하였습니다. 주로 가마를 메거나 세곡을 수송할 때 길짐을 지웠지만, 전시에는 군수물자 수송에 동원되기도 하였습니다. 대개 건장한 인부 1명이 100근(64kg) 정도의 짐을 날랐다고 합니다.*

멜대(1인)

멜대(2인)

가자

멜대

짐 메는 나무를 멜대 혹은 목도채, 편담扁擔, 담가擔架라고 합니다. 중국이나 일본에서는 행상인들이나 짐꾼들이 멜대를 널리 사용하였는데, 이를 목격한 조선 사람들은 연행기류의 기록에서 그 간편함을 많이 언급하였습니다. 그러나 조선에서는 지게에 밀려 건축과 토목에서 여러 사람이 함께 돌과 나무를 나를 때 외에는 그다지 사용되지 못한 듯합니다.

예외적으로 조선 후기 취사를 담당하는 병종인 화병火兵이 멜대를 사용하였는데, 『기효신서』에 따르면 화병은 평소에는 멜대로 취사에 필요한 각종 기물을 날랐으며, 유사시에는 멜대를 곤방으로 썼다고 합니다. 실제 장용영의 화병이 멜대를 지급받은 기록이 있습니다.**

지게
『숙종인현왕후가례도감의궤』

일반 지게

가자

가자架子는 가마와 비슷한데 더 단순한 형태의 들것으로, 가운데에 상자가 있고 긴 채를 두어 가마를 메듯이 메었습니다. 각종 물건이나 음식물, 환자를 나를 때 사용하였는데, 『원행을묘정리의궤』의 대호궤도설에서 그 사용례를 확인할 수 있습니다.

지게

지게支架는 갈라진 가지를 2개 세우고 가로로 나무를 끼워서 틀을 만들고, 멜빵을 달아 등에 지도록 만든 운반 기구입니다. 조선시대 인력으로 무거운 짐을 운반할 때 널리 사용되었던 물건입니다.

---

*『경세유표』, 地官修制, 田制 12
**『장용영대절목』, 軍器
***이하의 내용은 『한국 전통 가방에 관한 연구』(강서영(2011), 한국 전통 가방에 관한 연구, 이화여자대학교 대학원 석사학위 논문)를 참고하였다.

각종 함

조선시대에는 각종 물품을 보관하고 휴대하는 데 함을 사용하였는데, 관복과 관모, 띠를 담는 관대함冠帶函, 갑주를 담는 갑주함甲冑函, 갓에 끼우는 호수를 넣는 호수통虎鬚筒, 망건을 넣는 망건통網巾筒, 비옷과 갈모를 담는 우구갑雨具匣 등이 있었습니다. 우구의 경우 좁고 긴 자루에 넣어 휴대하기도 하였다고 합니다.

의복 외에 문서나 책, 필기구 등 작은 물건을 휴대하는 데에는 가죽으로 만든 피대皮帒가 쓰였습니다. 오늘날까지 남은 피대는 대개 사각형에 좌우에 고리가 달려 멜빵이나 끈을 걸 수 있게 되어 있습니다. 혹은 지갑紙匣이 쓰이기도 하는데, 지갑은 멜빵이 없고 한 손에 들고 다니는 자루입니다. 이런 함과 자루는 관리를 수행하는 종인 구종이나 사동이 휴대하였는데, 「대한제국 동가도」등 각종 풍속화와 행렬도에서 그 모습을 볼 수 있습니다.

봇짐

각종 물건을 보자기에 싸서 등에 지도록 한 것을 봇짐褓擔이라 합니다. 보통 보자기로 물건을 싸고, 넓은 멜빵으로 묶어 어깨에 걸어서 등에 져 가지고 다닙니다.

또 괴나리봇짐이 있는데, 보자기 좌우와 중앙, 아래에 끈을 달아서 좌우의 끈은 멜빵이 되고 중앙과 아래의 끈은 보자기를 여미게 한 것입니다. 과거를 보러 올라가는 선비, 귀양 가는 죄인 등 조선시대 먼 거리를 여행하는 사람이 짐을 지울 말과 하인이 없을 때 갖추는 최소한의 행장이었습니다.

망태

망태는 끈을 그물망처럼 엮어 만든 자루로, 주로 농촌에서 씨앗을 담는 데 쓰거나, 연장을 담는 데, 혹은 사냥꾼이 사냥감을 담는 데 썼습니다. 일반적인 망태는 성글게 짰지만, 씨앗을 담는 것은 촘촘하게 짰고 사냥꾼이 쓰는 것은 안쪽에 가죽을 대는 등 그 용도에 따라서 생김새는 차이가 있었습니다.

군사들도 망태를 사용하였는데, 『제승방략(1588)』의 군무 29조에 따르면, 기병들은 각각 찐쌀 1말, 콩 5되, 미숫가루 5되, 편자 2부, 망치, 발굽 깎는 칼 등을 노끈을 엮어 만든 망태에 넣어 준비해야 했습니다. 이 망태가 사람이 지는 것인지, 말이 지는 것인지는 확실하지 않지만, 어쨌거나 잡다한 물건을 휴대하는 데 널리 쓰였다는 것은 확실하고, 군대도 예외는 아니었습니다.

망태를 질 땐 어깨에 메기도 하고, 끈을 목 뒤에 걸어 등에 지기도 하였습니다. 대개는 어깨에 멨으나, 사냥꾼의 경우 주로 목 뒤에 걸어 등에 지는 방식을 썼습니다. 또 양쪽으로 멜빵을 달아 등에 지도록 한 것이 있는데, 주루막이라고 합니다.

망태

씨앗망태

사냥꾼의 망태

목 뒤에 걸어 등에 지기
「매사냥가고」

어깨에 메기

주루막

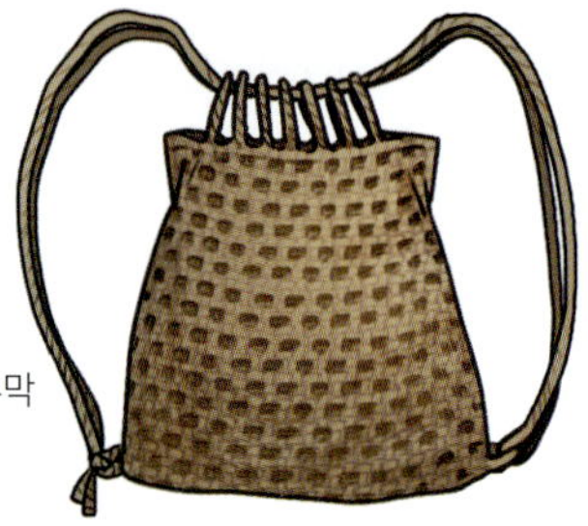

주루막

주루막 등에 지기

조선 초기 보병
『제승방략』

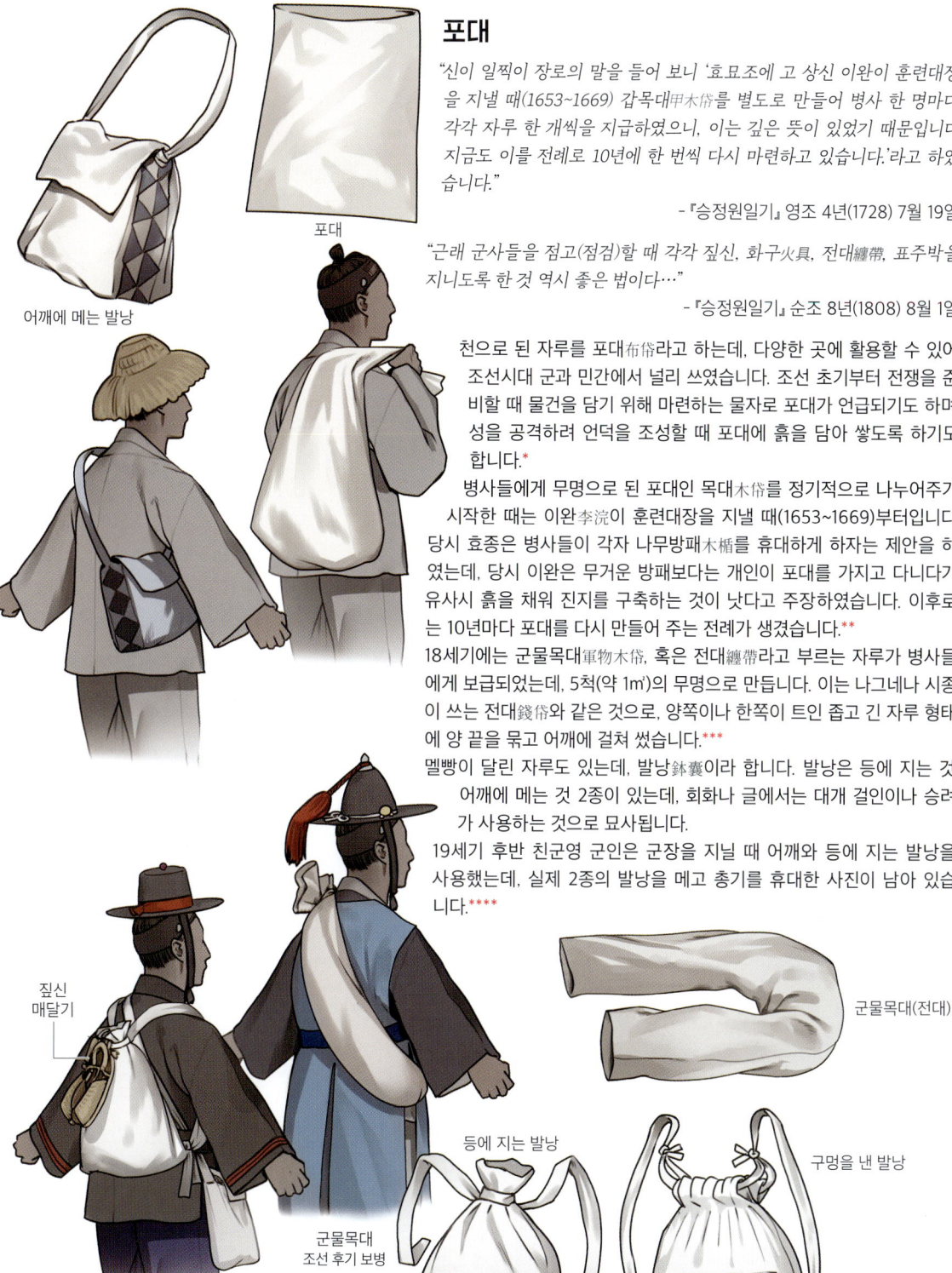

포대

"신이 일찍이 장로의 말을 들어 보니 '효묘조에 고 상신 이완이 훈련대장을 지낼 때(1653~1669) 갑목대甲木袋를 별도로 만들어 병사 한 명마다 각각 자루 한 개씩을 지급하였으니, 이는 깊은 뜻이 있었기 때문입니다. 지금도 이를 전례로 10년에 한 번씩 다시 마련하고 있습니다.'라고 하였습니다."
- 『승정원일기』 영조 4년(1728) 7월 19일

"근래 군사들을 점고(점검)할 때 각각 짚신, 화구火具, 전대纏帶, 표주박을 지니도록 한 것 역시 좋은 법이다…"
- 『승정원일기』 순조 8년(1808) 8월 1일

천으로 된 자루를 포대布袋라고 하는데, 다양한 곳에 활용할 수 있어 조선시대 군과 민간에서 널리 쓰였습니다. 조선 초기부터 전쟁을 준비할 때 물건을 담기 위해 마련하는 물자로 포대가 언급되기도 하며, 성을 공격하려 언덕을 조성할 때 포대에 흙을 담아 쌓도록 하기도 합니다.*

병사들에게 무명으로 된 포대인 목대木袋를 정기적으로 나누어주기 시작한 때는 이완李浣이 훈련대장을 지낼 때(1653~1669)부터입니다. 당시 효종은 병사들이 각자 나무방패木楯를 휴대하게 하자는 제안을 하였는데, 당시 이완은 무거운 방패보다는 개인이 포대를 가지고 다니다가 유사시 흙을 채워 진지를 구축하는 것이 낫다고 주장하였습니다. 이후로는 10년마다 포대를 다시 만들어 주는 전례가 생겼습니다.**

18세기에는 군물목대軍物木袋, 혹은 전대纏帶라고 부르는 자루가 병사들에게 보급되었는데, 5척(약 1m)의 무명으로 만듭니다. 이는 나그네나 시종이 쓰는 전대錢袋와 같은 것으로, 양쪽이나 한쪽이 트인 좁고 긴 자루 형태에 양 끝을 묶고 어깨에 걸쳐 썼습니다.***

멜빵이 달린 자루도 있는데, 발낭鉢囊이라 합니다. 발낭은 등에 지는 것, 어깨에 메는 것 2종이 있는데, 회화나 글에서는 대개 걸인이나 승려가 사용하는 것으로 묘사됩니다.

19세기 후반 친군영 군인은 군장을 지닐 때 어깨와 등에 지는 발낭을 사용했는데, 실제 2종의 발낭을 메고 총기를 휴대한 사진이 남아 있습니다.****

---

*『성종실록』 성종 20년(1489) 9월 29일 / 『세종실록』 세종 19년(1437) 7월 18일
**『승정원일기』 영조 4년(1728) 7월 19일
***『일성록』 정조 12년(1788) 7월 19일 / 『일성록』 순조 8년(1808) 8월 1일
****Радишаускайте Наталья(2017), "Для пользы дорогого отечества…", 『Птица на счастье』 No. 2(40)(https://www.slovoart.ru/node/2319) 7번째 사진. 검색일 2024.7.11

수행원

구종

구종丘從은 문무관리들을 따라다니며 수발을 드는 종으로, 구사丘史라고도 하였습니다. 이들은 주인을 따라다니며 말을 끌거나 가마를 들고, 일산을 들고 짐을 드는 등의 잡일을 했습니다.
구종의 수도 차등이 있었는데, 대군은 10명, 정1품 9명, 종1품 8명, 정2품 7명, 종2품 6명, 정3품 상계 5명, 당하관인 정3품 하계 4명, 종3품과 4품은 3명, 이하는 2명이며, 양반 자제는 1명이었습니다.*

조선 초기 기병의 수행원

종인

"정군正軍 1인은 갑옷을 입고 궁시와 검 혹은 창을 가지며, 주자廚子 1인 역시 갑옷을 입고 활과 화살을 차며, 우비를 가지고 우대雨袋에 건량을 나누어 담아 길마에 걸고 말에 타거나 걸어서 정군의 뒤를 따르되, 적을 만나면 스스로 지키도록 하며, 정해진 숫자 외의 짐은 일체 금할 것입니다."
- 『세종실록』 세종 19년(1437) 4월 11일

조선 초기 보병의 수행원

종인從人 혹은 보인保人은 병사들을 따라다니며 수발을 드는 종을 말합니다. 이들은 보통 나무하고 불을 떼 밥을 하는 역할을 하므로 주자廚子라고도 하였으며, 병사들에 비해 낮은 지위에 있었습니다.
조선 초기에는 군관과 기병에게 기마 1필, 짐말 1필, 종인 1~2명을 주어서 이들에게 짐을 지우고 잡일을 전담하게 하였고, 보병에게도 보인 1명을 두고 2명에 하나 꼴로 짐말을 주었습니다.**
이들 종인은 군사를 셀 때에 편제에 들어가지 않았지만, 자기 몸을 지킬 수준의 간단한 무기로 무장하였고, 취사 등 잡다한 일을 도맡았습니다.

조선 초기 수행원의 소지품(1491)**

화병

임진왜란 중인 1593년 조선은 『기효신서』를 바탕으로 한 군사제도를 받아들입니다. 그에 따르면, 각 대(12인)마다 화병火兵이라는 취사와 잡일을 전담하는 병종을 1명씩 두어야 했는데, 이 화병이 이전의 종인을 대신하게 됩니다. 화병은 취사에 소요되는 취사도구와 함께 땔감을 구하기 위해 낫, 도끼를 소지하였습니다.***

조선 후기 기, 보병의 수행원

복마군

1593년 『기효신서』의 체제를 받아들인 이후로는 군사들에게 짐말을 할당하지 않고, 때마다 나누어주는 식으로 운영하였는데, 1638년에는 식량을 제외한 군장과 기계를 휴대하는 데 군사 10명에 짐말 3필, 1654년에는 7명에 1필을 주었습니다.**** 그러다 1671년 훈련대장 유혁연에 의해 짐말을 가지고 군기와 잡물을 수송하는 복마군卜馬軍이라는 병종이 신설되었습니다. 당시 규모는 320명으로, 1대마다 짐말 1필과 복마군이 배정되었습니다.*****
복마군은 해당하는 대의 군장과 이들이 들어가는 망태, 군막과 사슬, 쇠말뚝, 낫, 편자 2부, 짐을 넣는 자루인 대련大連을 소지해야 했습니다.***

복마군의 소지품

---

*『세종실록』, 세종 11년(1429) 2월 5일
**『세종실록』, 세종 25년(1443) 6월 2일 / 『성종실록』, 성종 10년(1479) 윤 10월 4일 / 성종 22년(1491) 4월 19일
***『금위영등록』 권2, 숙종 13년(1687) 7월 29일
****『비변사등록』 인조 16년(1638) 8월 13일 / 『비변사등록』 효종 5년(1654) 02월 02일 羅禪赴征軍兵抄送節目
*****『훈국등록』 제10책, 신미년(1691) 8월 9일 / 『만기요람』 군정편 2, 訓鍊都監, 軍摠 軍摠 沿革 / 『금위영등록』 권3, 숙종 13년(1687) 7월 29일

09

기타 장비

진영 설치

장막

군막의 변천

식량

의료

필기구와 문서

지도, 마아와 천리경

진영 설치

조선 초기의 진영

조선시대에는 군대가 성 밖에서 야영하거나 오래 주둔하는 경우, 군사들의 주거와 안전을 보장하기 위해 진영陣營을 설치하였습니다. 진영은 대개 사각형으로 사방에 장애물을 두고 안쪽에는 천막이나 움집을 두는 것이 일반적이었습니다. 조선 초기의 여러 병법서에서는 진영을 설치하는 방식에 대하여 세세하게 언급하지는 않으나, 여러 사서에서 녹각성이나 방패진을 설치한 예를 확인할 수 있습니다.

방패진

조선 초기에는 진을 쳤을 때 사방에 방패를 둘러쳐 적의 공격을 막았습니다. 그 내용이 1433년 쓰인 『진서』에 실려 있으며, 1467년 이시애의 난 만령전투 때는 반군이 능선을 따라 3겹으로 방패를 세우기도 했습니다.*
진을 쳤을 때 세워 놓는 방패는 장방패長防牌 혹은 입방패立防牌라 하여 원방패와 구별하였는데, 『국조오례의서례』에 따르면 높이가 5척6촌(118cm), 너비는 2척2촌(46cm)이었다고 합니다.
조선 후기의 병서 『융원필비』에서는 방패를 등패, 장패로 나누는데, 장패는 진을 쳤을 때 앞에 세워놓고 화살과 돌을 막는 것이라 하였습니다. 비슷한 시기 「훈련도감습진도」를 보면 방패수가 등패가 아닌 장방패를 쓰는데, 행군할 때는 긴 자루를 어깨에 지며, 공격할 때는 손잡이를 잡고 적의 공격을 막는 모습을 볼 수 있습니다.

녹각성

녹각목鹿角木은 나무의 가지를 적 방향으로 향하여 적의 접근을 방해하는 구조물입니다. 바깥에 목책과 녹각을 세우고 구덩이를 판 진영은 녹각성鹿角城이라 했는데, 조선 초기 군대 주둔 시 자주 세워졌습니다. 혹은 목책에 진흙을 발라서 화공을 막기도 하였는데, 이는 목책도니성木柵塗泥城이라고 하였습니다.**
1467년 이시애의 난 북청전투 때는 관군이 녹각과 목책, 구덩이로 구성된 녹각성을 건설하여 공격을 막아내기도 하였고, 1510년 삼포왜란 당시에는 선봉군이 녹각목을 들고 왜적의 접근을 막고 돌팔매질을 하기도 했습니다.

장방패 사용법
「훈련도감습진도」

장방패
『국조오례의서례』

장방패
『융원필비』

---

*『세종실록』, 세종 15년(1433) 7월 4일
『세조실록』, 세조 13년(1467) 8월 4일 "列彭排三重…"
**손영식(1988), 木柵施設의 小考, 헤리티지:역사와 과학 제21권 61~78p

조선 후기의 진영

조선 후기에는 『병학지남연의』 등의 병서에 진영을 치는 방식에 대하여 상세하게 언급하고 있습니다. 대개는 방진 모양으로 진을 치고 거마와 마름쇠를 배치했고, 오래 주둔할 경우 목책을 쳐서 목성을 만들었습니다.

거마와 마름쇠

"출정했을 때 보니 거마작拒馬作이 군대에서 가장 중요하였으니, 들판에서 진을 칠 때 이를 의지해서 성으로 삼았습니다."
- 『승정원일기』 영조 10년(1734) 9월 18일

조선 후기 군대에서는 행군 중 야영을 하거나 짧은 기간 동안 주둔할 때 바깥에는 거마拒馬와 마름쇠를 펴고, 안쪽에는 천막을 쳐 야영했습니다. 이는 『정리의궤』의 「동장대시열도」, 「화성행행도 병풍」 등 회화자료에서 여럿 확인됩니다.

거마는 말을 막기 위해 쓰는 세워놓는 창으로, 거마작拒馬柞, 거마창拒馬槍이라고도 합니다. 거마는 길이가 5척2촌(1.1m)인 가지 3개가 있고 무게는 3근12냥(2.4kg)입니다. 가운데에 축이 있어 접고 펼 수 있으며, 가지 양쪽 모두 날이 있어 굴러도 위력을 잃지 않게 되어 있습니다. 거마를 세울 때는 쇠사슬과 연결된 말뚝을 박고 돌을 쌓아 고정했으며, 운반 때에는 그 대의 군사들이 교대로 지며 운반했다고 합니다.

마름쇠의 경우 가운데에 구멍을 내어 끈에 1척 간격으로 5개 묶게 했는데, 펴고 회수하기 편하도록 한 것입니다. 운반할 때는 창이나 방패의 위에 매었다고 합니다.

거마, 마름쇠는 각각 1보(1.26m)를 차지하는데, 1대는 그 전면이 3보이므로 1대에 3개씩은 갖추어야 했습니다. 그러나 거마의 수량이 부족한 경우도 있었는데, 「동장대시열도」에서는 군사의 군막 사이에 거마를 배치하기도 하였고, 새끼줄로 거마를 이어서 적을 막기도 했습니다.*

목성

군대가 한 거점에 오랫동안 주둔할 경우에 목성木城을 세웠는데, 바깥에는 목책과 연화첨蓮花簽, 안에는 움막을 짓고 망루를 세운 성입니다. 홍경래의 난 당시 쓰인 『서정일기』와 「홍경래진도」에서 목책과 망루를 세운 사실을 확인할 수 있으며, 1872년 『황간현 지도』의 '신설포수촌'에서 포수의 주둔지로 움집이 사용된 예를 확인할 수 있습니다.

목책은 8~9척(1.7~1.9m)의 나무를 1척(21cm) 간격으로 세우며 1장(2.1m) 되는 나무를 가로로 대고 끈으로 묶어 만들었다고 합니다. 그 앞에는 연화첨을 세워 대나무나 나무를 깎아 만들어 땅에 비스듬하게 박되, 앞에 짧은 나무를 박아서 중간을 받치도록 했습니다.

---

*『승정원일기』, 영조 10년(1734) 9월 18일

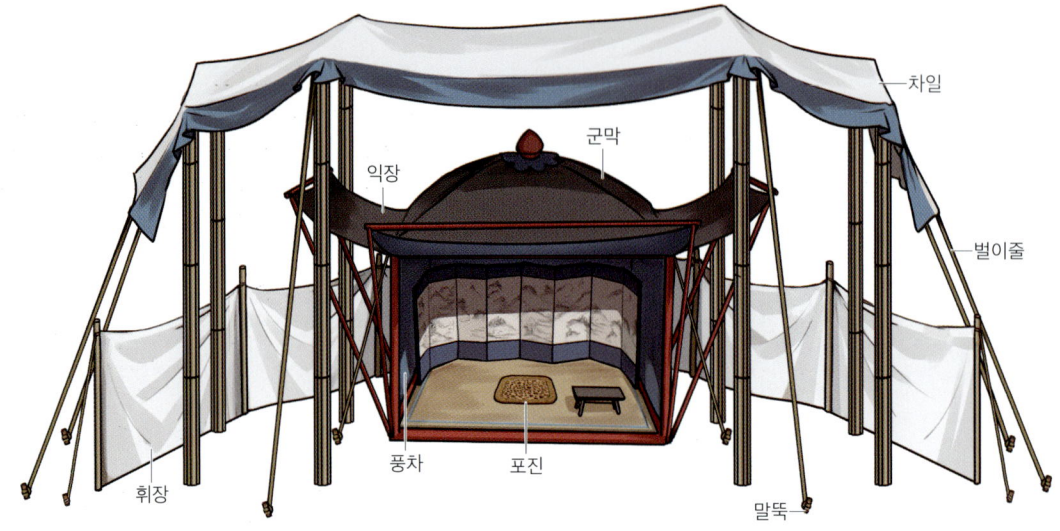

장막

장帳은 좌우로 펼쳐 옆을 막는 천이며, 막幕은 위에 덮는 천입니다. 이들을 아울러 장막帳幕이라 합니다.*
조선시대 군에서 사용되었던 장막은 크게 군막軍幕, 차일遮日, 휘장揮帳으로 구성되었으며, 이 장막에 깔고 늘어놓는 기물들을 통칭하여 포진布陳이라 하였습니다.

차일

차일은 해를 가리며 비를 막기도 하는 천막입니다. 대개는 흰 무명으로 만들고, 대나무를 여러 개 묶어 기둥을 삼아 벌이줄을 앞뒤, 좌우로 연결하여 땅에 말뚝을 박아 고정합니다.
조선 후기에는 차일 중 큰 것은 대차일大遮日, 가장자리를 청색으로 한 것은 청변차일靑邊遮日이라고 불렀으며, 모두 폭이 8~9m, 길이 15~20m에 달하는 큰 크기였습니다.**

휘장

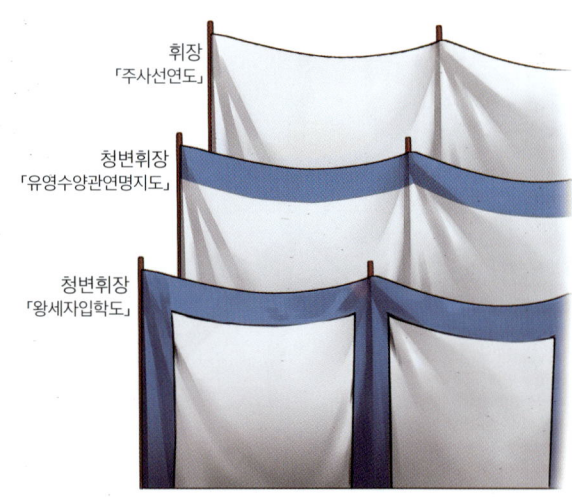

휘장은 벽과 같이 세워서 바람을 막고 잡인이 안쪽의 일을 알 수 없도록 치는 장입니다. 궁중의 연회나 행차에서 쓰이는 휘장은 홍색, 아청색, 황색 천, 혹은 주렴으로 만들기도 했으나, 일반적인 관청이나 군대에서는 백색의 천으로 된 휘장을 썼습니다. 경우에 따라서는 휘장에도 청색 변을 대어 장식을 하기도 합니다.
조선 후기 군에서 쓰인 휘장 한 부의 폭은 2.8m, 길이는 10m로, 여러 개를 연결해서 차일 주위를 둘러쳤습니다.**

군막

군막은 진영을 설치하였을 때 장수와 병사가 거처하는 비바람을 막을 수 있는 장막으로, 조선 초기에는 차일과 휘장으로 만들었으나, 조선 후기에는 독자적인 구조물이 됩니다.
조선 후기 군막에는 전면이나 삼면, 사면에 처마처럼 익장翼帳을 달아서 햇빛과 비를 막았고, 사방의 벽에는 바람을 막는 풍차風遮를 달아 바람을 막았습니다. 네 방향으로는 벌이줄을 묶어서 팽팽하게 당기고 말뚝을 박아서 고정했습니다.**

*『경국대전주해』 후집, 吏典 天官冢宰, 典設司條 "在旁曰帷, 在上曰幕"
**『총융청사례』, 軍物新造式

군막의 변천

조선 초기의 군막

조선 초기에는 차일과 휘장을 쳐서 장수가 지휘하는 장소와 처소를 만들었습니다. 차일은 사각형으로 기둥 4개를 세우고, 가운데에 1개, 혹은 2개의 기둥을 세운 후 벌이줄을 묶고 말뚝을 박아 고정했던 것으로 보입니다.

휘장은 차일 기둥 바깥쪽에 세웠는데 「유영수양관연명지도(1571)」에서는 차일과 휘장 사이의 틈이 넓은 것으로 그려지기도 하고, 「주사선연도(1598)」에서는 틈 없이 겹쳐지게 한 모습으로 그려지기도 합니다.

조선 초기 군막
「유영수양관연명지도」, 「주사선연도」

17세기의 군막

17세기에는 가운데에 기둥이 없는 모양의 군막이 쓰이는데, 「사궤장연회도첩(1668)」, 「숭정전연회도(1710)」에서 확인 가능합니다. 따라서 지붕 구조가 생긴 것으로 보이며, 「사궤장연회도첩」에는 휘장을 차일의 기둥 안쪽에 세운 모습이 그려졌지만, 후대에는 군막에 풍차가 달리면서 휘장을 세우지 않는데, 그 모습이 「숭정전연회도」에 그려져 있습니다.

17세기 군막
「사궤장연회도첩」, 「숭정전연회도」

조선 후기의 평군막

조선 후기에는 일반적으로 사용된 군막을 평군막平軍幕이라 하였습니다. 평군막은 지붕 구조가 있되 위에 꼭지가 있는 사모지붕이나 맞배지붕 모양이며, 흰색 천이나 기름종이, 혹은 안감이 청색인 검은 천이 쓰였습니다. 또 이때부터 군막 바깥에 차일과 휘장을 별도로 치는 예가 보이기 시작합니다.

『총융청사례』의 군물신조식에는 평군막을 만드는 데 쓰이는 재료가 실려 있는데, 사면에 두르는 '목평군막'에는 약 22.8㎡의 안감과 겉감이 필요했고, 지붕인 '군막상개'는 약 12.6㎡의 안감과 겉감이 필요했습니다. 일반적으로 지붕이 바닥 면적의 1.5배에서 2배라는 점에 비추어 보면, 대략 한 변의 길이가 2.5~3m인 정사각형 크기였을 것입니다.

조선 후기 평군막
「영묘조구궐진작도」, 「준천첩」

조선 후기의 방군막

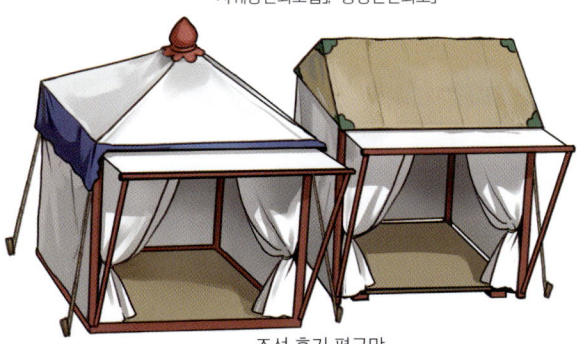

조선 후기에는 방군막房軍幕이란 새로운 군막이 등장하는데, 늦어도 1765년부터는 쓰이기 시작합니다. 1795년 군영대장의 방군막은 병풍에 여러 색으로 화려한 오봉산을 그렸으며, 능화지綾花紙(문양이 인쇄된 벽지)를 도배하였으며, 호피로 된 모장毛帳을 친 화려한 형태였다고 합니다. 당시 정조는 이를 지적하여 새로 만드는 방군막은 평범한 채색과 평범한 그림을 그리도록 했고, 모장은 표범 가죽을 쓰도록 합니다.*

『총융청사례』의 '군물신조식'에는 '방군막상하기'를 만드는 데 쓰이는 재료가 실려있는데, 판자를 가공하는 데 필요한 벽련목劈鍊木과 인거장引鉅匠을 필요로 합니다. 거기다 능화지를 도배했단 기록을 참작하여 보면, 판자로 만든 가벼운 벽을 사면에 둘러친 '방'에 가까운 형태였던 것으로 보입니다.

조선 후기 방군막
「평안감사향연도」, 「총융청사례」

*「승정원일기」, 영조 41년(1765) 8월 17일 "上入房帳幕次…" / 「훈국등록」, 정조 19년(1795) 윤2월 28일

기타 장비 | 203

훈련대장 장막

계급별 군막

조선시대 군대의 군막도 신분에 따라 격의 차이가 있었습니다. 그 예를 18세기 후반 훈련도감의 진법 훈련을 담은 회화인 국립중앙박물관 소장 「훈련도감습진도」에서 확인할 수 있습니다.*
물론 「훈련도감습진도」는 조선 후기 장막 설치의 한 가지 예일 뿐이고, 「홍경래진도」나 「화성행행도 병풍」 등 여타 사료에서는 조금 다른 군막을 쓴 예도 확인할 수 있으므로 하나의 예시 정도로 받아들이시면 좋겠습니다.

훈련대장의 장막

훈련대장의 장막은 자리를 넓게 깔고 삼면에 휘장을 둘러 치고 차일을 쳤고, 가운데는 평군막을, 오른편엔 방군막을 세운 모습입니다.
가운데 평군막에는 입식으로 호상을 두고 병풍을 쳤고, 방군막에는 방석과 안식, 책상을 두었는데, 군무를 보는 공간과 편하게 지내는 공간을 분리한 것으로 보입니다.

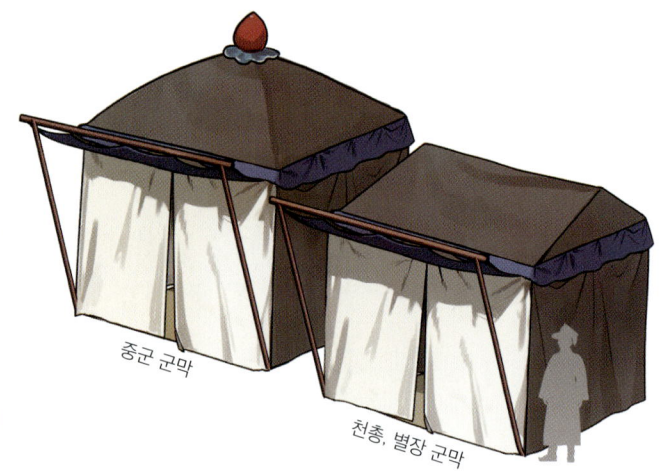

중군 군막

천총, 별장 군막

무관의 군막

일반 무관의 군막은 평군막인데, 「훈련도감습진도」를 보면 계급에 따라 격의 차이가 있었던 것을 확인할 수 있습니다.
대장에 버금가는 위치인 중군의 군막은 지붕으로 사모지붕 형태의 청색 안감을 댄 흑색 군막, 당상관인 천총, 별장은 약간 격이 낮은 맞배지붕 군막, 그 이하 파총은 흰색 맞배지붕 군막, 초관의 경우 평평한 지붕을 가진 군막을 사용하였습니다.

병사의 군막

일반 병사의 군막은 오늘날의 A형 텐트와 유사한 형태의 천막인데, 1대, 즉 12명이 한 군막을 사용하였습니다. 조선 초기부터 이런 유형의 군막이 쓰였는지는 불명이나, 적어도 17세기부터 일반 병사들의 군막으로 쓰인 예가 확인됩니다.**
이 군막의 대략적인 크기는 『총융청사례』의 군물신조식에서 볼 수 있는데, '군병목단휘장'은 길이가 10척(약 5m), 너비가 7폭(약 3m) 이었습니다. 10여 명이 어깨를 맞대고 빠듯하게 들어가 잘 수 있었을 것입니다.

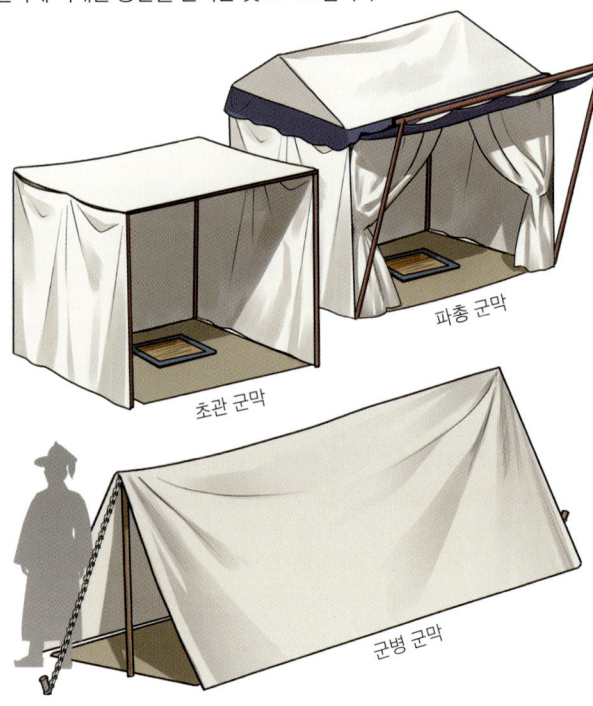

파총 군막

초관 군막

군병 군막

*김창규(2021), 국립중앙박물관 소장 「訓鍊都監習陣圖」연구, 한국학중앙연구원 한국학대학원 석사학위논문 에서 확인하였음.
**『비변사등록』, 인조 20년(1642) 09월 12일

포진

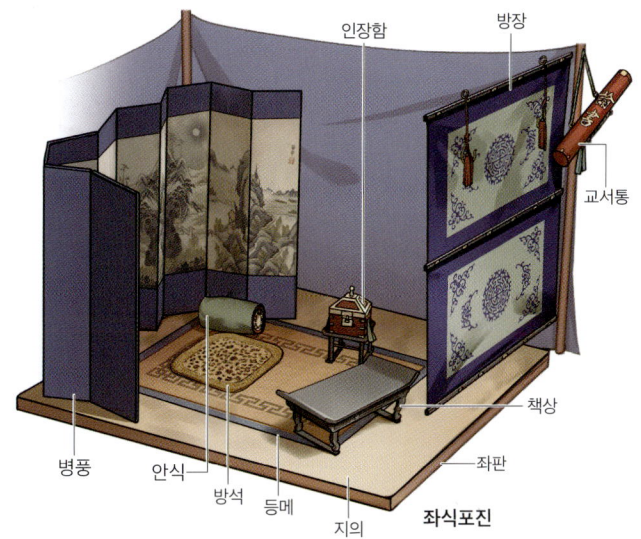

좌식포진

바닥에 깔 돗자리, 등메, 방석, 안석 등의 물건을 통틀어 포진鋪陳이라 합니다. 『총융청사례』에는 다양한 포진이 실려 있는데, 일반적으로 바닥에 앉는 좌식 포진이 쓰였습니다. 격이 높은 포진은 좌판坐版 위에 돗자리인 지의地衣를 깔고, 그 위에 골풀로 만든 자리인 등메登每를 깐 후, 깔고 앉도록 만든 방석方席과 몸을 기댈 수 있는 방석인 안식案息을 두었습니다. 앞에는 해와 바람을 막는 방장房帳을 다는데, 이 역시 격이 높은 포진은 방장, 무명 방장, 모장을 겹겹이 달았습니다.* 높은 장수의 군막에는 뒤에 병풍을 세우고, 책상과 인장함을 두어 사무를 볼 수 있도록 했습니다. 또 국왕이 내린 문서인 교서나 유서를 넣은 통을 좌우에 달아 그 권위를 보여주었습니다.**

평상을 놓은 포진

평상을 놓은 포진

「숭정전연회도」, 「북관유적도첩」과 같은 회화에서는 다리가 있어 바닥에서 자지 않을 수 있도록 만든 침상인 평상平床과 팔 받침대인 궤상机床 혹은 협식脇息을 사용하는 것을 볼 수 있습니다. 평상은 주로 취침을 할 때 쓰는 가구이므로, 높은 무관은 취침을 할 때 이런 평상을 쓰기도 했던 것 같습니다.

입식 포진

좌식 외에 호상과 높은 상을 쓴 입식 포진도 있었는데, 「주사선연도」, 「북관유적도첩」, 「훈련도감습진도」 등의 회화에서 확인할 수 있습니다. 전장에서 병사를 지휘하는 상황이나 연회를 베푸는 상황에 이런 포진을 쓰는 것으로 그려지는데, 보다 공적인 업무, 행사를 할 때 이런 포진을 쓴 것으로 보입니다.

호상

호상胡床은 접이식 의자로, 『경국대전』에 따르면 당상관만이 사용할 수 있었습니다. 그 이하는 대개 방석에 앉았던 것으로 보입니다.

입식 포진

---

* 『총융청사례』, 軍物新造式 / 『장용영고사』, 정조 19년(1795) 12월 29일
  "御軍幕三升房帳一部鶴青木房帳一部豹皮毛帳一部…"
** 「평안감사향연도」, 「훈련도감습진도」에서 확인된다.

군량

군량軍糧은 군인들의 식량을 말하며, 동서고금 모든 군대는 이 군량이 없으면 제 역할을 할 수 없었습니다. 평시에는 군사들이 스스로 며칠간의 식량을 마련하고 있어야 했는데,『제승방략』에서는 각 진과 보의 병사 개개인에게 전장에서 식량으로 쓸 찐쌀 1말(6L), 마른 콩 5되(3L), 미숫가루 5되를 항상 준비하여 유사시에 대비하도록 하였으며, 1675년 훈련도감에서도 쌀 2말(12L)과 미투리 1짝, 짚신 2짝을 유사시에 대비해 항상 마련해 놓도록 한 것을 확인할 수 있습니다.*

긴 기간 동원할 때는 당연히 군에서 식량을 제공해야 했는데,『제승방략』에는 군사 한 명에게 매일 쌀 3되(1.8L)를, 종인에게는 쌀 2되(1.2L)와 콩 1되 반(0.9L)을 지급하도록 하였습니다. 조선시대 성인 남성大男이 한 끼에 7홉 내외의 밥을 먹었던 점에 비추어 보면, 조선시대 군사들은 일반적인 장정의 식사보다 1.5배 더 많은 식사를 한 셈입니다.

전쟁 중에는 군사들의 사기 진작을 위해 더 많은 군량이 배급되기도 하였는데, 임진왜란 때 권응수 의병진의 양료관糧料官을 지낸 홍경승의『분의록』을 보면, 의병장에게 쌀 8되와 고기 2근, 일반 의병은 쌀 6되와 고기 2근, 노약자에게도 쌀 3되와 고기 2근을 준 것을 확인할 수 있습니다.**

1894년 동학농민전쟁 당시 지출 명세를 모아 기록한 책인『교남수록』을 보면, 당시 병사들에게 주기적으로 소금, 장, 북어, 소고기, 술, 담배를 지급했으며, 역참에서 돈을 내고 숙식을 해결하기도 했던 것을 확인할 수 있습니다.

운송과 분배

조선시대 군량을 운송하는 일은 대개 운량관運糧官을 두어 담당하게 하였고, 치중소輜重所를 두어 군량을 쌓아놓고 분배하는 창고로 삼았습니다. 치중소에 벽과 지붕이 있는 창고가 없다면 군량을 들판에 쌓아 놓아야 했는데, 이를 야적野積이라 합니다. 「홍경래진도」를 보면 쌀 수십 석을 높이 쌓아 놓고 초가지붕을 씌우는 식으로 야적한 예를 볼 수 있습니다.

분배하는 데에도 여러 기구가 필요했는데, 「홍경래진도」를 보면 쌀이 담긴 섬을 돗자리에 붓고, 되로 계량하여 동고리에 담아서 분배하는 모습이 그려져 있습니다.

치중소의 분배 모습
「홍경래진도」

되

섬

동고리

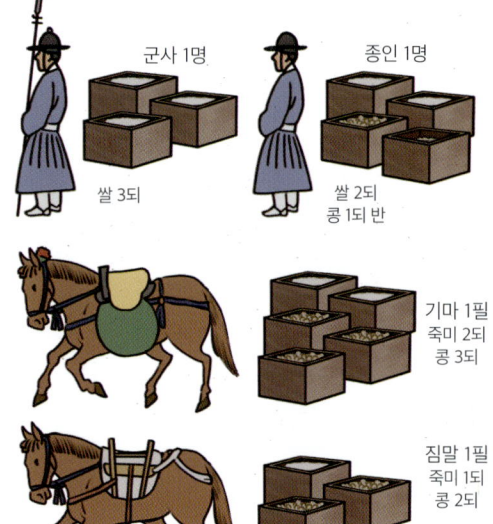

군사 1명 — 쌀 3되
종인 1명 — 쌀 2되 콩 1되 반
기마 1필 죽미 2되 콩 3되
짐말 1필 죽미 1되 콩 2되

말의 식량

조선시대 말은 푸른 풀인 꼴이나 꼴을 베어 말린 건초를 먹거나, 쌀겨인 죽미粥米와 콩으로 만든 말죽을 먹었습니다. 꼴과 건초는 널리 쓰이는 사료였지만, 군대나 관청에서는 비싸지만 계량과 운송이 간편한 콩과 죽미를 주로 보급해 주었습니다.

『제승방략』에서는 매일 기마에는 죽미를 큰 되로 1되, 짐말에는 콩 2되를 지급하게 되어 있지만, 1641년 복마에게 콩 2되와 죽미 1되, 1717년 관리들의 말과 전마에게 콩 3되와 죽미 2되씩 지급하는 예를 보면,『제승방략』의 수량은 꼴과 건초를 섞어서 먹이는 것을 전제로 한 수치로 보입니다.***

평상시에는 꼴과 건초를 먹이는 일이 많았기 때문에 조선시대 기병과 복마군은 대개 풀을 베기 위한 낫을 소지하고 풀을 베러 다니는 일이 많았습니다.****

---

*『훈국등록』숙종 1년(1675) 11월 17일
**영천역사박물관, 임진왜란 영천성수복전투를 다시 기록해야 할 자료 발굴하다. (2), 2020.9.18, 경북TV (https://www.kbitv.net/news/articleView.html?idxno=340) 검색일 2024.7.20
***『비변사등록』, 인조 19년(1641) 12월 23일 / 같은 책, 숙종 43년(1717) 2월 10일
****『승정원일기』, 영조 5년(1729) 8월 27일 "諸軍門軍卒,皆持要鉤鐵乎…(중략)…馬兵則自軍門造給…" / 같은 책, 정조 6년(1782) 8월 2일 "善復曰, 臣營馬兵以刈草事…"

비상식량

일반 쌀 / 볶은 쌀 / 찐쌀 / 미숫가루 / 밀가루 / 간장 / 소금 / 젓갈 / 조기 / 명태 / 민어

"신이 사졸로 하여금 15일 치의 양식과 20일 치의 미숫가루를 싸 가도록 했는데, 군사가 명령을 따르지 않고 대개 양식을 가볍게 했으므로, 이 때문에 양식이 떨어진 자가 많았습니다…"
- 『성종실록』 성종 23년(1492) 4월 19일

"찐쌀을 만든다면 위급한 시기에 따뜻한 물 한 그릇을 쌀에 섞어 곧바로 먹을 수 있습니다…"
- 『승정원일기』 영조 17년(1741) 12월 27일

일반적인 쌀은 먹으려면 물과 연료, 시간이 많이 필요합니다. 그런 여건이 보장될 수 없는 전쟁에서는 오래 보존할 수 있으며 곧바로 먹을 수 있는 식량이 필요한데, 조선시대에는 특히 찐쌀과 미숫가루가 널리 쓰였습니다. 찐쌀(증미蒸米)은 찐 쌀로, 습한 곳에서도 오래 보관할 수 있으며, 위급할 때는 따뜻한 물을 부어 곧바로 먹을 수 있었습니다. 미숫가루(미식米食)는 볶은 곡식을 간 가루로, 역시 보관하기 좋고 그냥 먹거나 물을 부어 먹었습니다.

이런 비상식량은 대개 개인이 소지하였는데, 16세기의 병서 『제승방략』에서는 각 진과 보의 병사 개개인에게 전장에서 식량으로 쓸 찐쌀 1말(6L), 마른 콩 5되(3L), 미숫가루 5되를 준비하도록 하였고, 조선 후기의 『병학지남』에서는 군사들의 행장에 건량乾糧을 포함하여 적에게 포위되는 등 위급한 상황에 먹도록 하였습니다. 『병학지남』의 건량은 볶은 쌀 2되와 밀가루 1되 반으로 만드는데, 볶은 쌀 1되, 쌀 미숫가루 1되, 기름을 먹인 밀떡 5홉, 소주를 먹인 밀면 5홉, 소금과 식초를 먹인 밀가루 5홉으로 구성됩니다. 합하면 3되 반(2L)으로, 약 이틀 치 분량입니다.

소금과 장, 젓갈

소금과 장, 젓갈은 조선시대 식생활에서 중요한 위치를 차지하고 있던 조미료입니다. 당연히 군사들도 이들을 먹었는데, 군사들 자신이 병에 담아 챙겨가는 경우도 있었고, 오랜 기간 동원되는 경우 나라에서 급여해 주기도 했습니다.

1554년 국경을 지키는 수졸이 근무하러 갈 때 쌀과 함께 간장을 챙겨갔다는 언급이 있으며, 1642년에는 금주로 파견된 병사들에게 담배를 나누어 주고 소금과 장을 사다 쓰도록 하기도 합니다. 1730년과 이듬해에는 6일 동안 진을 치고 훈련하는 총융청의 속오군들에게 소금과 장을 지급하기도 하였으며, 1760년 영종 방어영의 선창船滄에서는 유사시에 대비해 장, 밴댕이젓, 토화젓을 몇 년마다 새것으로 갈며 보관하고 있었습니다.*

행찬

"군사를 거느린 차사원差使員은 술, 고기, 쌀가루를 많이 가져가므로…"
- 『성종실록』 성종 22년(1491) 5월 4일

"8일엔 사복시 거덜 김봉태의 짐바리 중에서 크고 작은 찬합을 적발하였고, 장용영 사후군 김명린이 지고 있던 반찬을 담은 대궤 1건을 적발하였습니다. 9일엔 좌열 별감과 우열 별감의 완자탕을 담은 큰 솥 하나를 적발하였고…"
- 『일성록』 정조 19년(1795) 윤2월 10일

육포 / 미역 / 장볶기 / 간장병 / 젓갈독 / 찬합 / 찬합

먼 길을 갈 때 준비해 때에 따라 먹도록 한 반찬을 행반行飯, 행찬行饌이라 합니다. 조선시대 사람들은 여행을 할 때 여유가 되면 행찬을 챙겼는데, 군사들도 마찬가지라 원정이나 행차에 참여할 때 행찬을 챙겨가는 경우가 많았습니다. 대개는 찬합 정도만 가져갔지만, 심하면 궤짝, 솥까지 들고 가는 경우도 있었습니다.

군에서는 평상시 이런 반찬 휴대를 막는 일은 있어도 나누어주는 일은 없었지만, 전쟁 상황에는 최대한 이런 기호품을 나누어 주어 병사들의 사기를 진작하려 애썼습니다. 홍경래의 난과 동학농민전쟁 때 쓰인 『서정일기』, 『진중일기』, 『교남수록』 등의 자료를 보면, 명태, 민어, 조기, 미역, 육포 같은 말린 반찬과, 장볶기醬卜只, 새우젓, 알젓 등 소금이나 장에 절인 반찬을 현지에서 구해 먹거나 위에서 나누어 준 것을 확인할 수 있습니다.

*『명종실록』 명종 9년(1554) 4월 27일 / 『비변사등록』 인조 20년(1642) 11월 19일 /
『승정원일기』 영조 6년(1730) 2월 21일 / 같은 책, 영조 7년(1731) 8월 13일

호궤 시의 식단

"이번 계원장의 군병을 호궤하는 데에는 고기 꼬치의 크기와 술맛이 가장 중요하기 때문에 신도 여러 번 묻고 엄하게 신칙하였습니다. 그러나 찐 콩, 대구를 주고, 배나 감 1개 혹은 대추와 밤 약간으로 대신하는 것, 훈련도감에는 배와 감이 없는 것, 장교에게는 대구를 주고 군졸에게는 명태를 주는 것은 오래도록 준수하던 물품과 수량이며 당연히 행해야 할 일이므로…"
- 『승정원일기』 영조 4년(1728) 4월 18일

호궤犒饋는 병사들을 위로하기 위해 음식을 베푸는 것입니다. 조선시대에는 전투를 마치고 돌아왔을 때나, 훈련을 했을 때나, 부역에 동원되거나, 왕의 행차에 동원되는 등 사람들을 불러 모아 과업을 수행했으면 호궤를 베풀어 그들을 위로하는 뜻을 보였습니다. 조선 후기에는 상황이 여의치 못할 경우 돈이나 쌀로 대신해 주기도 하였는데, 이를 건호궤乾犒饋라 하였습니다.

일반적으로 100명당 소 한 마리를 잡아 산적散炙을 만들었는데, 소 한 마리의 고기가 100kg이라고 본다면, 고기 1kg이 1명에게 돌아가는 것입니다. 고기와 함께 술을 몇 잔 주었으며, 거기에 더해 찐 콩과 물고기, 과실을 나누어 주었습니다. 물고기는 장교는 대구, 병사는 명태를 주는 구분이 있었으며, 과실은 배나 감 한 개 혹은 대추나 밤 한 주먹을 주었습니다.*

속오군, 수군의 경우 건육乾肉이나 수육熟肉을 주기도 하는 등 조리가 간편한 고기로 변통하는 경우도 있었으며, 정조 대에는 술을 먹지 않는 병사를 배려해 술을 떡으로 대체하기도 하였습니다. 이렇게 때와 상황에 따라 변통하여 시행하였으나, 대개는 관례를 따라 시행하고자 하였습니다.**

장교의 호궤
- 고기
- 술 몇 잔
- 찐 콩
- 과일
- 대구

소반

병사의 호궤
- 고기
- 술 몇 잔
- 찐 콩
- 과일
- 명태

평반

- 수육
- 건육
- 산적
- 대구
- 명태
- 찐 콩
- 술 몇 잔
- 떡(백설기나 인절미)
- 배
- 감
- 대추
- 밤
- 2전 7푼(건호궤 시 지급하는 돈)

---

* 『승정원일기』 인조 15년(1637) 4월 25일 "而依前犒饋, 每百名給牛一隻…" /
『승정원일기』 영조 4년(1728) 4월 8일 "一牛之宰作, 禁衛營則爲七十五串, 御營廳則爲八十串…" /
『서정일기』 1812년 3월 18일에, 4월 20일
** 『승정원일기』 영조 4년 4월 18일 / 『주사선연도』 / 『승정원일기』 인조 21년 1월 12일 /
『정조실록』 정조 5년(1781) 5월 3일 / 『일성록』 정조 20년(1796) 9월 10일

취사도구

찐쌀, 가루, 떡 등 비상식량이 아닌 제대로 된 밥을 먹으려면 취사를 해야 합니다. 조선 초기에는 단순히 취사도구를 소지한다 외에 상세한 규정이 남아있지는 않지만, 병사마다 종인이 최소 1명 붙어 잡일을 했으므로 취사도구도 나름 여유롭게 갖추었을 것으로 보입니다.

조선 후기에는 각 대에 화병이 붙어 취사를 전담하는데, 1687년의 규정에 따르면 화병들은 취사도구로 노구솥과 아리쇠, 표주박 2개와 조리를 소지하였습니다. 노구솥은 통노구銅爐口라고도 하며, 동으로 만들어 야외에서 취사할 때 쓴 솥입니다. 아리쇠는 발이 3개 달린 쇠이며, 표주박의 경우 물을 뜨고 쌀을 계량할 때 쓰였을 것입니다. 조리竹籬는 짚으로 된 체인데, 쌀에서 돌을 걸러내는 데 쓰였습니다. 또 조두刁斗가 있는데, 긴 손잡이가 달린 그릇으로 주로 야간 순찰을 할 때 두드리는 용도로 쓰였지만 낮에는 취사도구로도 쓸 수 있었습니다.*

호궤를 실시할 때는 큰 솥에 조리하기도 하는데, 「주사선연도(1601)」에 그 모습이 그려져 있습니다. 고기를 끓이는 솥은 뚜껑이 없고, 아마 밥이나 국을 했을 솥은 뚜껑이 있는 모양인 소소한 차이도 잘 볼 수 있습니다.

수육 삶는 모습 「주사선연도」

솥에 밥 짓기

노구솥

조두

아리쇠

조리

밥보자기

각종 표주박

바리때

수젓집

수저

식기

"통노구에 밥을 지으니 그 빨리 먹음도 먹을시고, 한 덩이씩 손에 쥐고 나무저(젓가락)를 못 얻거든 쇠술(숟가락)을 생각하며, 소금을 못 얻거든 장김치를 생각하랴. 손에 쥔 밥 덩이를 먹을 적에 돌과 뉘는 어찌 워석버석 하는구나."
— 『난리가(1728)』***

"함원부원군 어유귀가 어영대장이었을 때 나무 표주박을 만들어 주었는데, 작년 출정할 때 다른 군대는 밥을 받을 그릇이 없었으나 어영청의 군졸만 나무 표주박의 도움을 받았기에 돌아온 뒤에 신이 다시 만들어 주었습니다…"
— 『승정원일기』 영조 5년(1729) 8월 27일

식사를 위해서는 밥을 담을 그릇이 필요한데, 조선시대 병사들은 주로 동, 나무, 가죽이나 종이로 된 표주박瓢子에 밥을 담아 먹었습니다. 혹은 밥보자기(飯巾)를 쓰기도 했으며, 승려나 여행자들은 바리때를 널리 썼는데, 겹으로 포갤 수 있어 가지고 다니기 편하게 만든 그릇입니다.**

수저의 경우 조선시대 사람은 대개 본인의 수저를 수젓집에 넣어 가지고 다녔습니다. 그러나 군에서 나누어 주는 품목은 아니었고, 1728년 이인좌의 난 때 급히 동원된 병사가 쓴 『난리가』를 보면 수저가 없어서 손으로 밥을 집어먹기도 했다고 합니다.***

---

*『금위영초등록』 권2, 숙종 13년(1687) 7월 29일 / 『승정원일기』 영조 17년(1741) 12월 27일 "巡卒所用刁斗之屬, 擧皆未備"
**『교남수록』, 甲午九月 日 兵房朴恒來領官崔處圭行軍下記 "麻布四疋十四尺兵丁飯巾次"
***정우봉(2013), 18세기 馬兵의 한글일기 『난리가』 연구, 고전문학연구 제43호 295~326p

의료

군사들의 생명을 구하기 위한 의료 행위는 이전부터 있었지만, 그 규정과 적용을 확인할 수 있는 자료는 조선시대에 몰려 있습니다.

조선 초기에는 『대명률』과 『경국대전』의 법에 따라서 치료가 이루어졌는데, 군사가 병이 들면 군사를 인솔하는 장교가 구호를 관할할 책임자를 두어 구호하도록 하고, 병이 중하면 인근 관청으로 인계해 치료하도록 하였습니다. 사망자는 가매장 후 표식을 세우고 본가에 통지하며, 여건이 될 때 옮기도록 하였습니다.

조선 후기에는 군영마다 약방藥房, 침의鍼醫, 마의馬醫를 두었고, 각종 약의 조제와 처방은 약방이 담당했습니다. 침의는 침을 놓는 일을, 마의는 말을 치료하는 일을 담당하였습니다.*

금창 치료

"이 혈갈血蝎 은 금창金瘡을 치료하는 약이니, 이 또한 이언백에게 같이 가지고 가게 하여 모든 군사들에게 나누어 주게 하라."
– 『선조실록』 선조 27년(1594) 1월 2일

조선시대에는 쇠붙이에 입은 상처를 금창金瘡이라 하였습니다. 주로 상처를 뽕나무 껍질실로 꿰매고 그 위를 뽕나무 껍질로 싸매며, 뽕나무 껍질 즙을 바르는 등 치료에 뽕나무를 주로 활용하였습니다. 상처가 가벼우면 뽕나무 껍질로 싸매기만 했다고 합니다. 또는 상처가 위중해 창자가 밖으로 나오면, 창자에 참기름을 발라서 밀어 넣고 바느질해 봉합하였다고 합니다.

혹은 백교향白膠香, 늙은 소나무 껍질, 구릿대, 혈갈血蝎 등 약재의 가루를 상처에 부어 지혈하게도 하였는데, 특히 혈갈은 효험이 좋아 실제로 금창을 치료하는 데 쓴 예를 여럿 확인할 수 있습니다.**

혹은 석회와 초목을 섞고 뽕나무 성분이 스미도록 한 금상산金傷散이라는 가루약을 붓기도 하였습니다. 금상산을 쓴다면 곪거나 붓지 않고 파상풍의 우려도 없었다고 하는데, 석회와 수분이 반응할 때 생기는 고열로 지혈과 소독이 되었던 것으로 보입니다.

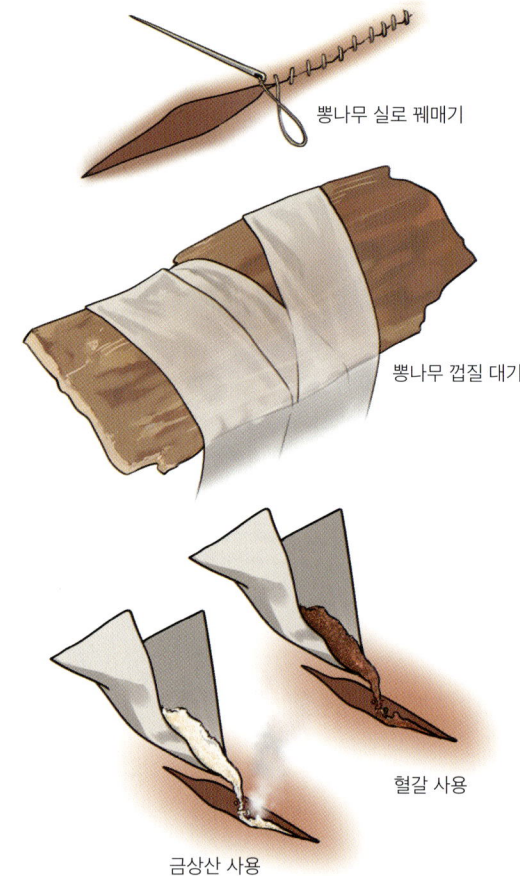

뽕나무 실로 꿰매기

뽕나무 껍질 대기

혈갈 사용

금상산 사용

화살촉 뽑기

화살촉이 깊게 들어가거나 뼈에 박혀서 뽑을 수 없을 때는, 파두巴豆와 쇠똥구리로 만든 가루약을 상처에 넣는데, 가려움이 올라와도 참다가 가려움이 매우 심해지면 상처를 흔들어서 뽑았다고 합니다. 상처에 좋지는 않았을 것 같습니다. 혹은 자석을 대 뽑아내는 방법도 쓰였는데, 『동의보감(1610)』에 실려 있습니다.

파상풍

조선시대에는 오늘날과 같은 병균에 대한 지식이 없었으므로, 상처가 감염으로 이어지는 경우가 더 많았습니다. 따라서 파상풍破傷風에 걸리는 경우가 많았는데, 조선시대에는 파상풍을 아물지 않은 상처에 바람이나 습기가 들어가 생기는 병으로 생각하였습니다. 파상풍에 걸려 증상이 심해지면 근육의 수축으로 몸이 부린 활처럼 휘며 고통스럽게 죽는 경우가 많았으므로, 조선시대 사람들은 상처를 얻으면 항상 파상풍을 두려워하였습니다.

대개 상처가 부어오르는 증세가 나타났을 때 파상풍으로 판단하였는데, 상처에 재나 소금, 생강즙으로 된 약을 붙이거나 탕약을 먹는 식의 치료가 이루어졌습니다. 이순신 장군도 사천해전에서 총상을 얻은 지 1년 뒤까지도 고름이 나와 매일 뽕나무 잿물과 바닷물로 씻어 내었다고 합니다.

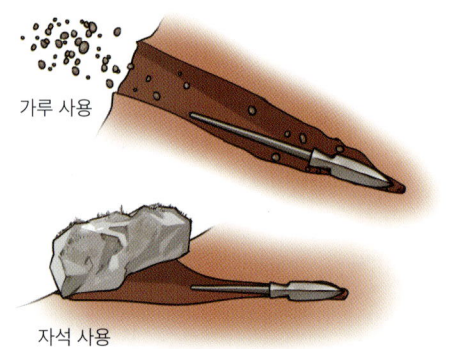

가루 사용

자석 사용

파상풍 말기 증세
부린 활처럼 휜다

---

*『대전통편』 兵典, 救恤 赴防軍有病者, 三軍門置藥房
**『선조실록』 선조 27년(1594) 1월 2일 / 『승정원일기』 인조 14년(1636) 12월 21일 / 『서정일기』 순조 12년(1812) 4월 초4일
***이상의 내용은 『구급이해방(1498)』, 『의림촬요(1525)』의 처방을 참고하였음.

납약

"각 군영에 약방을 설치한 것은 행진하는 군병을 구료하려는 의도였는데, 근래에는 그렇게 되지 않고 있다 …(중략)… 약재는 납약을 나누어 주는 데 다 들어가며, 또 약간의 권력이 있는 자는 처음부터 진을 따라가지 않는다…"

- 『승정원일기』 고종 4년(1867) 9월 10일

매년 12월 납일臘日에 내의원에서 만들어 나누어 주는 약을 납약臘藥이라고 합니다. 조선시대에는 이런 납약을 연말연시에 서로서로 선물하는 풍속이 있었습니다. 조선 초기에 납약은 의료를 관장하는 혜민국, 전의감 외에도 민간과 여러 관청에서 만들었는데, 그러다 오남용과 잘못된 처방 등 문제가 두드러지며 1440년부터 의료를 관장하는 관청에서만 만들게 되었습니다.*

납약에는 원元, 환丸, 단丹으로 불리는 동그란 환약과, 산散으로 불리는 가루약이 있었는데, 납약은 대개 환약 형태로 갑작스러운 상황에 사용하기 편한 형태였습니다. 때문에 조선시대 사람들은 이를 구급약救急藥이라고도 불렀으며, 평소 가정에 갖추어 두거나 약통藥筒에 넣어 가지고 다니며 필요할 때 사용하였습니다.

납약도 종류가 아주 다양하여서 17세기의 『언해납약증치방』에는 37종의 납약이 실려 있을 정도지만, 일반적으로 긴장을 완화하고 정신을 맑게 하며, 중풍에 효험이 있다 여겨진 청심원淸心元, 열을 내리는 데 쓰는 안신원安神元, 토사곽란에 효험이 있는 소합원蘇合元 3종이 가장 많이 쓰였습니다.

군대에도 이런 납약이 자주 보내졌는데, 1594년에는 청심원과 인진환茵陳丸을 지방의 군영에 사용법과 함께 내려보내 전염병을 치료하도록 하기도 하였고, 1649년에는 지방에서 전염병이 돌 때 납약을 내려보내기도 하였으며, 병사들이나 일꾼 중 병이 있는 자에게 처방해 주기도 하였습니다.**

정조 때에는 특히 납약을 나누어 주는 경우가 많았는데, 1790년에는 소합원에 비해 효력이 빠른 신약인 제중단濟衆丹과 광제환廣濟丸을 개발하여 여러 군영에 나누어 주기도 하였으며, 화성을 지을 때는 더위를 먹었을 때 쓰는 척서단滌暑丹, 익원산益元散을 공사를 감독하는 장교와 두목들에게 나누어 주어 필요시 일꾼과 병사들에게 나누어 주도록 하였습니다.***

휴대용 약장
국립민속박물관

환약

약통
국립민속박물관

가루약

침구

"본영에 일찍이 침의鍼醫 한 자리가 있었는데 신묘년(1711) 때 마침 자리가 비게 되었고 이어 자리가 없어지게 되었습니다. 생각건대 많은 군병을 치료할 때 급히 침을 놓을 일이 없지 않을 텐데 의술이 각기 다르니 약방에게만 치료를 맡기면 구차한 일이 많을 것입니다…"

- 『승정원일기』 영조 3년(1727) 5월 19일

조선 후기에는 군영에도 침의를 두어 군사들에게 침을 놓아 약방의 일을 보좌하도록 하였습니다.

실제 군사들에게 어떠한 상황에, 어떠한 식으로 침을 놓았는지 알려주는 사료는 거의 없으나, 조선시대 침구는 주로 통증을 치료하는 용도로 쓰였기 때문에 군사들에게도 그런 용도로 쓰였을 것으로 보입니다.

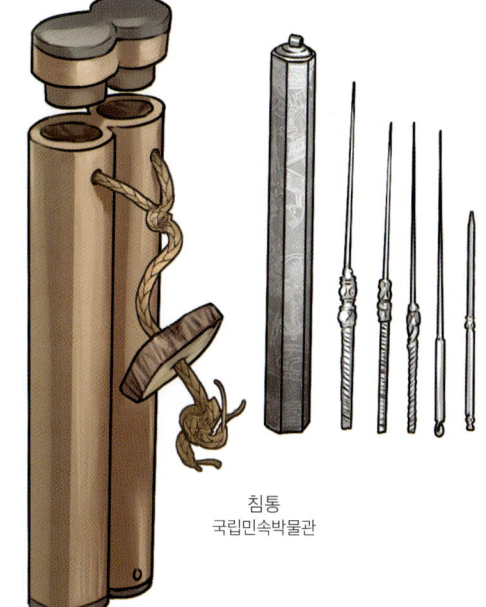

침통
국립민속박물관

---

* 『경도잡지』 臘平 / 『세종실록』 세종 22년(1440) 11월 22일
** 『선조실록』 선조 27년(1594) 1월 2일 / 『승정원일기』 효종 1년(1649) 6월 22일
*** 『동국세시기』 12월 臘 / 『화성성역의궤』 권1, 병진년(1796) 6월 24일

필기구와 문서

필갑

필갑筆匣은 조선시대 필기구를 넣어서 휴대할 수 있게 만든 갑을 이르는 말입니다. 필갑에는 검은 안료인 먹, 물을 붓고 먹을 갈 수 있는 벼루, 봉투를 뜯거나 종이를 자를 때 쓰는 종이칼, 크고 작은 붓이 들어갑니다.

더 간소한 물건으로는 필묵통筆墨筒이 있는데, 앞의 그릇에 먹과 물이 담기며 뚜껑을 닫을 수 있게 되어 있습니다. 뚜껑을 닫고 긴 통에 붓을 끼우면 뚜껑이 자연히 잠기는 통입니다. 쓸 때는 붓을 뽑고 바로 먹물을 적셔서 간편하게 문서를 작성할 수 있었습니다. 필묵통에는 대개 끈이 달려서 허리에 차거나 어딘가에 매달 수 있었습니다.

필묵통
국립민속박물관

종이칼

필갑
국립민속박물관

분판

분판粉板은 조선시대 간단하게 글을 쓰고 지울 수 있게 분칠해 만든 판입니다. 그 형태는 나무판자로 된 것부터 종이에 기름칠한 것까지 다양했고, 그 쓰임도 단순히 그때그때 생각나는 일을 잊지 않도록 써 놓는 것부터, 왕이 말로 내린 명령을 전달할 때, 혹은 관리들의 출근 여부를 확인하는 데 쓰기도 했습니다.*

인장과 인장함

인장印章은 금속이나 나무에 문양을 조각하고 인주를 발라 문서에 찍어 누구의 문서인지 표식을 남기는 도구입니다. 관청에서 사용하는 인장은 관인官印이라 하였으며, 관청의 급에 따라서 크기를 달리하였습니다.

『경국대전』에 따르면 1품은 2촌9푼(9cm), 2품은 2촌8푼(8.7cm), 3품은 2촌5푼(7.8cm), 4품은 2촌3푼(7.1cm), 5,6품은 2촌1푼(6.5cm), 7품 이하는 길이 1촌8푼(5.6cm) 너비 1촌3푼(4cm)의 관인을 사용했습니다.

인장은 인장함印章函에 보관하였는데, 대개 자물쇠로 잠가 놓고 필요할 때 열어 사용하였으며, 좌우에 끈을 달아서 관리가 출장을 가면 종이 메고서 따라오게 하여 항상 가지고 다녔습니다.

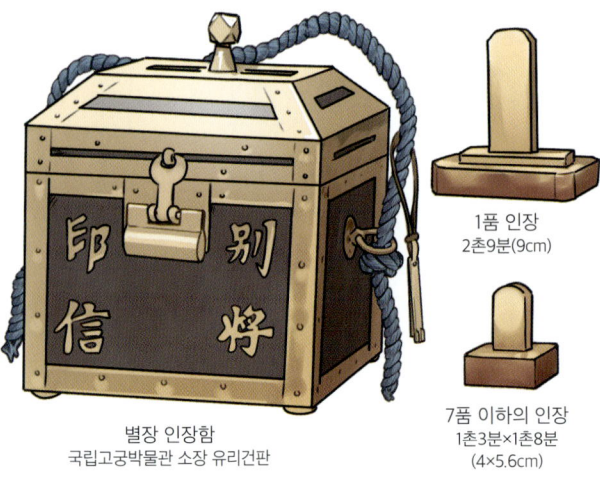

별장 인장함
국립고궁박물관 소장 유리건판

1품 인장
2촌9푼(9cm)

7품 이하의 인장
1촌3푼×1촌8푼
(4×5.6cm)

분판

---

*『세조실록』, 세조 9년(1463) 7월 30일 /
『영조정순왕후가례도감의궤』 도청 의궤, 품목질, 기묘 5월 7일

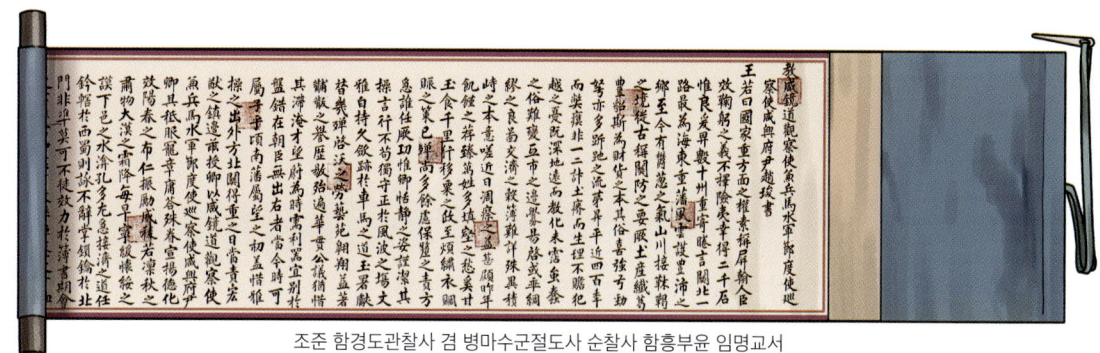

조준 함경도관찰사 겸 병마수군절도사 순찰사 함흥부윤 임명교서
국립중앙박물관

공문서 제도

국가와 군대라는 거대한 조직을 유지하기 위해서는 문서 행정이 뒤따르고, 따라서 공문서 제도가 필요합니다. 한반도에는 고대부터 공문서 제도가 존재하였고, 그 유산을 물려받은 조선도 관청의 급과 내용에 따른 공문서 제도가 존재하였습니다.

국왕이 내리는 문서는 관직의 임명처럼 중요한 일엔 교서教書, 밀부 수여와 같이 교서보다는 덜 중요한 일에 유서諭書를 썼고, 그보다 낮은 경우는 교지教旨나 유지諭旨를 썼습니다. 관청에서 국왕에 올리는 문서는 중요한 일은 계본啓本, 외방의 관리가 보고할 때는 장계狀啓, 사소한 일에는 초기草記를 썼으며, 각자 맞는 서식이 있었습니다.

관청 사이에 사용하는 공문서에 있어서는 조선 초기에는 명나라의 『홍무예제(1381)』를 따라 12종의 공문서 체제를 사용하였으나, 『경국대전(1485)』의 반포로 관關, 하첩下帖, 첩정牒呈 3종의 간결한 체제로 정리되었습니다. 이때 정리된 체제는 1895년까지 큰 변화 없이 이어져 내려왔습니다.*

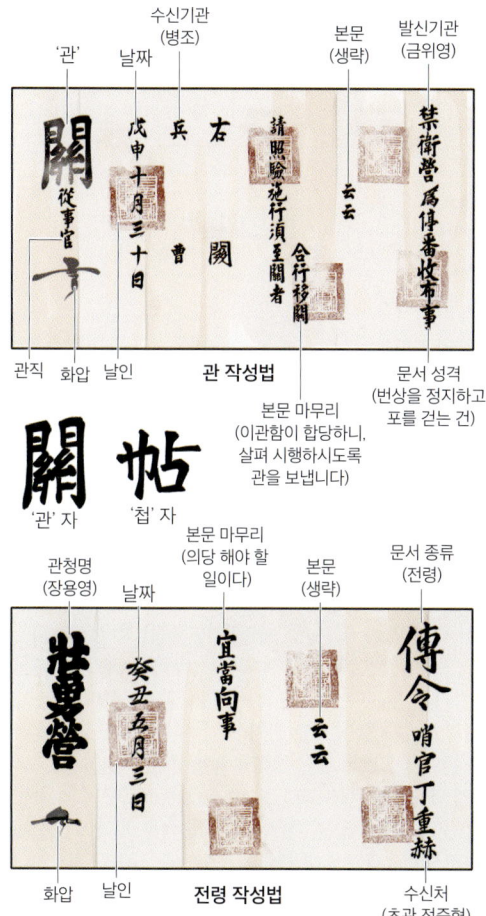

관, 하첩, 첩정

관은 동등한 관청이나 낮은 관청에 내리는 문서인데, 동등한 관청일 경우에는 이문移文 혹은 이관移關, 이문에 대한 답서는 회이回移라 칭하여 구별하기도 하였습니다. 하첩은 관과 유사하나 7품 이하의 미관말직에게 보내는 문서이며, 첩정은 낮은 관청에서 상위 관청으로 올리는 문서입니다.

관과 하첩, 첩정은 모두 문서 첫머리에 발신기관을 적시한 후 문서의 성격을 씁니다. 이후 본문을 작성하고 수신기관을 쓰며, 이후 연도, 월, 일 순으로 날짜를 적시합니다. 다음으로 날짜와 본문에 인장을 날인하며, 발급자의 관직을 쓴 후, 서압署押을 합니다. 서압은 이름을 변형한 서명署名과 특정한 글자를 변형한 화압花押으로 구성되는데, 동등한 관계나 하급자에게는 서명을 생략하였습니다. 이후 관직과 화압 위에 관이면 '관'자, 하첩이면 '첩'자를 적거나 도장으로 찍어 마무리합니다.

전령, 감결, 수본, 품목

조선 후기에는 일상적인 일에 쓰는 간단한 서식의 공문서가 등장하였습니다. 하달하는 문서엔 전령傳令, 감결甘結이 있는데, 전령은 군영이나 각 읍에서 관리나 군관을 임명하거나 명령을 내릴 때 쓰고, 감결은 상급관청에서 하급관청에 지시를 내릴 때 씁니다. 올리는 문서는 수본手本과 품목稟目이 있는데, 수본은 공무를 맡은 관원이 보고, 요청하는 데 쓰며, 품목은 서원과 향교에서 수령에게 보고, 요청할 때 주로 씁니다.

이들 모두 전령, 감결, 수본, 품목 식으로 문서 종류를 그대로 써서 시작하며, 수신처를 적은 후 내용을 적었습니다. 말미에는 날짜와 발급자 관직을 적고, 서압 후에 인장 날인으로 마무리 하였습니다. 18세기 후반부터 군영에서는 관직을 관청명으로 대신하고 도장을 만들어 찍기도 합니다.

---

*이하의 내용은 『한국 고문서 입문 1』(박성호, 문숙자, 손계영, 박준호, 고민정, 김봉좌(2020), 한국 고문서 입문 1, 국사편찬위원회)의 내용을 참고하였습니다.

문서의 포장

문서를 작성하면, 그 문서를 받을 사람에게 보내야 합니다. 조선시대에는 약 30리(13km)마다 한 곳의 역驛 혹은 참站을 설치해 관청과 군영에서 문서를 전달하고 출장 때 숙소로 삼았습니다. 역참은 마패를 소지한 자나, 군사상의 급보나 동원을 명하는 문서를 소지한 장교, 출장이나 휴가를 가는 관리에게 말을 빌려줄 의무가 있었습니다. 대개 장교나 군사, 관리에게 문서를 들려 보냈지만, 현령협판은 신속한 전달을 위해 역에서 역으로 전달하는 식으로 운영됩니다.*

그러나 이 역참제도는 관찰사, 절도사를 중심으로 짜여 변경에서 변란이 발생했을 때 바로 소식을 전하지 못하는 문제가 있었기에, 1597년부터는 군에서 따로 파발을 두어 3개의 노선을 신설하여 서울과 변방 사이의 문서 전달에 쓰게 됩니다.*

역참과 파발은 전달에 최소 며칠이 걸리며, 여러 사람의 손을 거치게 됩니다. 따라서 문서를 충격과 습기로부터 보호하며, 함부로 여는 것을 막기 위해 적절한 포장이 필요했습니다. 또 대개는 포장 겉에 수신처를 명시하여 농간을 막았습니다.

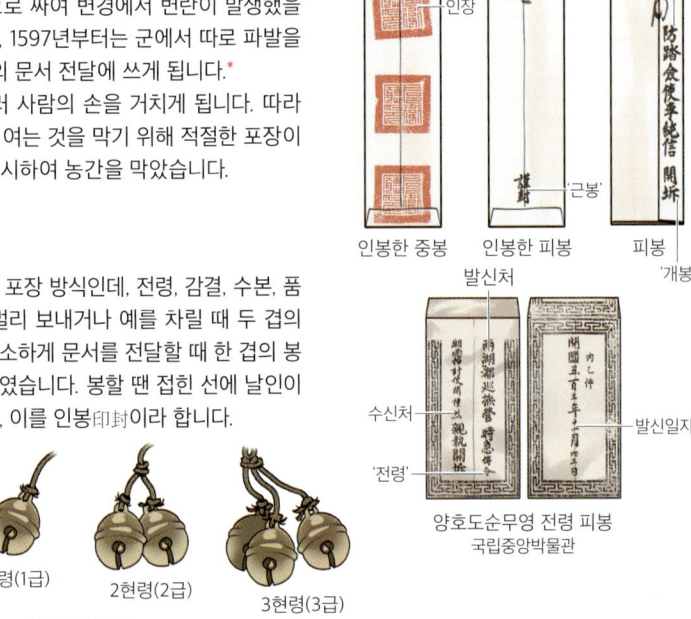

인봉한 중봉 / 인봉한 피봉 / 피봉 '개봉'

양호도순무영 전령 피봉
국립중앙박물관

봉투

봉투는 개인적으로 오가는 서간에 많이 사용된 포장 방식인데, 전령, 감결, 수본, 품목 등 간소한 공문서에도 쓰였습니다. 문서를 멀리 보내거나 예를 차릴 때 두 겹의 봉투를 사용하는 것을 중봉重封이라 하였고, 간소하게 문서를 전달할 때 한 겹의 봉투에 담거나 문서를 접는 것은 피봉皮封이라 하였습니다. 봉할 땐 접힌 선에 날인이나 화압을 해서 중간에 열어보는 일을 막았는데, 이를 인봉印封이라 합니다.

1현령(1급) / 2현령(2급) / 3현령(3급)

현령협판

조선 초기부터 주요 관청에서는 군사적인 문서나 시급하게 전달해야 할 문서를 보낼 땐 방울을 단 좁은 판자를 사용하였는데, 이를 현령협판懸鈴俠板이라 합니다. 그 제도는 좁은 판자에 "어느 관청의 현령협판某曹某司懸鈴俠板"이라 새기고 방울을 달아 소리가 나게 한 것입니다. 발신할 때는 먼저 문서를 넣고 판자에 발신 일자를 적은 후 병조로 현령협판을 보내면, 병조는 장부에 기록한 후 역으로 전달하였는데, 역에서 방울 소리를 들으면 곧바로 말을 준비해 이어서 전달했습니다.

가장 급한 3급은 방울을 3개 매달아 3현령이라고도 하며, 하루에 6곳의 역을 지나야 했고, 2급은 2현령에 5곳의 역을, 1급은 1현령에 4곳의 역을 지나야 했습니다. 동절기인 8월부터 1월까진 역을 1개씩 줄여 하루에 5곳, 4곳, 3곳의 역을 지나야 했습니다.**

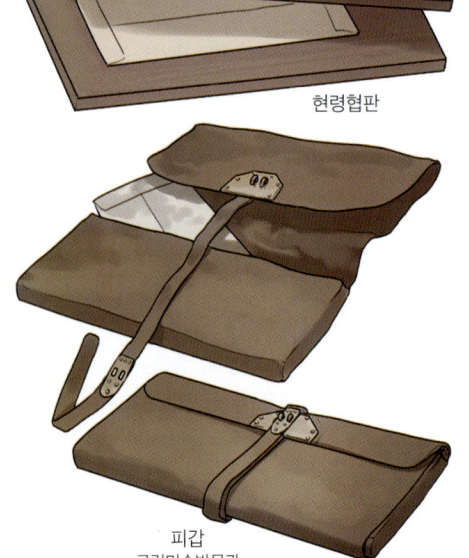

현령협판

피갑
국립민속박물관

피갑

"봉한 것을 뜯어보는 폐단이 날로 더욱 심해지므로 별도로 피갑을 만들어서 자물쇠로 봉한 다음 전송해서 간악한 짓을 막도록 하였는데, 온갖 방법으로 보고자 하여 불에 태운 흔적이 있기까지 하였으니 너무나 놀랍습니다…"
 – 『승정원일기』 인조 19년(1641) 3월 12일

현령협판이나 봉투에 넣어서 전달하는 문서는 여러 사람의 손을 거치며 훼손, 분실되는 등 폐단이 적지 않았습니다. 따라서 현령협판 대신 피갑皮匣 혹은 피각皮角이라는 가죽 자루에 넣어 문서를 전달하기도 했습니다.**

---

*『만기요람』 군정편 1, 驛遞 / 『대전통편』 兵典, 驛馬
**『세종실록』 세종 7년(1425) 1월 20일 / 『연려실기술』 별집 제8권, 官職典故 察訪

『정가식』에 따른 포장

"유둔油芚(기름종이), 유지대油紙袋(기름종이 봉투), 모장피毛獐皮(고라니 털가죽), 초석草席(버들고리)으로 매어 싸면 극히 정교하고 치밀하게 되니, 비록 상자를 없애더라도 진실로 소루한 폐단이 없을 것입니다…"

- 『성종실록』 성종 24년(1493) 9월 5일

조선시대에는 외교문서나 국왕에게 올리는 장계 등 중요한 문서는 기름이나 밀랍을 바른 봉투를 쓰고 협판과 버들고리(초석草席)로 싸서 포장하였습니다.

조선 후기에는 문서의 종류에 따른 포장 방식과 기재하는 정보를 『정가식呈家式』이라는 문서에 정리하는데, 특히 장계의 경우 5중으로 포장하여 혹여 사고가 나더라도 문서가 상하는 일을 막고자 하였습니다.

장계를 포장하려면, 먼저 장지정가라 하여 양쪽이 트인 두꺼운 봉투에 문서를 넣은 후 문서종류, 발신처, 화압을 적습니다. 다음은 밀지정가라 하여 밀랍을 입힌 봉투에 넣고 수신처인 승정원을 적으며, 유지정가라 하여 기름을 먹인 두꺼운 봉투에 또 넣고 3곳에 날인하여 인봉합니다. 그다음 봉투를 협판에 끼운 후 버들고리에 넣어 마무리하였습니다. 버들고리 위에는 수신처인 승정원과 발신처를 적어서 발송하였습니다.*

공물 등 진상품의 경우도 마찬가지로 버들고리가 사용되었으며, 그 외의 비변사, 병조에 올리는 문서, 관찰사에게 올리는 문서 등은 기름을 먹인 봉투가 쓰였습니다.*

문서함

문서를 여럿 운송하거나 보관할 때는 문서함文書函 혹은 문서궤文書櫃라는 상자가 쓰였는데, 주로 재판기록이나 호구, 농지, 군사의 수효를 기록한 실무적인 문서를 문서함에 보관하였습니다. 여러 곳에서 쓰인 만큼 그 형태와 크기도 다양합니다.

문서통

전문, 교서, 유서 등 중요한 문서에는 문서통文書筒이 쓰였는데, 왕실에 경사가 있을 때 올리는 전문箋文의 경우, 표통表筒이라는 통에 넣어서 붉은 보자기에 싼 후 모피로 포장하여 올렸습니다.*

교서나 유서를 담은 통은 교서통敎書筒, 유서통諭書筒이라 불렸습니다. 이들은 붉은색으로 칠해졌으며, 교서, 유서라는 글자를 동으로 만들어 붙였습니다. 뚜껑에는 자물쇠를 달아 안에 교서, 유서를 넣고 잠갔습니다.

관찰사에게 교서와 유서는 국왕의 통치권을 위임받았다는 권위의 상징이었기 때문에, 관찰사가 관할 고을을 돌면서 재판과 행정 업무를 처리하는 순력巡歷을 할 때는 항상 교서통과 유서통을 동반하여 의장물로도 사용하였습니다.**

문서함
국립중앙박물관

유서통
국립민속박물관

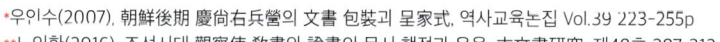

*우이수(2007), 朝鮮後期 慶尙右兵營의 文書 包裝과 呈家式, 역사교육논집 Vol.39 223-255p
**노인환(2016), 조선시대 觀察使 敎書와 諭書의 문서 행정과 운용, 古文書硏究, 제48호 287-313p

지도, 마아와 천리경

지도

"이 성을 쌓을 곳(자연도)을 비록 친히 보지는 못하였으나, 이 지도에 의해 그 형세를 살펴보면, 하늘이 만든 천연의 험지임을 상상할 수 있을 것입니다…"
- 『숙종실록』 숙종 34년(1708) 5월 12일

지도地圖는 땅의 모양을 그린 그림입니다. 조선시대에는 『조선전도』, 『동국지도』와 같이 전 국토와 인접 지역의 모양을 그린 지도부터, 각 도의 모양을 그린 도별 지도, 각 읍의 모양을 그린 읍지도가 쓰였습니다. 일상적으로 쓰이는 지도는 책처럼 접을 수 있게 만든 지도첩地圖帖 형식으로 만들어 가지고 다니기 편하게 만들었습니다.

이러한 지도는 길을 찾는 데 쓰이기도 하지만, 도로나 지형지물, 물길 등이 표시되어 성을 짓는 등 의사결정과 군사작전의 계획에 쓰이기도 합니다. 군사적으로 중요한 만큼 외국에 유출되는 것을 꺼렸는데, 1713년 백두산 정계 문제로 파견된 청나라 칙사가 지도를 요청하자 상세한 『조선전도』가 있었음에도 일부러 대략의 지형만을 볼 수 있는 지도를 주기도 합니다.

지도첩

마아

쌍륙 등의 놀이에서 쓰는 말을 한문으로 마아馬兒라고 합니다. 조선시대 군대에서도 진법을 가르칠 때 군대에서 쓰는 깃발을 꽂은 마아를 자주 활용하였습니다.

마아는 진법 교육이 시작된 조선 초기부터 널리 쓰였는데, 당시에는 마아습진馬兒習陣이라는 일종의 도상훈련을 하였습니다. 이는 진을 펼쳤을 때 어느 부대가 어느 위치에 있어야 하는지를 알게 하기 위함이며, 따라서 빈 땅에 각종 진법에 맞게 마아를 세우거나, 깃발을 다 뽑아놓고 어느 마아에 어느 깃발을 꽂아야 하는지를 시험하는 식으로 진법을 배웠습니다.*

1629년에는 능마아청을 설치하여 진법에 능한 군관을 능마아能麿兒로 삼아 진법 교육을 실시하였습니다. 그 대상은 오위도총부와 훈련원의 실무자인 낭청, 금군, 각 군영의 군관이었고, 매달 6회씩 모여 능마아강能麿兒講을 실시하였습니다.**

각종 마아
국립고궁박물관 소장
「영진총도가리개」

천리경

상이 이르기를, "천리경千里鏡은 군중軍中에 없어서는 안 될 물건이니, 산성에서는 특히 요긴하게 쓸 곳이 있을 것이다." 하니,
이종성이 아뢰기를, "군문軍門에도 또한 본래 있습니다."
- 『승정원일기』 영조 20년(1744) 6월 2일

천리경千里鏡은 볼록한 유리알과 오목한 유리알로 만든 망원경으로, 조선에는 1631년 들어와서 천문 관측과 군대에서 적을 관측하는 용도로 쓰였습니다. 1631년 이미 100리(42km) 밖의 적을 관찰할 수 있다는 언급이 있는 것으로 보아 처음부터 군사용으로의 쓸모를 인식하였으며, 이후로도 여러 기록에서 군영에서 보유하고 있다는 사실이 언급됩니다.***

천리경
숭실대학교박물관

---

*『세종실록』, 세종 16년(1434) 7월 3일 / 『중종실록』, 중종 34년(1539) 9월 23일
**『인조실록』, 인조 7년(1629) 1월 9일
***『인조실록』, 인조 9년(1631) 7월 12일 / 『만기요람』 군정편 3, 禁衛營 軍器 / 같은 책, 摠戎廳 軍器

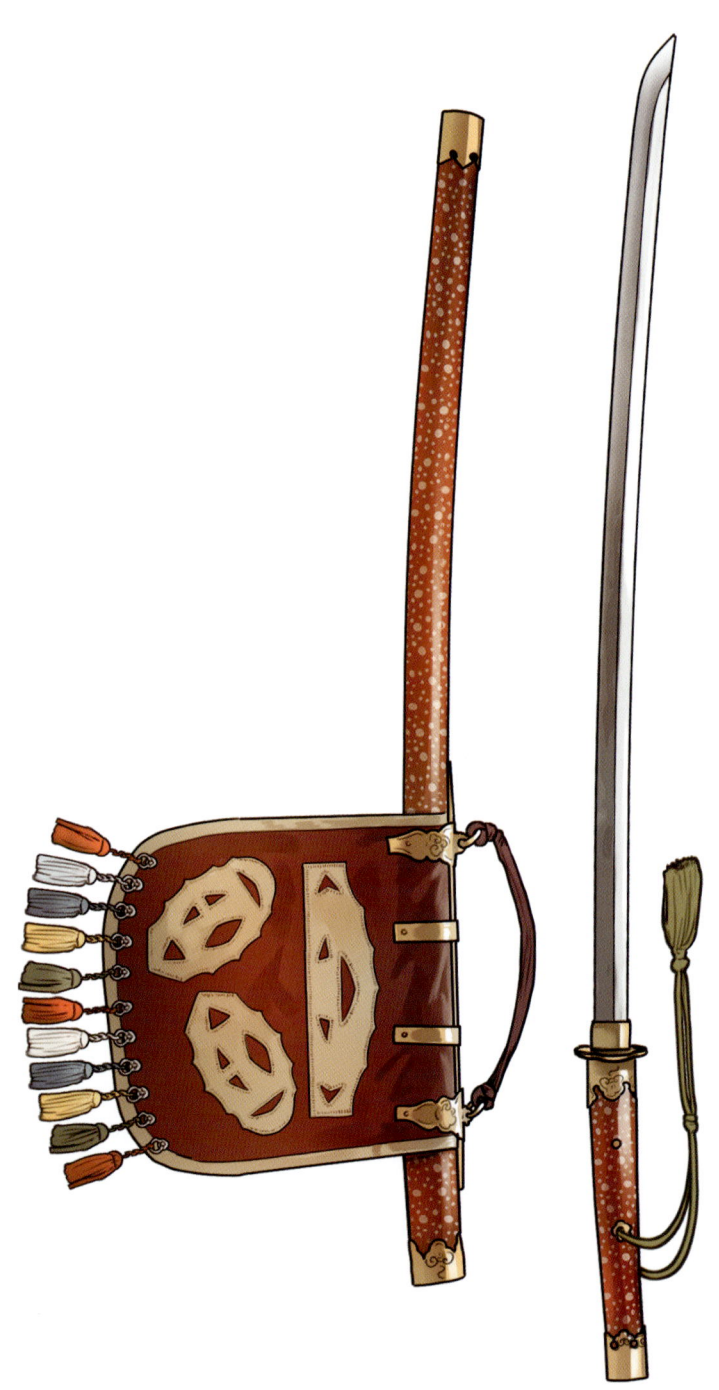

마치며

『일러스트로 보는 조선의 무비 - 장비 편』의 펀딩이 성공적으로 마무리되고, 어느덧 1년이라는 시간이 흘러 마침내 출판본으로 독자 여러분을 찾아뵙게 되었습니다.

첫 펀딩의 시작부터 긴 여정을 함께해 주시고, 기꺼이 이 책을 소장해 주신 모든 후원자분과 독자분이 계셨기에 이 결실을 맺을 수 있었습니다. 다시 한번 진심으로 깊이 감사드립니다.

이 책을 쓰고 그리는 과정에서 저 역시 제 지식의 한계를 깨닫는 동시에, 조사하면서 알게 된 다양하고 흥미로운 이야기들을 모두 담아내지 못한 아쉬움도 남습니다. 앞으로도 조선시대 군사 문화의 더욱 깊이 있고 다채로운 면모를 전해 드릴 수 있는 기회를 계속해서 만들어가겠습니다.

『조선의 무비』 두 편으로 큰 줄기는 일단락되었지만, 군대의 편제, 진법 등 아직 다루어야 할 흥미로운 주제들이 많이 남아있습니다. 언제가 될지는 모르지만, 『조선의 무비』는 더욱 풍성하고 심화된 내용을 담아 다시 돌아오겠습니다.

감사합니다.

참고문헌

사료

『간재집』
『경국대전』
『경국대전주해』
『경도잡지』
『경세유표』
『계산기정』
『고금도서집성』
『고려사』
『고사신서』
『고운당필기』
『고종시대사』
『구급이해방』
『구한국외교문서』
『국조오례의서례』
『극로백포설』
『금위영등록』
『금위영초등록』
『기효신서』
『난중잡록』
『노걸대언해(1670)』
『뇌분신제소입하기』
『대사례의궤』
『대전통편』
『동국세시기』
『만기요람』
『모하당술회가』
『무비지』
『무예도보통지』
『무예제보』
『무예제보번역속집』
『무위영각색군기완파별등록』
『병와전서 강도지』
『병장도설』
『병학지남』
『병학지남연의』
『보인부신총수』
『북학의』
『비변사등록』
『사료 고종시대사』
『서애선생 별집』
『서애선생문집』
『서정일기』
『속대전』
『속병장도설』
『승정원일기』
『신기비결』
『심도중기』
『양호우선봉일기』
『어영청등록』
『어우집』
『여암전서』
『역어유해(1690)』
『연려실기술』
『오주연문장전산고』
『융원필비』
『음청사』
『의림촬요』
『일성록』
『임원경제지 유예지』
『임원경제지 전어지』
『장용영고사』
『장용영대절목』
『정사론』
『제승방략』
『조선왕조실록』
『조선의 궁술』
『주한일본공사관기록』
『지각관청일기』
『진사록』
『진중일기』
『총관공문』
『총위영사례』
『충의공가장』
『한양가』
『한청문감』
『화포식언해』
『황조예기도식』
『훈국등록』
『훈국신조군기도설』
『훈국신조기계도설』
『Handbook for the 0.45-inch Gatling gun for land service』

단행본, 도록 및 보고서

강신엽(2004), 조선의 무기 2, 봉명
국립고궁박물관(2020), 왕실문화도감 '무구武具'
국립고궁박물관(2020), 조선 왕실 군사력의 상징, 군사의례
국립문화재연구원(2002), 모스크바 국립동양박물관 소장 한국문화재
국립문화재연구원(2013), 독일 라이프치히그라시 민속박물관소장 한국문화재
국립문화재연구원(2017), 독일 함부르크민족학박물관 소장 한국문화재, 국외소재 한국문화재 조사보고서 제36권
국립민속박물관(2003), 한국 전통무기 조사 - 도검·화기류 -, 2003년도 국립민속박물관 학술용역보고서
국립민속박물관(2007), 조선대세시기 3 - 경도잡지, 열양세시기, 동국세시기, 국립민속박물관 세시기번역총서 5
국립민속박물관(2009), 조선시대 대사례와 향사례, 국립민속박물관 무예자료총서 16
국립중앙박물관(1994), 유길준과 개화의 꿈
국립진주박물관(2020), 국립진주박물관 조선무기 조사연구 보고서 Ⅰ. 소형 화약무기
국립진주박물관(2023), 국립진주박물관 조선무기 조사연구 보고서 Ⅱ. 대형 화약무기
국방부 군사편찬연구소 군사사부(1995,1996,1997), 군사문헌집 17,18,19 : 병학지남연의 1,2,3 , 국방부 군사편찬연구소
국방부 군사편찬연구소 군사사부(2011, 2013), 군사문헌집 23, 24 : 기효신서 上,下 , 국방부 군사편찬연구소
국방부 군사편찬연구소 군사사부(2011), 군사문헌집 22 : 신기비결, 국방부 군사편찬연구소
국방부 군사편찬연구소(1997), 군사사연구자료집 4 : 풍천유향, 방수잡설, 국방부 군사편찬연구소
국사편찬위원회(2013), 국역 서정일기, 한국사료총서 번역서 23
국사편찬위원회(2013), 국역 진중일기, 한국사료총서 번역서 24
김기윤 외(2022), 타임라인 M 1, 길찾기
김봉좌, 김득중, 명경일(2021), 한국 고문서 입문 2, 국사편찬위원회
대한전통무학회 편역(2004), 무예문헌자료집성, 국립민속박물관 무예자료총서 3
민승기(2020), 조선의 무기와 갑옷, 가람기획
박성호, 문숙자, 손계영, 박준호, 고민정, 김봉좌(2020), 한국 고문서 입문 1, 국사편찬위원회
숭실대학교 한국기독교박물관 학예과(2008), 기산 김준근 조선풍속도 스왈른 수집본, 숭실대학교 한국기독교박물관
원창애(2017), 역주 훈국등록 2, 한국학중앙연구원
유승주(2022), 조선후기 군수광공업사 연구, 고려대학교민족문화연구원
육군박물관(2011), 육군박물관 도록
육군박물관(2013), 조선의 도검! 충을 벼루다
육군박물관(2015), 활 이야기
이강칠(2004), 한국의 화포 -지화식에서 화승식으로-, 동재
이덕무,박제가,백동수,유영수,안길원,김학배(2003), 역주 무예도보통지, 도서출판 장용영
이종화(2000), 활쏘기의 비결, 학문사,
이혜구(2000), 신역 악학궤범, 국립국악원
전쟁기념관(2018), 전쟁기념관 국문도록
조인복(1974), 한국고화기도감, 문화공보부문화재관리국
풍석문화재단(2018), 임원경제지 유예지 1~3, 임원경제연구소
풍석문화재단(2021), 임원경제지 전어지 1~2, 임원경제연구소Wendy van Duivenvoorde(2010), The Armament of Australia's
    VOC Ships, Report—Department of Maritime Archaeology, Western Australian Museum, No.258

기사

김병륜, "한국의 문사문화재 순례<122>무과총요", 국방일보, 2006. 06. 28
김병륜, "한국의 병서 <1>진법언해", 국방일보, 2008. 01. 09.
백은영, "[사진으로 보는 역사] 역사 속 군인 (7)", 천지일보, 2019.03.23.
    (https://www.newscj.com/news/articleView.html?idxno=613801) 검색일 2024.06.23

영천역사박물관, "임진왜란 영천성수복전투를 다시 기록해야 할 자료 발굴하다. (2)", 경북TV, 2020.9.18
 (https://www.kbitv.net/news/articleView.html?idxno=340) 검색일 2024.7.20
임미나, "옛 동대문운동장 터에서 19세기 근대식 총검 발굴", 연합뉴스, 2021.06.23
Радишаускайте Наталья(2017), "Для пользы дорогого отечества…", 『Птицана счастье』 No. 2(40)
 (https://www.slovoart.ru/node/2319) 검색일 2024.7.11

연구논문

강민수(1991), 濟州在來馬 血統定立 및 血統登錄 위한 調査研究 I. 제주마의 지역별, 성별, 연령별 체형측정치
강서영(2011), 한국 전통 가방에 관한 연구, 이화여자대학교 대학원 석사학위 논문
곽낙현(2009), 조선후기《어영청중순등록》을 통해 본 무예 현황, 한국체육학회지 48권 3호 57~65p
곽낙현(2013), 분무공신 오명항 왜검 도해 분석, 동양고전연구 제53호 144~163p
구영미(2020), 「대한제국동가도(大韓帝國動駕圖)」에나타난 조선후기 동가 복식, 이화여자대학교 대학원 석사학위 논문
김동섭(2005), 제주도 전래 '초재민속품'에 관한 연구, 영주어문 제10권 111~142p
김명훈,박선숙(2019), 조총의 등장과 원리, 국립진주박물관 조선무기 조사연구 보고서 I. 소형 화약무기 359~362p
김윤희(2023), 『노상추일기』로 본 조선후기 군호(軍號)에 담긴 생활상 연구, 한국학 제46권 제2호 243~283p
김창규(2021), 국립중앙박물관 소장《訓鍊都監習陣圖》연구, 한국학중앙연구원 한국학대학원 석사학위논문
김현구(2020), 19세기 후반 통제영 8전선 船團 실태 - 1894년 통제영 解由文記를 중심으로 -, 古文書研究, 제57호 94p
노인환(2016), 조선시대 觀察使 教書와 諭書의 문서 행정과 운용, 古文書研究, 제48호 287-313p
류근원(2013), 각궁에 대하여, 국궁논문집 제8집 118~133p
박가영(2021), 조선시대 등채에 관한 연구 , 아시아民族造形學報 第22輯 143~169p
박금수(2013), 朝鮮後期 陣法과 武藝의 訓練에 관한 연구 - 訓鍊都監을 중심으로 -, 서울대학교 대학원 체육교육과 박사학위논문
박재광(2012), 조선 중기의 화약병기에 대한 소고, 육군박물관 학예지 제19집 41~49p
박진철(2009), 古文書로 본 17세기 朝鮮 水軍 戰船의 무기體系, 嶺南學 16호 449~481p
변진영, 김기훈, 강신엽(2008), 노해(弩解), 군사지 제66호 289~331p
서윤희(2021),조선시대 소형총통의 명문 유형과 특징, 동원학술논문집 22호 69~94p
손영식(1988), 木柵施設의 小考, 헤리티지:역사와 과학 제21권 61~78p
우인수(2007), 朝鮮後期 慶尙右兵營의 文書 包裝과 呂家式, 역사교육논집 Vol.39 223~255p
윤훈표(2011), 조선 세종대 진법서 편찬과 훈련체계의 개편, 군사 제81호, 75~113p
이용우, 허환일(2009), 15세기 조선시대 로켓인 대신기전 복원 : 비행실험 결과, 한국추진공학회 2009년도 추계학술대회 논문집 325~328p
이재정(2017), 別破陣과 조선후기 大砲 운용, 서울대학교 대학원 국사학과 석사학위논문
이찬우(2014), 『弓道講座』에 보이는 朝鮮의 弓矢, 한국체육사학회지 제19권 제2호 59~73p
정우봉(2013), 18세기 馬兵의 한글일기 『난리가』 연구, 고전문학연구 제43호 295~326p
제송희,김영선(2021), 조선 후기 무위(武威)의 상징 대기치(大旗幟) 고증, 문화재 Vol. 54 No. 41, pp.154~175
조혁상(2021), 조선의 神劍에 대한 고찰 - 刀劍文學作品과 現存 遺物을 중심으로, 동방한문학 제86호 41~68p
채연석(2018), 함포의 배치를 중심으로 본 이순신 거북선의 구조연구, 과학사학회지 제 40권 제1호, 1~27p
최보배, 이혜진, 김명훈, 정현진(2022), 『조선시대 금속제 탄환의 특징과 제작기법 검토』, 박물관 보존과학 제28집 65~88p
최형국(2011),朝鮮後期 騎兵의 馬上武藝 研究, 중앙대학교 대학원 사학과 한국사전공 박사학위논문
최형국(2015), 18세기 활쏘기(國弓) 수련방식과 그 실제 -『林園經濟志』「遊藝志」射訣을 중심으로, 耽羅文化 50호, 243~274p
최형국(2017), '挾刀'의 탄생-조선후기 大刀類 武藝의 정착과 발전, 조선시시대사학보 81집
최형국(2020),『武藝圖譜通志』의 「銳刀」 자세 분석과 「本國劍」과의 연관성 연구, 한국무예학회 :무예연구 2020, 제14권, 제4호, 1~28p
최형국(2020), 조선시대 활쏘기 중 鐵箭[六兩弓]射法의 특성과 그 실제, 민속학연구 제46호, 229~254p

웹사이트

국가유산 지식이음 - https://portal.nrich.go.kr/kor/index.do
국립고궁박물관 - https://www.gogung.go.kr/gogung/main/main.do
규장각 원문검색서비스 - https://kyudb.snu.ac.kr/
대한민국 신문 아카이브 - https://nl.go.kr/newspaper/
장서각 기록유산 DB - https://jsg.aks.ac.kr/vj/
전쟁기념관 오픈 아카이브 - https://archives.warmemo.or.kr:8443/index.do
조선시대 법령자료 - https://db.history.go.kr/law/
조선시대 외국어 학습서 DB - http://waks.aks.ac.kr/rsh/?rshID=AKS-2011-AAA-2101
조선왕조실록 - https://sillok.history.go.kr/
케브랑리박물관 - https://www.quaibranly.fr/fr/
한국고전번역원 - http://db.itkc.or.kr/
한국민속대백과사전 - https://folkency.nfm.go.kr/main
한국민족문화대백과사전 - https://encykorea.aks.ac.kr/
e뮤지엄 - http://www.emuseum.go.kr/
Google Arts & Culture - https://artsandculture.google.com/
Google Books - https://books.google.co.kr/
Krpia - https://www.krpia.co.kr/

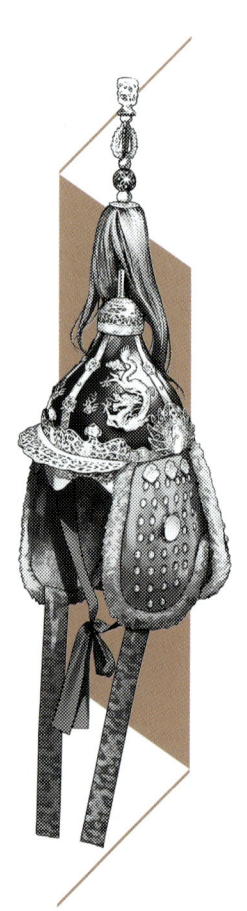